Stefan Höchli

Zur Geschichte der Interpunktion im Deutschen

Eine kritische Darstellung der Lehrschriften
von der zweiten Hälfte des 15. Jahrhunderts
bis zum Ende des 18. Jahrhunderts

Walter de Gruyter · Berlin · New York
1981

CIP-Kurztitelaufnahme der Deutschen Bibliothek

Höchli, Stefan:
Zur Geschichte der Interpunktion im Deutschen: e. krit. Darst. d.
Lehrschriften von d. 2. Hälfte d. 15. Jh. bis zum Ende d. 18. Jh./
Stefan Höchli. — Berlin, New York: de Gruyter, 1981. —
   (Studia linguistica Germanica: 17)
   ISBN 3-11-008473-2

Druck: Rotaprint-Druck Hildebrand, Berlin
Bindearbeiten: Lüderitz & Bauer, Berlin

VORWORT

Die vorliegende Untersuchung befasst sich mit einem Rand-
gebiet der deutschen Sprachgeschichte: mit der Entwicklung
der Interpunktion. Auch wenn es sich nur um ein Detail der
deutschen Grammatik und Orthographie handelt, lässt sich
daran doch der Normierungsprozess beobachten, dem die Theorie und Praxis der deutschen Sprache vom 15. bis zum 18.
Jahrhundert unterworfen war. Das Reizvolle an der Frage-
stellung bestand aus zwei Punkten. Einerseits konnte aufgrund des Quellenstudiums ein bisher meist nebenbei behan-
deltes Gebiet untersucht werden. Andererseits war es von
grossem Interesse, die Entwicklung eines nicht unwichtigen
Teils des täglichen Schreibgebrauchs nachzuzeichnen und
dadurch tiefer in die verschiedenen Phasen der theoretischen
Vorstellung unserer Sprache einzudringen.

Der Verfasser ist sich bewusst, dass er mit dieser Arbeit
nur einen Teil der Entwicklung der Interpunktion bewältigen
konnte. Weitgehend offen blieben die Fragen nach Einflüssen
aus ausserdeutschen Sprachbereichen, nach dem Verhältnis
von Theorie und Anwendung in der Zeichensetzung, und ebenfalls unterbleiben musste eine Einordnung der Ergebnisse
dieser Untersuchung in den grösseren Rahmen der deutschen
Sprachgeschichte. Es bleibt zu hoffen, dass mit der vorliegenden Arbeit sowohl ein Instrumentarium für die weitere
Beschäftigung mit der Interpunktion und ihrer Entwicklung
geschaffen wurde, als auch, dass damit gezeigt werden kann,
wie die Beschäftigung mit einem eng umgrenzten Gebiet der
deutschen Sprachgeschichte zu vielseitigen neuen Ergebnissen
führt.

Die Anregung für die vorliegende Untersuchung, die im
Sommer 1980 an der Universität Zürich als Dissertation ein-
gereicht wurde, verdankt der Verfasser seinem Referenten,

Professor Dr. Stefan Sonderegger, Zürich. Auf einer seiner
Lehrveranstaltungen wurde diese Thematik zur Sprache gebracht
und dem Verfasser zur Bearbeitung überlassen. Mit grossem
Interesse, steter Anteilnahme und viel Einsatz begleitete
Professor Sonderegger die Entstehung dieser Arbeit und be-
reicherte sie mit vielen wertvollen Hinweisen. An dieser
Stelle sei ihm herzlich dafür gedankt.

Bollingen, Schweiz, im Sommer 1980
Stefan Höchli

INHALTSVERZEICHNIS

I. EINLEITUNG

Die Entwicklung der Interpunktion im deutschen Sprachraum
ist bisher noch nie systematisch aufgrund der Zeugnisse von
Sprachtheoretikern untersucht worden. Es existieren mehrere Werke, in welchen die Geschichte der Interpunktion besprochen wird. Von diesen werden zwei immer wieder zitiert:
'Quellenschriften und Geschichte des deutschsprachigen Unterrichts' von Johannes Müller[1] und 'Das Princip der deutschen Interpunktion' von Alexander Bieling[2].

Alexander Bielings Geschichte der Interpunktion stützt
sich weniger auf theoretische Aeusserungen zur Interpunktion als vielmehr auf ihre Erscheinungsformen in gedruckten
Texten. Sein geschichtlicher Ueberblick ist zudem unübersichtlich und unvollständig, da er sein eigenes 'Princip'
historisch untermauern möchte und die Auswahl der Quellen
dementsprechend ausrichtet.

Johannes Müller, welcher das Werk Bielings gekannt hat,
gibt auf den Seiten 279-297 eine Uebersicht über die Geschichte der Interpunktion von den Anfängen bis auf Heinrich Steinhöwel und Niklas von Wyle, die ersten zwei gedruckten Interpunktionsbemerkungen in frühneuhochdeutscher
Sprache. Müller beschreibt also die Entwicklung der Interpunktionszeichen von ihrem Ursprung bis zu dem Zeitpunkt,
wo die vorliegende Arbeit einsetzt.

Die meisten übrigen Werke, die sich zur Geschichte der
Interpunktion äussern, sind später erschienen und stützen
sich auf diese zwei Darstellungen, nach welchen sie meist

---

1 Müller, Johannes: Quellenschriften und Geschichte des deutschsprachigen Unterrichtes bis zur Mitte des 16. Jahrhunderts. Gotha 1882.

2 Bieling, Alexander: Das Princip der deutschen Interpunktion nebst
  einer übersichtlichen Darstellung ihrer Geschichte. Berlin 1880.

auch die Quellen zitieren[1].

Die vorliegende Untersuchung setzt sich folgendes Ziel:
angestrebt ist eine systematische und kritische Darstellung
möglichst aller bedeutenden Zeugnisse in deutscher Sprache
zur Interpunktion von Beginn des Buchdruckes bis zu Adelungs
'Vollständiger Anweisung zur deutschen Orthographie' am Ende des 18. Jahrhunderts.

Die Begrenzung des untersuchten Zeitraumes begründet sich
folgendermassen: das erste Werk ist die früheste bekannte
deutschsprachige Erwähnung von Interpunktionszeichen. Sie
steht bei Niklas von Wyle und stammt aus dem Jahre 1462.
Das letzte in dieser Arbeit besprochene Interpunktionsmodell ist Adelungs Werken zur deutschen Sprache[2] aus den Jahren 1781-1788 entnommen. Adelung bietet sich aus zwei Gründen als obere zeitliche Grenze an. So äussert sich beispielsweise Max Hermann Jellinek in seiner Geschichte der neuhochdeutschen Grammatik folgendermassen: *Adelung ist ein Markstein
in der Geschichte der deutschen Grammatik. In seinen Arbeiten strömen
beinahe alle Anregungen und Erkenntnisse der nachgottschedischen Zeit
zusammen. (...) Aber nicht nur den Abschluß einer Periode bezeichnet
sein Werk: es weist in die Zukunft.*[3] Dass diese Aeusserungen Jel-
lineks für die Interpunktion nur sehr bedingt gelten, zeig-
te sich erst im Verlaufe der Arbeit. Es stellt Adelungs Wert
als Schlusspunkt dieser Untersuchung jedoch nicht in Frage,
besonders in Anbetracht des Umstandes, dass am Ende des 18.
Jahrhunderts der praktische Interpunktionsgebrauch einen
Stand erreicht hat, der nur noch in Details vom heutigen Ge-

---

1 Alle Autoren, welche sich in irgendeiner Form zur Geschichte der Interpunktion äusserten, sind im Literaturverzeichnis im Anhang unter
  einer eigenen Rubrik angeführt.

2 Bei Adelung wurden drei Arbeiten berücksichtigt: die 'Deutsche Sprachlehre zum Gebrauche der Schulen' von 1781, das 'Umständliche Lehrgebäude' von 1782 und die 'Vollständige Anweisung zur Deutschen Orthographie', die erstmals 1788 erschienen ist.

3 Jellinek, Max Hermann: Geschichte der neuhochdeutschen Grammatik von
  den Anfängen bis auf Adelung. Erster Halbband, Heidelberg 1913. S.331.

brauch abweicht.

Aus diesem Zeitraum von etwas über dreihundert Jahren wurden gegen 60 Quellen ins Auge gefasst, um auf Interpunktionstheorien oder einfache Aeusserungen zur Zeichensetzung untersucht zu werden. Etwas mehr als die Hälfte, genau 35 dieser
Zeugnisse, wurden in die vorliegende Arbeit aufgenommen und
systematisch untersucht.

Die restlichen Quellen lassen sich in zwei Gruppen eintei-
len. Die erste Gruppe von 17 Werken enthält keine speziellen
Abschnitte über die Interpunktion. Die Autoren seien in folgenden der Vollständigkeit halber aufgeführt. Die genauen
bibliographischen Angaben stehen im Anhang. Keine Interpunktionslehre enthielten in chronologischer Reihenfolge die
Werke folgender Autoren: Fabian Frangk (1531), Johann Fabritius (1532), Peter Jordan (1533), Helias Meichssner (1538),
Alexander Hug (1545), Albert Oelinger (1574), Johannes Clajus
(1578), Christoph Helwig (1619), Martin Opitz (1624), Melchior Oelschlegel (1630), Philipp Zesen (1640), Johann Peter
Titz (1642), Samuel Butschky (1645), Andreas Tscherning
(1659), Daniel Georg Morhof (1682), Ignaz Weitenauer (1764)
und Johann Werner Meiner (1781).

Die zweite Gruppe enthält Werke, die dem Verfasser weder
im Original noch in einem Nachdruck zugänglich waren. Unter
diesen befinden sich drei, die beinahe sicher eine Interpunktionslehre enthalten: Johann Becherer (1596), Jacob Brücker
(1620) und Heinrich Buscher (1634). Dazu gesellen sich noch
einige weniger bedeutende Grammatiker, deren Werke mit grosser
Wahrscheinlichkeit keine Bemerkungen zur Interpunktion enthalten[1].

Der Verfasser der vorliegenden Untersuchung ist sich bewusst, dass sich parallel zu den deutschen Interpunktionssystemen auch in fremdsprachigen Gebieten Zeichensysteme
entwickelten und Anwendung fanden. Oft erreichten diese so-

---

1 Diese Aussage stützt sich auf Jellinek, nhd. Grammatik, welcher die
  betreffenden Autoren und Werke alle erwähnt, jedoch nicht wie in anderen Fällen über eine Interpunktionslehre berichtet.

gar einen Stand, der weit über die gleichzeitige frühneu-
hochdeutsche Zeichensetzung hinausreichte. Im Rahmen dieser
Arbeit war es jedoch nicht möglich, alle zugänglichen Zeug-
nisse aus diesem Zeitraum darzustellen. In ganz eindeutigen
Fällen wurden Entlehnungen - hauptsächlich aus lateinischen
Vorlagen - erwähnt und gezeigt.

An dieser Stelle ist vorauszuschicken, dass sich die Interpunktion seit jeher im Spannungsfeld zwischen Rhetorik
und Grammatik befand. Einerseits sollten die Interpunktionszeichen inhaltlich bedingte Pausen innerhalb eines Textes
markieren, andererseits übernahmen sie schon bald die Aufgabe, das syntaktische Gefüge eines Satzes sichtbar zu machen. Die Unmöglichkeit, eine vollständige Uebereinstimmung
von rhetorischer und grammatischer Struktur eines Textes zu
erreichen, führte zu verschieden gelagerten Ausgangsstellun-
gen für die Frage nach dem Zweck der Interpunktion.

II. METHODISCHE VORBEMERKUNGEN

1. AUFBAU DER ARBEIT

Die vorliegende Arbeit gliedert sich in zwei Hauptteile.
Der erste Hauptteil (III) umfasst die systematische Darstellung aller Lehrschriften zur Interpunktion in chronologischer Reihenfolge. Um die Unterschiede und die Entwicklung
in den verschiedenen Interpunktionslehren sichtbar zu machen, war es angeraten, die kritische Untersuchung der einzelnen Theorien systematisch vorzunehmen. Das Vorgehen bei
der Analyse jedes Autors setzt sich aus folgenden drei
Schritten zusammen:

Der erste Abschnitt jedes Kapitels hat jeweils die Aufgabe, die Stellung der Interpunktionslehre innerhalb des
Gesamtwerks jedes Autors darzustellen. Kurze biographische
Anmerkungen zum Autor selbst zeigen sowohl den persönlichen
als auch den historischen Hintergrund, vor welchem das ge-
samte Schaffen dieses Menschen entstanden ist.

Der zweite Abschnitt, die Analyse der einzelnen Interpunktionsregeln, bildet das Kernstück des ersten Hauptteils.
Die einzelnen Zeichen werden wo möglich nach der Erstausgabe zitiert und dargestellt und auf Definition und Anwendung hin untersucht. Die Bedeutung und die Funktion des
Zeichens in grammatischer und rhetorischer Hinsicht werden
hervorgehoben. Die Interpunktionszeichen werden in zwei
Gruppen untersucht und zwar aufgeteilt in Sinn- und Pausenzeichen, auch Hauptzeichen genannt, und in Ton- und Schriftzeichen, auch Nebenzeichen genannt. Zu den Sinn- und Pausenzeichen werden alle diejenigen Interpunktionszeichen gezählt, welche mit der Gliederung des Textes im Zusammenhang
stehen. Alle übrigen Zeichen werden zu den Ton- und Schriftzeichen gerechnet. Diese Aufteilung der Zeichen ist nicht

willkürlich, sondern rechtfertigt sich in zweifacher Weise.
Auf der einen Seite steht eine sehr alte Tradition. Viele
ältere lateinische Vorlagen teilen die Interpunktionszeichen ein in 'punctos essentiales' und 'punctos accidentales'.
Diese Zweiteilung führten die meisten der untersuchten Autoren ebenfalls durch. Auf der andern Seite vereinfachen
sich die Diskussion und der Vergleich der einzelnen Systeme
beträchtlich, wenn sie einander schon getrennt nach Haupt-
und Nebenzeichen gegenübergestellt werden können.

Eine kurze wertende Zusammenfassung nach jeder Einzeldar-
stellung bildet jeweils das dritte Kapitel und rundet die
Besprechung der einzelnen Quellen ab.

Der zweite Hauptteil (IV) stellt die Entwicklung der Interpunktion dar. Zuerst werden alle Zeichen einzeln von ihrem
ersten Auftreten an untersucht. Um den Zusammenhang mit der
heutigen Zeit herzustellen, wird anhand des Dudenschen Re-
gelmodells für die Interpunktion[1] untersucht, wie weit der
heutige Gebrauch durch die damalige Regelsetzung abgedeckt
ist. Diese Methode erlaubt auch, einen gemeinsamen Nenner
für die einzelnen Zeichen zu finden. Die Darstellung der
Entwicklung des gesamten Interpunktionssystems mit allen
Querbezügen, Verwandtschaften und Entwicklungsstufen
schliesst diesen Hauptteil und bildet auch die Zusammenfassung der ganzen Arbeit.

Im Anhang werden noch zwei ergänzende Kapitel angeführt:
- In tabellarischer Form wird die Entwicklung der Zeichen
nach Form und Funktion überblickbar zusammengefasst.
- Eine weiterweisende Bibliographie führt nebst allen be-
nutzten Quellen auch diejenigen Werke an, welche vom Verfasser im Zusammenhang mit dieser Arbeit verwendet, jedoch
innerhalb der Analyse nicht besonders zitiert wurden.

---

1 Duden, Rechtschreibung der deutschen Sprache und Fremdwörter, 18.
  neu bearbeitete und erweiterte Auflage, hrsg.v. der Dudenredaktion.
  Mannheim 1980. S.15-64.

2. BEMERKUNGEN ZU DEN TRANSKRIPTIONEN

Bei der Wiedergabe von transkribierten Zitaten wurde folgenden Punkten Beachtung geschenkt:

- Sowohl die Orthographie als auch die Interpunktion wurden so genau wie möglich wiedergegeben.
- Interpunktionszeichen wurden nur in solchen Fällen mit der Maschine geschrieben, wo es sich offensichtlich um das gleiche Zeichen handelt.
- Alle Abkürzungen und Ligaturen wurden aufgelöst und mit einer Linie unter dem betreffenden Buchstaben gekennzeichnet. Bsp: vn̄ wird aufgelöst zu vnd.
- Umlaute wurden in allen eindeutigen Fällen mit dem heutigen Buchstaben umschrieben, ausser in oberdeutschen Texten des 15. und frühen 16. Jahrhunderts, wo u̇ noch diphthongischen Lautwert hat.
- Für verschiedene Zeichen desselben Vokals oder Konsonanten wurde in der Transkription immer das gleiche Zeichen ohne Vermerk verwendet.
- Zeilenkoinzidenz mit dem Original war nicht angestrebt und oft auch nicht möglich. Auffallende Zeilenwechsel wurden deshalb speziell markiert.
- Seitenwechsel wurden nicht innerhalb der transkribierten Stelle gekennzeichnet, sondern in der Anmerkung angezeigt.
- Neue Abschnitte im fortlaufenden Text des Originals wurden in der Transkription ebenfalls gemacht.
- Titelblätter und andere stark unterteilte Texte wurden fortlaufend geschrieben.
- Fehler und andere auffällige Stellen im Original wurden in der Transkription mit (sic) bezeichnet.
- Alle Auslassungen innerhalb der transkribierten Stellen wurden folgendermassen (...) gekennzeichnet.
- Die Beispielsätze, oft von beträchtlicher Länge, wurden nur in Ausnahmefällen zitiert. Weggelassene Beispiele wurden mit (Bsp.) markiert.

Zum Abschluss noch eine Bemerkung zu den bibliographischen Angaben: beim ersten Vorkommen eines neuen Titels wird er in der Anmerkung vollständig bibliographiert. In allen weiteren Fällen wird nur noch ein Kurztitel, bestehend aus dem Nachnamen des Autors, den wichtigsten Begriffen aus dem Titel und bei den Quellen mit der Jahreszahl angeführt.

Querverweise im ersten Hauptteil der vorliegenden Arbeit wurden mit der numerischen Bezifferung des betreffenden Kapitels oder Abschnitts vermerkt, also z.B. (cf. Kap. 13) oder (cf. Kap. 5.2.1.3).

III. DIE DARSTELLUNG DER EINZELNEN LEHRSCHRIFTEN

Die 35 Lehrschriften aus dem Zeitraum von 1462-1788 werden
in chronologischer Reihenfolge dargestellt. Nicht immer ist
das Erscheinungsdatum ausschlaggebend, sondern manchmal
der Zeitpunkt der Abfassung, wenn Gründe zur Annahme vorliegen, dass das betreffende Schriftstück schon zu diesem
Zeitpunkt einen Einfluss ausgeübt haben könnte.

1. NIKLAS VON WYLE

1.1 Leben und Werk[1]

Niklas von Wyle, zu Beginn des 15. Jahrhunderts in Bremgar-
ten (CH) geboren, verbrachte den grössten Teil seines Lebens
als Stadtschreiber in Esslingen. Wyle führte dort u.a. auch
eine Privatschule, in welcher er junge Leute in Stilistik
und Orthographie unterrichtete. Auf Reisen in Italien knüpf-
te er Kontakt mit Aeneas Sylvius, dem späteren Papst Pius II.,
an, dessen Werke und Briefe er z.T. sammelte und übersetzte.
Im Jahre 1462 vollendete Wyle die Uebersetzung der Novelle
'Euriolus und Lucretia' von Aeneas Sylvius. Sie wurde erst
1477 im Rahmen der Erstausgabe der Translationen (d.i. gesammelte Uebersetzungen) in Wien veröffentlicht. 1478 erschien eine besser redigierte Ausgabe in Esslingen[2].

---

1 Die Angaben über Wyle stützen sich auf folgende Werke:
   - den Aufsatz von Hans Herzog in: Allgemeine Deutsche Biographie, im
     folgenden ADB genannt, Bd.55, 1910. S.140 ff.
   - Müller, Quellenschriften, S.278.

2 Die Ausgabe von 1478, im folgenden als 'Wyle, Translationen, 1478' zitiert, ist in Stuttgart datiert. Im Text findet sich kein Hinweis auf
   den Druckort Esslingen, hingegen schreiben Bieling und Müller diese
   Ausgabe mit Bestimmtheit diesem Ort zu.

1.2 Das Interpunktionssystem

Die Bemerkungen zur Interpunktion stehen in der Widmung zur
Novelle 'Euriolus und Lucretia', welche an die Herzogin
Katharina von Oesterreich gerichtet ist. Wir stellen diese
Aeusserungen zur Interpunktion vor diejenigen von Heinrich
Steinhöwel aus dem Jahre 1473, da Steinhöwel als 'Freund
und Gönner'[1] Wyles dessen Bemerkungen zur Zeichensetzung
mit grosser Wahrscheinlichkeit gekannt hat.

Bei diesen Aussagen zur Interpunktion handelt es sich nicht
um Interpunktions<u>regeln</u>, sondern um <u>Anweisungen für den Le-
ser</u>, der den noch ungewohnten Zeichen im Text begegnet. Die
nachfolgende Besprechung des Interpunktionssystems stützt
sich auf die Esslinger Ausgabe von 1478. Die Bemerkungen
Wyles werden Satz für Satz in der gegebenen Reihenfolge besprochen.

Niklas von Wyle schickt seinen Anweisungen eine Erklärung
voraus, in welcher der Nutzen der Interpunktion begründet
wird: *Wyle ich aber dise translatze nach dem latine so gnawist ich
mocht / vnd so ferre sich ouch gepürt / gemachet hab ! So ist nott wer
disz büchlin recht schriben lesen oder versteen wil ! das der acht hab
vnd merck vf die virgel puncten vnd vnderschaide die also hier Jnne
gesetzet werden etc / ! . .· ( )* .*[2] Es ist anzunehmen, dass Wyles
Vorlage auch interpunktiert war[3]. Er übernimmt die Inter-

---

1 ADB Bd.55, 1910. S.143.

2 Wyle, Translationen, 1478. Im unpaginierten Vorwort auf der Rückseite
des 8.Blatts.

3 Die lateinisch geschriebene Vorlage von Aeneas Sylvius erschien 1443
in Wien erstmals gedruckt. Der Verfasser konnte nur einen späteren
Druck aus Köln von 1473/74 einsehen. Dieser Druck aus der Zeit nach
der Uebersetzung durch Wyle besitzt dennoch ein ganz anderes Interpunktionssystem. Es werden der Doppelpunkt (:) und der einfache Punkt
in halber Höhe (·) einzeln und in Kombination miteinander verwendet,
ohne dass sich bestimmte Regeln daraus ableiten liessen. Aeneas
Sylvius verwendet auch eine Art Fragezeichen (⸮), das jedoch nur
sehr selten vorkommt. Aufgrund all dieser Indizien lässt sich das
System dieses Drucks eindeutig als stark lateinisch orientiert klas-
sifizieren. (cf. dazu die Ausführungen über das Aristophanische Dreipunktesystem in Kapitel 2.3).

punktion an sich und weist ihr drei Funktionen und Eigenschaften zu: sie verhilft zu richtigem Schreiben, richtigem
Lesen und richtigem Verstehen. Damit erfasst Wyle schon alle
drei Komponenten der Interpunktion: die grammatische, die
rhetorische und die semantische. Die zitierte Einleitung
wendet sich eindeutig an den Leser, resp. an den Vorleser,
der mit dem Zeichen innerhalb eines Textes konfrontiert
wird.

Die in den diversen Auflagen der Translationen stets mit
Esslingen 1462 datierte Einleitung erfährt in der Strass-
burger Ausgabe von 1510 eine bemerkenswerte Erweiterung.
Anschliessend an obiges Zitat steht folgender Zusatz: *(...)*
ouch etwann vmb zierd willen gebraucht dise puncten ! [1] Als neue
Komponente wird die Zierfunktion der Satzzeichen erwähnt.
Diese Sinneserweiterung dürfte jedoch erst nach Wyles Tod
aufgekommen sein.

1.2.1 Sinn- und Pausenzeichen

1.2.1.1 strichlin

Unmittelbar an die Einleitung anschliessend fährt Wyle fort:
danne das klain erst strichlin / betütt ain schlechte sundrung ains
wortes oder ainer oratz von der andern ane volkomenhait ainches gantzen
sines . [2] Durch das Strichlein werden Worte und 'oratzen',
also Redeteile voneinander getrennt. Es ist kein vollkommener Sinn vorhanden, d.h. die logische Struktur des Satzes
ist nicht vollständig. Das Strichlein ist bei Wyle das geringste Zeichen. Grammatische und rhetorische Begriffe sind
vermischt, wobei die rhetorischen vorherrschen.

---

1 Zitiert nach der Augsburger Ausgabe von 1536. Nach Müller, Quellenschriften S.14, findet sich dieser Zusatz jedoch schon in der Ausgabe von Strassburg 1510.

2 Wyle, Translationen, 1478. Blatt 8'.

1.2.1.2 virgel

Aber die virgel also stende ! gibt zemercken ainen vnderschaide zwüschen
den geschriften vor vnd nach gende / also doch / daz die vorder geschrift
dennnocht ouch nit ainchen volkomen sine hat ! danne daz zů des volkomen-
hait etwas mer hernach folgen můs .[1] Das nächste Zeichen, gra-
phisch gesehen ein Vorläufer des heutigen Ausrufezeichens[2],
bezieht sich auf das geschriebene Wort. Der 'geschrift'
lässt sich kein grammatikalischer Terminus gleichsetzen. Es
handelt sich um eine Sammelbezeichnung für verschiedene Arten von Satzteilen. Die praktische Anwendung durch Wyle
selbst lässt eine Bandbreite vom einfachen Nebensatz bis zum
vollständigen Hauptsatz erkennen. Dieses Zeichen ist in der
Gegend des heutigen Semikolons anzusiedeln.

1.2.1.3 punckt

Aber der punckt also stende . gibt zeerkennen dz da selbs ain volkomner
sine beschlossen wirt.[3] Der Punkt beschliesst einen vollkommenen Sinn. Diese Formulierung wird sich ziemlich lange halten.
Identität von grammatikalisch vollständigem Satz und inhaltlicher Vollständigkeit treten erst viel später auf.

   Wie bei der Beschreibung der vorangegangenen Zeichen wendet sich Wyle an den Leser. Das Bemühen um eine klare und
eindeutige Definition für ein Satzzeichen und seine Verwendung ist hier schon sichtbar.

---

1 Wyle, Translationen, 1478. Blatt 8'.

2 Bieling und Müller, welche beide eine Transkription des gleichen Zeichens angefertigt haben, stellen dieses Zeichen anders dar: Müller
  als Doppelpunkt mit einem kleinen Strichlein daneben (:'), Bieling als
  blossen Doppelpunkt. Sowohl ein Blick auf die Tradition als auch das
  genaue Betrachten des Zeichens im Original zeigen aber klar, dass
  hier nur dieses Zeichen (!) gemeint sein kann.

3 Wyle, Translationen, 1478. Blatt 8'.

1.2.1.4 peryodus[1]

Wyle erwähnt dieses Zeichen nur als mögliche Alternative
zum Punkt, benutzt es selbst jedoch nicht: *Also habe ich mich
dises pun̲c̲tirens hier jnne gebrucht wie wol etlich für disen schlechten
puncten̲ der also steet . setzent peryodum also gefiguriert ;*[2] Die Bedeutung des Periodus wird mit jener des Punktes gleichge-
setzt. In späterer Zeit gewinnt der Periodus jedoch eine
eigene, weiterreichende Bedeutung: er zeigt das Ende eines
inhaltlich zusammenhängenden Abschnittes an. Bemerkenswert
ist das Zusammenfallen von grammatikalischem Begriff und
Funktion des Zeichens. Periodus, ein grösseres Satzgefüge,
war als grammatischer Begriff aus der lateinischen Rhetorik bekannt.

Mit dem Hinweis auf 'etlich' zeigt Wyle, dass zu seiner
Zeit schon verschiedene praktische Interpunktionsmethoden
bestanden, wobei es den meisten aber an einer theoretischen
Grundlage fehlte. Dieser Anhang könnte aber auch erst im
Nachhinein auf Steinhöwels Interpunktionslehre hin (cf. Kap.
2) angefügt worden sein.

1.2.2 Ton- und Schriftzeichen

1.2.2.1 Fragezeichen

*So betüttet diser punckt also gesetz ⸮ daz die geschrift dar vor stende
Jn frag wyse zemercken ist.*[3] Wyle wendet sich ebenfalls deutlich an den Leser, welcher ein Schriftstück vor sich hat.
Das Aussehen des Fragezeichens zeigt erst eine Aehnlichkeit
mit dem heutigen Zeichen. Wir nennen diese Form im folgenden
die 'ältere Form'. Varianten dieser Form halten sich noch

---

1 Die Besprechung dieses Zeichens findet ausserhalb von Wyles Reihenfolge statt. Wyle führt diesen Passus erst nach der Besprechung der
  Nebenzeichen an.

2 Wyle, Translationen, 1478. Blatt 8'.

3 Wyle, Translationen, 1478. Blatt 8'.

bis ins 18. Jahrhundert[1].

1.2.2.2 parentesis

Wo aber ain geschrift mit zwyen krummen strichlin ingezogen wirt als hie (Jhesus cristus) so wirt die gehaissen parentesis nach dem latine oder interposicio. vnd ist ain zaichen dz das so her nach folget dienet vnd gelesen werden mag vf das / so vor der ingezogen schrifte geschri= ben steet ! glycher wyse / als ob die selb ingezogen schriffte nienert alda geschriben (sic) stünd.[2] Wyles Erklärung der Klammer ist nicht sehr deutlich. Ganz klar zeigt sich, dass ein Text zum Verständnis der Regel vorliegen muss. Der Leser wird mit der Bedeutung des Zeichens bekannt gemacht, er lernt nicht, wie es zu verwenden ist.

Der Gebrauch der Klammern ist schon sehr geläufig. Sie werden sogar häufiger als heute verwendet. Das Beispiel, mit welchem die Klammern vorgestellt werden, '(Jhesus cristus)', wird in der Folgezeit öfters zur Erklärung herangezogen.

1.3 Zusammenfassung

Wyles Regeln, die ersten bekannten in deutscher Sprache, dürfen nicht als Erfindung angesehen werden. Wyle konnte sich auf ein breites Spektrum von Interpunktionslehren aus Fremdsprachen und aus der Antike abstützen. Zudem lagen schon vor der ersten Interpunktionslehre interpunktierte Texte in deutscher Sprache vor. Diese Aspekte sind bei Müller, Quellenschriften, und Bieling, Princip der Interpunktion, bereits ausführlich dargestellt[3].

Wyles Absicht war es, die Aufmerksamkeit des Lesers auf

---

1 Zum letzten Mal erscheint diese ältere Form bei Adelung, der sie gleichberechtigt neben der neueren verwendet.

2 Wyle, Translationen, 1478. Blatt 8'.

3 Müller, Quellenschriften, S.278-296.
  Bieling, Princip der Interpunktion, S.5-16.

diese noch nicht geläufigen Zeichen zu richten und ihre Bedeutung für den Text zu erklären. Grosse Unterschiede im
damaligen Interpunktionsgebrauch nach Drucker und Druckort
machten es zudem notwendig, das eigene System darzulegen,
um Missverständnissen vorzubeugen.

Das System, welches Wyle präsentiert, ist einfach: es besteht aus drei Sinn- und Pausenzeichen (ohne den Periodus)
und zwei Ton- und Schriftzeichen[1]. Wyle steht mit der Trennung der Zeichen in zwei Kategorien in der oben erwähnten
Tradition, welche in gleicher Weise beinahe von allen nachfolgenden Autoren übernommen wurde.

Die Benennung der einzelnen Zeichen ist noch uneinheit-
lich. Ein lateinischer Name und seine deutsche Uebersetzung
(virgula/Strichlein) bezeichnen zwei verschiedene Zeichen.
Nicht alle Zeichen sind benannt und z.T. sind sie der lateinischen Grammatik oder Interpunktion entnommen.

Die Interpunktion wird nicht einem bestimmten grammatikalischen Bereich wie Syntax, Orthographie etc. zugeordnet,
sondern sehr abstrakt formuliert. Wyle hat bereits die drei
verschiedenen Funktionen, welche die Interpunktion zu erfüllen hat, erkannt und benannt: sie muss das geschriebene
Wort sowohl syntaktisch als auch inhaltlich gliedern, um so
den Vortrag oder die Lektüre eines Textes zu erleichtern.

Erstaunlicherweise fanden diese trotz aller Inkonsequenz
einfachen Zeichen und Regeln keine weitere Verbreitung, obwohl Niklas von Wyle als Stadtschreiber und durch den damit
verbundenen schriftlichen Verkehr eine einflussreiche Stellung innehatte[2].

---

1 Ein weiteres Schriftzeichen, welches Wyle zwar nicht erwähnt, aber
  dennoch gebraucht, ist das Trennungszeichen (=). In späteren Interpunktionslehren wird es zu den Nebenzeichen gezählt und vielfach in
  Verbindung mit dem Bindestrich, den Wyle weder erklärt noch verwendet, besprochen.

2 Nach Jellinek, nhd.Grammatik Bd.I, S.41, galten Wyles Kanzleibriefe
  als höchstes Ideal in einem Briefsteller, der von Bernhard Hirsch-
  felder zusammengestellt wurde. Die Vorbildlichkeit der Briefe wird
  sich mehr auf den Stil als auf die Interpunktion bezogen haben.

2. HEINRICH STEINHOEWEL

2.1 Leben und Werk[1]

Heinrich Steinhöwel, 1412 in Weil an der Würm geboren, erwarb 1436 an der Universität Wien die Magisterwürde. 1442
war Steinhöwel Rector artistarum in Padua, wo er die Doktor-
würde der Medizin erlangte. 1444 kehrte er nach Deutschland
zurück und lebte vorerst in Heidelberg. 1449 wirkte er in
Esslingen als Stadtphysikus, wo er Niklas von Wyle kennen-
lernte und sich mit ihm befreundete. Von 1450 an lebte Steinhöwel bis zu seinem Lebensende, 1482 oder 1483, in Ulm.

Seine vermutlich ersten literarischen Versuche fallen ins
Jahr 1461 mit der Verdeutschung des Apollonius von Tyrus.
In der Folge veröffentlichte er mehrere Uebersetzungen und
eigene Schriften in kurzen Abständen. Die wichtigsten sind:
1468 die Uebersetzung von Boccaccios 'Griseldis'; 1472 'Re-
gimen pestilentiae'; 1473 eine 'deutsche Chronik'; im gleichen Jahr die Uebersetzung von Boccaccios 'de mulieribus
claris'; 1474 die Uebersetzung des 'Speculum humanae vitae'
von Rodriguez Sanchez de Arevalo, Bischof von Zamora; 1475
die Uebersetzung des 'Aesopus'.

2.2 Das Interpunktionssystem

Die Bemerkungen zur Interpunktion, übrigens die einzige
Aeusserung zu einer grammatikalischen Frage in Steinhöwels
Werken, bilden das letzte Kapitel (Kap.100) seiner Uebersetzung von Boccaccios 'de mulieribus claris', erstmals 1473
in Ulm unter folgendem Titel veröffentlicht: *Hie nach volget
der kurcz sin von etlichen frowen von denen johannes boccacins (sic) in
latin beschriben hat / vnd doctor hainricus stainhöwel getütschet.*

---

1 Den biographischen Daten liegen folgende Quellen zugrunde:
  - der Aufsatz von Philipp Strauch in ADB Bd.35, 1893. S.728.
  - Müller, Quellenschriften, S.277.
  Die Titel von Steinhöwels Schriften sind ebenfalls nach diesen Werken
  zitiert.

Die insgesamt hundert Kapitel füllen 140 gezählte Blätter, welchen eine Widmung an die Fürstin 'Elienory Herczogin ze österrych' vorangestellt ist. Die Widmung ist ebenfalls mit Ulm im Jahre 1473 datiert[1].

Die folgende Analyse stützt sich auf den Text aus der Ulmer Ausgabe von 1473, wobei die einzelnen Regeln Schritt für Schritt, jedoch in der gegebenen Textreihenfolge untersucht werden.

Steinhöwel schickt seinen Regeln eine Erklärung voraus, worin er den Sinn der Satzeichen begründet: *Vmm besser ver= stentnuß dises büchlins / vnd andrer die ich vß latin gedütschet habe ! ist ze merken ! dz mangerlay / vnderschid der puncten von andern vnd andern geseczet werden. Nun ist zewissen / dz dryerlay puncten / in allen reden gewonlich werden geseczet ! vnderschidiliche verstentnuß gebende. die synd ain soliche virgel / ain wenig hangend ! ain söllich pünctlin oder tüpflin mit ainem besicz gezognen strychlin also ! vnd ain pünctlin oder tüpflin also.*[2] Steinhöwel hat nicht die Absicht, ein eigenes Interpunktionssystem vorzulegen, sondern er präsentiert Zeichen, welche zu seiner Zeit gebräuchlich waren. So erklärt sich die allgemein gehaltene Erklärung des besseren Verständnisses. Steinhöwel vermittelt Zeichen und deren Vorteile aufgrund eigener Leseerfahrung.

2.2.1 Sinn- und Pausenzeichen

Wie Niklas von Wyle stellt Heinrich Steinhöwel drei verschiedene Sinn- und Pausenzeichen vor.

---

1 Zitiert ist nach dem Titelblatt der Ulmer Ausgabe von 1473. Gedruckt wurde diese Ausgabe von Johannes Zainer von Reutlingen. Ein Exemplar dieser Ausgabe ist vorhanden in der Kantonsbibliothek Vadiana, früher Stadtbibliothek von St. Gallen. In einer späteren Ausgabe (Strassburg 1488) sind die Interpunktionsregeln zwischen die Widmung am Anfang des Buches und den Beginn der Uebersetzung geschoben. Diese Anweisungen sind aber sehr fehlerhaft interpunktiert.

2 Steinhöwel, Boccaccio, 1473. Blatt 139'.

2.2.1.1 virgula

das erst strichlin haisset virgula also / bedütet dz etliche wort recht vnd ordenlich zesamen geton synd aber sie beschliessen kainen verstentlichen sin.[1] Die Virgula ist das schwächste Zeichen. Die Formulierung 'kainen verstentlichen sin' weist deutlich auf eine rhetorisch-semantische Einheit hin und nicht auf einen grammatikalisch definierten Satzteil. Der Vergleich mit Wyles 'strichlin' zeigt, dass zwar einige ähnliche Formulierungen verwendet werden, dass die Funktion des Zeichens jedoch von einer andern Seite her verstanden wird. Während Wyle die trennende Funktion des Zeichens betont, hebt Steinhöwel die zusammenschliessende Bedeutung hervor.

2.2.1.2 coma

das ander pünctlin haisset coma also ! bedütet dz ain verstentlicher sin beschlossen ist ! aber es hanget mer dar an / das och den sin mer= ret / vnd fürbas etwas zeuerstan gibt. als in diser red bezaichnet ist.[2] Das Zeichen, das Steinhöwel 'coma' nennt, ist schwierig einzuordnen. Auch hier müssen wir am ehesten den Vergleich mit dem heutigen Semikolon ziehen. Bemerkenswert ist die Verwendung des syntaktischen Terminus 'Comma', mit welchem das kleinste Satzglied bezeichnet wird. Uebereinstimmung von Name und Funktion des Zeichens ist in diesem Falle jedoch nicht vorhanden. Steinhöwel verwendet dieses Zeichen in seinem Werk äusserst selten.

2.2.1.3 periodus

Das drit pünctlin haisset periodus oder finitiuus / oder infimus also . vnd bedütet dz der sin von der red vß vnd gancz ist / vnd zů merer verstentnuß nichcz mer dar an hanget.[3] Beim Periodus finden wir

---

1 Steinhöwel, Boccaccio, 1473. Blatt 139'.

2 Steinhöwel, Boccaccio, 1473. Blatt 139'.

3 Steinhöwel, Boccaccio, 1473. Blatt 139'.

die Uebereinstimmung zwischen der Benennung des Zeichens
und seiner Funktion vor[1]. Steinhöwel richtet sich hier, wie
bei den vorangegangenen Zeichen, nur nach dem Kriterium der
Verständlichkeit, woraus man auf eine starke rhetorische
Ausrichtung schliessen muss.

2.2.2 Ton- und Schriftzeichen

Analog zu den drei Sinn- und Pausenzeichen stellt Steinhöwel
in seinem System drei Schrift- und Tonzeichen vor.

2.2.2.1 zaichen perentisis

Vber die synd noch dryerlay puncten / die gemainglich von allen alten
gehalten werden ! die synd zwey mönlun gegen ainander also ( ) zwischen
denen ain red beschlossen ist ! vnd haissen zaichen perentisis vnd be=
düten / dz die red zwischen inen beschlossen / ain yngeworfne red ist /
on die / der sin der andern red dar inn sie beschlossen ist / nit ver=
endert würt.[2] Die Klammer wird ausführlich beschrieben. Dieses Zeichen ist sehr beliebt gewesen und häufig verwendet
worden. Zeitweise wurden sogar mehrere Klammern ineinander-
geschachtelt. Ausschlaggebend für das Setzen einer Klammer
ist auch hier die Verständlichkeit. Steinhöwel spricht fortwährend von der 'red', worunter eine rhetorische Einheit zu
verstehen ist. Die Beschreibung des Aussehens durch 'zwey
mönlun' wird bis ins 18. Jahrhundert (cf. Kap.33) verwendet.

2.2.2.2 Fragezeichen

der ander ist ain pünctlin mit ainem krumen strichlin vbersich vnd für
sich gezogen also ʃ vnd bedütet dz die vorgend red ain frag ist.[3] Mit

---

1 Die Zuordnung der Satzglieder zu bestimmten Trennungszeichen findet
  sich erstmals bei Isidor von Sevilla (570-636), dürfte nach Bieling,
  Princip der Interpunktion S.10, aber wesentlich älter sein.

2 Steinhöwel, Boccaccio, 1473. Blatt 139'.

3 Steinhöwel, Boccaccio, 1473. Blatt 139'.

Wyle ist dieser Formulierung die Feststellung gemeinsam,
dass die dem Zeichen vorangehende Rede eine Frage ist. Die
doppelte Bedeutung des Wortes 'pünctlin' zeigt sich hier
deutlich: zeitweise heisst es wirklich Pünktlein, d.i.
kleiner Punkt, vielfach steht es jedoch für 'Zeichen'
schlechthin, ohne Bestimmung des Aussehens. Die folgende
Zeichenbeschreibung zeigt dies ebenfalls sehr genau.

2.2.2.3 Trennungszeichen

der drit punct synd zwe strichlin fürsich vnd ain wenig übersich gezogen
also = vnd werden nit geseczet / wann zeletst an der linien / wa ain
wort getaylet wurdt / vnd der ain tail ains wortes / die linien endet
vnd der ander tail / die andern linien anfahet.[1] Mit diesem namenlosen Zeichen, dem Trennungsstrich, welcher heute[2] nicht zu
den Interpunktionszeichen gezählt wird, erwähnt Steinhöwel
ein sehr altes Zeichen, das bereits in frühen, sonst nicht
interpunktierten Texten, zur Anwendung kam. Die Erklärung
wendet sich auch bei diesem Zeichen an den Leser; es ist
keine Anleitung zum Trennen der Wörter.

2.3 Zusammenfassung

Steinhöwel vermittelt sechs verschiedene Interpunktionszeichen, welche er von Vorgängern übernommen und in seinen
Werken verwendet hat. Ein Zeichen dafür, dass damals noch
andere Systeme im Gebrauch waren, liefert folgende kurze
Stelle, die unmittelbar an die Bemerkungen zur Interpunktion
angehängt ist: *Wie wol nun etlich für die virgel ainen klainen punc=*
ten mittel in die linien seczen also · vnd für die ! coma zway klaine
tüpflin seczen also : vnd für den periodum . ain pünctlin vndersich
hinabgezogen also . oder also ; so hab ich doch die ersten ordnung be=
halten / in disem büchlin wa es von den trukern nit verendert ist.[3]

---

1 Steinhöwel, Boccaccio, 1473. Blatt 139'/140.

2 Z.B. in der 17. Auflage der Duden-Orthographie.

3 Steinhöwel, Boccaccio, 1473. Blatt 140.

Das hier vorgestellte System ist stark vom ersten bekannten
Interpunktionssystem, dem griechischen Dreipunktesystem des
Aristophanes von Byzanz, beeinflusst. Nach dieser Theorie
werden die verschiedenen Redeteile durch Punkte voneinander
abgegrenzt. Je nach der Stellung des Punktes, oben (ˑ), in
der Mitte (·) oder unten an der Zeile (.), bezeichnete er
einen grossen, einen mittleren oder einen kleinen Sinnab-
schnitt.

Bemerkenswert ist im obigen Zitat die Erwähnung der 'tru-
ker', welche auf den Einfluss hinweist, den die Setzer auf
das endgültige Aussehen eines gedruckten Textes hatten. So
sind z.B. die Strassburger Ausgabe von 1488 und die Augsburger Ausgabe von 1479 des vorliegenden Textes vollständig
falsch interpunktiert. Die Beschreibung der Zeichen fällt
mit der Darstellung derselben meist nicht zusammen.

Steinhöwel stellt drei Sinn- und Pausenzeichen vor, welche er zwar alle lateinisch aber nicht nach den gleichen
Kriterien benennt. Während 'Coma' und 'Periodus' Teile von
oder ganze Satzkonstruktionen bezeichnen, bedeutet 'Virgula'
einfach Strichlein, Rütlein und ist die lateinische Bezeichnung für das Zeichen dieses Aussehens.

Die zweite Trias besteht aus einem rhetorischen Zeichen,
dem Fragezeichen, während die beiden andern Zeichen, Klammer
und Trennungsstriche, eher dazu dienen, Zusammenhänge im
Schriftbild sichtbar zu machen.

Die Darstellung Steinhöwels ist unkompliziert, deutlich
und sehr systematisch durchgeführt. Er erreichte mit seiner
Beschreibung ebensoviel wie spätere Grammatiker, die den
Gebrauch der Interpunktionszeichen mit komplizierten Regel-
systemen eindeutig festzulegen versuchten.

3. HANS NYTHART

3.1 Leben und Werk[1]

Bezeugte Daten aus dem Leben Hans Nytharts sind nur sehr
wenige bekannt. Er wurde in der ersten Hälfte des 15. Jahrhunderts in Nürnberg geboren. Nach dem Tod seines Vaters
im Jahre 1450 zog er nach Ulm, wo die Nytharts die bedeu-
tendste Familie bildeten. Hans Nythart besass zwar keinen
akademischen Grad, darf aber dennoch als gelehrter Humanist
bezeichnet werden. In Ulm war er Ratsherr und Bürgermeister.
1486 gab er die Uebersetzung der Komödie 'Eunuchus' von
Terenz heraus[2]. Dieser Komödie schickte Nythart einige
Erklärungen zum besseren Verständnis des Stücks voraus,
unter anderem auch eine kleine Interpunktionslehre. Die
Interpunktion befindet sich in der unpaginierten Einleitung
auf dem Bogen a 7'. Gestorben ist Hans Nythart vermutlich
im Jahre 1490.

3.2 Das Interpunktionssystem

Nythart bietet ein vergleichsweise einfaches Interpunktionssystem an. Er beschränkt sich auf vier Zeichen und beschreibt
sie in einer Weise, die in manchen Details an Niklas von
Wyle erinnert. Er leitet seine Bemerkungen zur Interpunktion

---

1 Die wenigen Angaben über Hans Nytharts Leben sind dem Kommentarband
  von Peter Amelung zum Faksimiledruck des Ulmer Terenz von 1970 entnommen.

2 Die Autorschaft Nytharts ist nicht unumstritten. In Kindlers Litera-
  turlexikon wird diese Uebersetzung als anonym bezeichnet. Zu Missverständnissen gibt wohl der Schlussatz Anlass, wo es heisst: *Diese Come-
  dia hat Hanns Nythart zu Ulm lassen trucken den Cunrad Dinckmut.* Für
  Franz Joseph Worstbrock, Deutsche Antikenrezeption 1450-1550. Teil I,
  S. 149, scheint es jedoch keine Frage zu sein, ob Nythart nur den Druck
  veranlasste, oder ob er auch die Uebersetzung angefertigt hatte. Peter
  Amelung (cf.Anm.1) lässt aufgrund guter Kenntnisse von Hans Nytharts
  Interessen und Lebensumständen keinen Zweifel an der Autorschaft Nytharts gelten. Wir schliessen uns den letzteren Meinungen an und
  schreiben die Bemerkungen zur Interpunktion Hans Nythart zu.

mit folgenden Worten ein: *Dise Comedi wirt auch mit virgeln vnd punckten vnderschaidenlich nach sitt vnd gewonhait der Poetry oder Poetischen gedicht geschriben · Darumb ist zemercken auff viererlai virgel vnd punckten · Auff dise form · · ꝫ ( )*[1] Nythart beruft sich schon auf Sitte und Gewohnheit der Dichtung in Bezug auf die Interpunktion. Der zweite Teil der Einleitung tönt wie eine freie Paraphrasierung von Wyles einleitenden Bemerkungen.

3.2.1 Sinn- und Pausenzeichen

3.2.1.1 virgel

Die erst virgel allso stende / bedeüt vnderschaid ainer red oder oratz on volkomenhait des gantzen sinns.[2] Nythart verwendet die gleiche Terminologie wie Wyle bei der Beschreibung der Virgel. Er verbindet aber den Namen 'virgel' nicht wie Wyle mit diesem Zeichen (!), sondern mit dem Schrägstrich (/), wie er bei Steinhöwel vorkam.

3.2.1.2 punckt

Der ander punckt allso gesetzt · bedeüt volkomen beschliessung der sel= ben red oder oratz ·[3] Es wird auf den ersten Satz Bezug genommen. Bei Nythart ist der Punkt in halber Höhe gesetzt (·). Wir haben oben schon gesehen (cf. Kap. 2.3), dass die antike Tradition zu dieser Zeit sehr stark gewesen ist. Bei diesem Punkt könnte es sich um ein Relikt aus der Verwendung des Aristophanischen Dreipunktesystems handeln, wo die Höhe des Punktes auf der Zeile für seine Funktion ausschlaggebend war.

---

1 Nythart, Terentius, 1486. Bogen a 7'.
2 Nythart, Terentius, 1486. Bogen a 7'.
3 Nythart, Terentius, 1486. Bogen a 7'.

3.2.2 Ton- und Schriftzeichen

3.2.2.1 Fragezeichen

Der dritt punckt allso stende ⸮ bedeüt das so daruor gesetzt ist in fragweis verstanden werden soll ·[1] Auffallend ist, dass Nythart keinen Unterschied zwischen Haupt- und Nebenzeichen macht, sondern in der Aufzählung der Zeichen einfach fortfährt. Auch beim Fragezeichen erinnert die Formulierung eher an Wyle, das Aussehen des Zeichens mehr an Steinhöwel. Man könnte diese Form als spiegelverkehrtes modernes Zeichen (⸮ → ?) oder als verschnörkeltes altes Zeichen verstehen (⸮ → ⸮).

3.2.2.2 zwischen setzung

Zu̇m vierden die zwen krummen strich allso stende ( ) bedeüten das so daruor vnd darnach stat · gelesen werden mag · on verletzung volkomes sinnß · vnd das so zwischen den zwaien strichen ge etzt (sic) ist mag dannocht auch hin zu̇ (als ain zwischen setzung) gelesen werden . Vnd wirt genennt Jnterpositio oder Parenthesis ·[2] Namen und Beschreibung stammen von Wyle. Ein weiteres Indiz dafür, dass Nythart dieses System nicht selbst entwickelt hat, ist der Umstand, dass die Klammer im ganzen Werk kaum einmal erscheint, dass dafür andere, häufig vorkommende Zeichen wie die Trennungsstriche nicht erwähnt werden. Als Fortschritt muss der Versuch gewertet werden, für die Klammern einen deutschen Namen zu finden, auch wenn die 'zwischen setzung' eine ganz wörtliche Uebertragung von 'Interpositio' ist.

3.3 Zusammenfassung

Im Vergleich mit seinen beiden Vorgängern ist die Leistung Nytharts klein. Er bietet ein aufs Notwendigste reduziertes

---

1 Nythart, Terentius, 1486. Bogen a 7'.
2 Nythart, Terentius, 1486. Bogen a 7'.

Interpunktionssystem an, das zudem mit den im Werk vorkom-
menden Zeichen nur beschränkt übereinstimmt. Nythart übernimmt sehr viel von Niklas von Wyle, stellt es jedoch etwas
um und versucht mit neuen Formulierungen das Plagiat zu
überdecken, da kaum die Absicht einer Erweiterung oder Präzisierung der Beschreibung intendiert ist. Das System Nytharts ist insofern interessant, als Zeugnisse zur Interpunktion aus dem 15. Jahrhundert äusserst selten sind. Bei Nythart lässt sich zudem ein Zug feststellen, der auch in späteren Lehrschriften öfters sichtbar wird, dass nämlich eine
Interpunktionslehre mehr der Vollständigkeit halber in ein
Werk übernommen wurde, als dass die Erkenntnis der Notwendigkeit solcher Zeichen Anlass zu ihrer theoretischen Begründung gegeben hätte.

4. FRIEDRICH RIEDERER

Die letzten deutschen Interpunktionsregeln aus dem 15. Jahrhundert stammen von Friedrich Riederer, welcher in lateinischer und italienischer Tradition steht. Seine profunden
Kenntnisse ausländischer Theorien[1] hat er in deutscher Sprache mit einem zehn Zeichen umfassenden Interpunktionssystem
zu einem Höhepunkt geführt.

4.1 Leben und Werk[2]

Ueber das Leben Friedrich Riederers ist beinahe nichts in
Erfahrung zu bringen. Er stammt aus Mülhausen im Elsass.
Als Stadtbuchdrucker in Freiburg i.B. veröffentlichte er
1493 den 'Spiegel der waren Rhetoric'. Im Jahre 1499 folg-
ten zwei weitere kleine Werke: die beiden Uebersetzungen
'Francisci Nigri opusculum scribendi epistolas' und 'Thome

---

1 Cf. dazu die Abschnitte 4.2 und 4.3.

2 Die vorliegenden Angaben stützen sich auf den Aufsatz von J.Braun in
  ADB Bd.28, 1889. S.529.

Murner Tractatus perutilis de phytonoico contractu'[1]. Seither fehlt jede Nachricht von Riederer.

4.2 Das Interpunktionssystem

Die schriftstellerische Tätigkeit Riederers war nicht gross. Mit dem 'Spiegel der waren Rhetoric' hat er aber ein sehr erfolgreiches Werk geschrieben, das bis ins 16. Jahrhundert mehrmals neu aufgelegt wurde[2]. Der genaue Titel des Werkes gibt guten Aufschluss über seinen Inhalt: *Spiegel der waren Rhetoric / auß Marco Tullio Cicerone : vnd andern geteütscht / Mit jren glidern klüger reden / Sandtbrieffen vnd Formen mancher Contract / seltzam Regulierts Teütsch / vnd nutzbar Exempliert / mit fügen / auff Götlich vnd Keyserlich gschrifft vnd Recht gegründet / Durch Fridrich Riederer von Mülhaußen inn Hegaw.*[3] Es handelt sich also um eines der damals weit verbreiteten Formularbücher, welches auf der Grundlage von Ciceros Schriften, denjenigen anderer Autoren und den Geschäftsbüchern der Stadt Freiburg zusammengestellt wurde.

Formulare und deutsche Rhetorica existierten in grosser Anzahl. Aus dem Jahre 1483 stammt die vermutlich erste Ausgabe. Bekannt sind heute über 20 verschiedene Fassungen[4], unter welchen Riederers 'Spiegel' insofern eine Sonderstellung einnimmt, als er das einzige Werk mit einer Interpunktionslehre ist. Diese findet sich jedoch noch nicht in der Ed.princ. von 1493 sondern erst in späteren Auflagen[5].

---

1 Die zwei letzten Titel sind zitiert nach ADB Bd.28, 1889. S.529.

2 So z.B. Strassburg 1502 und 1505, Mainz 1508, Strassburg 1509 und 1517, Augsburg 1535.

3 Titelblatt der Augsburger Ausgabe von 1535. Im folgenden wird nach dieser Ausgabe zitiert.

4 Cf. dazu Müller, Quellenschriften, S.362-372, und Paul Joachimsen, ges. Aufsätze, 1970, S.178-200, wo die Geschichte und Entwicklung der Formularbücher eingehend dargestellt ist.

5 Es war dem Verfasser nicht möglich herauszufinden, ob die Interpunktion in der 2. Auflage von 1502 schon vorhanden war. Müller, Quellenschriften, S.290 ff, überliefert im Text von 1505 die Interpunktion.

Es handelt sich also streng genommen nicht mehr um eine
Interpunktionslehre aus dem 15. Jahrhundert. Riederer stützt
sich jedoch stark auf die italienisch-lateinische Tradition
des 15. Jahrhunderts, sodass wir seine Theorie ruhig zu dieser Zeit rechnen dürfen, insbesondere, weil es für die Reihenfolge der Zeugnisse keine Rolle spielt.

Die nachfolgende Besprechung der einzelnen Zeichen stützt
sich auf den Text der Augsburger Ausgabe von 1535[1]. Diese
Ausgabe zählt 132 paginierte Blätter. Die Interpunktionsregeln stehen auf den Blättern 35 bis 36. Sie sind zwischen
lose aneinandergereihten syntaktischen und rhetorischen
Anmerkungen plaziert.

In einigen einleitenden Worten äussert sich Riederer über
den Zweck und die Herkunft der Interpunktionszeichen: *Von*
punctierender maß. Nach den pausen die inn der red nach erfordrung ye=
der verfügung der wort gebraucht sollen werden / sind vnderschydlich
puncten vnd rtülin (sic) erdacht / vnd darauff gegründt / das yeder inn
lesen / wie einer inn reden sich still haltens oder fürfaren / dadurch
die red den hörenden dester verstentlicher sey / inn zehen vndferschey=
den gebraucht.[2] Der Ausgangspunkt ist die gesprochene Sprache.
Durch die Interpunktion wird ein möglichst genaues schrift-
liches Abbild der gesprochenen Sprache mit ihrer Betonung,
ihren Pausen etc. angestrebt.

4.2.1 Sinn- und Pausenzeichen

Riederer vollzieht die Trennung in Sinn- und Pausenzeichen
auf der einen Seite und in Schrift- und Tonzeichen auf der
anderen Seite selbst. In den lateinischen Marginalien werden
die Sinn- und Pausenzeichen als 'puncti essentiales' bezeichnet, eine Benennung, die auf lateinische Vorlagen zu-

---

1 Eine frühere Ausgabe war dem Verfasser nicht zugänglich. Bei Unklarheiten wurde die Transkription der Strassburger Ausgabe von 1505,
  abgedruckt in Müller, Quellenschriften, S.290 ff, zum Vergleich
  herangezogen.

2 Riederer, Spiegel der waren Rhetoric, 1535. Blatt 35.

rückgeht. Mit folgenden Worten erklärt Riederer die Zweiteilung: *Deren (sc.vnderscheyde) sind fünff wesenlich / vnd werden*
alweg inn red geübt / wo sich das erfordert / vnd vmm das sollich
gebrauch pausierens oder punctierens deß baß vermerckt werd / Jst vorab
zewissen / das ein gantze red volkommen vnd vnuolkommen teyl hat / wann
der volkommen zerteylt wirt / so gewynnet der vnuolkommen teyl / die
hencken des hörenden gemüt auff / vnd machend zewarten . Der selben
vnuolkommen teyl / ist etlicher eyns einigen worts / etlicher vil
worten / (Bsp.).[1] Riederer versucht,eine Art grammatikalischer
Erklärung einzuführen: der Satz wird in vollkommene und unvollkommene Teile unterteilt. Während Riederer in der lateinischen Randglosse von grammatikalisch vollkommenen und unvollkommenen Teilen spricht, scheint er in der deutschen
Sprache noch keine Begriffe dafür zu kennen. Das Wissen über
die Teile der Sätze soll dazu verhelfen, einen Satz sinnvoll zu lesen.

Riederer steht unter starkem Einfluss lateinischer Grammatiker wie Bernhard Perger[2] und Johannes Heynlin[3]. Diese
versuchten zum ersten Mal, den rhetorischen Auswirkungen
der Sprache neben den semantischen auch syntaktische Elemente zugrundezulegen.

Im Anschluss an die theoretischen Aeusserungen führt Riederer jeweils einen umfangreichen Beispielsatz und zwar immer den gleichen an. In der folgenden Analyse wird er nicht
zitiert, da er vielfach ungenau interpunktiert ist und deshalb keinen Aufschluss über die Absicht des Autors geben
kann.

---

1 Riederer, Spiegel der waren Rhetoric, 1535. Blatt 35'.

2 Bernhard Perger gab 1482 in Nürnberg eine 'Grammatica nova' heraus.
  Die Interpunktion wird am Ende des 2. Buches abgehandelt. Das Werk
  ist nicht paginiert.

3 Johannes Heynlin, auch johannes a lapide oder Heynlin vom Stein genannt, veröffentlichte 1475 in Basel anonym den 'Compendiosus de arte
  punctandi dialogus', zusammen mit dem 'vocabularis breviloquus' von
  Reuchlin. 1493 erschien der 'Compendiosus dialogus' unter dem Namen
  Johannes de lapide.

4.2.1.1 Virgula

Der erst ist eins schlechten auffrechten rütlins / das zů latein ge=
nannt wirdt Virgula / vnd ist geschaffen also / oder an des stat braucht
man gewonlich ein kleinen puncten / sollicher gestalt , mitten an der
zeyl der geschrifft . Diß virgel oder punct bedeüt dem lesenden wie dem
redenden / ein klein pauß oder auffhaltung / vnnd würdt gebraucht zů
vnderscheyden die vnuolkommnen teyl einer red / deren teyl einer sey
allein von eim wort oder vonn vil worten gemacht . (Bsp.).[1] Im ersten
Teil der Erklärung wird die Form der Virgel beschrieben. Es
werden zwei Varianten angeboten, wobei die letztere nicht
mit ihrer Beschreibung übereinstimmt. Gemeint war die media
distinctio (·) im antiken Dreipunktesystem. Müller, der die
Strassburger Ausgabe von 1505 benutzte, überliefert nur eine
Form der Virgel, welche sich zudem auf die andere Seite
neigt (\)[2]. Offenbar hat hier der Setzer in eigenmächtiger
Weise ein veraltetes Zeichen dem Schreibgebrauch angepasst,
ohne jedoch die Beschreibung zu ändern. Das zweite Zeichen
in der vorliegenden Fassung entspricht übrigens der Virgula,
welche damals in lateinischen Drucken gesetzt wurde.

Die eigentliche Regel, welche durch ein Beispiel erhärtet
wird, stützt sich auf rhetorische Gesichtspunkte. Die Virgula hat die Aufgabe, die unvollkommenen Teile einer Rede zu
bezeichnen. Der Bezug zur Einleitung ist deutlich vorhanden.

4.2.1.2 Gemipunctus erectus

Darnach ist ein vnderscheyd mit zweyen puncten ob einander also : vnd
wirt gebraucht nach außgang yedes volkommen teils / (Bsp.).[3] Der Gemipunctus, der nur in der lateinischen Randglosse so bezeichnet wird, ist das nächste Zeichen in der Hierarchie der Unterteilung. Durch den Gemipunctus erectus werden vollkom=

---

1 Riederer, Spiegel der waren Rhetoric, 1535. Blatt 35'.

2 Müller, Quellenschriften, S.291.

3 Riederer, Spiegel der waren Rhetoric, 1535. Blatt 35'.

mene Teile eines Satzes unterschieden. Das Bezugssystem ist dasselbe wie das der Virgula.

4.2.1.3 Coma

Zum dritten / ist ein ebner punct / der schlechtlich mit der fäder ge=
dupfft / vnd genennt wirt Coma / stehet oben inn der linien / oder
vnden an der linien / mit eim rütlin vbersich / der hat ein gestalt
also   oder also ´ vnd bedeüt lenger pauß oder vnderleybung dann gemi=
punctus / er wirt nach volkommen teyl der red gebraucht / inn anderm
vnuolkommen oder volkommen teyl / doch mit bedeütung / dz noch ein
oder mer teyl der gantzen red hernach volgen / vnd auff die vorgehen=
den teyl ein auffsehen haben (Bsp.).[1] Das Aussehen des Comas ist
schwer zu erraten: in der vorliegenden Ausgabe fehlt das
erste Zeichen, das zweite stimmt nicht mit der Beschreibung
überein. Der Beispielsatz gibt ebensowenig Aufschluss über
das Aussehen des Zeichens. Müller überliefert aus der Augsburger Ausgabe von 1505 folgende drei Formen: ˙ und ! und
ς[2]. Vermutlich treffen die beiden erstgenannten Varianten
zu.

   Das 'Coma' scheint aus der Reihe zu treten. Seine Stellung
im Satz ist nicht mehr genau definiert, sondern sehr unprä-
zise beschrieben. Die Idee vom erweiterungsbedürftigen Satzteil übernahm Riederer vermutlich von Steinhöwel, dessen
'Coma' dasselbe Aussehen hat und die gleiche Funktion erfüllt.

4.2.1.4 Colon

Zum vierdten / ist ein vnderscheyd / genannt Colon / vnnd macht vol=
kommner vnderleybung dann vorgemelt puncten oder virgel / angesehen /
das er sein stat hat zwyscpen (sic) gantzen reden / die dannocht zů
zeyten etwas zesamen dienen / vnd halt sich vnderm teyl der linien

---

1 Riederer, Spiegel der waren Rhetoric, 1535. Blatt 35'.
2 Müller, Quellenschriften, S.291.

also . (Bsp.).[1] Bei diesem Zeichen handelt es sich um den
heutigen Punkt. Das 'Colon' grenzt noch grössere Teile voneinander ab, als alle vorangegangenen Zeichen. Es trennt
vollkommene Reden, also ganze Sätze, welche jedoch einen
inhaltlichen Bezug zueinander haben. Diese Erklärung ist
nur verständlich, wenn man bedenkt, dass Riederer von der
rhetorischen Einheit aus urteilt. Der Terminus 'Colon'
bezeichnet eigentlich Satzglieder; aus den Beispielen wird
jedoch deutlich, dass Riederer mit dem Punkt nach heutigen
Begriffen vollständige Sätze beschliesst.

4.2.1.5 Periodus

*Zum fünfften ist ein vnderscheyd / genannt periodus / der hat aller
volkommnest vnderleybung / dann er wirt gesetzt zu̇ end einer gantzen
red / zu̇ deren die nachuolgend red nit auffsehen hat / vnd ist gefor=
miert mit eim krummen rütlin am rugken ligende / vnd einen puncten
darob der gestalt (. an des stat machend etlich an der linien den punc=
ten colon / oder sonst ein schlechten puncten . oder setzen jn oben
an die linien / vnd ziehend ein virguli darunter also ; (Bsp.).*[2] Das
letzte Sinn- und Pausenzeichen, den Periodus, kann man als
redundant bezeichnen. Dem Periodus entspricht der Punkt am
Ende eines Abschnittes, wobei der grössere Sinnschritt
durch den Absatz im Schriftbild schon genügend gekennzeichnet ist.

Diejenige Form des Periodus, welche Riederer als beste
ansieht, (. , wird in der vorliegenden Ausgabe praktisch
nicht benutzt. Zu jener Zeit war zudem der Periodus in Form
des heutigen Semikolons weiter verbreitet. Die Schreib-
und Druckpraxis hat sich jedoch bald von diesem überflüs-
sigen Zeichen distanziert.

---

1 Riederer, Spiegel der waren Rhetoric, 1535. Blatt 35'.

2 Riederer, Spiegel der waren Rhetoric, 1535. Blatt 35'.

4.2.2 Ton- und Schriftzeichen

Analog zu den fünf 'punctis essentialibus' führt Riederer
auch fünf 'punctos accidentales' ein: *Fürter sind fünff vnder=*
scheyd / die begebend sich nit von wesen der red / sonder anhangende /
vnd mer inn geschrifft dann inn reden / wiewol die obgenannten fünff
puncten sich auch nur inn geschrifft sichtbarlich begeben / sie haben
aber die natur / des redenden stymm růwen zůlassen.[1] Riederer weist
den 'punctis accidentalibus' ganz klar eine andere Funktion
als den 'punctis essentialibus' zu: sie beziehen sich mehr
auf das Geschriebene als auf die Rede. Bei dieser Erklärung
ist vor allem wichtig, dass die 'puncti essentiales' eindeutig der gesprochenen Sprache zugeordnet werden, also rhetorische Zeichen sind. Das heisst aber nicht, dass die Nebenzeichen grammatikalische Zeichen seien. Diese erfüllen
ihre Aufgabe oft in reiner Schreibehilfe, wie z.B. als
Trennungsstrich am Schluss der Zeile.

4.2.2.1 Semipunctus

Zum ersten / wann inn außgang einer linien ein wort zum teyl / vnd inn
anfang der nachuolgenden nechsten linien das ander teyl gesetzt wirdt /
da macht man ein ligend rütlin oder zwey neben einander also =.[2] Riederer beschreibt dieses Satzzeichen klar und verständlich.
Vor Riederer sind in der Praxis schon beide Schreibungen,
= und - angeboten worden; die einfache Version hauptsächlich im lateinischen Schrifttum. Riederer lässt beide Formen gelten, verwendet wurde damals in der Regel aber nur
die doppelte Form.

    Gewisse Anklänge an Steinhöwels Trennungszeichen sind deut-
lich hörbar. Ob aber nicht gerade Wortwahl und Erklärungsmodus allein durch die eindeutige Funktion dieses Zeichens
gegeben sind, lässt sich nicht entscheiden.

---

1 Riederer, Spiegel der waren Rhetoric, 1535. Blatt 35'.
2 Riederer, Spiegel der waren Rhetoric, 1535. Blatt 35'.

4.2.2.2 Interrogativus

Zum andern ist ein vnderscheyd / der wirdt gebraucht nach außgang einer
red / die ein frag auff jr tregt / vnd wirt gefiguriert mit eim schlech=
ten puncten vnnd eynem krummen rütlin darob also ʔ Etlich übend solli=
chen vnderscheyd zwyfaltig / nämlich yetzt geformierten puncten am end
der gantzen volkommen fragred / Begeben sich aber teyl inn der selben
fragred / so formieren sie zwyschen den teylen zwen puncten ob einander /
vnd ein schlecht klein ligend rütlin vber dem obersten puncten.[1] Obwohl gerade das Fragezeichen rhetorisch eine grosse Rolle
spielt, erwähnt Riederer diesbezüglich nichts. Bemerkenswert ist, dass das Fragezeichen als Kombination eines Sinn-
und Pausenzeichens mit dem 'rütlin' als Zusatz für die Fra-
gefunktion angesehen wird. Innerhalb des Satzes kann nach
Riederer das Fragezeichen mit dem 'Gemipunctus erectus'
kombiniert (⁊) vorkommen.

4.2.2.3 Exclamativus, admirativus

Zum dritten ist ein vnderscheyd der verwundrung / genannt exclamatiuus
oder admiratiuus / der wirt gebraucht / wann einer seiner red ver=
wundrende ein scharpffen außdruckt thůt / also ! (Bsp.).[2] Das Ausrufezeichen, hier das Zeichen der Verwunderung, ist ein
rhetorisches Zeichen, um einen Effekt der gesprochenen
Sprache schriftlich fixieren zu können. Der Gebrauch ist
im Vergleich mit der heutigen Anwendung noch stark eingeschränkt. So fehlen z.B. die Befehlssätze, die Wunschsätze
und auch die Ausrufe selbst.
Das Zeichen taucht in der deutschen Sprache hier erstmals
auf. Umso erstaunlicher ist, dass sein Aussehen nicht beschrieben wird, wie es bei den andern, schon längst bekannten Zeichen der Fall ist. Im Gegensatz zum Fragezeichen
setzt sich das Ausrufezeichen nicht durch. Es erscheint

---

1 Riederer, Spiegel der waren Rhetoric, 1535. Blatt 35'/36.
2 Riederer, Spiegel der waren Rhetoric, 1535. Blatt 36.

erst wieder rund hundert Jahre später bei Sebastian Helber
(cf. Kap. 11). Vom 'Coma', das im Prinzip die gleiche Form
aufweist, unterscheidet sich der 'Exclamativus' nur durch
einen etwas fetteren Druck.

4.2.2.4 Parenthesis

Zum vierdtem ist ein vndescheyd / genannt parenthesis / vnd wirt ge=
braucht wann zwyschen die teyl einer volkommen red / etlich wort ge=
mischt werden / die nichts inn der verfügung / sonder allein inn sinn
der red etwas thůnd / vnd wann sie nit da stünden / so wer die red
dannocht volkommen vnd verstentlich . Diß zwyschensatzung wirt be=
zeychnet auff yeder seyten . Nämlich / vor vnd nach mit eym halben
kreyß also (Jesus).[1] Die Funktion der Klammer wird grammatikalisch erklärt: was in der Klammer steht, berührt das Satzgefüge nicht, sondern nur den Satzinhalt. Das Aussehen wird
mit zwei Halbkreisen erklärt. Als Beispiel dient das Wort
'Jesus', welches schon von Wyle verwendet wurde.

4.2.2.5 Gemipunctus iacens

Zum fünfften / wann einer inn vberschrifften / oder sonst eygen namen
oder zůnamen der menschen / oder stett zeschreyben begert / vnd die nicht
weyßt zenennen / so macht er an stat des selben namen ein zeychen zweyer
puncten neben einander also .. Das wirt auch genannt gemipunctus / Et=
lich machend dafür den bůchstaben .N.[2] Aus diesem Zeichen haben
sich die späteren Auslassungspunkte entwickelt. Bei Riederer dient der liegende Doppelpunkt lediglich dazu, unbekannte Namen zu ersetzen.

Die Beeinflussung Riederers durch lateinische Grammatiker
der gleichen Zeit kann bei diesem Zeichen besonders deutlich gezeigt werden. Neben Riederer ist Johann Heynlin[3] der

---

1 Riederer, Spiegel der waren Rhetoric, 1535. Blatt 36.

2 Riederer, Spiegel der waren Rhetoric, 1535. Blatt 36.

3 Cf. Anmerkung 3, S.28.

einzige Autor des 15. Jahrhunderts, der dieses Zeichen erwähnt. Erst Harsdörffer führt es im 17. Jahrhundert wieder
ein. Heynlins lateinische Version lautet: *Sunt tamen alia*
puncta duo / quae clausulas non respiciunt · alterum quorum repertum
est / ad incognitum siue nomen siue cognomen personae significandum ·
aut etiam loci / uel dignitatis . Cui puncto nomen / vt quibusdam pla-
cet ! gemipunctus est · Bis etenim per transuersum comprimitur sic ··[1]
Die Struktur der Beschreibung ist bei Heynlin und Riederer
so ähnlich, dass mit ziemlicher Sicherheit angenommen werden darf, Riederer habe Heynlin mindestens teilweise als
Vorlage benutzt.

4.3 Zusammenfassung

Die Interpunktionsregeln Riederers stehen in einem Formularbuch, einer Anleitung zum richtig Schreiben. Dennoch
sind die Interpunktionszeichen sehr stark von der rhetorischen Funktion her begründet.

  Friedrich Riederer bietet ein ausführliches Interpunktionssystem mit zehn Zeichen an. Sein System ist einerseits stark
von lateinischen und italienischen Vorlagen beeinflusst, andererseits kannte er aber auch die Interpunktionsanweisun-
gen Wyles und Steinhöwels. Wie die beiden letztgenannten betont Riederer die Vorläufigkeit seines eigenen Systems: *Die*
obgemelten vnderscheyd / vnd jr zeychen werden von etlichen anders ge=
nannt vnd figuriert / auch etwan anders dann vor laut / zebedeüten ge=
braucht / das yedem lesenden wol zemercken gebürt . Sollichs meld ich
darumb / das die lesenden / ob sie es inn andern geschrifften anders

---

1 Heynlin, Compendiosus dialogus, 1478. Auf der Rückseite des 3. Blatts
   von Reuchlins unpaginiertem 'Vocabularius'.
   Uebersetzung: Es gibt ausserdem zwei weitere Punkte (Zeichen), welche
   sich nicht auf die Sätze beziehen. Der eine von ihnen ist erfunden
   worden, um einen unbekannten Vor- oder Nachnamen einer Person, eines
   Ortes oder eines Ranges zu bezeichnen. Der Name dieses Zeichens ist
   Gemipunctus. So nennen ihn einige. Er wird durch zwei nebeneinander-
   liegende Punkte dargestellt.
   Auffallend ist in diesem Text die doppelte Verwendung des Punktes,
   wobei er in Zeilenmitte eine schwächere Unterteilung andeutet.

fünden / sich deß baß wissen darnach zerichten / vnd vrsach der zeychen
zemercken.[1]

Riederer versuchte ein System zu entwickeln, welches logisch aufgebaut war und alle gängigen Zeichen enthielt. Die
Einteilung in je fünf Haupt- und Nebenzeichen wirkt allerdings in einigen Fällen, z.B. beim 'Coma', etwas erzwungen.
Mit Riederers System hat die Interpunktion einen Stand erreicht, der während 150 Jahren nicht übertroffen wurde.

Es lag jedoch an der überdurchschnittlichen Schwierigkeit
dieser Interpunktionsregeln, dass sie in der Praxis keine
Verbreitung fanden und auch keine grosse Wirkung erzielten.
Besonders die richtige Verwendung der fünf Hauptzeichen er-
forderte einige grammatikalische Kenntnisse, die wohl nur
in den seltensten Fällen anzutreffen waren.

Anhand zweier verschiedener Fassungen des Beispielsatzes
soll nun gezeigt werden, wie wenig diese ausführlichen Regeln, zumindest von den Nachdruckern, verstanden wurden.
Zwei sich entsprechende Beispielsätze aus der Augsburger
Ausgabe von 1535 und aus der Strassburger Ausgabe von 1505
werden so untereinandergestellt, dass ein direkter Vergleich
möglich wird.

Hinscheyden vnd der grymm tod / ist erschrockenlich   den menschen /
Hinscheyden vnd der grymm tod \ ist erschrockenlich : den Menschen ⌐

deren leben vnnd gůter lümbd / mit einander hinfert . aber nit denen !
deren leben vnd gůter lümbd \ mit eynander hinfert . aber nit denen ⌐

die gůt lob   hinder jnen verlassen / vnd jnen das nyemand genemen
die gůt lob \ hinder inen verlassend : vnd inen das nieman genemen

mag (.[2]
mag (.[3]

Die beiden Ausgaben stimmen mit Ausnahme der Interpunktionszeichen ziemlich gut überein. Das zeigt, dass die Setzer
das Verständnis für den richtigen Gebrauch dieser Satzzei-

---

1 Riederer, Spiegel der waren Rhetoric, 1535. Blatt 36.

2 Riederer, Spiegel der waren Rhetoric, 1535. Blatt 35'.

3 Müller, Quellenschriften, S.291. (Ausgabe von 1505).

chen nicht aufbrachten und dass ihnen wohl auch zu wenig
daran gelegen war, genau nach der Vorlage interpunktierte
Texte herzustellen.

Riederer, der selbst Buchdrucker war, erreichte in seinen
Drucken den propagierten Standard nicht, sondern begnügte
sich mit wenigen Zeichen, hauptsächlich mit dem Punkt und
mit der Virgel.

5. DIETRICH VON PLENINGEN

5.1 Leben und Werk[1]

Dietrich von Pleningen (auch Plenningen oder Plieningen)
wurde um 1450 im gleichnamigen Dorf in der Nähe Stuttgarts
geboren. Er studierte Rechtswissenschaft und erwarb 1475
in Pavia den Doktor der Rechte. Nach seiner Rückkehr nach
Deutschland trat er in den Dienst des Kurfürsten Philipp
des Aufrichtigen von der Pfalz. Er liess sich in Heidelberg, einem der Mittelpunkte des deutschen Humanismus, nieder. Um 1500 siedelte er nach Bayern über und trat in die
Dienste Herzog Albrechts von Bayern. Er entwickelte dort
eine aktive politische Wirksamkeit bis zu seinem Tode im
Jahre 1526.

Pleningen fand als Humanist seine liebste Erholung in der
Beschäftigung mit den alten Klassikern. Seine literarische
Tätigkeit mit Uebersetzungen und Auszügen aus deren Werken
setzte jedoch relativ spät, dafür umso reichhaltiger ein.
1515 veröffentlichte er in Landshut vier Werke: 'Gaij Pliny
des andern lobsagung', 'Des hochberomten Lateinischen histo-
rischreibers Salustii zwo schone historien: von den Cathi-
linen und Jugurthen kriegen', 'ain kurtzer ausszuge vom
Seneca, wie man die Kinder auftziechen soll' und 'von Klaf-
fern, zway püechlin: das ein Lucianus, das ander Poggius'.

---

1 Die Angaben über Leben und Werk Pleningens stützen sich auf:
  - den Aufsatz von Theodor Schott in ADB Bd.26, 1888. S.297/298.
  - den Aufsatz von Sigmund Riezler in ADB Bd.53, 1907. S.79-81.

Im folgenden Jahr erschien dann die 'Antwort auff zwo Fragen'.

5.2 Das Interpunktionssystem

Die Interpunktionsregeln Pleningens stehen in seinem ersten literarischen Werk, das er veröffentlicht hat: in der Uebersetzung des Panegyricus des Gaius Plinius Caecilius Secundus[1]. In der Vorrede zu diesem Werk kommt Pleningen auf die Interpunktion zu sprechen. Auf beinahe zwei Seiten äussert er sich über den Sinn und Zweck der Satzzeichen. Er führt einige z.T. bekannte, z.T. auch neue Argumente an, welche kurz zusammengefasst seien:
- Pleningen hat den Originaltext so wenig als nötig verändert, deshalb auch die Zeichen übernommen (cf.Wyle).
- Dem laut Lesenden wird sich bei Beachtung der Zeichen der Sinn des Textes leicht aufschlüsseln.
- Wie Plinius hat sich auch Pleningen aufs äusserste eingeschränkt, deshalb sind die Satzzeichen notwendig.
- Diejenigen, die die Zeichen noch nicht kennen, verweist Pleningen auf das folgende Kapitel, wo sie erklärt werden.
  Pleningen sieht den geschriebenen Text noch als Einheit von grammatikalischen und rhetorischen Elementen an. Aus zwei Gründen ergeben sich jedoch für ihn keine Schwierigkeiten: einmal orientiert er seine Interpunktionslehre ausschliesslich rhetorisch; dann sind seine Texte, obwohl sehr sorgfältig gesetzt, äusserst fehlerhaft interpunktiert. Der Leser hat Mühe, die einzelnen Aussagen voneinander abzugrenzen, da die Zeichen vielfach sinnverwirrend gesetzt sind.
  Die eigentliche Interpunktionslehre beginnt mit folgenden Worten: *Ain punct : ist ain zaichen das do ! oder durch figur oder sein verziechen : die clausel zertailt ! die stymm vnderschait : das*

---

1 Der genaue Titel des Werks lautet: Gay Pliny des andern lobsagung (...) Durch herrn Dietrichen von Pleningen (...) getheutscht. Landsshut 1515. Im folgenden 'Pleningen, Plinius, 1515' zitiert.

gemuet wider erkuckt (=wiedererquickt) . vnnd verlast ain zeit den ge=
dencken . das geschicht oder durch verzug des ausprechens vnnd der
zeit ! oder durch zaichen der feder. Wöllicher puncten ainer des andern
zaichen ist . Dann wann der durch die feder gerecht formirt : so zaigt
er dem löser : an den wege : aus zu sprechen vnd verstentlichen zu lö=
sen.[1] Dieser Satz ist nicht leicht verständlich. Einige Anzeichen sprechen dafür, dass Pleningen eine lateinische
Vorlage benutzt hat. So z.B. die Verwendung von 'oder-oder'
anstelle von 'entweder-oder' analog zur lateinischen Bildung 'vel-vel' resp. 'aut-aut'.

Ein Blick auf einige lateinische Interpunktionslehren aus
dem 15. Jahrhundert[2] zeigt sofort gewisse Aehnlichkeiten im
Zeichenbestand und im Erklärungsmodus Pleningens. Für den
oben zitierten Satz scheint der 'Compendiosus de arte punctandi dialogus' von Johannes Heynlin[3] sogar als direkte
Vorlage gedient zu haben. Auf die Frage des 'Discipulus',
was denn ein 'punctus' eigentlich sei, antwortet der 'Magister': *Est enim signum quod uel figura / uel mora sua / clausulas*
separat · sensus distinguit · animum recreat · spaciumque cogitandi
relinquit . Et fit aut mora pronunciationis et temporis ! aut impressio=
ne calami · quorum punctorum / alter alterius signum est · dum enim
calamo recte formatur ! viam quasi pronunciandi ostendit · cum autem
pronunciatione ! modum rectum formandi.[4] Es handelt sich bei Pleningens Einleitung um eine wortgetreue Uebersetzung aus
Heynlins Dialog. So lässt sich die Aeusserung Pleningens
aus der Vorrede, er habe sich beflissen 'auff dz kurtzest :
dz auch auf die selben arten (sc. wie die lateinische Vorlage) / zu teutschen', dahingehend auslegen, dass er den
lateinischen Satzbau unverändert ins Deutsche übernommen

---

1 Pleningen, Plinius, 1515. Bogen b 1.

2 Cf. dazu Müller, Quellenschriften, S.289 ff.

3 Cf. Anmerkung 3, S.28.

4 Heynlin, Compendiosus dialogus, 1478. Auf der Rückseite des 3. Blatts
   von Reuchlins 'Vocabularius'.

hat. Eine grosse Anzahl der trotz Interpunktion dunklen
Stellen in Pleningens Werk lässt sich auf diese Weise erklären.

Pleningen hat aber nicht die ganze Interpunktionslehre
von Heynlin übernommen. Wohl lassen sich noch zwei weitere
wörtliche Entlehnungen nachweisen (Virgula und Coma), mehrere sinngemässe oder nur leicht entstellte Uebersetzungen
(Parentesis, Periodus und die rhetorischen Anmerkungen),
dennoch finden sich Erweiterungen, welche entweder von ihm
selbst stammen, oder dem Verfasser nicht bekannten Quellen
entnommen sind[1].

5.2.1 Sinn- und Pausenzeichen

Von den sechs Interpunktionszeichen, welche Pleningen erklärt, sind vier Sinn- und Pausenzeichen: Virgula, Coma,
Colum und, erst nach Interrogatio und parentesis, periodus.
Ein Zeichen, das im Werk sehr oft gebraucht wird, wird nicht
erwähnt: der einfache Punkt.

5.2.1.1 Virgula

Virgula : ist ain hangende lini gegen der rechten handt sich aufrich=
ten / die man ordenlichen thut setzen nach worten die do noch volbeko=
menhait der bedewtnus oder worter in mangl stende ;[2] Sowohl die Beschreibung als auch die Erklärung sind wörtlich von Heynlin übernommen. Aufgrund der lateinischen Vorlage[3] lässt
sich die Funktion der Virgel so umschreiben: sie wird gesetzt zwischen grammatikalisch und inhaltlich unvollständi-

---

1 Nicht übernommen sind diese restlichen Partien nachgewiesenermassen
   aus den lateinischen Interpunktionslehren folgender Autoren: Bernhard
   Perger, Philipp Melanchthon, Nikolaus Perottus, Franciscus Niger,
   Aelius Donatus. Cf. dazu ausführlich Müller, Quellenschriften, S.289.

2 Pleningen, Plinius, 1515. Bogen b 1.

3 Bei Heynlin, Compendiosus dialogus, 1478, tönt die entscheidende Partie folgendermassen: *(...) ponitur post dictiones verbo ac perfectio-*
   ne carentes.

gen Teilen von Sätzen.

5.2.1.2 Coma

Coma . ist ain punct mit ainem virgelein oben erhebt ! gleicherweis
wie dy erst virgel : also ! wirt geschicklichen gesatzt nach wörtern
die do ain volkomen bedeutnus hand das man haist ein zertailung . vnd
wiewol das der zimlichen : nach volkomender bedeutnus vnnd worten ge=
satzt : so bezaichet er doch das man der röden so ain namen ainer clau=
sel behalten noch was nit ongehörlichs zufuegen möge ;[1] Der erste
Teil ist von Heynlin übernommen. Die Fortsetzung weist ebenfalls Elemente auf, die auf das Latein hindeuten, wie z.B.
'zertailung' = distinctio, 'namen' = nomen und 'clausel' =
clausula. Die Funktion des Zeichens ist theoretisch dort
anzusiedeln, wo sie bei Wyle, Steinhöwel und Riederer anzutreffen war. Der praktische Gebrauch durch Pleningen lässt
keine Rückschlüsse zu: das 'Coma' erscheint in allen möglichen und auch unmöglichen Positionen.

5.2.1.3 Colum

Colum . ist ain punct mit zwayen tüpflen also : Wirt schier gleich mit
ainer weniger mere auffhaltung der zeit dann Coma gepraucht aber auch :
noch so mag was zierlichs angehenckt werden ;[2] Dieses Zeichen ist
aus zwei Gründen bemerkenswert. Zwar taucht der Begriff Colon schon früher auf, hier jedoch erstmals in der heute
noch gebräuchlichen Verbindung mit dem Doppelpunkt. Die Erklärung bezieht sich auf das vorangegangene Zeichen und beschränkt sich auf die rhetorische Konsequenz: die Pause beim
lauten Lesen fällt etwas länger aus.

5.2.1.4 Periodus

Periodus . ist ain punct mit einer virgel vnden angegenckt also ; wurd

---

1 Pleningen, Plinius, 1515. Bogen b 1'.
2 Pleningen, Plinius, 1515. Bogen b 1'.

gepraucht am ende ains gantzen sententzien.[1] Die Beschreibung des
Periodus ist erstaunlich klar und eindeutig. Auch dieses
Zeichen ist vermutlich von einer lateinischen Vorlage beeinflusst; neben einigen ähnlichen Formulierungen bei lateinischen Grammatikern weist vor allem der Ausdruck 'sententzi-
en' = sententiae darauf hin.

5.2.2 Ton- und Schriftzeichen

Wie oben schon angedeutet befinden sich die Zeichen Klammer
und Fragezeichen innerhalb der Reihe aller Zeichen, welche
vom Periodus abgeschlossen wird. Pleningen geht eben vom
rhetorischen Standpunkt aus und empfindet so auch Fragezeichen und Klammern als Zeichen, welche den Redefluss in
irgendeiner Weise unterbrechen.

5.2.2.1 Jnterrogatio

Jnterrogatio . ain fragender punct ist ain punct mit ainem virguli
herumb gekrömpt also ʔ.[2] Das Fragezeichen wird von Pleningen
nur beschrieben. Die Form des Zeichens ist erstaunlich modern. Sie gleicht dem heutigen Fragezeichen mehr als alle
vorangegangenen und lässt sich am ehesten mit einer über
den Punkt gesetzten arabischen Ziffer 2 beschreiben.

5.2.2.2 Parentesis

Parentesis . dise puncten prauchent die latinischen so sy in einer noch
onuolendter angefangner clauseln eingeworffne wörter vnderschaiden wöl=
lend : das thünd sy mit zwayen halben zirckel also (etc.)[3] Die halben Zirkel erinnern stark an die im Latein verwendeten 'semi-
circulos'. Pleningen nimmt in diesem Abschnitt sogar Bezug

---

1 Pleningen, Plinius, 1515. Bogen b 1'.

2 Pleningen, Plinius, 1515. Bogen b 1'.

3 Pleningen, Plinius, 1515. Bogen b 1'.

zu den 'latinischen', bei welchen er das Zeichen beobachtete. Der Satz selbst ist lateinisch konstruiert.

5.3 Zusammenfassung

Pleningen bietet ein System an, welches stark von lateinischen Vorlagen beeinflusst ist. Sein Orientierungspunkt
ist die gesprochene Sprache. Er will dem Leser die Möglichkeit bieten, durch die richtige Interpretation der Interpunktionszeichen zum Verständnis des Textes vorzudringen.
In einem abschliessenden Abschnitt fasst Pleningen die rhetorischen Auswirkungen nochmals zusammen: *Das sind die puncten*
domit man die clauseln thut vnderschaiden vnd so du Virgulam in deiner
aussprechung recht bedeüten wilt : bedarff der in der pronunction vnd
der zeit ainer ganntzen kurtzer auff haltung / Coma ainer klainer zeit
mere Parentesis : ainer hupffender ausprechung . Der frogend : erfor=
dert seins selbs geperde / Periodus . ains gueten erholten Autemps /
das ist mein vnderricht ;[1] Diese rhetorischen Anweisungen sind
jedoch für den unbefangenen und unbelesenen Rezipienten nicht
von grosser Bedeutung. Der lateinische Hintergrund bildet
auch hier die Voraussetzung zum Verständnis. Die Erklärung
des Fragezeichens 'erfordert seins selbs geperde' sagt erst
etwas aus, wenn man sich spätere Interpunktionslehren vergegenwärtigt, in denen vom Zusammenhang der Stimmführung mit
der Form des Zeichens die Rede ist. Das gleiche könnte auch
hier gemeint sein.

Das System, welches uns Pleningen anbietet, ist ziemlich
heterogen. Den Zeichenbestand übernimmt er von Heynlin, die
Ausführungen zu den einzelnen Zeichen jedoch nur zum Teil.
Er behandelt auch nicht jedes Zeichen nach der gleichen Methode. Einen Teil der Zeichen versucht er inhaltlich, einen
andern Teil grammatikalisch und einen dritten Teil rhetorisch zu begründen.

Die Zeichenformen und die Zeichenbenennung sind relativ

---

1 Pleningen, Plinius, 1515. Bogen b 1'.

modern. Pleningen zeichnet das Fragezeichen erstmals in der
neueren Form und nennt es auch 'fragenden punct'. Das Colon
in Verbindung mit dem Doppelpunkt ist nicht einer lateinischen Vorlage entnommen und taucht hier ebenfalls neu auf.
Insofern bildet Pleningens System einen Fortschritt in die
heutige Richtung.

6. DER SCHRIFTSPIEGEL

6.1 Das Werk

Der Schriftspiegel[1], ein anonymes Werk[2], erschien zu Beginn
des 16. Jahrhunderts in Köln bei Servatius Kruffter. Aus
zwei Stellen im Buch geht hervor, dass es im Jahre 1527
fertiggestellt wurde. Der Schriftspiegel ist in einer Köl-
ner Sprachform geschrieben.

Dieses Buch war ein Unterrichtswerk für die Schüler. Somit liegen hier die ersten Interpunktionsregeln in deutscher
Sprache für den Schulunterricht vor.

Zu Beginn des Schriftspiegels wird überblicksmässig eine
Inhaltsangabe angeführt. Das Werk ist in sieben Teile geteilt, welche folgende Probleme behandeln:

---

1 Formulare und duytsche Rethorica / ader der schryfftspiegel, Köln
  1527. Müller, Quellenschriften, erwähnt S.382, dass nur ein einziges
  Exemplar des Schriftspiegels vorhanden sei und zwar in der Stadtbibliothek Leipzig. Dieses Exemplar existiert noch und der Verfasser
  konnte mittels eines Mikrofilms Einsicht in dieses seltene Werk erlangen. Das Werk wird im folgenden 'Schriftspiegel, 1527' zitiert.

2 Nach Adolf Bach, Geschichte der deutschen Sprache, 1970[9], S.253, ist
  Jakob Schöpper aus Dortmund der Verfasser des Schriftspiegels. Bach
  stützt sich auf den Aufsatz von Edward Schröder: Jakob Schöpper von
  Dortmund und seine deutsche Synonymik, Marburg 1889. Edward Schröder
  erwähnt in dieser kleinen Schrift den Schriftspiegel zwar einmal
  (S.32), schreibt ihn jedoch einem ganz anderen Kreis zu: 'Es (sc. das
  Buch) lässt sich leicht als eine Braunschweiger Compilation nachweisen, allem Anschein nach herrührend von einem Mitglied der Familie
  Wittekop'. (S.32, Anm.5). Auch wenn über Jakob Schöpper keine Jugend-
  daten erhältlich sind, ist doch anzunehmen, dass er auch aus zeitli-
  chen Gründen als Autor dieses Werks kaum in Frage kommt. Schöppers
  reiche schriftstellerische Tätigkeit setzte erst im Jahre 1543 ein.

1. Sprachliche Missbräuche bei anderen Autoren.
2. Den richtigen Gebrauch der Zierwörter.
3. Eine Theorie der Titulatur (nach eigenen Angaben aus dem Latein übernommen).
4. Einen Briefsteller.
5. Die Interpunktion. Der genaue Titel lautet: *Punct / vir=geln / vnterscheydynge / die tzo latynn Colores Rhetoricales genoe=met myt vyll andren antzeigongen zo gemeynem nutz / lere vnd vnder=wysonge sunderlich den genen die schriuens vnd dychtens sych vnder=wynden vnd annemen willen.*[1]
6. Das ABC mit genauen Regeln für den Gebrauch.
7. Gleichlautende und gleichgeschriebene Wörter.

Aus dem Inhaltsverzeichnis ist ersichtlich, dass die Interpunktion keinem grammatikalischen Ueberbegriff zugeordnet werden kann. Es lässt sich nur sagen, dass im Schriftspiegel vorwiegend orthographische Fragen behandelt werden.

6.2 Das Interpunktionssystem

Die Interpunktion wird mit folgenden Worten eingeleitet:
Jtem Eynem ytlchen schriuer is nutze zo wyssenn die punterynge off vnderscheydynge / die ym latyn vnd duytschen in goden wail geordenten gedychten ghesadt / die menn tzo latyn nomet colores Rethoricales / wie die seluen gebruicht / vnd wie sy tzo latyn genomet werden / ouch wie sy figuriert syn / eyn ygliche nae yrer eygenschafft tzo erkennen.[2]
Im wesentlichen wird wiederholt, was schon im Inhaltsverzeichnis angekündigt wurde. Es wird eine Schreibhilfe angeboten. Die Interpunktionszeichen werden sowohl für denjenigen beschrieben, welcher sie selbst verwenden will, als auch für den, welcher ihnen als Leser begegnet. Aus der Einleitung ist ferner ersichtlich, dass auch diesem Autor lateinische Vorlagen zur Verfügung gestanden haben. Im Schriftspiegel werden acht verschiedene Zeichen vorgestellt.

---

1 Schriftspiegel, 1527. Bogen a 1'.

2 Schriftspiegel, 1527. Bogen e 2'/e 3.

6.2.1 Sinn- und Pausenzeichen

6.2.1.1 Suspensivus

Suspensiuus / Js eyn strich off virgel aen eynigen zosatz / vnd be=
duyt eyn sunderinge off deylunge eyns wordes / also wa dat an eynem
orde niet gantz kunde gesat werden / dair by zo verstain dat wat me
zogeh̊orich dair na volget / vnd ouch eyner oracien ader rede van der
anderen aen vollenkomenheit eyniges synnes / vp dat der geist im min=
schen niet gem̊odet werde.[1] Die Beschreibung des Suspensivus
entspricht in der Klarheit den damals üblichen Normen, ist
also nicht eindeutig. Der Suspensivus ist das schwächste
Zeichen, er grenzt unvollkommene Redeteile voneinander ab
und er verschafft dem Geist des Menschen Erleichterung.
Diese letzte Bemerkung ist die einzige inhaltliche Erweiterung gegenüber Wyles 'Strichlin'. Im Schriftspiegel wird
alles ein wenig ausführlicher erklärt. Wyle schreibt z.B.
(...) betütt ain schlechte sundrung ains wortes oder ainer oratz von
der andern (...), während im Schriftspiegel genau dieselbe
Aussage vier Zeilen einnimmt (cf. oben).

6.2.1.2 Coma

Coma , Js eyn punct mit dem suspensiuo vuer sich getzogen . Die wirt
gebrucht wa eyn vnderscheit tusschen den schrifften vur vnd na gaynde /
also dat die eirste setzinge noch niet eynen vollenkomen syn en hait /
sunder dat tzo vollenkomenheit des seluen synnes wat mee herna volgen
moiß.[2] Beinahe wörtlich begegnen wir Wyles Virgel. Das beschriebene Aussehen entspricht zudem nicht dem dargestell-
ten Zeichen, sondern passt auf die Virgel von Wyle (*!*).

6.2.1.3 Colon

Colon . Js eyn eynich slecht punct / vnd wirt gesat wae der synn gantz

---

1 Schriftspiegel, 1527. Bogen e 3.

2 Schriftspiegel, 1527. Bogen e 3.

*volkomenn beslossen is / also dz niet mier tzo dem seluen synne dar nae
volghen sall.*[1] 'Colon' nennt der Schriftspiegel das letzte
Zeichen der Trias, welche in ähnlicher Form schon bei Wyle
und Steinhöwel vorkam. Bemerkenswert ist hier die Bezeichnung Kolon, da sie grammatikalisch gesehen 'Satzteil' bedeutet und hier wie bei Riederer den gantzen Satz bezeichnen
muss. Nach dem Schriftspiegel wird das Kolon nie mehr mit
dem einfachen Punkt in Verbindung gebracht.

Die Beschreibung stammt nur zum Teil von Wyles 'punckt'.
Der zweite Teil der Erklärung erinnert stark an eine Formulierung von Bernhard Perger[2], einem weiteren lateinischen
Grammatiker des ausgehenden 15. Jahrhunderts. Die Beschreibung des 'Periodus' endet dort mit folgenden Worten: *(...)
et omnia esse clausa et perfecta in oratione ita vt nichil sequatur.*[3]
Die Aehnlichkeit ist zu gross, als dass diese Verwandtschaft
zufällig sein könnte, besonders da auch in der Einleitung
des Schriftspiegels allgemein auf solche Quellen hingewiesen
wird.

6.2.1.4 Periodus minor

Analog zum Aufbau von Wyles Interpunktionssystem folgt am
Schluss, nach der Besprechung der Ton- und Schriftzeichen,
der Periodus, im Schriftspiegel aufgeteilt in einen Periodus minor und in einen Periodus maior: *Periodus minor ; Js
eyn punct mit eynem vnder tzogen suspensiuo . Vnd wirt gesat wan die
angefangen myenunge eynes werckes / als exempel eyner Missiuen die ich
in allen yren artikelen beslossen / want dat ich gheschriuen haue /
Dat will ich vmb dich verdienen etc.*[4] Der Periodus minor wird am
Ende eines ganzen Abschnittes gebraucht. Im Schriftspiegel

---

1 Schriftspiegel, 1527. Bogen e 3.

2 Cf. Anmerkung 2, S.28.

3 Perger, Grammatica nova, 1482. In der Interpunktion am Ende des 2.
  Buches, unpaginiert.

4 Schriftspiegel, 1527. Bogen e 3.

selbst scheint dieses Zeichen jedoch nicht verwendet worden
zu sein.

6.2.1.5 Periodus maior

*Periodus maior) Js eyn deyl van parenthesis als hie figureirt steit /
Vnd mach die setzen / So men gantz niet meir an eyn schrifft / ader
oracien zo schriuen hait / Als off ich tzo eynem brieue schriue.*[1] Der
Periodus maior wird erst am Ende eines ganzen Schriftstük-
kes gesetzt. Auch hier verhinderte die offensichtliche Redundanz eine Einbürgerung dieses Zeichens selbst im Schriftspiegel. In ähnlicher Form ist der Periodus bei Riederer
dargestellt. Im Schriftspiegel werden die Klammern vor dem
Periodus erklärt, deshalb kann sich die Beschreibung auf
dieses Zeichen berufen.

6.2.2 Ton- und Schriftzeichen

6.2.2.1 Jnterrogativus

*Jnterrogatiuus ! Js eyn punct / vnd bauen dair ouer eyn krumme figure
als eyn horn gesath / Bedudet dat die schriffte dair verstainde in vra=
ges wyse zo vernemede is.*[2] Das Fragezeichen, dessen Aussehen
mit einem Horn verglichen wird, ist im Schriftspiegel ein
rein rhetorisches Zeichen. Die Vorlage Wyles zeigt sich sowohl in der Form des Zeichens, als auch in der Erklärung
seiner Funktion. Noch deutlicher ist die Verwandtschaft mit
dem lateinischen Grammatiker Francesco Petrarca[3], der das
Fragezeichen folgendermassen beschreibt: *(...) punctus planus*

---

1 Schriftspiegel, 1527. Bogen e 3/e 3'.

2 Müller, Quellenschriften, S.296.

3 Francesco Petrarcas (1304-1375) Name diente zur Bezeichnung einer
lateinischen Interpunktionslehre, die unter dem Titel 'Ars punctandi
egregii oratoris Francisci Petrarche Poete ad Salutatum etc.' (zitiert nach Müller, Quellenschriften, S.286) zu Ende des 15. Jahrhunderts erschienen ist.

et super ipsum punctus longus est ad modum cornu.[1] Bei den übrigen
Zeichen finden sich allerdings keine solchen Entsprechungen.

6.2.2.2 Membrum

*Membrum : Synt tzwey slechte puncten / vnd sullen gesat werden dair
eyn gedichte ader rede tzosamen gefoeget wirdt. (Bsp.).*[2] Das Membrum ist ein rätselhaftes Zeichen. Weder die Beschreibung
noch das beigefügte Beispiel lassen erkennen, was damit gemeint ist. Vom Namen her, als grammatischer terminus techni-
kus, bedeutet Membrum dasselbe wie Kolon. Von daher und auch
vom Aussehen her würde es ohne weiteres in die Lücke zwischen 'Coma' und 'Colon' passen, es wird jedoch nicht an
der diesem Zeichen zukommenden Stelle erklärt.

Die Stellung im Text und die damals weitergefasste Bedeutung des Wortes 'punct' (=Zeichen) lassen noch eine andere
Erklärung zu: es könnte damit der Bindestrich resp. das
Trennungszeichen gemeint sein. In frühen Drucken entsteht
vor allem bei Platzmangel manchmal der Eindruck, es handle
sich bei diesem Zeichen (=) viel eher um zwei Punkte als
um zwei Striche. Ueberdies berichtet Bieling, Princip der
Interpunktion, S.14, von einem Codex aus dem 7. Jahrhundert[3],
wo der Doppelpunkt als Trennungszeichen am Zeilenende verwendet wird.

6.2.2.3 Parenthesis

*Parenthesis ( ) Js eyn figure als off tzwey halue maen yegen eynander
stunden . Vnd wirt gesat wae eyn wort tzwey / dry / ader meir in eyner
schrifft off meyninge getzogen / die doch wail mochten dair van gelais=
sen werden . Vnd geuen ader nemen der meyninge ader dem synne niet.*

---

1 Müller überliefert diese Stelle in seine Quellenschriften nicht. Sie
  ist zitiert nach J.Greidanus, Beginselen en ontwikkeling van de interpunctie, Utrecht 1926, S.211.

2 Schriftspiegel, 1527. Bogen e 3.

3 Codex der Gesta Pontificium, Pertz, Archiv V, 72.

(Bsp.).[1] Die Erklärung der Klammern ist richtig und für die
damaligen Verhältnisse nicht überaus kompliziert. Die Begründung liegt im Weglassen-Können des Klammerinhaltes. Die
Vorlage Wyles ist bei diesem Zeichen nicht nachweisbar, dafür finden sich Anklänge in der Wortwahl und in der Wortstellung an Steinhöwel und Riederer.

6.3 Zusammenfassung

Der Schriftspiegel ist kein eigenständiges Werk. Der Autor
dieser Interpunktionsregeln kannte verschiedene Vorlagen
und baute auf einem ähnlichen Muster wie Wyle ausführliche
Regeln auf. Seine Regeln kann man nicht als einheitlich
bezeichnen, was wohl auf die verschiedenen Vorlagen zurückzuführen ist.

Als Lehrbuch für Schüler muss dieses Werk ungeeignet gewesen sein, da die Zeichen teilweise sehr kompliziert beschrieben sind. Dazu kommt, dass der Schriftspiegel selbst
mit nur zwei Zeichen, dem 'Colon' und dem 'Suspensiuus', interpunktiert ist.

7. JOHANNES KOLROSS

7.1 Leben und Werk[2]

Johannes Kolross war Orthograph, Dramatiker und geistlicher
Liederdichter. Von seinem Leben wissen wir nur sehr wenig.
Er stammte aus Hochdorf im Kanton Luzern. Die einzigen sicheren Daten kennen wir aus seiner Basler Zeit, wo er als
deutscher Lehrmeister amtierte. In Basel veröffentlichte er
1529 oder 1530 das 'Enchiridion', welches zwei weitere Auflagen in den Jahren 1534 und 1564 erlebte. 1532 erschien

---

1 Schriftspiegel, 1527. Bogen e 3.

2 Die Daten über das Leben von Kolross stützen sich auf den Aufsatz von
  Scherer in ADB Bd.16, 1882. S.496, und auf den Artikel im Historisch-
  biographischen Lexicon der Schweiz, Bd.4, 1927. S.530.

ebenfalls in Basel das dramatische Lehrstück 'Spiel von
fünferlei Betrachtnissen'. Sein Tod fällt wahrscheinlich
ins Jahr 1558.

Aus der Vorrede des Enchiridion geht hervor, dass sein
Zweck darin besteht, die Bibel in deutscher Sprache lesen
zu lernen. Kolross scheint sich an Leser zu wenden, die
über gewisse Sprachkenntnisse verfügen: die Lehrschrift ist
nämlich für den Hausgebrauch bestimmt, muss also selbst gelesen werden. Kolross empfiehlt überdies die mehrmalige
Lektüre des Enchiridion.

Das Inhaltsverzeichnis, keine Selbstverständlichkeit da-
maliger Editionspraxis, gibt näheren Aufschluss über die
verschiedenen zur Sprache kommenden Gebiete:

Diß bůchlin wirt geteilt in vier teil.
Jm ersten wirt gehandlet von vnderscheidung der bůchstaben / sampt jrer
würckung.
Jm anderen teil wirt gesagt von dupplierung der bůchstaben / ouch von
denen die zů zyten anderer bůchstaben art vnd würckung annemmend.
Jm dritten werden dryerley kürtzung der wörter angezeigt.
Jm vierdten teil wirdt gesagt von den puncten / versal / vnd houpt=
bůchstaben.[1]

Die Interpunktion bildet also zusammen mit der Grossschreibung ein eigenes Kapitel innerhalb des orthographischen
Werks. Die nachfolgende Besprechung der Interpunktionsregeln von Kolross stützt sich auf die Zürcher Ausgabe aus
dem Jahre 1564[2].

---

1 Kolross, Enchiridion, 1564. Das Inhaltsverzeichnis steht im unpaginierten Vorspann.

2 Enchiridion : Das ist / Handbüchlin Tütscher Orthography / (...)
  Durch Johannem Kolross (Zürich) 1564. Diese Ausgabe wird im folgenden mit 'Kolross, Enchiridion, 1564' zitiert. J. Müller bezeichnet
  in den Quellenschriften, S.415, diese Edition als 'Ausgabe in Züri-
  cher Mundart'. Der Vergleich mit seiner Transkription der Ausgabe
  Basel 1529 zeigt jedoch keine sprachlichen Unterschiede.
  Der Hauptteil des Enchiridion ist blattweise paginiert. Der folgenden Analyse liegen nur die wesentlichen Aeusserungen der sechsseiti-
  gen Interpunktionslehre zugrunde. Die Auslassungen werden gekennzeichnet.

7.2 Das Interpunktionssystem

In einigen einleitenden Sätzen äussert sich Kolross über
den Zweck der Interpunktion: *Von den puncten zů reden : solt du
zů dem Ersten wüssen daß punct (zů Latin punctus oder virgula) nichtzit
anderst ist dann ein düpfflin / vnd ouch zwey düpflin obeinander / durch
welche die red / meinung vnd innhalt der schrifft vnderscheidet wirdt /
damit sy dester baß verstanden werd.*[1] Die Interpunktion hat die
Aufgabe, einen Text leichter verständlich zu machen. Es
werden drei Gebiete einer 'Schrift' unterschieden: Rede,
Meinung und Inhalt. Somit sind rhetorische, grammatische und
semantische Elemente für die Interpunktion ausschlaggebend.

7.2.1 Sinn- und Pausenzeichen

Dieser Einleitung lässt Kolross die Ankündigung und Beschreibung von vier Zeichen folgen: *Vnd sind der puncten vier / im La=
tin / also genant / Comma / Colon / Perhiodos oder Perhiodus / vnd Jn=
terrogatiuus . Die ersten zwen / Namlich Comma / vnd Colon habend im
Latin vnd Tütschen einerley form vnd gestalt / Jm Latin habend sy ein
sölche gestallt : zwey tüpfflin obeinander / Jm Tütschen aber ein söm=
lichs strichlin schlimß gezogen wie hie stadt // Der dritt punct Per=
hiodos oder ouch terminos genannt / ist vnd wirt glych gformiert im
Latin vnd Tütschen / Namlich mit einem tüpflin vnden am end eines worts
also ...*[2] Kolross bietet vorerst nur vier Zeichen mit drei
verschiedenen Funktionen an. Es liegt hier eine Begriffsverwirrung bei 'Comma' und 'Colon' vor. Das Aussehen der
beiden verschiedenen Zeichen ist das gleiche. Ein Unterschied wird nach der Sprache gemacht, 'Comma' und 'Colon'
erfüllen aber die gleiche Funktion.

7.2.1.1 Comma und Colon

Nun dise zwen ersten (sc. Comma und Colon) werden allweg im anfang einer

---

1 Kolross, Enchiridion, 1564. Blatt 22'.
2 Kolross, Enchiridion, 1564. Blatt 22'/23.

red gebrucht / zů zyten nach wenig / zů zyten nach vilen worten / vnd
nach dem dann die red mancherley begryfft vnd in sich schleüßt / dar=
nach werden ouch die zwen ersten minder oder mer gesetzt / (...).[1] Es
ist schwierig, aus diesen Angaben irgendwelche sicheren
Schlüsse über die Funktion dieser beiden Zeichen zu ziehen.
Sie stehen jedenfalls im Satzinnern und beschliessen Satzteile (cf. Steinhöwel). Riederers Formulierung 'ein oder
mehr Worte' erscheint hier sinngemäss. Mit Riederer hat
Kolross sonst nichts gemeinsam.

7.2.1.2 Perhiodos oder terminus

Unmittelbar an die Erklärung der obigen zwei Zeichen anschliessend fährt Kolross fort: *(...) Vnd so die red bschlossen*
vnd der sententz geendet ist / so setzt man als dann erst den dritten
puncten (perhiodon oder terminum / das ist als vil als ein endtlicher
oder beschließlicher punct / by welichem verstanden wirt / daß die red
vnd der sententz vß ist vnd beschlossen / vnnd hernach ein andere an=
hept.[2] Aus der Erklärung wird nicht ganz klar, ob Kolross
nun den einfachen Punkt, den er selbst oft verwendet, erklärt, oder ob es sich um das klammerähnliche Zeichen handelt, dem wir schon mehrmals begegnet sind. Kolross spricht
von 'red' und 'sententz'. Es liegt der Versuch vor, rhetorische und grammatische Einheiten in Uebereinstimmung zu
bringen. Der Schlusspunkt ist der Ort, bei welchem sich der
Sprachfluss gleich wie der syntaktische Aufbau des Satzes
verhält.

7.2.2 Ton- und Schriftzeichen

7.2.2.1 Jnterrogativus

Die Beschreibung des Fragezeichens durch Kolross ist bemerkenswert: *Der vierdt punct (zů Latin) Jnterrogatiuus genannt / Jst*

---

1 Kolross, Enchiridion, 1564. Blatt 23.

2 Kolross, Enchiridion, 1564. Blatt 23.

ein frag punct / das ist / er bedütet / daß die red vor jm ein frag
ist / oder in frags / wyß steth / vnnd hat ein söliche gestalt ˀ ˀ ˀ .
Wo nun sömmlicher punct stadt in der schrifft / solt du die red dauor
in fragswyß läsen / Du solt ouch im schryben disen puncten nit vnder=
lassen / so du etwas fragender wyß schrybest / dann er nach einer yeden
frag gesetzt werden sol / damit der läser die wort vor sölichen puncten
nach art einer frag / wüsse zeläsen / welches ouch beiden / dem läser
vnd zůhörer ein gůten verstand gibt / (Bsp.).[1] Das Fragezeichen
ist ein rein rhetorisches Zeichen. Kolross ermahnt den
Schreiber, den Lesenden durch ein Interpunktionszeichen auf
eine Besonderheit im sprachlichen Duktus (in diesem Falle
eine Frage) aufmerksam zu machen. Die deutsche Uebersetzung
'frag punct' ist vermutlich Pleningen nachgebildet.

7.2.2.2 Parenthesis

Ganz am Ende seiner Ausführungen hängt Kolross noch einige
ausführliche Bemerkungen über die Klammern an. Er wendet
sich dabei ausschliesslich an den Leser: *By den puncten solt*
du ouch lernen verston was die halben ring oder circkelin / so offt in
der gschrifft gegeneinander (mit zwüschen gesetzten worten) gefunden
werden / bedüten / also gestaltet (..) Hie solt du wüssen daß ein sölichs
zeichen zů Latin genant wirt / Parenthesis / das ist zů Tütsch ein
zwüschen setzung etlicher wort / in mitten vnd zwüschen der gantzen
red / ee vnd sy vollendet ist / weliche wort / ob sy wol nit geläsen /
dennocht der sententz gantz blybt / darumm setzt man dz erst halb ring=
lin von der lincken hand gegen der rächten also (darnach die wort so
nit von nöten / wenig oder vil nach den selbigen / setzt man das ander
halb cirkelin oder ringlin von der rächten gegen der lincken / das ist /
gegen dem ersten / also) / als wolt man die zwüschen gesetzten wort
vmbringen / vnnd vß der red ziehen / diewyl sy nit von nödten.[2] Bei
diesem Zeichen liegt eine eigenständige Erklärung vor. Hier
muss erwähnt werden, dass sich die Beschreibung der Klammer

---

1 Kolross, Enchiridion, 1564. Blatt 23'.
2 Kolross, Enchiridion, 1564. Blatt 24/24'.

noch über eine weitere Seite hinzieht, ohne dass neue Fakten
hinzukommen. Die Spezialstellung der Klammer wird noch dadurch betont, dass sie anfänglich gar nicht zur Interpunktion gezählt wird. Es ist durchaus möglich, dass es sich
dabei um einen späteren Zusatz handelt. Die Anwendung dieses Zeichens wird so genau erklärt, als ob es bis anhin
nicht richtig verwendet worden wäre, was aber nicht zutrifft.

Einige Merkmale, wie die teilweise recht umständliche Satz-
konstruktion und Begriffe wie 'rechte Hand' (=wörtliche
Uebersetzung von lat. 'dextera'), lassen eine lateinische
Vorlage für diese Partie vermuten.

7.3 Zusammenfassung

Kolross stellt im Enchiridion mittlerweile bekannte Zeichen
vor. Im Vergleich mit Riederer erscheint sein System sehr
einfach. Er nimmt 'Comma' und 'Colon' zusammen und unterscheidet nur eine lateinische und eine deutsche Schreibweise. Damit erspart sich Kolross eine feinere Differenzierung zwischen 'Comma' und 'Colon', welche schon Niklas von
Wyle gemacht hatte. Kolross führt ausserdem ein Satzschlusszeichen an und zu diesen zwei Sinn- und Pausenzeichen stellt
er die Standard-Nebenzeichen Interrogativus und Parenthesis.

Er erkennt die mehrschichtige Funktion der Interpunktionszeichen, findet sich aber nicht eindeutig zurecht, sondern
verlegt den Schwerpunkt je nach dem Zeichen auf die rhetorische oder auf die grammatische Ebene. Im Gegensatz zu seinen Vorgängern wollte Kolross nicht ein theoretisch einwand-
freies System entwickeln, sondern er wollte die damalige
Interpunktionspraxis in einigen Regeln festhalten.

Der Vorteil von Kolross' System ist sein einfacher Aufbau. Die Kenntnis dieser Regeln erlaubt es ohne weiteres,
einen Text nach damaligen Verhältnissen richtig zu interpunktieren.

8. VALENTIN ICKELSAMER

8.1 Leben und Werk[1]

Valentin Ickelsamer wurde zu Beginn des 16. Jahrhunderts in
der Gegend von Rothenburg an der Tauber geboren. Das erste
sichere Datum ist seine Immatrikulation an der Universität
Erfurt 1518. Er scheint in Rothenburg als Schulmeister ge-
wirkt zu haben und musste 1525 aus politischen Gründen wieder nach Erfurt fliehen. Hier veröffentlichte er 1527 erstmals 'Die rechte weis aufs kürtzist lesen zu lernen'. 1530
zog Ickelsamer nach Augsburg. Während jener Zeit erschien,
vermutlich 1531 erstmals, die 'Teütsche Grammatica'[2].
Ickelsamers Todesjahr ist unbekannt. Bis 1546 erscheint er
noch in den Steuerregistern der Stadt Augsburg.

Valentin Ickelsamer hat zwei Bücher über die deutsche
Sprache geschrieben. Unter dem genauen Titel 'Die rechte
weis aufs kürtzist lesen zu lernen / wie das zum ersten erfunden / vnd aus der rede vermerckt worden ist / sampt einem gesprech zweyer kinder / aus dem wort Gottes'[3] erschien
eine Leseschule mit praktischen Beispielen. Das andere Werk,
'Ain Teütsche Grammatica', ist nicht eine Grammatik im heutigen Sinn, sondern beschäftigt sich ausschliesslich mit

---

1 Die biographischen Daten stützen sich auf folgende Quellen:
   - den Aufsatz von J.Franck in ADB Bd.13, 1881. S.739 f.
   - Müller, Quellenschriften, S.396 ff.
   - Pohl, Karl: Ickelsamer (cf. Bibliographie).
   - Steininger, Franz: Ickelsamer (cf. Bibliographie).

2 Es sind vier Ausgaben der 'Teütschen Grammatica' bekannt, von denen
   jedoch nur eine datiert ist (1537). Müller, Quellenschriften, der
   nur drei Ausgaben gekannt hat, war überzeugt, dass die erste Ausgabe
   nicht vor 1534 datiert werden könne. Steininger zeigt aufgrund einer
   neu aufgefundenen vierten Ausgabe, dass die Erstausgabe bis 1531 vor-
   datiert werden kann. Für die vorliegende Arbeit ist dieses Datum jedoch nicht von Bedeutung, da Kolross' Enchiridion auf jeden Fall
   früher angesetzt werden muss.

3 Titelblatt der Erfurter Ausgabe von 1527. Zitiert nach: Ickelsamer
   Valentin. 'Die rechte weis' und 'Ain Teütsche Grammatica', hrsg. von
   K. Pohl, Stuttgart 1971. Der Text ist in dieser Ausgabe im Faksimiledruck dargestellt. Cf. auch Valentin Jckelsamers Teutsche Grammatica,
   hrsg.v. Dr. Kohler, Freiburg i.B. und Tübingen 1881[3].

orthographischen Fragen. Die Interpunktionsregeln bilden
das selbständige Schlusskapitel der Teütschen Grammatica.

8.2 Das Interpunktionssystem

Die folgende Besprechung stützt sich auf den Text der Augsburger Ausgabe von 1531[1]. In der ausführlichen Einleitung[2]
leitet Ickelsamer die Interpunktion grammatikalisch her.
Analog zur Aufteilung des Periodus in Cola und Commata, unterscheidet er die ganze Rede, welche ihrerseits in Glieder
und Teile zerfällt. Der Schwerpunkt der Interpunktion liegt
dabei auf der Kennzeichnung der Gelenkstellen eines Satzes,
wobei die Art des Zeichens sekundär ist: *(...) Das man aber
solches feyn verstentlich vnd ordenlich / setzen / reden / oder lesen
vnnd verstehn könn / so soll ain yedes tail der perioden / Colen vnd
Commaten mit ainem punct oder gemerck verzaichnet werden / dann sonst
wer ain solliche lange rede gantz wüst / verworren vnd vnuerstentlich /
darzu hat man nu wie mans haist / punct vnd virgulen / welliche vast
auch on vnterschayd / sonderlich im Teütschen / gebraucht werden /
(...).*[3] Dieser kleine Ausschnitt aus der Einleitung zeigt
schon die Tradition, in welcher Ickelsamer steht. Einerseits sind Anklänge an Wyle (...schriben lesen oder versteen...) vorhanden, andererseits steht er in der Tradition
lateinischer Grammatiker[4]. Ickelsamer unterscheidet fünf
Satzzeichen, davon drei Hauptzeichen.

8.2.1 Sinn- und Pausenzeichen

Die drei Sinn- und Pausenzeichen werden von Ickelsamer so
undifferenziert behandelt, dass sie nicht getrennt bespro-

---

1 Zitiert nach der faksimilierten Ausgabe von Karl Pohl, der diese Ausgabe der 'Teütschen Grammatica' fälschlich ins Jahr 1534 datiert.

2 Die ausführliche Einleitung wird hier zusammengefasst wiedergegeben.

3 Ickelsamer, Grammatica, 1531. Bogen d 6'/7.

4 Hier kommt vor allem Philipp Melanchthon in Betracht, dessen 'Grammatica Latina' 1525/26 erschienen ist.

chen werden können: *Ettlich machen vnnd mercken zů ende des Peri-*
odi (Melanchthon schreibt ... *in fine Periodi* ...)[1] *ainen punct also /./*
vnd machen nach den Colis vnd Commatis (dann wie gesagt werden die on
vnterschaid im Teutschen gebraucht) ain virgula also ./. oder zwen punct
also /:/.[2] Ickelsamer unterscheidet zwischen dem Schlusspunkt
nach einem vollständigen Satz und der Virgel und dem Doppelpunkt nach Satzgliedern. In seinen eigenen Schriften verwendet er den Doppelpunkt kaum, so dass er selbst mit nur
zwei Zeichen auskommt. Er begründet sein System mit folgenden Worten: *Es leyt auch so vast nit daran / wie die zaichen sein /*
wenn allain die reden vnd jre tail recht damit getailt vnd vnterschai=
den werden / dann es gibt gar ain grosse hilf / die rede dester gewi=
ser / verstentlicher vnd mechtiger zů lesen vnd zůhören / vnd sein auch
solche zaichen dem leser als růwstet / dabey er ainmal still stehn /
gerůwen vnd etwas bedencken mag / Dann so offt ain verenderter synn in
der rede kumbt / wie gering vnd klain er / ja auch schon nur ain einzel
wort ist / so gerůwt man da vnd helt ain wenig inn / vnd da gehören die
punct hin / auf das ain yeder / wie vnd wa er sy setzen vnd brauchen
soll / aygentlich wisse.[3] In der praktischen Anwendung steht
plötzlich die rhetorische Komponente im Vordergrund. Für
Ickelsamer scheint eine vollständige Kongruenz zwischen
grammatikalischer und rhetorischer Struktur eines Textes
zu bestehen.

Die Erläuterungen sind für den Leser bestimmt: für denjenigen, der vorliest, sollen die Satzzeichen Erleichterung
für den Vortrag bringen, dem stillen Leser sollen sie Ge-
dankenänderungen anzeigen. Am Ende hängt Ickelsamer eine
sehr grosszügige Gebrauchsanweisung für den Schreibenden an,
indem er ihm selbst die Verantwortung für die Zeichensetzung
überlässt. Es handelt sich somit weniger um Regeln als vielmehr Richtlinien zur Interpunktion.

---

1 Dieses Zitat ist einer späteren Auflage der 'Grammatica Latina' Melanchthons entnommen: Paris 1550. S.342.

2 Ickelsamer, Grammatica, 1531. Bogen d 7.

3 Ickelsamer, Grammatica, 1531. Bogen d 7.

Auffallend ist bei Ickelsamers System die enge Verwandtschaft mit demjenigen von Kolross. Dieser behandelt Virgel
und Kolon ebenfalls sehr undifferenziert. Zudem stimmt der
Zeichenbestand nicht nur in den Haupt-, sondern auch in den
Nebenzeichen mit ihm überein.

8.2.2 Ton- und Schriftzeichen

Schon der erste Teil der Besprechung liess erkennen, dass
sich Ickelsamer sowohl auf lateinische als auch auf deutsche
Vorlagen abstützt, wobei er aber mehr die praktische Anwendung als die theoretische Grundlage berücksichtigt. Nur
so ist es erklärbar, dass er sich dazu berufen fühlt, zwei
weitere Zeichen bei den Deutschen einzuführen[1], obwohl sie
schon bei allen seinen Vorgängern erklärt wurden. Es handelt
sich dabei um die Klammern und um das Fragezeichen[2].

8.2.2.1 Parenthesis

*(...) das ain haißt Parenthesis / das ist / ain einschliessung oder
einsetzung / wenn etwa mitten in ain gantze rede / gleich ain ander vnd
frembder synn eingeschlossen oder eingesetzt würd / der wol erst zů
ende der red gesetzt het mögen werden . Darumb sein auch solche zaichen
ettwas ein zůschliessen vnd zůbehalten geformiert / nämlich also /( )/
wie zwen halbe monden / (Bsp.).*[3] Ickelsamer erklärt den Sinn
der Klammern damit, dass man das 'Eingeschobene' auch am
Ende des Satzes, in welchem es steht, hätte bringen können.
Die Form des Zeichens leitet er aus der Funktion des Zu-
schliessens, Einklammerns her. Die beiden halben Monde erinnern an die Formulierung von Steinhöwel, im Schriftspiegel
und von Kolross.

---

1 Ickelsamer sagt auf Bogen d 7': *Darnach sein noch zway zaichen/ die
  sollen die teütschen auch mercken / verstehn vnd gebrauchen lernen.*

2 Einzig Melanchthon stellt in seiner 'Grammatica Latina' ausschliesslich Sinn- und Pausenzeichen vor; ein weiteres Indiz für Melanchthons
  Vorlage.

3 Ickelsamer, Grammatica, 1531. Bogen d 7'.

8.2.2.2 frag zaichen

Das ander ist ain frag zaichen / das setzt vnd braucht man wa frag rede
seind / vnd ist auch nach der stymm̲ art vnnd gleichnuß geformiert / al=
so . ? . dz ain lini oder virgula über sich schnipt / wie sich die
stymm̲ in ainer frag am ende erhebt / vnd über sich schwingt / (Bsp.).[1]
Auch beim Fragezeichen erspart sich Ickelsamer komplizierte
Regeln. Er betrachtet das Fragezeichen als rhetorisches,
beinahe lautmalerisches Zeichen, da seine Form der Stimme
in der Frage nachgebildet ist. Hier lässt sich offenbar
eine Brücke zu Pleningen schlagen (cf. Kap.5.2.2.1), dessen
dunkle Erklärung *Der frogend : erfordert seins selbs geperde* auf
die gleiche Weise interpretiert werden könnte.

8.3 Zusammenfassung

Ickelsamer präsentiert ein sehr einfaches Interpunktionssystem. Die Satzzeichen bezeichnen die Gelenkstellen im
Text. Dadurch wird der Text klar gegliedert. Die klare Gliederung erleichtert das Verständnis und den Vortrag des Textes. Die Notwendigkeit der Interpunktion wird grammatisch
begründet, die Anwendung jedoch als rhetorischer Gewinn hervorgehoben. Die Kongruenz von rhetorischen und syntaktischen
Elementen reicht bei Ickelsamer bis ins Detail, wenn er z.B.
das Aussehen des Fragezeichens als Nachbildung der Stimmführung im Fragesatz versteht.

Ickelsamers System ist nur vor dem Hintergrund seiner Vorgänger zu verstehen. Einerseits kannte er die komplizierten
Systeme sowohl italienischer und lateinischer Grammatiker,
als auch von Riederer und vermutlich aus dem Schriftspiegel,
andererseits sah er in der Druckpraxis ein ganz anderes und
viel einfacheres System durchgeführt. Aufgrund dieser Erkenntnisse entwickelte er, wohl von Kolross, der die gleichen Zeichen vorstellte, inspiriert, ein sehr abstraktes

---

1 Ickelsamer, Grammatica, 1531. Bogen d 8.

System. Ob es nur als Entgegenkommen der herrschenden Praxis, oder aber als grammatische Unsicherheit und Unfähigkeit gewertet werden muss, kann hier nicht entschieden werden.

Ickelsamers Leistung bestand darin, dass er auf den direkten Zusammenhang von rhetorischen und inhaltlichen mit grammatikalischen Elementen aufmerksam machte, auch wenn er die Zusammenhänge nicht immer richtig beurteilte.

9. HANS SALAT

9.1 Leben und Werk[1]

Hans Salat wurde 1498 in Sursee bei Luzern geboren. Er lernte den Beruf eines Seilers, später denjenigen des Chirurgen. 1522-27 nahm er als Söldner in französischen Diensten an mehreren Feldzügen teil, wobei er sich als Feldschreiber auszeichnete. 1529 erhielt er das Bürgerrecht in Luzern und wurde als Gerichtsschreiber angestellt. Auf Beschluss der katholischen Tagsatzung zu Brunnen 1530 begann Salat mit der historischen Schriftstellerei. Im Jahre 1534 schloss er seine Reformationschronik ab. Händel und Schulden, vermutlich auch politisches Missgeschick, führten 1540 zu seiner Amtsenthebung und Ausweisung aus Luzern. Er versuchte sich nochmals auf verschiedenen Feldzügen in fremden Diensten, als Schulmeister in Freiburg i.U. und als Wundarzt. 1552 durfte er nach Sursee zurückkehren, seither sind keine Zeugnisse über ihn erhalten.

---

1 Die biographischen Angaben stützen sich auf den Aufsatz von Jacob Baechtold in ADB Bd.30, 1890. S.197 ff.

An dieser Stelle sei Frl. Dr. Ruth Jörg, Zürich, für ihr Entgegenkommen gedankt. Sie stellte den noch unveröffentlichten Text ihrer Chronik-Ausgabe von Salat zur Verfügung und bereicherte die vorliegende Arbeit mit wertvollen Hinweisen.

9.2 Das Interpunktionssystem

Salat bildet eine Ausnahme in der vorliegenden Darstellung.
Da sein Werk nicht gedruckt, sondern handschriftlich ver-
vielfältigt wurde, war er nicht auf vorliegendes Zeichen-
material angewiesen, sondern konnte sich die Zeichen selbst
aussuchen. Diese Freiheit erstreckt sich aber nur auf die
Nebenzeichen, bei den Hauptzeichen befindet er sich in guter Tradition und beschränkt sich sogar, wie es damals in
der Praxis üblich war, auf deren zwei.

Den Abschnitt 'Underricht der puncten' schickt Salat in
einem Vorwort seiner Reformationschronik voraus, aus dem
mittlerweile altbekannten Grund, dem Leser das Verständnis
des Textes zu erleichtern.

9.2.1 Sinn- und Pausenzeichen

9.2.1.1 rüttlj oder strichlj

*Alls erstlich - das rüttlj oder strichlj / darmit man wortt von worten /
oder teyl der meynungen / von meynungen / absündert / und von nöten /
allwegen by dem strichlj / wo das funden wirt / pausiert / ein wenig
still gehallten / oder aatem gereycht zů werden · Dient zů grosser
fürdrung des verstands / und teilt ab die meynungen / so sust zerstört
werdend so man der punctierung nit acht nimptt / und jst doch noch ein
sententz oder red nit us ·*[1] Salat wendet sich ausschliesslich
an den Leser. Er zieht grammatische, semantische und rhetorische Begründungen zur Erklärung dieses Zeichens herbei. Der
Aufbau der Erklärung ist etwas verwirrend, da die verschiedenen Elemente wahllos miteinander vermischt werden. Die
Erklärung der Virgel lässt Anklänge an frühere Interpunktionslehren erkennen, ohne dass aber direkte Bezüge nachweisbar wären.

---

1 Salat, Reformationschronik, 1534. S.39. (Die Seitenzählung ist der
  1980 erscheinenden Bearbeitung durch Ruth Jörg entnommen und entspricht nicht der Paginierung der Chronik).

Das rüttlj hat ein breites Aufgabenfeld zu bewältigen. Es
erfüllt alle Funktionen innerhalb des Satzes. Aus dem obigen
Satz ist schon ersichtlich, dass dieses Zeichen sehr häufig
und in beinahe allen denkbaren Positionen verwendet wird.

9.2.1.2 punct

Wo aber dann funden wirtt ein eyniger punct allso · da jst ein meynung
geendet und beschlossen ·[1] Sehr viel kürzer ist die Beschreibung des zweiten Hauptzeichens. Es handelt sich um den
Schlusspunkt im heutigen Sinne, wobei ihn Salat wie schon
Nythart in halber Höhe der Zeile setzt.

Salat begnügt sich mit diesen zwei Sinn- und Pausenzeichen. Er bewegt sich damit aber durchaus in guter Gesellschaft, denn kaum ein Druck in der ersten Hälfte des 16.
Jahrhunderts verwendet mehr als diese zwei Zeichen[2].

9.2.2 Ton- und Schriftzeichen

Neben schon bekannten Nebenzeichen führt Salat einige an,
welche zum ersten und zum letzten Mal, wenigstens in der
angeführten Bedeutung, erscheinen. Der Vollständigkeit halber seien diese individuellen Zeichen aber auch dargestellt.

9.2.2.1 zwe puncte

Und so zů zytten man ettliche wort / die vil anzogen werden müssend
kurtz schryben wil / so schrybt man nun / das wort halbs / oder den
anfang / und stellt man darzů zwen solich : puncten / alls so man
dick schryben můs / unser Eydgnossen / schrybtt man kurtz un: Eyd:
oder u: E: ·[3] Der Doppelpunkt wird hier zweckentfremdet an-

---

1 Salat, Reformationschronik, 1534, in Jörg, S.39.

2 Diesen Zeichenbestand hat der Verfasser ausser bei Kolross und Ickelsamer bei folgenden Autoren in der ersten Hälfte des 16. Jahrhunderts
  gefunden: Fabian Frangk, Peter Jordan, Helias Meichssner und Alexander
  Hug.

3 Salat, Reformationschronik, 1534, in Jörg, S.39.

gewandt. Etwas ähnliches ist uns schon im Schriftspiegel
mit diesem Zeichen begegnet, allerdings mit anderem Funk-
tionswechsel. Hier dient der Doppelpunkt als Abkürzungszeichen. Bemerkenswert ist die unpersönliche Formulierung mit
'man', die darauf hindeutet, dass dieses Zeichen unter
Schreibern geläufig gewesen sein muss. In gedruckten Werken ist es dem Verfasser nie in dieser Funktion begegnet.

Ein weiterer Hinweis darauf, dass der Doppelpunkt im
handschriftlichen Gebrauch üblicherweise als Abkürzungszeichen verwendet wurde, findet sich in einem andern von
Hand geschriebenen Werk zur Interpunktion: in der 'Distinction-lehr' von Samuel Walter (cf. unten Kap.13), wo der
Doppelpunkt zwar als Sinn- und Pausenzeichen erklärt und beschrieben, im Text jedoch ohne Unterschied auch eindeutig
als Abkürzungszeichen gebraucht wird.

9.2.2.2 Klammern

Was aber funden wirt stan zwüschend zwey solchen mä̈nlin ( ) / das sol
mit stillerer stimm geläsen werden / abgsündert vor und nach ganden
worten / uberhupfendlich / glych alls stünd es nit / (Bsp.).[1] Bei
der Beschreibung dieses Zeichens werden wieder Elemente aus
den verschiedensten Interpunktionslehren vermischt. Die
Möndlein kennen wir von Steinhöwel, vom Schriftspiegel und
von Ickelsamer. Das 'als ob es nicht dastehen würde' hat
Wyle beinahe gleich formuliert und die 'überhüpfende Aussprache' taucht erstmals bei Pleningen auf.

9.2.2.3 lang strichlj

Und wo dann ein lang strichlj allso - funden wirt / bedüt das die vor=
gaand meynung kurz beschriben / aber vil lengrer worten gsyn jst -[2]
Salat deutet mit diesem, vermutlich von ihm selbst erfunde-

---

1 Salat, Reformationschronik, 1534, in Jörg, S.39.
2 Salat, Reformationschronik, 1534, in Jörg, S.39.

nen Zeichen an, dass er eine Vorlage gekürzt in seine Chronik übernommen hat.

9.2.2.4 hendlj

*Eyn hendlj ☞ uff der spacia zeygtt an etwas mercklichs acht z*u̇ *han*
jmm text / (...).[1] Mit diesem Händchen markiert Salat be-
deutsame Stellen im Text. Dieses Zeichen ist auch in Druk-
ken verwendet worden. Der erste Beleg dafür ist vermutlich
in der Einleitung der 'Bibel Teütsch' zu finden, die 1534
in Zürich bei Froschauer gedruckt wurde. Ein weiterer Beleg ist die 'Rhetoric' von Alexander Hug aus dem Jahre 1548.
In einer Interpunktionslehre ist das Händchen aber ausser
bei Salat nie erwähnt worden.

9.2.2.5 Teilzeichen

*(...) dann so werdend gebrucht z*u̇ *end der lynien ettwan zwey s*o̊*liche ⸗*
*schrichlin (sic) / bedüt das ein wort halb z*u̇ *end der lynien da die ⸗*
strichlin stand und der ander teyl am anfang der nechst volgenden li⸗
nien ⊬ etc.[2] Die Beschreibung des Teilzeichens steht wieder
ganz in der Tradition seiner Vorgänger. Am engsten verwandt
ist die Formulierung mit derjenigen Steinhöwels.

9.3 Zusammenfassung

Hans Salat legt seinen Lesern ein Interpunktionssystem vor,
welches ihnen die Lektüre des nachfolgenden Textes erleichtern soll: *Darum weler l*å*ser / uff die puncten und uff sich selbs*
*jmm l*å*sen g*u̇*tt acht hatt / und uff eins jeden puncten eygenschaft z*u̇
*mercken sich flystt / der wirt ane gros m*ů*j die verstentnus bald han /*
*übersicht er aber das / so m*o̊*cht jmm nit alleyn der sentenz und mey⸗*
nungen / sunder ouch die wort tunckel und unverstendig blyben -[3]

---

1 Salat, Reformationschronik, 1534, in Jörg, S.39.
2 Salat, Reformationschronik, 1534, in Jörg, S.39.
3 Salat, Reformationschronik, 1534, in Jörg, S.39.

Ruth Jörg hat in 'Vom Einfluss des philologisch-rhetori-
schen Humanismus auf die Kanzleisprache'[1] überzeugend gezeigt, wie die an lateinischen Satzkonstruktionen orientierten Perioden ohne die oben gezeigten primitiven Hilfsmittel sehr schwer verständlich sind, dass sich der Sinn
beim lauten Vorlesen bei Einhaltung der gebotenen Pausen
ziemlich leicht entschlüsselt. Diese Interpunktion erfüllt
also ihren Zweck.

Salat stellt ein Interpunktionssystem vor, das eine grosse
Belesenheit erkennen lässt. Er wählte wohl aus verschiedenen
Vorlagen das aus, was ihm am meisten zusagte und vereinigte
es mit dem, was er für den persönlichen Gebrauch benötigte.
Oben wurde festgestellt, dass z.B. Wyle die trennende, Steinhöwel die zusammenhaltende Funktion der Satzzeichen beton-
te. Salat bringt in der Erklärung zur Virgel beide Elemente
zur Sprache.

Salats Bemerkungen zur Interpunktion sind nicht von Bedeutung für die Entwicklung der Zeichensetzung aber ein interessantes Zeugnis für den unterschiedlichen Gebrauch und die
gemeinsamen Elemente in gedruckten und in handgeschriebenen
Texten.

10. ORTOLF FUCHSBERGER

10.1 Leben und Werk[2]

Ortolf Fuchsberger wurde um 1490 in Tittmoning, Oberbayern,
geboren. An der Universität von Ingolstadt erwarb er das
Lizentiat der Rechte. 1525 schrieb er als Lateinlehrer in
Altötting eine kleine lateinische Sprachlehre[3]. Um 1526

---

1 Schweizerdeutsches Wörterbuch, Bericht über das Jahr 1977, S.11-21.

2 Die biographischen Angaben stützen sich auf:
  - den Aufsatz von Gg. Westermayer in ADB Bd.8, 1878. S.174 f.
  - Müller, Quellenschriften, S.410 f.

3 Der Titel dieses Büchleins lautet: Simplicissima puerulorum legere
  callentium in octo partes orationis tabellaris introductio. Landis-
  hutae 1525. (Zitiert nach ADB Bd.8, 1878. S.174).

wurde Fuchsberger Hofrichter im Kloster Mondsee und Sekre-
tär des Abtes Johann Hagen. Er unterrichtete nebenbei die
jungen Mönche in Logik und Rhetorik. Der Tod des Abtes, um
1540, setzte seinem Wirken in Mondsee ein Ende. Er wurde
als Stadtrat nach Passau gerufen. Dort verfasste er die
'Leeskonst'[1] und gab sie 1542 auf Betreiben befreundeter
Schulmeister im Druck heraus. Das Todesjahr von Fuchsberger
ist nicht überliefert.

Die Disposition der 'Leeskonst' Fuchsbergers stützt sich
auf die antike Gliederung des grammatischen Stoffes in littera, syllaba, dictio und oratio, was den vier damals üblichen Begriffen Orthographie, Prosodie, Etymologie und Syntax entspricht, die jedoch noch nicht mit der heutigen Verwendung übereinstimmen[2]. Die vier Teile werden von Fuchsberger folgendermassen behandelt:
Littera (von den Buchstaben): Beschreibung der Buchstaben
nach Aussehen, Ton und Namen.
Syllaba (von den Silben): Verschiedene Regeln zur Silbentrennung und -zusammensetzung.
Dictio (von Wörtern): Nur der Vollständigkeit halber ange-
führtes Kapitel.
Oratio (von der Rede): Im Anschluss an eine Satzdefinition
die Interpunktionslehre.
Das Büchlein schliesst mit Lesebeispielen, Anweisungen zum
Schreiben von Hand und einer Zahlenkunde. Fuchsberger geht
bei der Interpunktion vom grammatikalischen Satz aus, behandelt sie demnach als einen Teil der Syntax.

---

1 Fuchsberger, Ortolf: Leeskonst. (Ingolstadt) 1542. Ein Abdruck dieses Werks steht bei Müller, Quellenschriften, S.166-188. Ein Exemplar, evt. das einzige noch existierende, besitzt die Herzog August
  Bibliothek in Wolfenbüttel. Die folgende Analyse stützt sich auf diese
  Ausgabe.
2 Cf.dazu Jellinek, nhd. Grammatik, Bd.II, S.1 f, wo die Disposition
  der Grammatik des 16. Jahrhunderts ausführlich dargestellt und besprochen ist.

10.2 Das Interpunktionssystem

Bei Fuchsberger werden die Satzzeichen klar hergeleitet.
Die Voraussetzung für den Gebrauch der Interpunktionszeichen wird durch eine Satzdefinition gegeben: *Oratio, Ein red /
haist vnd ist / wen ains oder mer wörter / ainen verständigen synne
geben.*[1] Auch wenn diese Definition dürftig ist, gibt sie
dennoch Aufschluss über Fuchsbergers Ausgangslage. Der
nächste Schritt führt direkt zur Interpunktion, zu ihrem
Zweck und ihrer Bedeutung: *Ein lange rede wird getailt / durch
strichel vnd puncten / welche auch ire sondere deutung haben.*[2] Die
Aufgabe der Satzzeichen ist es, eine lange Rede, einen langen Satz zu unterteilen. Fuchsberger drückt sich sehr kon-
zis und somit auch etwas unpräzis aus. Die Begründung entspricht einer Zusammenfassung der Gründe, die Valentin
Ickelsamer angeführt hatte.

In derselben gedrängten Art wird anschliessend ein Interpunktionssystem vorgestellt, welches ziemlich genau demjenigen Ickelsamers entspricht.

10.2.1 Sinn- und Pausenzeichen

10.2.1.1 virgel oder strichel und zway pünctl

*Dan wo ain virgel oder strichel / oder zway pünctl also : / zwischen
der wörter steen / doselb sol athem werden gefangen.*[3] Wie Ickelsamer unterscheidet Fuchsberger nicht zwischen Virgel und
Doppelpunkt. Er erklärt nicht die Stellung des Zeichens,
sondern er beschreibt, wie man als Leser reagieren muss,
wenn im Text ein solches Zeichen auftaucht. Diese aus-
schliessliche Betonung der rhetorischen Konsequenzen ist
eine Eigenheit Fuchsbergers.

---

1 Fuchsberger, Leeskonst, 1542. Bogen b 5'.

2 Fuchsberger, Leeskonst, 1542. Bogen b 5'.

3 Fuchsberger, Leeskonst, 1542. Bogen b 5'.

10.2.1.2 punct

Aber bey ainem pünctlen sol man etwas lenger stilhalten / vnnd darnach weiter furfaren.[1] Fuchsberger erwähnt mit keinem Wort, dass der Punkt, wie es aus seiner eigenen Anwendung hervorgeht, einen vollständigen Satz beschliesst. Dabei hat er als bisher einziger einleitend den Satz zu erklären versucht.

Um den Eindruck der rhetorischen Bedeutung der Interpunktionszeichen zu verstärken, fügt er noch folgende Anweisung hinzu: *Vnd was also zwischen der strichel vnnd puncten steet / sol fein ordenlich auf einander werden gelesen / wie in volgendem exempl ver merckt (sic). (Bsp.).*[2] Die gleiche Aussage wie oben wird nochmals aus einer andern Perspektive wiederholt.

10.2.2 Ton- und Schriftzeichen

Im Gegensatz zu seinen unmittelbaren Vorläufern stellt Fuchsberger drei Nebenzeichen vor.

10.2.2.1 Fragpunct

Von Fragpuncten . Welche rede auf ein frag gestelt / wirt mit zwaien puncten / wie nachuolgt bezaichnet / Als ? (Bsp.).[3] Auch bei diesem Zeichen gibt Fuchsberger eine sehr gedrängte Erklärung ab. Die rhetorische Funktion des Zeichens ist ebenfalls deutlich sichtbar. Fälschlicherweise überliefert Müller, Quellenschriften, S.177, in seinen sonst sehr genauen Transkriptionen die moderne Form des Fragezeichens.

10.2.2.2 Clausslen

Von eingesetzten Claußlen . Offt begibt sich / das ein sondre clausl / oder kurtze rede / ehe die vorgeend gar volendet / do zwischen einge=

---

1 Fuchsberger, Leeskonst, 1542. Bogen b 5'/b 6.

2 Fuchsberger, Leeskonst, 1542. Bogen b 6.

3 Fuchsberger, Leeskonst, 1542. Bogen b 6.

setzt / vnnd deßhalb zů besserer erkhantnus mit zwaien halben zirklen
oder Monscheinlen / angefangen oder vnderschaiden wird : zům zaichen /
das dennoch ein völliger syne vorhanden / wo diß gleich darein nit ge=
setzt wär. (Bsp.).[1] Der Einschub in den vollständigen Satz
wird mit den Klammerzeichen markiert. Die Begründung steht
ganz in der Tradition Ickelsamers, bei welchem ebenfalls
das Weglassen-Können des Klammerinhaltes den Ausschlag gibt.

10.2.2.3 tail strichelen

Von tail strichelen . Wenn am end ainer zeylen zway strichel steen /
also = / So ist dasselb vorgeend wort getailt / vnnd der anfang negst
volgender zeil dargů (sic) gehörig.[2] Sowohl Kolross als auch
Ickelsamer kennen und verwenden das gleiche Trennungszeichen, nehmen es jedoch nicht in die Interpunktion auf. Erwähnt wurde es vor Fuchsberger von Steinhöwel (ohne Namen),
von Riederer (Semipunctus) und von Salat (ohne Namen), sodass die Bezeichnung 'Teilstrich' als Erfindung Fuchsbergers angesehen werden darf.

10.3 Zusammenfassung

Für Fuchsberger ist die Interpunktion eine rein rhetorische
Angelegenheit, was in Anbetracht des Werkes, einer 'Leeskonst', nicht weiter verwundert. Die Zeichen werden sehr
kurz und präzis beschrieben und teilweise durch einige Beispiele erläutert.
   Die Anzahl der Zeichen ist, abgesehen vom Trennungsstrich,
dieselbe wie bei Kolross und Ickelsamer. Auffallend ist vor
allem die gemeinsame Behandlung von Virgel und Doppelpunkt.
Die Vorlage Ickelsamers dürfte die einflussreichere gewesen
sein. Fuchsberger übernahm die Regeln jedoch nicht unbese-
hen, sondern er fasste sie kürzer und begründete sie rein

---

1 Fuchsberger, Leeskonst, 1542. Bogen b 6'.
2 Fuchsberger, Leeskonst, 1542. Bogen b 6'.

rhetorisch. Fuchsberger verfolgte ein anderes Ziel als seine Vorgänger: er schrieb ein Lehrmittel, ursprünglich nur für seinen Neffen. Unter diesem Gesichtspunkt betrachtet muss man die Leistung Fuchsbergers als gross bezeichnen, denn er verstand es, leicht fassliche, zwar einseitige, aber einleuchtende Regeln zu schaffen.

10.4 Exkurs

Von den lateinisch geschriebenen Grammatiken des 16. Jahrhunderts enthält nur diejenige von Laurentius Albertus[1] einen Abschnitt über die Interpunktion. Der kurze Text, Punkt X. der unter dem Obertitel 'Sequntur Orthographiae generales quaedam Observationes' gesammelten orthographischen Bemerkungen, lautet folgendermassen: *Note distinctionum cum latinis ferme conueniunt, punctum enim comprehendit integram periodum. Virgula vero transuersa hoc modo / nobis pro colis seu membris, et pro commatibus est. Signum interrogationis a Latinis accepimus, sicut et parenthesis inclusionem. Et cum colis seu duobus punctis ea membra signentur, ubi aliud quiddam, sequi necessum est. (...) Plures autem distinctiones lingua nostra nescit.*[2] Albertus tritt mit dem angebotenen System nicht aus der Reihe. Neben dem Schlusspunkt kennt er die Virgel und den Doppelpunkt, welche er von der Funktion her wieder klar unterscheidet. Er scheint belesen gewesen zu sein, denn es finden sich trotz der knappen Darstellung Beziehungen zu folgenden damals bekannten Interpunktionslehren: Wyle, Steinhöwel, Riederer, Ickelsamer und Melanchthon, wobei die Anklänge nicht immer gleich deutlich sind und vielleicht z.T. auf gemeinsame Vorlagen zurückzuführen sind.

An Nebenzeichen führt Albertus die Klammern und das Fra-

---

1 Albertus, Laurentius: Teutsch Grammatick oder Sprach=Kunst. Augustae Vindelicorum 1573. Abdruck in: Aeltere Deutsche Grammatiken in Neudrucken, hrsg.v. John Meier, Strassburg 1895.

2 Albertus, Teutsch Grammatick, 1573, in Meier, S.41/42.

gezeichen an. Bemerkenswert ist, dass er behauptet, die
deutsche Sprache kenne keine weiteren Zeichen. Ein Indiz
dafür, dass er sich wohl eher an der Praxis des Buchdrucks
und nicht bei den Theoretikern der Interpunktion informiert
hat.

Das Interpunktionssystem ist grammatikalisch erklärt. Die
Satzzeichen grenzen die verschiedenen Satzteile voneinander
ab. Die kurzgehaltenen Erklärungen lassen den Schluss zu,
dass Albertus diese Anweisungen für Kenner der Interpunktion verfasst hat.

11. SEBASTIAN HELBER

11.1 Leben und Werk[1]

Sebastian Helber wurde in den 30er Jahren des 16. Jahrhunderts geboren. Er scheint zunächst in Altdorf in der Schweiz
gelebt zu haben. Vor 1580 siedelte er nach Freiburg i.B.
über. Das erste sichere Datum stammt aus diesem Jahr, wo er
ein Gutachten über den Zustand der deutschen Schulen in
Freiburg verfasste. Im gleichen Jahr wurde er Schulmeister
in der nach seinen Vorschlägen erneuerten deutschen Schule
in Freiburg und blieb 16 Jahre im Amt. Seine Erfahrungen im
Schulunterricht legte er 1593 in seinem 'Teutschen Syllabierbüchlein'[2] schriftlich fest.

Ein im Jahre 1596 überschrittener Urlaub führte zu seiner
Entlassung aus dem Schuldienst. Seine Lehrtätigkeit in einer Winkelschule brachte ihm so wenig ein, dass sich die
städtischen Schulvisitatoren 1598 für ihn einsetzten. Seit
diesem Ereignis fehlt jede weitere Nachricht über ihn.

---

1 Die Angaben über das Leben Helbers stützen sich auf: Sebastian Helbers Syllabierbüchlein (1593), hrsg.v. Gustav Roethe, Freiburg i.B.
  und Tübingen 1882.

2 Teutsches Syllabierbüchlein, Nemlich Gedruckter Hochteütscher sprach
  Lesenskunst (...) Durch Sebastian Helber, Keiserlichen Notarien zu
  Freiburg im Breissgew, Getruckt zu Freiburg in Uchtland, durch Abra-
  ham Gemperle 1593. Hrsg.v. G.Roethe, 1882.

11.2 Das Interpunktionssystem

Sebastian Helbers Syllabierbüchlein ist in sieben Kapitel
eingeteilt, deren letztes die Interpunktion bildet. Die einzelnen Kapitel befassen sich mit verschiedenen orthographischen Fragen wie dem oberdeutschen Alphabet, den verschiedenen Silbenwerten, den Diphthongen und Umlauten, den Vokalen, den Dialektunterschieden im Bezug auf die Umlaute, den
Abkürzungszeichen und der Interpunktion als Abschlusskapi-
tel. Mit folgenden Worten wird die Interpunktion angekündigt: *Von vermög derer Zeichen, die mit dem mund nit werden für ge=*
bracht, doch dem lesenden dienen zu fertiger vnterscheidung der Rede.[1]
Die zitierte Passage ist der Text aus dem Inhaltsverzeichnis. Bemerkenswert ist die Art, wie die rhetorische Funktion der Interpunktionszeichen umschrieben wird. Diese Formulierung ist vor und nach Helber nie erschienen.

Treffend charakterisiert Helber die Satzzeichen als Zeichen, welche zwar nicht laut vorgetragen werden, dem Leser
jedoch eine rhetorische Figur nahebringen sollten. Helber
stellt acht verschiedene Zeichen sehr kurz und in ungewohn-
ter Reihenfolge vor: Trennungszeichen, Virgel, Doppelpunkt,
Punkt, Fragezeichen, Ausrufezeichen, Klammer und eine Art
Abschnittszeichen. In der folgenden Analyse werden sie jedoch nach Haupt- und Nebenzeichen gesondert besprochen.

---

1 Obwohl das Syllabierbüchlein eine weite Verbreitung erlangt hatte,
  war es am Ende des 19. Jahrhunderts nur noch in zwei Exemplaren vorhanden. Die Besprechung der Interpunktion stützt sich auf den Nachdruck von G. Roethe. Es ist anzunehmen, dass Roethe die Interpunktion modifiziert hat, da er konstant das Komma (,) setzt, welches
  in Helbers Interpunktionslehre nicht besprochen wird. Die Virgel (/)
  wird in der Transkription von Roethe nicht verwendet. Da trotz
  mehrerer Versuche nicht einmal ausfindig gemacht werden konnte, ob
  überhaupt noch ein Exemplar dieses Werks existiert und somit kein
  Vergleich vorgenommen werden konnte, wurde auf eine Veränderung der
  Zitate verzichtet.

11.2.1 Sinn- und Pausenzeichen

11.2.1.1 Strichlein oder Virgul

Dises / heisst ein Strichlein oder Virgul : ist ein abteilung der minde=
ren teilen einer Red.[1] Der Satz wird von Helber als Rede bezeichnet. Die Rede wird in Teile unterteilt, und die geringsten Abschnitte werden durch die Virgel bezeichnet. Inhaltlich steht dieses Zeichen der 'Virgula' Riederers am nächsten, ein direkter Bezug ist jedoch nicht nachweisbar.

11.2.1.2 Doppelpunkt

Sölliches : ist eines halben, oder gleichsam halben teils in der Red.
Bei disem zeichen fasst man athem, oder doch haltet man meer still im
lesen, als bei dem nechstgemeldten zeichen, vnd weniger als bei volgen=
dem.[2] Der Doppelpunkt, noch ohne Namen, tritt erstmals wieder getrennt von der Virgel (abgesehen von Albertus, mit
dem Helber sonst wenig gemeinsam hat) als selbständiges,
sinngebendes Zeichen auf. Helber wendet sich an den Leser,
indem er die rhetorischen Folgen des Zeichens erklärt. Satz-
stellung und Formulierung sind selbständige Errungenschaf-
ten Helbers, während er sich inhaltlich auf lateinische Vorlagen und vielleicht auf Niklas von Wyle abstützt.

11.2.1.3 punct

Ein solliches . heisst ein punct : wirdt gesetzt am end einer Red oder
Spruchs.[3] Helber unterscheidet zwischen Rede und Spruch. Unter Rede versteht er eine ausführliche Periode, unter Spruch
einen kurzen Satz. Die Erklärung ist gleichermassen für den
Lesenden und für den Schreibenden gedacht.

---

1 Helber, Syllabierbüchlein, 1593, in Roethe, S.37.

2 Helber, Syllabierbüchlein, 1593, in Roethe, S.37.

3 Helber, Syllabierbüchlein, 1593, in Roethe, S.37.

11.2.1.4 Schlusszeichen

Lestlich ein solliches ⌐ stellt man gern am end einer gantzen Red,
oder eines gewissen Worts der Person, von wellicher daselbst gehandlet
wirdt, domit leichtlicher gemercket werde, wie weit die angezognen
Wort sich erstrecken.[1] Aus dieser Erklärung geht nicht genau
hervor, was mit diesem Zeichen gemeint ist. Vermutlich entspricht es dem früher unter Theoretikern noch weiter verbreiteten Zeichen am Ende eines ganzen Sinnabschnittes. Das
Zeichen hat jedenfalls keine grammatische Funktion, sondern
bezieht sich ausschliesslich auf den Inhalt.

11.2.2 Ton- und Schriftzeichen

11.2.2.1 Trennungsstriche

Am end einer Lini ist ein solliches = oder - zeichen ein andeutung,
das die volgende Sylb zu der vorgehenden gehöre.[2] Dieses Zeichen,
das erste, welches Helber in seiner Interpunktionslehre anführt, entspricht dem heutigen Trennungzeichen am Zeilenende. Wie Riederer lässt Helber beide Formen, die einfache
und die doppelte, gelten. Wenn in diesem Stück auf die Transkription Verlass ist, beschränkt er sich in der Anwendung
auf die doppelte Version. Helber benennt das Zeichen nicht,
obwohl es bereits von Fuchsberger als 'tail strichel' vorgestellt wurde.

11.2.2.2 Fragezeichen

Dises ꝛ bedeütet das vorgehende Red fragweis gestellt sei.[3] So kurz
diese Definition auch ist, zeigt sie doch deutlich, dass
die rhetorische Funktion überwiegt. In ähnlicher Weise beschrieben schon Steinhöwel, Wyle und Kolross das Fragezei-

---

1 Helber, Syllabierbüchlein, 1593, in Roethe, S.37.

2 Helber, Syllabierbüchlein, 1593, in Roethe, S.36.

3 Helber, Syllabierbüchlein, 1593, in Roethe, S.37.

chen. Helber gibt auch diesem Zeichen keinen Namen. Ueber die Form lässt sich in Anbetracht von Roethes Transkription keine verbindliche Aussage machen.

11.2.2.3 Ausrufezeichen

Ein solliches ! zeigt an das vorgesetzte Red ein verwunderung in sich halte.[1] Ebenfalls ohne Namen führt Helber das Ausrufezei-chen wieder ein. Seit Riederer war es nicht mehr erwähnt worden. Das Zeichen ist noch ziemlich unklar definiert. Der Begriff 'Verwunderung' ist die Uebersetzung der lateinischen 'admiratio' und lässt sich nicht genau festlegen. Das Vor-gehen bei der Erklärung ist das gleiche wie beim Fragezei-chen.

11.2.2.4 Parenthesische zeichen

( ) Dise heissen Parenthesische zeichen. Mit sollichen linien wirdt eingeschlossen was nit zu nötiger erfüllung, sonder zu erklerung oder zierung der Red beigebracht wirdt. Die Leser pflegen bisweilen mit stillerer oder tiefferer stimm zulesen, was darinnen begriffen worden.[2] Wie damals üblich beansprucht die Erklärung der Klammern am meisten Platz. Bei Helber wird das in die Klammern gesetzt, was nicht notwendig zum Inhalt gehört, sondern was Erklä-rung und Zierde des Inhalts ist. Diese Definition gleicht sich dem damals häufigen Gebrauch des Zeichens an. Die rhe-torische Funktion der Klammer ist ebenfalls schon mehrmals erwähnt worden.

11.3 Zusammenfassung

Helber schuf ein Lehrmittel für die Schule, für seine eige-ne Unterrichtsmethode. Das Syllabierbüchlein sollte eine

---

1 Helber, Syllabierbüchlein, 1593, in Roethe, S.37.

2 Helber, Syllabierbüchlein, 1593, in Roethe, S.37.

Anweisung zum Lesen deutscher Drucke sein.

Helber stellte seine Theorie selbständig zusammen, woraus sich seine nicht ganz einsehbare Reihenfolge der Interpunktionszeichen erklären lässt.

Schon lange vor Helber standen Interpunktionsregeln zur Verfügung, welche systematischer aufgebaut und ausführlicher formuliert waren. Hier muss betont werden, dass Helber keine normative Absicht hegte, sondern dass er nur seine Beobachtungen weitergeben wollte. Die Unfähigkeit, seine Zeichen grammatisch oder rhetorisch zu plazieren, ist eine Folge seines analytischen Vorgehens.

Bemerkenswert ist das Vertrauen, das er in die Drucker setzt. Helber erspart sich meist die Beschreibung des Zeichens und begnügt sich mit dem Hinweis auf die Darstellung. Dieses Vorgehen wäre 50 Jahre früher unvorstellbar gewesen.

Im Ueberblick darf man sagen, dass Helber ein eigenwilliges Interpunktionssystem geschaffen hat. Es basiert zwar auf andern Theoretikern und hatte keine weiterreichende Bedeutung. Es übertraf aber an Ausführlichkeit seine unmittelbaren Vorgänger um einiges. Zudem bietet Helbers System einen guten Einblick in die Interpunktionspraxis, aus welcher er seine kurzgefassten Regeln ableitete.

12. JOHANN RUDOLF SATTLER

12.1 Leben und Werk[1]

Angaben über das Leben Johann Rudolf Sattlers sind nur sehr spärlich vorhanden. Er wurde vermutlich 1573 in Basel geboren, wirkte dort als Notarius und später als Ratsherr. Er starb im Jahre 1628.

Zu seinen Werken zählt die 1607 in Basel erschienene und mehrmals neu aufgelegte 'Teutsche Orthographey und Phraseo-

---

1 Die Angaben über Sattlers Leben sind folgenden Werken entnommen:
  - Jöchers Allgemeinem Gelehrten Lexicon, 4.Theil, Leipzig 1751, und
  - Jellinek, nhd. Grammatik, Bd.I, S.47.

logey'[1]. Weitere Werke sind: 'Notariat- und Formularbuch',
eine Anweisung zum Briefschreiben und das 'Werbungsbüchlein
oder von der Anstellung teutscher Orationen und Reden'.[2]

Die Interpunktion steht in der deutschen Orthographie[3].
Der Aufbau dieses Werks ist relativ klar, obwohl aus dem Inhaltsverzeichnis keine Abstufungen oder Unterordnungen erkennbar sind. In der Vorrede an den Leser ordnet Sattler
die einzelnen Kapitel verschiedenen Oberbegriffen zu. Er
beginnt mit einem ausführlichen Kapitel über den Ursprung
der Sprache. Anschliessend folgt die eigentliche Orthographie mit fünf Abschnitten: über den Unterschied der Buchstaben, über Rechtschreiberegeln, über das Abbrechen von
Wörtern, über verschiedene Schreibweisen wichtiger Autoren
und zum Schluss über die Interpunktion. In der anschliessenden Phraseologie werden drei Fragen behandelt: der Gebrauch der Wörter im Schreiben und Sprechen, die Synonyma
und verschiedene Formen des Sprechens und Schreibens. Die
Behandlung von Spezialfragen wie Fachsprachen etc. bildet
den Abschluss dieses Werks.

12.2 Das Interpunktionssystem

Einleitend erklärt und begründet Sattler die Stellung der
Interpunktion innerhalb der Orthographie nochmals genauer:
WEyl eben so viel (wie ein jeder / so der Schreiberey erfahren ist /
mir hierin beyfallen wird) an dem / daß die Schrifft recht Distinguiert
vnd Punctiert : als an dem / daß solche recht geschrieben werde / ge=

---

1 Sattler, Johann Rudolf: Teutsche Orthographey und Phraseologey,
  Basel 1617. Es handelt sich um die dritte Auflage des 1607 erstmals erschienenen Werks. Diese Ausgabe liegt der folgenden Analyse
  zugrunde.

2 Die beiden letzten Titel sind zitiert nach Jellinek, nhd.Grammatik,
  Bd.I, S.47, wo sie ohne Erscheinungsort und -datum angeführt sind.

3 Nach Vortisch, Rudolf: Grammatikalische Termini im Frühneuhochdeutschen, Basel 1910/11, war die Interpunktion in der ersten Auflage
  von Sattlers deutscher Orthographie noch nicht enthalten, sondern
  erst in der zweiten aus dem Jahre 1610.

legen ist / vnd dahero solches von den Grammaticis, auch ein theil der Orthographey genent wirdt : hab ich es an diesem ort ebnermassen ein= bringen wöllen.[1] Sattler beruft sich auf Grammaticos. Wen er damit genau meint, lässt sich wohl nicht rekonstruieren. Expressis verbis ordnete bis zu diesem Zeitpunkt weder ein lateinischer noch ein deutscher Grammatiker die Interpunktion der Orthographie zu[2].

Sattler bespricht fünf Interpunktionszeichen. Der Trennungsstrich, den er verwendet, wird nicht dazugezählt. Sattler geht systematisch vor. Beschreibung und Erklärung jedes Zeichens sind in seiner Darstellung getrennt. In der vorliegenden Analyse werden sie jedoch gemeinsam besprochen. Die ausführlichen Beispielsätze werden hingegen weggelassen.

12.2.1 Sinn- und Pausenzeichen

12.2.1.1 Virgula

Virgula wird im Lateinen also (,) vnnd in Teutscher sprach in dieser form (/) gemacht.[3] Sattler unterscheidet zwei Formen der Virgula: das heute gebräuchliche Komma, welches in der lateinischen Sprache verwendet wird, und das Strichlein, welches im Aussehen seiner Bezeichnung entspricht. Eine ähnliche Unterscheidung machte schon Riederer. Eine Seite weiter hinten folgt die Regel zur Virgula: *Virgula wird nach einem klei= nen vnd vnvolkommenen theil eines gantzen Sententzes / der in Latein Incisum vnd in Griechischer Sprach Comma genannt wird / gesetzt / auch bißweilen nach einem / vnnd bißweilen nach mehr worten : aber nit nach gantzen Sententzen gebraucht / (Bsp.).*[4] Sattler operiert in der

---

1 Sattler, Teutsche Orthographey, 1617. S.37.

2 Jellinek, nhd. Grammatik, Bd.I, S.47, stellt fest, dass sich Sattler auf Meichssner, Clajus und Kolross stützt, von welchen nur der letztgenannte Interpunktionsregeln anbietet. Die Interpunktionsregeln von Kolross zeigen einzig in Umfang und Reihenfolge der Besprechung eine geringe Aehnlichkeit mit Sattler.

3 Sattler, Teutsche Orthographey, 1617. S.37.

4 Sattler, Teutsche Orthographey, 1617. S.38.

Begründung einerseits mit grammatischen Begriffen (Incisum, Comma), andererseits schränkt er die Anwendung der Virgula durch den seltsamen Zusatz 'nie nach ganzen Sätzen' ein. Durch diesen Zusatz sollte wohl der Gebrauch dem grammatikalisch weniger gebildeten Leser klargemacht werden.

Die enge Verwandtschaft mit Riederer fällt sofort auf. Sattler vernachlässigt zwar die rhetorische Komponente, setzt die Virgel jedoch ebenfalls nach unvollkommenen Teilen einer Rede, genauer z.T. nach einem, z.T. nach mehreren Worten. Die gleiche Anwendung findet sich auch bei Kolross.

Sattler erweitert die oben zitierte Stelle noch durch Zusätze wie 'zwischen Wörtern gleicher Bedeutung', 'zwischen mehr worten' etc., wie sie aus früheren unpräzisen Formulierungen schon bekannt sind. Durch diese Zusätze erfahren die Regeln keine Neuerung oder Erweiterung, sondern sie werden eher verwässert. Diese Anweisungen dienen jedoch denen, die mit grammatikalischen Begriffen nicht viel anfangen können. Die Beispielsätze lassen einen modernen Gebrauch der Virgel erkennen.

12.2.1.2 Duopuncta

Duopuncta, das ist / zwen Puncten / werden in Lateinischer vnd Teutscher sprach also (:) geschrieben.[1] Wie schon bei der Virgula liegt hier eine Anweisung vor, welche sich eindeutig an den Schreiber und nicht an den Leser wendet.

Die Erklärung des Doppelpunktes ist gleich aufgebaut, wie jene der Virgula, von welcher er sich in der Funktion deutlich unterscheidet: *Duo puncta, werden nach einem grossen vnnd vol= kommenern theil eines gantzen Sententzes / so zu Latein Membrum, vnnd in Griechischer Sprach Colon genant wird / gesetzt. (Bsp.).*[2] Die reine Erklärung bietet nur dem Leser Anhaltspunkte, dem die

---

1 Sattler, Teutsche Orthographey, 1617. S.37.

2 Sattler, Teutsche Orthographey, 1617. S.38.

grammatischen Termini 'Membrum' und 'Colon' ein Begriff
sind.

Während im deutschen Sprachraum die Verbindung von Colon
und Doppelpunkt erstmals bei Pleningen erscheint, dann noch
bei Kolross, welche aber beide die grammatikalische Funktion noch nicht vom terminus technicus ableiten, liegt im
Membrum des Schriftspiegels eher dieser Fall vor. Im lateinischen Sprachbereich lassen sich aber aufschlussreichere
Zeugnisse finden: bei Albertus, dessen System vom Aufbau
her eng mit demjenigen Sattlers verwandt ist, und noch früher bei Melanchthon[1].

Aus den Beispielsätzen geht hervor, dass Sattler das Colon so anwendet, wie man heute z.T, den Beistrich, z.T. das
Semikolon gebraucht. Der Doppelpunkt wird ebenfalls schon
vor Aufzählungen (nur theoretisch) gesetzt, was einem Teil
seiner heutigen Funktion entspricht.

12.2.1.3 Punctum

*Punctum, uel punctus finalis, wird nach einer gantzen vnd volkommenen
red / so zu Latein Circuitus, vnd in Griechischer Sprach Periodus ge=
nant wirdt / gesetzt / (Bsp.).*[2] Wie schon der Name andeutet,
handelt es sich um den einfachen Schlusspunkt. Sattler verwendet auch hier durchwegs lateinische und griechische
Fachtermini, was auf gute Kenntnis antiker Grammatik
schliessen lässt.

---

1 Melanchthon, Grammatica latina, 1550. Daraus sei zum Vergleich die
  Besprechung der 'media distinctio' angeführt: *Media distinctio est,
  quae duobus plerunque punctis hodie notatur, altero ad summum,
  altero ad imum literae posito, aut uno ad summum posito tantum.
  nam id quoque reperitur. Hac utimur, cum structura quidem uerborum
  perfecta est, sententia autem adhuc pendet. Vt in fine membrorum,
  siue* κῶλων *, cum uel redditiones, uel adaptationes, uel similia in
  Periodis expectantur.* (S.342).

2 Sattler, Teutsche Orthographey, 1617. S.39.

12.2.2 Ton- und Schriftzeichen

12.2.2.1 Nota seu signum Parenthesis

*Nota seu signum Parenthesis wird in Lateinischer / vnd Teutscher Sprach
also ( ) vnd bißweilen in Teutscher Sprach auch in diser form ./. be=
funden.*[1] Sattler verwendet selbst nur die gebräuchlichere,
runde Form dieses Zeichens. Die zweite Form der Klammer
wird weder in seinem, noch in sonst einem in der vorliegenden Arbeit besprochenen Werk verwendet.

Die Erklärung der Klammer mutet im Vergleich mit andern
Grammatikern ausgesprochen einfach an: *Nota seu signum Par=
enthesis wird vor / vnnd nach der Red / so zwischen der anderu (sic) /
ohne das volkommenen red stehet / auch zu Latein Interpositio vnnd
in Griechischer Sprach Parenthesis genant wirdt / gesetzt / (Bsp.).*[2]
Sattler nimmt die antiken grammatischen Termini wörtlich
und versucht, durch die Beschreibung des Terminus eine Regel in deutscher Sprache zu schaffen.

12.2.2.2 Nota vel signum Interrogationis

*Nota vel signum Interrogationis wird in Lateinischer vnnd Teutscher
Sprach in diser form (?) gemacht.*[3] Sattler verwendet die noch
heute gebräuchliche Form des Fragezeichens. Allerdings gibt
er diesem Zeichen sowenig wie der Klammer einen deutschen
Namen.
*Nota seu signum Interrogationis wird nach einer frag zu Latein Inter=
rogatio genant / gesetzt / (Bsp.).*[4] Die Erklärung ist in bewähr-
ter Manier sehr kurz gehalten. Einige Beispiele erläutern
die praktische Anwendung. Bemerkenswert ist, dass für dieses Zeichen kein griechischer Fachterminus angeführt wird.

---

1 Sattler, Teutsche Orthographey, 1617. S.38.

2 Sattler, Teutsche Orthographey, 1617. S.39.

3 Sattler, Teutsche Orthographey, 1617. S.38.

4 Sattler, Teutsche Orthographey, 1617. S.39.

Bei den zwei letzten Zeichen lassen sich keine Vorlagen
mehr finden, abgesehen davon, dass diese zwei Nebenzeichen
von vielen Vorgängern in der Interpunktion besprochen wurden.

12.3 Zusammenfassung

Sattler hat ein Interpunktionssystem aufgestellt, das in
seiner praktischen Anwendung dem heutigen Gebrauch schon
sehr nahe kommt. Vorteilhaft an seinem System ist die einfache und konsequente Durchführung der Beschreibung und
Erklärung der einzelnen Zeichen.

Sattler ist von verschiedenen Seiten her beeinflusst. Der
Aufbau des Systems und die Anzahl der Zeichen finden sich
schon in verschiedenen früheren Arbeiten. Ebenfalls einen
starken Einfluss scheinen lateinische Vorlagen gehabt zu
haben. Belegen lässt sich das durch den ausschliesslichen
Gebrauch lateinischer Termini und durch die guten Grammatik-
kenntnisse. Einige Anzeichen lassen die Annahme zu, dass
eine Vorlage vorhanden gewesen sein muss, welche zwar von
diversen Autoren benutzt wurde, die aber heute verschollen
ist.

Sattlers Interpunktionslehre ist für den Gebrauch des
Schreibers entworfen. Allerdings sind einige grammatikalische
Kenntnisse für den richtigen Gebrauch der Zeichen erforder-
lich. Die grosse Fülle von Beispielen vermag die Regeln
nicht zu ersetzen.

Bemerkenswert ist die eindeutige Stellung der Interpunktion innerhalb der Orthographie. Bei der Erklärung der einzelnen Zeichen verwendet Sattler jedoch vorwiegende syntaktische Begriffe, sodass die Interpunktion von da aus gesehen
eher der Syntax zuzuordnen wäre. Vermutlich ist diese Dis-
krepanz von Sattler gar nicht als Widerspruch empfunden worden.

13. WOLFGANG RATKE

13.1 Leben und Werk[1]

Wolfgang Ratke, 1571 in Wilster, Holstein, geboren, besuchte das Gymnasium in Hamburg, studierte in Rostock Theologie und Philosophie, später Sprachen. Weitere Studien in
England und Holland vertieften seine sprachlichen Kenntnisse. In Hamburg fasste er den Plan, die bisherige Lehrmethode des gesamten sprachlichen Unterrichts neu zu gestalten.

Die Grundgedanken seiner reformatorischen Ideen waren
teilweise von erstaunlicher Modernität. Auf der Suche nach
einer Methode für ein leichteres, erlebnisbetontes und somit
effektiveres Lernen stützte er sich vor allem auf die Einführung des muttersprachlichen Unterrichts als Voraussetzung
für das Erlernen einer Fremdsprache und auf die Errichtung
von Staatschulen mit einheitlichen Lehrplänen.

In den Jahren 1618-1620 hatte Ratke die Gelegenheit, nach
einigen misslungenen Versuchen, in Köthen eine Schule nach
seinen Ideen einzurichten und seine Methode in einigen Lehr-
büchern niederzulegen. Nach dem Bruch mit seinem Gönner
Fürst Ludwig von Anhalt-Köthen zog er weiter, nur noch unter-
stützt von Gräfin Sophie von Schwarzenberg in Rudolfstadt,
die seine Bestrebungen bis zu seinem Tod im Jahre 1635 för-
derte.

Ratke hinterliess viele Schriften, besonders Schulbücher
aus der Köthener Zeit[2]. Unter den grammatischen Werken befassen sich mehrere flüchtig mit der Interpunktion. In der

---

1 Die biographischen Angaben stützen sich auf:
  - den Aufsatz von Binder in ADB Bd.27. 1888. S.358 ff.
  - Jellinek, nhd. Grammatik, Bd.I, S.88 f.

2 Die wichtigsten Schulschriften unter dem Sammeltitel 'pro Didactica
  Ratichii' sind: Encyclopaedia universalis, Grammatica universalis,
  Nova Didactica, Rhetorica, Physica, Metaphysica, ferner Compendium
  Grammaticae Latinae, Compendium logicae und ein Lehrbüchlein für die
  angehende Jugend. Die direkte Verfasserschaft ist nicht bei allen
  Werken belegt. Einige könnten auf Anregungen Ratkes zurückgehen.

allgemeinen Sprachlehr von 1619[1] hat sich zwar Ratke von
der antiken Disposition der Grammatik gelöst, jedoch noch
nicht zu einer neuen überzeugenden Form gefunden. Die Etymologie beschränkt sich auf die Formenlehre, welche aber
mit der Syntax zusammen als ein Fragekomplex behandelt wird.
Die Wortbildungslehre wird gesondert dargestellt. Auf die
Prosodie verzichtet Ratke ganz, stellt aber stattdessen die
Interpunktion und die Orthographie als selbständige Teile
der Sprachkunst dar, wobei er sich mit dem blossen Hinweis
auf die Existenz der Interpunktion begnügt. Im Compendium
grammaticae latinae von 1620[2] bildet die Interpunktion das
letzte Kapitel der Syntax. Die Schreibungslehr von 1629[3]
enthält einen kurzen Abriss über die Interpunktion. Hier
wird sie demnach zur Orthographie gezählt. Diese ausführlichste Besprechung der Interpunktion durch Ratke dient als
Grundlage für die folgende Analyse des Interpunktionssystems.

13.2 Das Interpunktionssystem

Ratkes Lehre von den Satzzeichen ist nicht leicht zu verstehen. Ausgehend und beinahe besessen vom dichotomischen
Prinzip versucht er, die ihm bekannten sieben Satzzeichen
unterzubringen. Der Umstand, dass die ganze Lehre katechis-
musartig abgefasst ist, erschwert das Verständnis noch einmal. Anhand einer graphischen Aufschlüsselung der Dichotomie
soll der Weg Ratkes zu jedem einzelnen Zeichen aufgezeigt
und nachvollzogen werden.

---

1 Abgedruckt in Ising, Erika: Wolfgang Ratkes Schriften zur deutschen
  Grammatik, Berlin 1959. Teil II, S.23-48.

2 Dieses Werk ist nicht in Ising abgedruckt, hingegen wird in der Abhandlung, Teil I, S.42/43 auf diesen Umstand hingewiesen.

3 Der genaue Titel lautet folgendermassen: Die Schreibungslehr der
  Christlichen Schule, welche in der wahren Glaubens, Natur vnd Sprachen anzustellen, zu Bestetigen vnd zuerhalten zu Der Lehrart Ratichii. Auf die Teütsche Sprache Gerichtet vnd Beschriben dürch ρ.
  (Gotha 1629).
  Abgedruckt ebenfalls in Ising, Ratkes Schriften zur deutschen Grammatik, Teil II, S.57-94.

Die Zeichen der Unterscheidung werden geteilt nach der Bewegung und nach den Teilen. Diese werden wieder geteilt in gerade und ungerade Bewegung, beziehungsweise in vollkommene und unvollkommene Teile. Daraus leiten sich dann die sieben Satzzeichen mit ungewohnten, ausschliesslich deutschen Namen ab.

Die nach der Bewegung geteilten Zeichen entsprechen den punctis accidentalibus, die nach den Teilen geteilten den punctis essentialibus. Die Unterteilung nach der Bewegung (der Stimme ?) ist somit eher rhetorisch motiviert, diejenige nach den Teilen (des Satzes ?) mehr grammatikalisch bestimmt.

Die folgende Besprechung der einzelnen Zeichen hält sich an die Reihenfolge Ratkes, welche durch die dichotomische Ableitung bestimmt ist, hingegen werden die Haupt- vor den Nebenzeichen dargestellt.

13.2.1 Sinn- und Pausenzeichen

13.2.1.1 Abschneidungszeichen

Was ist ein abschneidungszeichen ? Damit die vorhergehenden wort von den nachfolgenden in vnvollkommenem verstande vnterschieden werden. Deßen form ist entweder diese (,) oder diese (⁚). (Bsp.).[1] Ratke verwendet als erster das lateinische Zeichen in der deutschen

---

1 Ratke, Schreibungslehr, 1629, in Ising, Teil II, S.93.

Sprache. Ausschlaggebend für das Setzen eines Kommas ist
die Unvollkommenheit des Verstandes. Das Abschneidungszeichen ist das schwächste Zeichen und entspricht in der Anwendung etwa dem heutigen Beistrich.

Die Formulierung von Ratke lässt sich weit zurückverfolgen. Als Parallele diene hier ein Teil aus Wyles Beschreibung des 'strichlins': *(...) danne das klain erst strichlin / be=
tütt ain schlechte sundrung ains wortes oder ainer oratz von der an=
dern ane volkomenhait ainches gantzen sines.*[1]

13.2.1.2 Mittelzeichen

*Was ist denn ein Mittelzeichen? Es ist eine vnterscheidung, so da mit=
tel ist zwischen dem abschneidungs- vnd Glied-zeichen, vnd werden dar=
mit wiederwerdige sachen , oder sonsten denen gleiche vnterschieden,
vnd auch offt an statt des Gliedzeichen gebraucht. Deßen form ist die=
se (;). (Bsp.).*[2] Mittelzeichen - media distinctio: die Verwandtschaft fällt auf. Der Name Mittelzeichen ist jedoch aus
seiner Stellung im System Ratkes hergeleitet. Seine Funktion
ist nicht ganz klar. Einerseits steht es an Stelle des Ab-
schneidungszeichens, andererseits formuliert Ratke eine rein
inhaltlich bedingte Stellung. Beim Mittelzeichen fallen syntaktische und semantische Elemente zusammen.

Als Neuerung ist das erstmalige Auftreten des Semikolons
als Zeichen im Satzinnern zu bezeichnen, auch wenn es in seiner Funktion nicht dem heutigen Strichpunkt entspricht.

13.2.1.3 Gliedzeichen

*Was ist ein Gliedzeichen? Damit zwar vnterschieden wird ein vollkomme=
ner spruch aber er hanget noch an dem Nachfolgenden. Deßen form ⟨ist⟩
(:). (Bsp.).*[3] Das Gliedzeichen entspricht viel eher dem heu-

---

1 Wyle, Translationen, 1478. Im unpaginierten Vorwort, Blatt 8'.

2 Ratke, Schreibungslehr, 1629, in Ising, Teil II, S.93.

3 Ratke, Schreibungslehr, 1629, in Ising, Teil II, S.94.

tigen Semikolon. Damit erfüllt es die sinntrennende Funktion, die der Doppelpunkt zu jener Zeit besass. Der Name des Zeichens ist aus dem lateinischen 'Membrum' oder dem griechischen 'Kolon' abgeleitet, welche beide 'Satzglied' bedeuten.

13.2.1.4 Beschlusszeichen

Was ist das Beschlußzeichen? Damit ein Spruch vollkömlich beschloßen wird. Deßen form ist diese (.). (Bsp.).[1] Dieses Zeichen kennzeichnet einen Schluss, gleich welcher Art. Die Formulierung deutet bei diesem Zeichen auf eine starke rhetorische und semantische Orientierung hin.

Als Beispiel für eine viel ältere Parallele wird nochmals Niklas von Wyle herangezogen: *Aber der punckt also stende . gibt zeerkennen dz da selbs ain volkomner sine beschlossen wirt.*[2] Seit Wyles Beschreibung hat keine inhaltliche Erweiterung stattgefunden. Der einzige Unterschied liegt in der Differenz von 'Sinn' und 'Spruch'.

13.2.2 Ton- und Schriftzeichen

13.2.2.1 Fragzeichen

Was ist ein Fragzeichen? Welches in Fragenden sprüchen gebraucht wird. Deßen form ist diese (?). (Bsp.).[3] Ratke fügt jeder Erklärung noch eine Reihe von Beispielen hinzu, welche zum besseren Verständnis seiner theoretischen Erläuterungen beitragen sollten. Die Beschreibung des Fragezeichens und seiner Funktion ist kurz gehalten aber dennoch verständlich.

---

1 Ratke, Schreibungslehr, 1629, in Ising, Teil II, S.94.

2 Wyle, Translationen, 1478. Im unpaginierten Vorwort, Blatt 8'.

3 Ratke, Schreibungslehr, 1629, in Ising, Teil II, S.93.

13.2.2.2 Aussruffungszeichen

Was ist ein außruffungszeichen? Welches in außruffenden vnd wünschen=
den oder verwunderungs sprüchen gebraucht wird. Deßen form ist diese
(!). (Bsp.).[1] Ratke verwendet dieses Zeichen in drei verschiedenen Situationen: bei Ausrufen, bei Wünschen und bei
Verwunderung. Dies bedeutet eine wesentliche semantische
Erweiterung gegenüber allen Vorgängern, welche sich ausschliesslich auf die Verwunderung einschränkten. Ratke darf
zudem als Erfinder des noch heute gebräuchlichen Ausdrucks
gelten.

13.2.2.3 Einsetzungszeichen

Was ist das Einsetzungszeichen? Welches gebraucht wird, wenn mann in
einem sprüch setzet etwas das nicht eigentlich zum fürhaben gehöret,
söndern allein erklärungs halben ein gemenget wird. Deßen form ist die=
se ( ) oder /: :/ oder [ ]. (Bsp.).[2] Ratke setzt in die Klammer,
was der blossen Erklärung dient. Damit steht er in der Tradition von Sebastian Helber, der diese Begründung eingeführt hatte. Ratke präsentiert drei verschiedene Formen
der Klammer, welche jedoch bedeutungsmässig keinen Unterschied aufweisen.

13.3 Zusammenfassung

Obwohl Ratke in seinem System sehr konsequent vorgeht, sind
seine Bemerkungen zur Interpunktion unübersichtlich. Die
befremdende Herleitung einerseits und die neuen Bezeichnungen andererseits tragen zum Gefühl bei, dass eine Ordnung
erzwungen wurde, welche in dieser Form gar nicht existiert.
Positiv an Ratkes Interpunktionsregeln sind die durchwegs
einfachen Erklärungen, wohl das Resultat eines Lehrbuches
für Schüler.

---

1 Ratke, Schreibungslehr, 1629, in Ising, Teil II, S.92.
2 Ratke, Schreibungslehr, 1629, in Ising, Teil II, S.92/93.

Ratkes Interpunktionssystem wird zur Orthographie gezählt.
Es ist vorwiegend auf rhetorischen Ueberlegungen aufgebaut. Ratke meidet jedoch jede Begriffsbestimmung, sodass
oft grammatische Elemente unter die rhetorischen gemischt
werden.

Obwohl Ratke auf ein breites Spektrum von Vorgängern zu-
rückblicken konnte, und obwohl trotz der sehr eigenwilligen
Darstellung gewisse direkte Bezüge nicht von der Hand zu
weisen sind, besteht die Leistung Ratkes gerade darin, dass
er zwei neue Zeichen dargestellt und erklärt hat, welche
noch heute im Gebrauch sind: es handelt sich um das lateinische Komma und um den Strichpunkt. Während das Semikolon
von seinen Nachfolgern ohne weiteres übernommen wurde, konnte sich die lateinische Form des Kommas noch nicht gegen die
Virgel durchsetzen. Ratke begründete aber mit der Vierzahl
der Hauptzeichen die Basis, auf der bis Adelung alle Interpunktionslehren aufbauen.

Während bisher alle Interpunktionslehren mehr oder weniger
aus dem süddeutschen Raum stammten, finden wir in Ratke einen Grammatiker, der nicht nur in Norddeutschland studiert
hat, sondern der auch englischen und holländischen Einflüssen ausgesetzt war, während sich seine Vorgänger vorwiegend nach dem italienischen Humanismus ausrichteten. Es
mag sein, dass die neuartigen Elemente in Ratkes Interpunktionslehre auf diese geographischen Unterschiede zurückzuführen sind.

Etwas genaueren Aufschluss über Ratkes Wirken gibt uns
ein weiteres Werk zur Interpunktion, das unter seinem Einfluss entstanden ist, von ihm eventuell sogar veranlasst und
korrigiert wurde. Es handelt sich dabei um die Distinction-
lehr, die Ratkes Mitarbeiter Samuel Walter zugeschrieben
wird.

14. SAMUEL WALTER

14.1 Leben und Werk[1]

Ueber Samuel Walter (auch Gualterius) konnte nichts ausfindig gemacht werden. Einer Aeusserung Erika Isings kann man
entnehmen, dass er langjähriger Mitarbeiter von Wolfgang
Ratke gewesen ist. Er dürfte demnach zu Beginn des 17. Jahrhunderts in Gotha gelebt haben und eng mit Ratkes Theorien
vertraut gewesen sein.

Was an schriftlichen Zeugnissen von ihm überliefert ist,
ist ebenfalls sehr spärlich: es beschränkt sich auf sieben
handgeschriebene Seiten in einem Oktavheftchen[2]. Von besonderem Interesse sind seine Notizen jedoch insofern, als
sie sich mit der Interpunktion im damaligen Zustand der Entwicklung auseinandersetzen. Das kleine Stück trägt den Titel 'Gar kurtzer Bericht Von der Distinction-lehr, mit ihren
signaturen'[3]. In dreizehn numerierten Abschnitten äussert
sich Walter zu verschiedenen Fragen der Interpunktion und
präsentiert auch ein eigenes System, das demjenigen Ratkes
sehr ähnlich ist. Jedes Zeichen wird bei Walter vor seinem
antiken Hintergrund dargestellt. In dieser kurzen Lehre
nimmt Walter Bezug zu verschiedenen lateinischen und griechischen Schriftstellern und Grammatikern. Er scheint sehr
belesen gewesen zu sein und es ist heute interessant zu sehen, wie er seine verschiedenen Quellen verarbeitet hat.

14.2 Das Interpunktionssystem

Das Interpunktionssystem von Samuel Walter lässt sich nicht

---

1 Die einzigen Daten über Walter stammen aus Ising, Ratkes Schriften,
  Teil II, S.5/6.

2 Diese Handschrift befindet sich im Besitz der Landesbibliothek
  Gotha, Cod.B 828 F.

3 Diese kleine Schrift ist ebenfalls in Ising, Ratkes Schriften, Teil
  II, S.52-54 abgedruckt.

ohne weiteres darstellen, da der normative Charakter seiner
Regeln ganz zugunsten des deskriptiven in den Hintergrund
gerückt ist. So kann es vorkommen, dass bei einem Zeichen
verschiedene Versionen vorgestellt werden, ohne dass erkennbar ist, für welche sich Walter selbst entscheidet. Er
spricht in seinen Ausführungen von einem System mit fünf
Zeichen, stellt aber acht verschiedene vor. Da er bei jedem
Zeichen Bezug zu seiner Herkunft nimmt, lässt sich leicht
erkennen, dass mittlerweile die Interpunktionslehre auf einem ziemlich hohen Niveau angelangt ist und dass Walter
selbst eine grosse Anzahl von Interpunktionslehren kannte.
Die meisten waren allerdings lateinischen Ursprungs, wie
eine Art Literaturverzeichnis zu erkennen gibt[1]. In der vorliegenden Arbeit werden die Zeichen mit ihren Regeln aus
dem Kontext herausgelöst und aufgeteilt nach Haupt- und Nebenzeichen besprochen.

14.2.1 Sinn- und Pausenzeichen

Bei der Besprechung der Sinn- und Pausenzeichen geht Walter
vom Aufbau des Satzes aus. Der Satz lässt sich in eine Anzahl Teile zerlegen und diese Teile werden mit verschiedenen Zeichen markiert.

14.2.1.1 Virgula oder strichel

Die commata, auf Griechisch κόμματα, *nennet Cicero incisa : Andere heis=*
sens auch ῥάβδον, *virgulam inflexam, ein Strichel : die Lateiner schrei=*
ben diese distinction ad imum litterae, oder werden an 1. 2. 3. oder
mehr wörter, fein syntacticè zusammengesetzt mit einem kleinen halben
circul, also:)))). Vnsere Teutschen aber behalten die virgulam oder

---

1 Walter spricht in den Abschnitten 11 und 12 von lateinischen Quellen, die er vermutlich für seine Darstellung benutzt hat. Dabei
  erwähnt er folgende Namen: Theodorus Gaza, Joächimus Camerarius
  Pabebergensis, Joännes Sturmius, Valentinus Erythräus, Ludovicus
  Strebaeus, Julius Caesar Scaliger, Alexander Rhetor, Trapezuntius
  und Basilius Faber.

strichel, vnd notirens also: ////.[1]   In diesen wenigen Zeilen
werden verschiedene Dinge zur Sprache gebracht. Comma wird
zur Bezeichnung des Zeichens und als Begriff der Syntax verwendet. Walter führt bei der Erklärung verschiedene Zitate
an, wobei er sich vermutlich nicht immer im klaren darüber
ist, welches die genaue Bedeutung des Zeichens ist. Die
Aussage 'ad imum litterae' muss in diesem Zusammenhang übersetzt werden mit 'am Schluss eines Briefes', dass also von
einem Komma nicht mehr die Rede sein kann. Ein Blick auf
die Form des Zeichens bietet aber eine Lösung an: das halb-
runde Komma wird ziemlich gross geschrieben, beinahe als
Klammerhälfte, und dieses Zeichen wird z.B. im Schriftspiegel als Zeichen am Schluss eines Abschnittes verwendet. Walter hat vermutlich die Aehnlichkeit im Aussehen der beiden
Zeichen bemerkt und deshalb diese, mit dem Komma nichts zu
tun habende Erklärung, zur zweiten, etwas gewohnter anmu-
tenden Beschreibung hinzugefügt. Kolross und Riederer setzen die Virgel beide nach 'einem oder mehreren Worten'.
Dass Walter einige lateinische Formulierungen beibehalten
hat, mag ein Hinweis darauf sein, dass er den Zusammenhang
zwischen den zwei widersprüchlichen Erklärungen selbst nicht
ganz einzusehen vermochte.

14.2.1.2 Colon und Semicolon

Ferner die cola, auf Griechisch κῶλα, *machen den vnderschied in den
eintzeln membris oder stücken einer halben, vnvolkommenen, vnd noch
nicht zur ende gebrachten sententz meinung, oder rede, derohalben sie
in mitteltheil einer geschriebener rede des periodi oftermal gebrau=
chet werden, vnd vberkommen bey den Gelarten nachfolgende nahmen* ὑπο-
στιγμή, *subdistinctio,* μέση στιγμή, *media distinctio, Semicolon : Die
notation derr colorum in geTruckten vnd geschrieben ist diese: ;;;;
oder solcher gestalt: ::: nicht aber also ....*[2]   Das Colon hat eine

---

1 Walter, Distinction-lehr, 1628, in Ising, Teil II, S.52.
2 Walter, Distinction-lehr, 1628, in Ising, Teil II, S.52.

klar umrissene Aufgabe, welche seiner syntaktischen Bedeutung gleichkommt. Während aber 'Colon' noch ziemlich scharf
umrissen ist, wird durch die Anführung von 'media distinctio',
'subdistinctio' und 'Semicolon' ein neues Element, eine Unterteilung eingeführt. Während Walter selbst ; und : als
Zeichen für die Cola ohne Unterschied gebraucht - in der Praxis verwendet er nur den Doppelpunkt - zeigt ein Hinweis von
ihm doch, dass die Interpunktion in der Zwischenzeit eine
Entwicklung durchgemacht hat: *Jedoch gefellet etlichen, das vnder*
diesen beiden colis man ein vnderschied machen soll, vnd daß dz colon
mit darbeystehender Signatur : Hergegen Semicolon mit dieser darnebenst=
gesätzter Signatur ; geschrieben werden.[1] Der Unterschied bezieht
sich auf die Schreibung des Zeichens. Der syntaktische Unterschied, die Unterordnung des Semicolons unter das Colon,
ist durch den Namen impliziert.

Die praktische Anwendung des Doppelpunktes zeigt bei Walter einen dreifachen Gebrauch: einmal den oben erwähnten
als Sinn- und Pausenzeichen; dann verwendet er ihn auch als
Ankündigungszeichen vor Aufzählungen; und drittens in der
gleichen Funktion wie Hans Salat, nämlich als Abkürzungspunkt. Wie bei Salat handelt es sich beim vorliegenden Text
um handschriftliche Aufzeichnungen. Offenbar ist der Doppelpunkt unter Schreibern in dieser letzten Funktion bekannt
gewesen.

14.2.1.3 Punctum

Da Walter streng vom grammatikalischen Aufbau des Satzes
ausgeht, haben die Satzzeichen in erster Linie eine sinnbe-
zeichnende Funktion. Deshalb ist es nicht weiter verwunderlich, dass er drei verschiedene Zeichen anführt, die einen
Satz beschliessen können: den Punkt, das Fragezeichen und
das Ausrufezeichen. Ihnen allen gemeinsam ist der Punkt,
der das Ende der Periode signalisiert. Frage- und Ausrufe-

---

1 Walter, Distinction-lehr, 1628, in Ising, Teil II, S.52.

zeichen werden bei den Nebenzeichen besprochen.

Nu seind die zeichen eines perfectae periodi diese: 1. immer vnd al=
zeit punctum, τελεία στιγμή, *distinctio propriè finalis, von Hesychiô*
νυγμή *stimulus,* τὸ κέντρον *genandt, vnd wird geschrieben also . . .*[1]
Walter beschränkt sich hier auf die Aufzählung verschiedener Varianten aus lateinischen und griechischen Werken.

14.2.2 Ton- und Schriftzeichen

Da die Ton- und Schriftzeichen bei Walter im ganzen Text
verstreut sind, werden sie in der damals üblichen Reihenfolge dargestellt und besprochen.

14.2.2.1 Fragzeichen

Nu seind die zeichen eines perfectae periodi diese: 1. (cf.14.2.1.3).
2. signum ἐρωτήσεως, *interrogationis, das fragzeichen, vnd wird also*
geschrieben ? ? ? ?[2] Dieser knappen Aeusserung können wir entnehmen, dass das Fragezeichen nur am Ende eines ganzen Satzes gesetzt werden kann, und dass es lateinische und griechische Vorlagen dafür gegeben hat.

14.2.2.2 Bewegzeichen

Nu seind die zeichen eines perfectae periodi diese: 1. (cf.14.2.1.3).
2. (cf.14.2.2.1). Zum dritten, auch vnderweilen Signum exclamationis
vel punctum admirationis das Bewegzeichen, vnd wird also geschrieben
! ! ach ! leider ! zeter ! st ![3] Ebenso knapp ist die Erklärung des Bewegzeichens, das zwar nicht ganz neu, jedoch
erstmals mit einem deutschen Namen bezeichnet ist. Diese
zwei letzten Zeichen, Frage- und Ausrufezeichen, scheinen
aufgrund ihrer kurzen Besprechung schon recht etabliert gewesen zu sein.

---

1 Walter, Distinction-lehr, 1628, in Ising, Teil II, S.53.

2 Walter, Distinction-lehr, 1628, in Ising, Teil II, S.53.

3 Walter, Distinction-lehr, 1628, in Ising, Teil II, S.53.

14.2.2.3 Parentheses

Sintemal aber man auch vnderweil nicht vmbgang haben kan, zwischen den
volkommenen periodis in παρενθέσει etwas zufälliges, propriè ad rem
non pertinens, als in einem neben-periodô mittelwegs, vnd dareinzuset-
zen, vermeinen die Grammatici, das solche parentheses, von den Graecis
ὑπέρβατα genennet, auch Distinctionzeichen sein sollen, geben auch
exempla aus dem Terentiô, Cicerone vnd Vergiliô: die Zeichen aber der
παρενθέσεων seind duo semicirculi, 2 halb circul, oder duo signa luna-
ria, zwey halbe mondzeichen, vnd werden mit dieser figur von etlichen
collociret ( ) (::) von andern mit dieser figur [::] [::] auch von
etlichen in brieffen, missiven, vnd sonsten also: :/::/: /::/[1] Auch
dieses Zeichen bietet eine Fülle von Bezügen zu andern Autoren und eine grosse Anzahl von Schreibvarianten. In gedruckten deutschen Texten jener Zeit wurden jedoch beinahe
ausschliesslich die runden Klammern verwendet.

14.2.2.4 Signum reiectionis

Nicht als Interpunktionszeichen an sich, sondern im Zusammenhang mit dem Komma und wegen der Verwechslungsgefahr mit
ihm wird es erwähnt: *Es mus aber dieses teutsche comma mit einem*
langen strich notiret werden, den // // oder 2. kleine strichel seind
zeichen eines am ende der zeilen zertheileten wortes, vnd bedeuten,
das der anfang des worts halb vf der öbern zeil, dan die letzen sylla-
ben in bald nachfolgender linie zubefinden seyn, dieses signum wird
genand reiectionis, von den Buchdruckern S. divisionis, von den Musicis
Signum custodis.[2] Dieses Zeichen zeigt deutlich das Vorgehen
Walters. Er beurteilt die Interpunktionszeichen nach ihrem
Aussehen und ihrer Form. Ueberall, wo er eine Aehnlichkeit
feststellt, wird entweder auf die doppelte Bedeutung aufmerksam gemacht oder zur Vermeidung der Verwechslung Bezug
auf ein anderes Zeichen, wie in diesem Fall, genommen.

---

1 Walter, Distinction-lehr, 1628, in Ising, Teil II, S.53/54.
2 Walter, Distinction-lehr, 1628, in Ising, Teil II, S.52.

Bemerkenswert ist der Ausdruck 'Signum custodis', der von
Walter den Musikern zugeschrieben wird. Ende des 17. und
Anfang des 18. Jahrhunderts wird diese Bezeichnung für kurze Zeit wieder aufgenommen. Wenn die Transkription durch
Erika Ising auch in der Interpunktion genau ausgeführt ist,
dann hat Walter in seinen Schriften ausschliesslich den einfachen Trennungsstrich benutzt.

14.2.2.5 Signum citationis

Während die Trennungsstriche dem deutschen Komma ähnlich
sind, gleichen die Gänsefüsschen der lateinischen Form dieses Zeichens: *Ebener massen das lateinische comma, muß einfach geschrieben werden, denn gedoppelt)))))) nennen etliche signum citationis ex aliis authoribus: verwaltet auch dises zeichen)) manchmal
officiô omnium primariae observationis.*[1] Dieses Zeichen wird hier
zum ersten Mal beschrieben. Es wird zur gleichen Zeit wie
der Begriff 'custodes' wieder in der Interpunktion auftauchen[2].

14.3 Zusammenfassung

Samuel Walter hat einen sehr interessanten Aufsatz über die
Interpunktion geschrieben. Man kann ihn als Zusammenfassung
der damals gebräuchlichen Interpunktionslehren bezeichnen.
Er verrät ein grosses Wissen an lateinischen und griechischen Grammatiken, in der deutschen Formulierung lässt sich
jedoch auch eine Verwandtschaft mit deutschen Interpunktionslehren, v.a. mit Riederer und Kolross erkennen. Walter
informiert uns sehr genau über Möglichkeiten des Interpunk-
tierens, ohne selbst immer eindeutig Stellung zu beziehen.
Jedoch sub judice lis est, ob die volkommene Distinctionlehr bald nach

---

1 Walter Distinction-lehr, 1628, in Ising, Teil II, S.52.

2 Zu Beginn des 18. Jahrhunderts führt Hieronymus Freyer diese Zeichen
  in seinem relativ modernen System ein. (Cf. Kap.25).

erlernung der Orthography, oder nach der fassung der Syntaxlehr, bey
der Schuljugend vorzutragen, oder ausführlicher in Rhetoricis abzuhan-
deln sey?[1] Diese Stelle am Ende seiner Ausführungen zeigt,
dass sich Walter sehr ausführlich mit der Problematik der
Interpunktion auseinandergesetzt hat und zwar, was im Um-
kreis von Ratke nicht weiter verwundert, vom pädagogischen
Standpunkt aus.

Auch wenn dieses kleine Werk keine weite Verbreitung gefunden hat, sondern nur einem kleinen Kreis zugänglich
war, ist es dennoch sehr aufschlussreich. Auf der einen
Seite finden wir ein erstaunlich modernes Interpunktionssystem, das seine Vorläufer (mit Ausnahme Ratkes) weit
hinter sich lässt. Auf der andern Seite sind hier die Voraussetzungen zu erkennen, auf welchen wohl auch Ratke sein
System aufbaute.

Leider war es dem Verfasser nicht möglich, die von Walter
zitierten Quellen einzusehen, Walters eigene Leistung genauer zu untersuchen und vor allem fremdsprachige Einflüsse von der deutschen Tradition zu trennen, sodass die Frage
offen bleiben muss, ob Walter die neuen Impulse aus fremdsprachigen Schriften übernommen hat, ob eine heute verschol-
lene deutsche Quelle als Vorlage gedient hat, oder ob Walter sogar mit genialer Hand in unkonventioneller Weise ein
neuartiges System entwickelt hat.

15. CHRISTIAN GUEINTZ

15.1 Leben und Werk[2]

Christian Gueintz wurde 1592 in Lobau bei Guben geboren.
Nach wechselvollem Schülerleben begann er 1615 an der Universität Wittemberg theologische Studien, welche er 1616

---

1 Walter, Distinction-lehr, 1628, in Ising, Teil II, S.55.

2 Die Angaben über Gueintz stützen sich auf den Aufsatz von H. Kämmel
   in ADB Bd.10, 1879. S.89-91.

mit dem Magister abschloss. Wachsende Anerkennung verhalf ihm 1619 zur Berufung nach Köthen, wo ihn Fürst Ludwig mit der Erprobung der von Ratke entwickelten Lehrmethode beauftragte. Gueintz erteilte nach dieser Methode Griechischunterricht und blieb auch nach Ratkes Wegzug am Hof. Im Sommer 1627 übernahm er nach einigen weiteren Studienjahren in Wittemberg das Rektorat des Stadtgymnasiums von Halle, das er bis zu seinem Tod im Jahre 1650 innehatte.

Die Zeit seines Rektorats benutzte Gueintz zur Veröffentlichung von Büchern aus allen Wissensgebieten, die er studiert hatte. 1638 erschien das 'Jus feudale', im gleichen Jahr 'de officiis Ciceronis', 1639 'De Ciceronis imitatione ex orationibus pro quinctio et Roscio Am.'[1]. In dieser Zeit bestellte Fürst Ludwig von Anhalt-Köthen bei Gueintz eine Sprachlehre, welche dieser auch ablieferte. 1641 erschien dann in Köthen 'Deutscher Sprachlehre Entwurf'.[2]

15.2 Das Interpunktionssystem

Gueintz behandelt die Interpunktion in seiner Deutschen Sprachlehre am Schlusse der Syntax. Er begründet dieses Vorgehen folgendermassen: *Von der unterscheidung . DEr wortfü= gung zufal ist die Unterscheidung : die Unterscheidung ist eine son= derung der wörter wegen besseren verstandes.*[3] Ein Vergleich mit dem entsprechenden Abschnitt aus Ratkes 'Allgemeiner Sprachlehr' von 1619 zeigt sofort, woher Gueintz zumindest die Grundlage für seine Interpunktionslehre hatte: *Von der Wort= fügung. (...) Welche ist die Eigenschafft der Wortfügung? Die Vnter= scheidung. Was ist die Vnterscheidung? Die Vnterscheidung ist eine Sondrung der Wörter in der Rede / wegen bessers Verstandes.*[4] Die

---

1 Die Titel sind nach ADB Bd. 10, 1879. S.89-91 zitiert.

2 Christian Gueintzen Deutscher Sprachlehre Entwurf. Cöthen 1641. Nachdruck Hildesheim/New York 1978.

3 Gueintz, Sprachlehre, 1641. S.118.

4 Ratke, Allgemeine Sprachlehr, 1619, in Ising, Teil II, S.35.

Abgrenzung von Wortgruppen voneinander gehört also in die
gleiche Kategorie wie die Reihenfolge einzelner Wörter.

Der folgenden Analyse liegt der Text der Köthener Ausgabe von 1641 in einem Nachdruck zugrunde. Die Beispielsätze werden in der Besprechung weggelassen. Gueintzens
Vorgehen bei der Beschreibung der einzelnen Zeichen ist
konsequent. Während er aber nur sechs Zeichen gelten lässt,
beschreibt er doch deren sieben. Die folgende Besprechung
berücksichtigt alle sieben Zeichen.

15.2.1 Sinn- und Pausenzeichen

15.2.1.1 punct oder tiplein

*Der punct oder tiplein (punctum) bey den Deutschen wird hinten an das
wort gesetzt / nach vollendeter meinung. (Bsp.).*[1] Gueintz beginnt
die Aufzählung der Zeichen mit dem Punkt. Vollendete Meinung und vollständiger Satz fallen zusammen. Daraus lässt
sich schliessen, dass Gueintz bei seiner Regelsetzung,
trotz der von Ratke übernommenen Stellung und Begründung innerhalb der Syntax, rhetorische und semantische Elemente
ebenfalls stark bewertet.

15.2.1.2 doppelpunct

*Der doppelpunct (Colon) wird bey den Deutschen gebraucht / wen einer
volkommenen meinung die nachfolgende anzuzeigen ist / damit in der rede
ein längeres stillehalten angedeutet wird / (Bsp.). Vornemlich kan man
ihn gebrauchen / in gleichnüssen / wen man eines dinges ursachen an=
zeigen wil / oder wen man auf eine Regel exempel setzet ;*[2] Die erste
Hälfte der Definition ist rhetorischer Natur. Der Doppelpunkt, hier das erste Mal mit dem heute noch gebräuchlichen
Namen bezeichnet, gibt dem Vortragenden ein Signal. Der
zweite Teil der Beschreibung, gestützt durch Beispiele,

---

1 Gueintz, Sprachlehre, 1641. S.119.

2 Gueintz, Sprachlehre, 1641. S.119.

zeigt doch einen grammatischen Einschlag. Der Doppelpunkt
kann vor Gleichnissen, angezeigten Ursachen und Beispielen,
die auf eine Regel folgen, gesetzt werden. In den letzten
zwei Möglichkeiten ist der Ursprung für den heutigen Gebrauch des Doppelpunkts als Ankündigungszeichen verborgen.

15.2.1.3 Semicolon

Gueintz beschreibt das Semicolon, welches von Ratke erstmals vorgestellt wurde, nicht separat, sondern innerhalb
der Besprechung des Colons mit folgender Begründung: *Wie=
wol in theilungen und gegensätzigen kan man das Semicolon / ein strich=
lein und ein tiplein gebrauchen / doch ist das noch nicht im gebrauche.
Ein strichlein mit einem pünctlein ist bey den Deutschen nicht gebrau=
chet worden.*[1] Es ist nicht so, dass für dieses Zeichen nicht
ein bestimmter Platz im Satzgefüge definiert wäre, sondern
Gueintz trennt es in der folgenden Erklärung nochmals mit
einer ähnlichen Begründung vom Doppelpunkt ab: *Bey den Latei=
nischen wirds so (;) gemacht / Aber man kan an dessen stat zwerg=
strichlein brauchen / doch also / das nach denselben ein grosser buch=
stabe folge / wan die rede noch nicht volkommen / (Bsp.). Kan aber
eingeführet werden / das es so / gemacht werde / vornemlich in theilun=
gen und gegensetzigen.*[2] Bei Ratke hatte das Semikolon die Funktion, Widerwärtiges zu markieren; hier erhält es seine Stelle vor Teilungen und Gegensätzen. Gemeinsam ist beiden Begründungen der rein semantische Hintergrund. Die deutsche
Alternative, die Gueintz vorschlägt, ein einfaches Strichlein kombiniert mit Grossschreibung, hat sich in der Theorie
nie durchgesetzt, ist in der damaligen Praxis jedoch bisweilen zu beobachten.

---

1 Gueintz, Sprachlehre, 1641. S.119/120.

2 Gueintz, Sprachlehre, 1641. S.120.

15.2.1.4 strichlein

*Ein strichlein (Comma) brauchet man bey den Deutschen zum unterscheide
der wörter / in einer verständlichen / doch unvolkommenen rede / (Bsp.).*[1]
Mit der üblichen Formulierung wird dem Komma sein Platz als
Grenze zwischen kleinsten Sinneseinheiten zugewiesen. Allerdings bezeichnet das Strichlein bei Gueintz einen grösseren Einschnitt als gewöhnlich: die einzelnen Glieder enthalten schon eine gewisse Verständlichkeit.

15.2.2 Ton- und Schriftzeichen

15.2.2.1 Fragezeichen

Ein Fragezeichen / setzet man allezeit bald nach der frage / (Bsp.).[2]
Das Fragezeichen scheint sich schon sehr gut eingebürgert
zu haben. Gueintzens Formulierung bringt keine neuen Elemente in die Definition. Die Reihenfolge und die Begründung
dieses, sowie der beiden folgenden Zeichen, lehnen sich
stark an Ratke an.

15.2.2.2 Verwunderungszeichen

*Ein Verwunderungszeichen gebrauchet man / wen man sich verwundert (!)
oder wüntschet / (Bsp.).*[3] Der Name Verwunderungszeichen wird
hier zum ersten Mal verwendet. Die Bezeichnung wird sich
gegenüber den 'Ausruffungszeichen' bis ins 18. Jahrhundert
durchsetzen. Im Vergleich mit Ratke tritt eine Einschränkung ein, welche sich schon im Namen zeigt: das Ausrufen
tritt in den Hintergrund.

15.2.2.3 Einschlusszeichen

Ein Einschlußzeichen (parenthesis) wird gebrauchet / wen man etwas in

---

1 Gueintz, Sprachlehre, 1641. S.120.

2 Gueintz, Sprachlehre, 1641. S.121.

3 Gueintz, Sprachlehre, 1641. S.121.

die rede / das doch ohne verstümmelung derselben könte ausgelassen
werden / setzet: ( ) /::/ (Bsp.).[1] Bei Gueintz ist die inhaltliche Redundanz für das Setzen einer Klammer auschlaggebend.
Bei diesem Zeichen wird die Vorlage eines weiteren Gram-
matikers sichtbar. Es handelt sich dabei um Jacob Brücker
und dessen 'Teutsche Grammatica', welche 1620 in Heidelberg erschienen ist. Diese Grammatik konnte leider nicht
in die vorliegende Arbeit aufgenommen werden, da der Verfasser weder ein Original noch einen Nachdruck einsehen
oder auffinden konnte. Die entsprechende Stelle wird aus
einem Sekundärwerk zitiert[2]: *Die Zwischen oder Einsatzes Zey=*
chenn braucht man, wenn man ohne Verstümmelung derselben auch wol aus=
lassen köndte. Diese Stelle zeigt sehr deutlich, dass Gueintz
auch unter dem Einfluss Brückers gestanden ist.

15.3 Zusammenfassung

Gueintz, der in seiner Grammatik streng dem dichotomischen
Prinzip folgt, bietet klare und verständliche Interpunktionsregeln. Sein System ist eng mit demjenigen Ratkes verbunden. Anzahl der Zeichen, Aussehen und Benennung stimmen
vielfach überein. Gueintz und Ratke verbrachten einige gemeinsame Jahre in Köthen. Gueintz war zudem mit der Erprobung der Ratichischen Lehrart beauftragt, sodass gewisse
Aehnlichkeiten nicht verwundern können.

Ein weiteres Werk, welches Gueintz als Vorlage gedient
hatte, ist eine Grammatik von Buscher. Es handelt sich um
eine lateinische Grammatik in deutscher Sprache. Dieses
Werk ist dem Verfasser ebenfalls nicht zugänglich gewesen.
Gueintz nimmt in seiner Sprachlehre jedoch direkten Bezug
darauf: *Buscherus gedencket auch eines Semicommatis, aber es ge=*
höret zum Semicolo, damit ein Wort einer unvolkommenen ausrede / das
dem nechstfolgenden sol zugesetzet werden / von den andern wird unter=

---

1 Gueintz, Sprachlehre, 1641. S.121.

2 Das Zitat wurde übernommen aus Vortisch, Rudolf: Grammatikalische
   Termini im Frühneuhochdeutschen 1500-1663, Basel 1910/11. S.83.

schieden (Bsp.).[1] In dieser kurzen Stelle wird sichtbar, wie zu jener Zeit die Tendenz zu immer genaueren und raffinierteren Interpunktionssystemen entstand. Während aber bei den eben erwähnten Werken nur Ansätze dazu vorhanden sind, folgen als nächstes schon sehr ausgearbeitete Regelsysteme.

Die Interpunktionsregeln von Gueintz bringen keine Neuerungen in den Stand der damaligen Zeichensetzung. Seine Regeln sind insofern interessant, als sie auf mehrere Vorlagen schliessen lassen. Die Leistung von Gueintz liegt mehr in der Ordnung des vorliegenden Materials. Was die Interpunktion anbelangt, trägt er den Namen 'der Ordnende' in der Fruchtbringenden Gesellschaft zu Recht.

16. JUSTUS GEORG SCHOTTELIUS

16.1 Leben und Werk[2]

Justus Georg Schottelius wurde 1612 in Einbeck in der Nähe von Hannover geboren. Er besuchte die Schule in Hildesheim und das Gymnasium in Hamburg. Von 1633-1636 studierte er Rechte und setzte seine Studien anschliessend in Leipzig und Wittemberg fort. 1638 zog er als Erzieher eines jungen Adligen nach Braunschweig und trat bald in den Dienst des Herzogs von Braunschweig. 1642 ernannte ihn der Herzog zum Hofgerichtsassessor und berief ihn drei Jahre später zum Konsistorialrat. Zeit seines Lebens blieb Schottelius dem Hofe treu. Er starb 1676 in Wolfenbüttel.

Seine schriftstellerische Tätigkeit begann Schottelius im Jahr 1640 mit der 'lamentatio Germaniae expirantis'[3]. Ein Jahr später veröffentlichte er erstmals seine 'Teutsche

---

1 Gueintz, Sprachlehre, 1641. S.121.

2 Die Angaben über das Leben von Schottelius stützen sich auf den Aufsatz von Max v. Waldenberg in ADB Bd.32, 1891. S.407-412.

3 Dieser Titel und alle folgenden, nicht besonders bibliographierten, sind zitiert nach ADB Bd.32, 1891. S.407-412.

Sprachkunst'[1], welche den Ausschlag für seine Aufnahme als
'der Suchende' in die Fruchtbringende Gesellschaft gab. 1645
gab er eine 'Teutsche Vers- und Reim-Kunst' heraus und 1663
erschien die 'Ausführliche Arbeit Von der Teutschen Haubt-
Sprache'[2], worin alle Ergebnisse seiner Bestrebungen vereinigt waren.

16.2 Das Interpunktionssystem

Zum ersten Mal veröffentlichte Schottelius seine Interpunktionslehre 1641 in der 'Teutschen Sprachkunst'. Er übernahm
sie beinahe unverändert in die 'Ausführliche Arbeit' von
1663. Der Aufbau beider Werke ist sehr ähnlich. Während
aber die Interpunktion in der Fassung von 1641 noch nicht
eindeutig untergebracht ist - es lässt sich nicht mit Sicherheit sagen, ob sie ein Teil der Orthographie oder ein
selbständiges Kapitel neben der Orthographie ist - hat sie
ihren Platz in der 'Ausführlichen Arbeit' eindeutig innerhalb der Orthographie erhalten.

Der folgenden Analyse liegt der Text der zweiten Auflage
der 'Teutschen Sprachkunst' aus dem Jahre 1651 zugrunde[3].
Die Interpunktionslehre unterscheidet sich leicht von der
ersten Fassung von 1641, wurde aber unverändert in die 'Ausführliche Arbeit' übernommen. In der Erstausgabe der 'Teutschen Sprachkunst' leitet Schottelius den Gebrauch der Interpunktion noch etwas anders her. Er erklärt sie deshalb, weil
in seinem eigenen Werk neben den Buchstaben auch dauernd
Satzzeichen vorkommen.

In der Zweitausgabe stützt sich Schottelius hingegen auf

---

1 Justi-Georgii Schottelii Einbeccensis / Teutsche Sprachkunst (...)
  Braunschweig 1641.

2 Ausführliche Arbeit Von der Teutschen HaubtSprache (...) in Fünf Büchern Ausgefertigt von Justo-Georgio Schottelio. Braunschweig 1663.

3 Justi-Georgii Schottelii J.V.D. teutsche Sprach Kunst (...) Zum anderen mahle heraus gegeben im Jahr 1651. Braunschweig 1651.

die in der Zwischenzeit erschienene Interpunktionslehre von
Georg Philipp Harsdörffer (cf. Kap.17) und schreibt: *DJE
Schriftscheidung ist ein Teihl von der Rechtschreibung / und zwar nicht m
der lezte ; gestalt die wolgeschriebene Wörter / ohne solche / viel=
mals nicht / oder ja swerlich mögen verstanden werden ; daher auch be=
sagte Schriftscheidung gleichsam die Erklärung / oder vielmehr der
Mark= und Grenzstein mag genennet werden / welche berichtet / was zu=
sammen gehört / und was hin und wieder gesondert werden muß. v.Herr
Harsd. P.T. p.131.seqq.*[1] Der wörtlich von Harsdörfer übernom-
mene Abschnitt handelt in erster Linie von der grammatischen
Funktion der Interpunktion.

In einem zweiten Abschnitt, welcher bereits in der Erstausgabe der 'Teutschen Sprachkunst' enthalten ist, äussert
sich Schottelius mehr zur rhetorischen Aufgabe der Satzzeichen: *Sind demnach diese Zeichen und strichlein deswegen aufgebracht /
und durch den Natürlichen Verstand darzu / als nötig erfodert worden /
daß sie die Rede recht unterscheiden / die Teihlungen fein söndern /
und gleichsam gliedweis die ganze Rede durch ordnen . Denn ein solches
gibt eine grosse Hülfe / die geordnete Schrift desto gewisser / ver=
ständlicher und mächtiger zu lesen und anzuhören . Diese Zeichen sind
dem Leser als Ruhestäte / dabey er gleichsam still stehen / ein wenig
ruhen / und etwas bedenken mag : Alldieweil so oft ein verenderter Sinn
in der Rede kömmt / wie gering und klein er / ja auch nur ein einzeles
Wort ist / so ruhet man da ein wenig mit den Gedanken / stützet gleich=
sam ein wenig sein nachsinnen und helt den Verstand an.*[2] Auch dieser Abschnitt ist, allerdings ohne Zitatangabe, beinahe unverändert abgeschrieben. Als Vorlage diente diesmal Valentin Ickelsamers 'Teutsche Grammatica'[3].

---

1 Schottelius, Teutsche Sprach Kunst, 1651. S.842. Es handelt sich bei
    diesem Zitat um eine Stelle aus einer Ausgabe des 'Poetischen Trich-
    ters' von Georg Philipp Harsdörffer, der 1647 erstmals erschienen
    ist. Allerdings muss Schottelius eine andere Ausgabe benutzt haben,
    da die Seitenangabe nicht mit der unten, Kap.17, besprochenen Aus-
    gabe übereinstimmt.

2 Schottelius, Teutsche Sprach Kunst, 1651. S.842/843.

3 Cf. oben, Kap. 8.2.1, S.58.

Schottelius stützt sich also zumindest auf diese zwei Vorlagen. Er kannte jedoch erwiesenermassen weitere Interpunktionslehren, wie z.B. Gueintzens Entwurf der deutschen
Sprachlehre, welchen er im Auftrag Fürst Ludwigs von Anhalt-
Cöthen vor der Drucklegung zu begutachten hatte.

Vor der ausführlichen Erklärung jedes einzelnen Zeichens
stellt Schottelius alle neun resp. zehn mit ihrem Namen und
Aussehen vor. Das Teilzeichen erscheint erst in der 'Ausführlichen Arbeit' und wird dort nur oberflächlich als letztes Zeichen im Inhaltsverzeichnis erklärt.

16.2.1 Sinn- und Pausenzeichen

16.2.1.1 Beystrichlein

Das Beystrichlein / hat seine benahmung / weil es ein klein beigestri=
chenes Zeichen ist / wird geswinde durch ein leichtes / etwas gelehntes
Strichlein gezogen / und zu unterscheidung der Wörter / sehr oft= und
vielmals gebraucht : Nemlich / so oft die Rede noch unvollkommen ist /
die Wörter aber darin gleichwol eine schiedliche sönderung erfoderen /
zu besserem Verstande dem Leser / und zu schiklicher Teihlung der Wör=
ter / (Bsp.).[1] Bei Schottelius sind die Zeichen ausführlich
und konsequent beschrieben. Die Erklärung ist im vorliegenden Fall nicht sehr genau. Es wird auch nicht sichtbar, ob
sich Schottelius eher an den Leser oder eher an den Schreiber wendet.

16.2.1.2 Strichpünctlein

Die Beschreibung dieses Zeichens bietet einige Schwierigkeiten. Seine Funktion wird von Schottelius nicht in allen
Fassungen der Interpunktionslehre gleich umschrieben. Zuerst also die Version aus der 'Sprach Kunst' von 1651: *Das*
Strichpünctlein hat seine Benahmung / weil es von einem Striche / und
einem Pünctlein oder Tippel / gemacht wird ; hat seine Stelle in der

---

1 Schottelius, Teutsche Sprach Kunst, 1651. S.844.

Rede / wenn der Sinn zwar noch unvollkommen ist / aber dennoch einen
kleinen Jnhalt / und mehrere Ruh / als durch den Beystrich geschehen
mag / erfodert / (Bsp.).[1] Das Vorgehen Schottels ist das gleiche wie bei all seinen Satzzeichen: zuerst wird der Zusammenhang zwischen Namen und Aussehen des Zeichens hergestellt,
dann wird seine Funktion erklärt. Am Ende stehen jeweils einige Beispielsätze.

Während in der 'Teutschen Sprachkunst' von 1641 und 1651
der 'Sinn zwar noch unvollkommen' ist, spricht Schottelius
in der 'Ausführlichen Arbeit' von 1663 davon, dass der 'Sinn
zwar noch nicht unvollkommen' ist. Die zweite Formulierung
scheint falsch zu sein, da sie logisch unrichtig ist. Wahrscheinlich wollte Schottelius diese Stelle umformulieren
in 'wenn der Sinn zwar noch nicht vollkommen ist'.

16.2.1.3 Doppelpunkt

Der Doppelpunkt hat den Nahmen / wenn da zwey Pünktlein / eines über
das ander seyn ; hat seine stelle / wenn die Rede etwas vollkommen
schon ist / doch also / daß auf solche vollenkommene Rede / annoch et=
was folgen müsse oder künne : als in den Gleichnissen / Jn Anführuugen
(sic) der Exempel auf die Regul / Jn Gegensetzen und derogleichen /
(Bsp.).[2] Zwar hat der Doppelpunkt noch immer Gliederungs-
funktion, aber die schon bei Gueintz beobachteten Ansätze
zur Ankündigungsfunktion sind hier ebenfalls vorhanden.
Schottelius führt die Trennung von Kolon und Semikolon allerdings nicht nach den Vorschlägen von Gueintz durch, übernimmt jedoch die deutschen Namen von ihm und erklärt ihr
Zustandekommen. Die Partie über die 'Anführung der Exempel'
stammt ebenfalls von Gueintz.

16.2.1.4 Punkt

Der Punkt ist ein Tütlein / welches allezeit zu ende einer Spruchrede

---

1 Schottelius, Teutsche Sprach Kunst, 1651. S.845.
2 Schottelius, Teutsche Sprach Kunst, 1651. S.846.

gesezt wird . Eine Spruchrede aber ist eine vollenkommene Rede / oder
ein vollkommener Verstand in einer Rede / die man gemeiniglich wol
in einem Odem aussprechen möchte / sonsten Periodus genant. (Bsp.).[1]
Die Erklärung des Punktes erstreckt sich auf mehrere Gebiete. 'Spruchrede' zeigt an, dass es sich sowohl um grammatische wie um rhetorische Abschnitte handelt. Die Formulierung 'in einem Odem aussprechen' darf nicht wörtlich genommen werden, sondern verstanden als melodischer Bogen
über inhaltlich zusammenhängende Stellen. Der Ansatz zur
Beschreibung des Punktes ist der gleiche wie bei Gueintz,
die Erklärung der Funktion weicht jedoch von ihm ab.

16.2.2 Ton- und Schriftzeichen

16.2.2.1 Mittelstrich

Die bevorzugte Stellung dieses Zeichens, des Bindestrichs,
unmittelbar anschliessend an die Sinn- und Pausenzeichen,
deutet schon darauf hin, welchen Wert ihm Schottelius beimisst. Obwohl der Mittelstrich nach Schottels eigener Aussage 'nicht weniger bräuchlich als nötig' ist, fühlt er sich
verpflichtet, dieses Zeichen mit übertriebener Ausführlichkeit zu erklären: *Der Mittelstrich / ist bey den Teutschen nicht*
weniger bräuchlich / als nötig : hat seinen Nahmen / weil er zu mitten
des Wortes / oder der Lini gezogen / auch seine Wirkung gleichsam zu
mitten des Worts anfähet und endiget. Um besseres Verstandes willen /
müssen folgende Lehrsätze von diesem Mittelstriche beobachtet werden ;
Davon recht sagt / Herr Harsdorfer Disq.p.332 also: Qui artificium
hoc ignorat, sciat se multum in lingua nostra ignorare.[2] Die Be-
herrschung des richtigen Gebrauchs dieses Zeichens scheint
allmählich zum Massstab für das Kennen und Können der deutschen Sprache zu werden.

Schottelius führt anschliessend an die oben zitierte Ein-

---

1 Schottelius, Teutsche Sprach Kunst, 1651. S.846.

2 Schottelius, Teutsche Sprach Kunst, 1651. S.847.

leitung sieben verschiedene Situationen an, in welchen der
Mittelstrich gesetzt werden muss und erläutert diese Regeln
mit seitenlangen Beispielen. Da es in Anbetracht dessen,
dass es sich nicht um ein eigentliches Interpunktionszeichen handelt, zu weit führen würde, jede dieser Regeln separat zu besprechen, wird unter Verwendung der heute gebräuchlichen Terminologie ein kurzer Ueberblick über die
Hauptaussagen gegeben.

Die ersten vier Regeln befassen sich mit dem Ergänzungsbindestrich, welcher jedoch nicht nur bei Zusammensetzungen,
sondern auch bei gleichlautenden Endungen (z.B. reit- und
laufen für reiten und laufen) angewendet wird.

Die fünfte Regel befasst sich mit dem Bindestrich in Zusammensetzungen, wobei sowohl die Verbindung von Grundwort
und Bezugswort, als auch Aneinanderreihungen berücksichtigt
werden.

Der sechste Abschnitt zeigt, wie Missverständnisse durch
das Setzen eines Bindestrichs vermieden werden können.

Die siebte Regel modifiziert die erste Regel insofern, als
Schottelius den Gebrauch des Ergänzungsbindestrichs bei
gleichlautenden Endungen nicht empfiehlt.

Verwunderlich ist der Umstand, dass ausgerechnet das Aussehen dieses Zeichens innerhalb der Erklärung nicht beschrieben wird. Schottelius lässt sowohl die einfache als auch die
doppelte Form, - und =, gelten, verwendet in seinen Werken
jedoch ausschliesslich die letztere Version.

16.2.2.2 Hinterstrich

Erstmals taucht ein Zeichen innerhalb der Interpunktion auf,
welches zwar wesentlich älter ist, bisher aber ausschliesslich in Poetiken abgehandelt wurde: der Apostroph: *Der Hin=*
terstrich hat den Nahmen / weil es nirgends / als zu hinten des Wortes /
seine Stelle findet . Davon in gemein zuwissen / das Hinterstrichlein
müsse allezeit zu hinten und zwar zu oben des Wortes gezeichnet / und
dadurch ein ausgelassenes /e/ verstanden werden . Es muß aber allemahl

das folgende Wort sich anfangen von einem selblautenden / oder von ei=
nem h / denn sonsten hat das Hinterstrichlein mit nichten einige stelle /
gebühr / oder Bedeutung / (Bsp.).[1] Die Begründung des Namens deutet schon darauf hin, dass nur eine der drei Funktionen des
Apostrophs erfasst war: diejenige des Apostrophs am Ende
eines Wortes. Auch in der Fassung von 1663 wurde diese Regel nicht erweitert, obwohl in der Zwischenzeit Johannes
Bellin (cf. Kap.19.2.2.6) viel ausführlichere Regeln für
den Apostroph veröffentlicht hatte.

16.2.2.3 Fragezeichen

Das Fragezeichen ist / welches alsbald auf eine Frage / oder auf eine
Rede / die da fraget / gesetzt wird. (Bsp.).[2] Diese Formulierung
ist nicht originell. Aufschlussreicher ist eine stilistische Bemerkung, die Schottelius den Beispielsätzen angehängt
hat: *(Das Fragezeichen / welches zu merken / gibt kräftigeren Nach=*
trukk / als sonst eine slechte Meinung / als wenn man sagt / kan ichs
auf dich nicht erweisen ? Lautet kräftiger / als : ich kan es auf dich
erweisen : Denn die Frage gibt so viel zu verstehen : du selbst must
es bekennen / daß ich es auf dich erweisen kan.)[3] In diesem kurzen
Zitat wird wieder einmal deutlich sichtbar, wie schwierig
es ist, grammatische, rhetorische, stilistische und inhaltliche Kategorien voneinander zu trennen. Es ist das erste
Mal, dass ein Interpunktionszeichen auch als stilistisches
Hilfsmittel empfohlen wird.

16.2.2.4 Verwunderungszeichen

Dieses Zeichen erfährt im Vergleich mit Schottels Vorgängern
eine Einschränkung. Die Funktion des Ausrufens verschwindet vollständig. Zudem berücksichtigt Schottelius die rheto-

---

1 Schottelius, Teutsche Sprach Kunst, 1651. S.854.

2 Schottelius, Teutsche Sprach Kunst, 1651. S.855.

3 Schottelius, Teutsche Sprach Kunst, 1651. S.855.

risch wichtige Funktion des Zeichens nicht: *Das Verwunderungs=*
zeichen / wird in einer Rede alsdan gebraucht / wenn man sich verwun=
dert / oder etwas hochwünschet. (Bsp.).[1] Dieses Zeichen scheint
er ziemlich unkritisch von Gueintz (cf. Kap.15.2.2.2) übernommen zu haben.

16.2.2.5 Einsluss

Der Einsluß / oder das Einslußzeichen ist / wenn etwa mitten in eine
ganze Rede / gleichsam ein anderer und frömder Sinn eingeslossen oder
eingesetzt wird / der doch wol zu ende der Rede hette mögen gesetzet
werden / darum auch solche Zeichen wie etwas einzusliessen formieret
seyn / ( ). (Bsp.).[2] Bei dieser Formulierung stützt sich
Schottelius eher auf Valentin Ickelsamer, bei welchem ebenfalls das, was in der Klammer steht, ans Ende des ganzen
Satzes gestellt werden könnte.

16.2.2.6 Theilzeichen

Dieses Zeichen erscheint erst in der 'Ausführlichen Arbeit'
von 1663. Aber auch in dieser Ausgabe ist es nicht in die
Abhandlung integriert, sondern steht mit einer knappen Erklärung an letzter Stelle der Aufzählung der Zeichen: *Das*
Theilzeichen / signum vocis divisae seu separatae, wird am Ende der
Ziel also (=) geformet / deutet und zeiget an / dass das letzte Wort
in der Ziel ·nicht habe völlig auf eben die Ziel können gebracht / son=
dern vermittelst dieses Theilzeigleins / also müssen getheilet / und
zu Anfang der folgende Ziel das übrige Worttheil gesetzet werden : Ge=
stalt auf allen Bläteren die Exempla vor Augen stehen.[3] Die Formulierung ist nicht neu. Im Gegensatz zu Harsdörffer (cf. unten Kap.17.2.2.5), von welchem er mindestens die Einleitung

---

1 Schottelius, Teutsche Sprach Kunst, 1651. S.858. (Die Seiten 856 und
  857 sind bei der Paginierung übergangen worden).

2 Schottelius, Teutsche Sprach Kunst, 1651. S.858.

3 Schottelius, Ausführliche Arbeit, 1663. S.670.

zur Interpunktion übernommen hatte, verlangt Schottelius
den doppelten Strich (=) als Trennungszeichen.

16.3 Zusammenfassung

Schottelius konnte auf vielen Vorlagen aufbauen. Er hat
teilweise die Vorlagen wörtlich in seine Arbeit übernommen,
nicht immer mit Angabe der Herkunft.

Das System, das Schottelius vorstellt, besitzt noch immer
vier Sinn- und Pausenzeichen. Die Veränderung der Funktion
des Doppelpunkts ist aber schon in die Wege geleitet.

Die Absicht von Schottelius ist nicht mehr so eindeutig,
wie bei manchem seiner Vorgänger, der für Leser, Schüler,
Schreiber, Studenten etc. Regeln und Erklärungen aufstellte.
Schottelius sammelte alle vorhandenen und erreichbaren Zeugnisse über die Interpunktion und stellte daraus ein System
zusammen, welches die meisten Bereiche, die je berührt wurden, berücksichtigt.

Schottelius bemühte sich um eine einheitliche Darstellung
der Regeln. Dies ist ihm, mit wenigen Ausnahmen, auch gelungen. Es lässt sich jedoch meist nicht herausfinden, ob
jetzt inhaltliche, grammatische oder rhetorische Gesichtspunkte für das Setzen eines bestimmten Interpunktionszei-
chens ausschlaggebend sind. Schottelius selbst verwendet
die Zeichen am ehesten aus rhetorischer Sicht.

Schottelius hat das erste Interpunktionssystem gschaffen,
welches umfangmässig demjenigen Friedrich Riederers aus dem
Jahre 1493 gleichkommt. Ein Vergleich zwischen diesen beiden zeigt, dass sich die theoretischen Grundlagen der Interpunktion zwar stark gewandelt haben, dass die Verwendung der
Satzzeichen jedoch keinen grossen Fortschritt gemacht hat.
Waren es zur Zeit Riederers zwei Zeichen, mit welchen die
meisten Texte auskamen, so reichten jetzt drei aus. Der
Doppelpunkt hat als einziges Zeichen in der Praxis Eingang
in das gebräuchliche System von Punkt und Virgel gefunden.
Mit Schottelius erreichte die Interpunktion zu Mitte des

17. Jahrhunderts einen Stand, der längere Zeit nicht übertroffen wurde.

17. GEORG PHILIPP HARSDOERFFER

17.1 Leben und Werk[1]

Georg Philipp Harsdörffer wurde 1607 in Fischbach bei Nürnberg geboren. Er studierte Jura, Geschichte, Philosophie
und Sprachen. Ausgedehnte Reisen führten ihn während seiner
Studienjahre durch West- und Südeuropa.

Zusammen mit Johannes Clajus (nicht zu verwechseln mit
dem gleichnamigen Grammatiker des 16. Jahrhunderts) gründe-
te er 1644 den 'Löblichen Hirten- und Blumenorden an der
Pegnitz' (Fruchtbringende Gesellschaft). Von 1655 an war er
Mitglied des Nürnberger Rats bis zu seinem Tod im Jahre 1658.

Mehr als über sein Leben ist über seine schriftstellerische Tätigkeit bekannt. Neben Liedern in klangvoller, bil-
derreicher Sprache sowie kleinen anekdotischen Erzählungen
schrieb er eine deutsche Poetik, in deren Anhang zum ersten
Mal seine Interpunktionslehre erschien. Unter dem Titel
'Poetischer Trichter' veröffentlichte er dieses Werk 1647
in Nürnberg[2]. Der Schwerpunkt von Harsdörffers Schaffen lag
aber weiterhin bei poetischen Werken. Die Interpunktionsregeln übernahm er nur leicht abgeändert und geringfügig
erweitert in ein zweites Werk, den 'Teutschen Secretarius'[3].
Während der 'Poetische Trichter' ein Lehrbuch für angehende Dichter ist, wendet sich Harsdörffer mit dem 'Teutschen

---

1 Die Lebensdaten stützen sich auf den Aufsatz von W.Creizenach in ADB
  Bd.10, 1879. S.644-646.

2 Poetischer Trichter / (...) Samt einem Anhang von der Rechtschreibung und Schriftscheidung / oder Distinction. Nürnberg 1647.

3 Der Teutsche Secretarius, Nürnberg 1656, 3. Auflage. Ob in den früheren Auflagen die Interpunktion ebenfalls angeführt ist, konnte
  der Verfasser nicht abklären. Die Beeinflussung von Schottelius
  durch Harsdörffer hat jedenfalls zwischen 1641 und 1651 stattgefunden.

Secretarius' an Kanzlei-, Studier- und Schreibstuben.

17.2 Das Interpunktionssystem

Im Anhang zum 'Poetischen Trichter' wird die Besprechung
der Orthographie und der Interpunktion nebeneinander angekündigt. In der Praxis verhält es sich aber so, dass die
Interpunktion der Orthographie untergeordnet ist: *Die Schrift=*
scheidung ist ein Theil von der Rechtschreibung / und zwar nicht der
letzte ; gestalt die wolgeschriebne Wörter / ohne solche vielmals nicht /
oder ja schwerlich mögen verstanden werden ; daher auch besagte Schrift=
scheidung die Gloß und Erklärung / oder vielmehr der Mark= und Grentz=
stein kan genennet werden / welche berichtet / was zusammengehöret /
und wz hinundwider getheilet / und gesondert werden muß . Sol unsre
teutsche Sprache zu höchster Ubertrefflichkeit gelangen / so wird auch
diesem und vielen andern Stücken / von den Bücherschreibern / und
Drucksetzern ein mehrerer Fleiß / als bißhero / angewendet werden müs=
sen.[1] Wir kennen diese Stelle schon von Schottelius her,
der sie aber von hier in die zweite Auflage seiner 'Teutschen Sprach Kunst' übernommen hatte. Die Begründung stützt
sich bei aller Verwendung rhetorischer Begriffe doch eher
auf grammatikalische Grundlagen. Das Ziel Harsdörffers ist
klar: die deutsche Sprache soll dauernd verbessert werden.

Bemerkenswert ist der Zusatz, welchen Schottelius nicht
übernommen hat. Harsdörffer wendet sich sowohl an die
Schriftsteller als auch an die Drucker und Setzer; ein
Zeugnis dafür, welch grossen Einfluss die letzteren in Bezug auf die Interpunktion immer noch besassen.

Der folgenden Analyse liegt der Text aus dem 'Poetischen
Trichter' von 1647 zugrunde. Harsdörffer stellt darin ein
ziemlich ausführliches Interpunktionssystem vor: *Jn der*
Schriftscheidung sind folgende Zeichen (=) (-) (/) (,) (;) (:) (.) (?)
(!) (') ( ) gebräuchlich / von welchen absonderlich zu handeln seyn
wird. Von dem Mittelstrichlein (=) und Theilzeichen (-) wie auch von

---

1 Harsdörffer, Poetischer Trichter, 1647. S.117/118.

dem Hinter= oder Nachstrichlein (') ist bey der zweyten Stund §.2. und

sechsten Stunde §.22. Meldung beschehen / folget also von den andern.[1]

Von diesen elf Zeichen, welche zwar nur dem Aussehen nach
vorgestellt werden, bespricht Harsdörffer drei innerhalb
der Poetik. Im 'Teutschen Secretarius' wird der Apostroph
ganz weggelassen, Teilzeichen und Bindestrich werden den
übrigen Zeichen vorangestellt.

Die folgende Besprechung hält sich jedoch an die Reihenfolge des 'Poetischen Trichters'. Zuerst werden die eigentlichen Interpunktionszeichen untersucht und daran anschliessend die drei Zeichen aus der Poetik.

17.2.1 Sinn- und Pausenzeichen

Harsdörffer fasst gerne zwei Zeichen mit ähnlicher Bedeutung zusammen und misst ihnen nur geringen Unterschied bei.
Die Zeichen werden in der folgenden Analyse jedoch einzeln
besprochen.

17.2.1.1 Zwergstrichlein und Beystrichlein

Wann man die Sache genau nemen wolte / so müste man einen Unterscheid

machen zwischen dem Zwergstrichlein / comma genannt / (/) und das Bey=

strichlein / semicomma (,) genannt / welches die Hebreer unterscheiden /

und bereit in den Druckereyen vorhanden ist . Weil aber noch keiner

solche Neurung eingeführet / lassen wir es hierinnen / wie in vielen

andern / bey der alten Gewonheit verbleiben ; mit Erwünschen / daß wir

uns derselben Tyranney nachundnach mit guten Ursachen entziehen kön=

ten.[2] Es stimmt, dass beide Zeichen in den Druckereien vorhanden waren. Was jedoch nicht zutrifft, ist die Behauptung,
es bestehe ein Bedeutungsunterschied zwischen ihnen. Das
Beistrichlein war das lateinische Zeichen, das Zwergstrichlein das deutsche für die gleiche Funktion. Harsdörffer ver-

---

1 Harsdörffer, Poetischer Trichter, 1647. S.118.

2 Harsdörffer, Poetischer Trichter, 1647. S.118.

sucht nun, einen inhaltlichen Unterschied zu konstruieren,
um das Zwergstrichlein vom Beistrichlein abgrenzen zu können.

Für das Zwergstrichlein führt Harsdörffer drei Situationen an, in welchen es gesetzt werden muss: *Sagen also / daß
das Zwergstrichlein (/) dienet zu Unterscheidung der Wörter / welche
mit einem Zeitwort verbunden sind (Bsp.).*[1] Die erste Regel stellt
er sehr intuitiv auf. Aus den spärlichen Angaben lassen sich
keine brauchbaren Anhaltspunkte für das Setzen dieses Zeichens ableiten. Der zweite Teil lautet: *II. dienet das Zwerg=
strichlein / wann die Erklärung eines Dings folget (Bsp.).*[2] Harsdörffer geht von der Annahme aus, dass beim Sprechen eine Pause
gemacht wird. Er versucht nun diese Erscheinung theoretisch
abzustützen. *III. dienet dz Zwergstrichlein / wann wir einem Wort
lange Beywörter zusetzen (Bsp.).*[3] Bei dieser dritten Regel handelt es sich um den Fall, in dem heute ein Komma bei Appositionen gesetzt wird.

Aus dem bisher Gesagten lässt sich leicht ersehen, dass
hier durchwegs Fälle angeführt werden, wo auch schon Harsdörffers Vorgänger ein Zeichen, meist eine Virgel, setzten.

Beim Beistrichlein lässt es Harsdörffer bei einer Regel
bewenden: *Wann etwas darzwischen gesetzet wird / daß zwar zu der
gantzen Meinung gehört / aber dieselbe zweiflig / oder zu verstehen
schwer machet / so könte man wol das besagte Beystrichlein gebrauchen
(Bsp.).*[4] Aus der Beschreibung ist nicht ganz klar ersichtlich, welche Funktion das Beistrichlein zu erfüllen hat.
Die Formulierung erinnert an gewisse Regeln für die Klammern.
Um die Funktion des Beistrichleins mit derjenigen des Zwerg-
strichleins zu vergleichen, sei hier der mit einer Erklärung versehene Beispielsatz zitiert: *Er hat solche Thätlichkeit ,*

---

1 Harsdörffer, Poetischer Trichter, 1647. S.118.

2 Harsdörffer, Poetischer Trichter, 1647. S.119.

3 Harsdörffer, Poetischer Trichter, 1647. S.119.

4 Harsdörffer, Poetischer Trichter, 1647. S.119.

freventlich , verübet . Hier wird dz Wort freventlich darzwischen ge=
setzet / un̲d scheinet doch / das Zwergstrichlein sey zuviel.[1] Das Beistrichlein bezeichnet in diesem Beispiel ganz geringe Ein-
schnitte. Nach heutigen Verhältnissen würde man nie ein
Zeichen setzen, um ein Adverb herauszuheben. Der Unterschied
zwischen den zwei Zeichen ist aber dennoch nicht sehr gross,
und es fällt Harsdörffer schwer, eine funktionale Differenz
herauszufinden. In der Praxis hat immer noch das Zwergstrichlein, die deutsche Version des geringsten Zeichens,
die Priorität.

Interessant ist die Verwendung der Terminologie: Zwergstrichlein ist vermutlich eine Erfindung von Harsdörffer.
Er bezeichnet damit jedoch nicht das winzige lateinische
Komma, sondern jenes, das üblicherweise den Namen 'Beistrichlein' trug.

17.2.1.2 Strichpünctlein

Für das Strichpünctlein stellt Harsdörffer drei verschiedene Regeln auf : *Das Strichpünctlein (;) semicolon unterscheidet*
I. die kurtzen Gleichnisse (Bsp.). II. dienet das ; in dem Gegenstand
unterschiedlicher Sachen (Bsp.). III. wann die Meinung durch etliche
Doppelpunct gesondert wird / und selbe widerum zertheilet werden / so
hat das Strichpünctlein statt (Bsp.).[2]   Die erste Regel, sehr
kurz gefasst, beschreibt ebenso wie die zweite einen Fall,
wo nach heutigem Gebrauch ein Komma stehen würde. Die dritte Regel zeigt die Hierarchie der Satzzeichen, wobei der
Doppelpunkt vorwiegend immer noch als Gliederungszeichen
verwendet wird.

Harsdörffer steht in der Tradition von Ratke und Gueintz.
Der Grundgedanke der Regel ist der gleiche, nur ist er hier
feiner ins Detail ausgeführt.

---

1 Harsdörffer, Poetischer Trichter, 1647. S.119.

2 Harsdörffer, Poetischer Trichter, 1647. S.119/120.

17.2.1.3 Doppelpunct

In gleicher Manier wie die vorangegangenen Zeichen erklärt
Harsdörffer auch den Doppelpunkt. Für dieses Zeichen konstruiert er vier verschiedene Situationen: *Der Doppelpunct (:)
bindet I. eine gantze Meinung / die noch nicht völlig angeführet ist ;
wann nemlich eine Meinung unterschiedliche Theil hat / deren ieder mit
seinem Zeitwort geschlossen wird / oder eine Ursach darauffolget (Bsp.).*[1]
In dieser ersten Regel sind Anklänge an frühere Grammatiker
vorhanden. Durch Doppelpunkte werden in erster Linie vollständige Satzteile voneinander getrennt. Die Stelle des
Doppelpunkts wird teilweise grammatisch (mit Verb), teilweise rhetorisch-semantisch (wenn eine Ursach darauf folgt)
begründet.

*II. dienet dz Doppelpünctlein eine hefftige Gemütsbewegung auszu=
drucken / oder in einer Erzehlung !/ die viel Theile hat (Bsp.).*[2] Diese Regel besitzt zwei Teile. Zum einen hat der Doppelpunkt
die Aufgabe, eine Gemütsbewegung zu bezeichnen, muss also
als rhetorisches Zeichen angesehen werden. Zum andern wird
noch einmal sehr unklar die erste Regel wiederholt.

*III. dienet das Doppelpünctlein in langen / und weitläufftigen
Gleichnissen (Bsp.).*[3] Die Erwähnung der Gleichnisse stammt
von Ratke. Die nachfolgenden Beispielsätze lassen einen Gebrauch erkennen, wie er heute für den Strichpunkt gilt.

*IV. dienet auch das Doppelpünctl. ein gewisses Beding beyzufügen
(Bsp.).*[4] Vor Konditionalsätzen verlangt Harsdörffer ebenfalls einen Doppelpunkt.

Trotz der relativen Ausführlichkeit der Doppelpunkt-Regeln
ist es Harsdörffer nicht gelungen, den Wirkungsbereich des
Kolons scharf zu umschreiben. Harsdörffer verwendet übrigens den Doppelpunkt bei sich weitaus am häufigsten vor An-

---

1 Harsdörffer, Poetischer Trichter, 1647. S.120.

2 Harsdörffer, Poetischer Trichter, 1647. S.121.

3 Harsdörffer, Poetischer Trichter, 1647. S.121.

4 Harsdörffer, Poetischer Trichter, 1647. S.121/122.

kündigungen.

War die Trennung von Kolon und Semikolon bei Ratke und
Gueintz schon angelegt, so ist sie hier durchgeführt und
zwar nach den Vorschlägen von Gueintz. In Schottels 'Teutscher Sprach Kunst' sind die beiden Zeichen ebenfalls schon
getrennt, Harsdörffer scheint sich jedoch stärker auf
Gueintz zu stützen. Ihm kommt zudem das Verdienst zu,
die Unterscheidung mit ausführlichen Regeln versehen zu
haben.

17.2.1.4 Punct

Im Gegensatz zu den oben beschriebenen Zeichen äussert sich
Harsdörffer zu den folgenden eher knapp. Analog zu den
Strichlein und Doppelpunkten stellt er auch zwei Arten von
Punkten vor: *Wie zweyerley Strichlein (/) (,) zweyerley Doppelpünct=*
lein (;) und (:) Also gebrauchen auch die Lateiner zweyerley Punct /
den grossen . auf welchen ein grosser Buchstab / und ein neuer Absatz
§ folget ; und den kleinen Punct / auf welchen ein kleiner Buchstab /
in gleicher Zeil / folget ; wann nemlich die gantze Meinung kurtz ist /
und an den folgenden Worten nicht hänget (Bsp.).[1] Der kleine Punkt
entspricht etwa dem heutigen Punkt, der grosse dem früher
erwähnten Periodus, welcher ganze Abschnitte bezeichnete.

Obwohl sich Harsdörffer auf die Lateiner beruft, kann man
sich des Eindrucks nicht erwehren, die Unterscheidung der
Punkte sei nur dem System zuliebe zustandegekommen. Harsdörffer selbst verwendet die unterschiedlichen Arten von
Punkten nicht, sondern setzt immer einen einfachen Punkt im
heutigen Sinn mit folgender Majuskel. Die Trennung des Punktes in einen grossen und einen kleinen wurde erstmals im
Schriftspiegel vollzogen.

---

1 Harsdörffer, Poetischer Trichter, 1647. S.122.

17.2.2 Ton- und Schriftzeichen

17.2.2.1 Fragzeichen

Das Fragzeichen (?) folget auf die Frage (Bsp.).[1] Dieses Zeichen
wird sehr kurz beschrieben. Im Beispielsatz erscheint eine
etwas ältere, aber nicht wesentlich verschiedene Form des
Fragezeichens. Ausserdem verwendet Harsdörffer innerhalb
des 'Poetischen Trichters' auch die ältere Form (⸮), ohne
jedoch Bezug darauf zu nehmen.

17.2.2.2 Verwunderungszeichen

Das Verwunderungszeichen (!) wird auch zu Erhebung der Stimme /* in
Trauren und Freuden gebraucht. (Bsp.). * Exclamatio.[2] Diese Beschreibung bezieht sich ganz auf die gesprochene Sprache.
Zwei emotionale Ausdrücke werden mit dem Verwunderungszeichen bezeichnet: Trauer und Freude. Der Hinweis auf den
lateinischen Fachterminus stellt die Verbindung mit der ursprünglichen Bedeutung des Ausrufens her.

17.2.2.3 Einschluss

Der Einschluß ( ) dienet / wann etwas / mitten in eine gantze Rede /
unverhindert der andern Schriftscheidung / gleichsam in fremden Sinn /
eingeschlossen / oder eingesetzt wird (Bsp.).[3] Die Klammer wird
nicht näher erklärt. Bemerkenswert ist die Formulierung
'unverhindert der andern Schriftscheidung', welche darauf
hinweist, dass Harsdörffer der grammatischen Funktion der
Satzzeichen Beachtung schenkte. Die Beschreibung erinnert
in einigen Punkten an den 'Einsluss' von Schottelius.
  Die oben besprochenen Zeichen stehen alle im Anhang zum
'Poetischen Trichter'. Im folgenden werden die drei rest-

---

1 Harsdörffer, Poetischer Trichter, 1647. S.122.

2 Harsdörffer, Poetischer Trichter, 1647. S.123.

3 Harsdörffer, Poetischer Trichter, 1647. S.123.

lichen Zeichen, die im 'Teutschen Secretarius' z.T. in die
Interpunktion übernommen wurden, besprochen. Es handelt
sich dabei allerdings nicht um Interpunktionszeichen im
heutigen Sinn. Bei Duden[1] werden sie nicht in der Interpunktion behandelt, sondern als selbständige Kapitel der
Orthographie angeführt.

17.2.2.4 Mittelstrichlein

Das Mittelstrichlein erfüllt die Funktion des Ergänzungsbindestrichs. Den Bindestrich in Zusammensetzungen lehnt
Harsdörffer ab. Er schreibt alle zusammengesetzten Wörter
zusammen: *Hier fehlen nun die jenigen / welche das Mittelstrich=
lein (=) darzwischen setzen / daß seinen Gebrauch hat in den Wörtern
so von dreyen / vieren oder mehren / zusammengesetzet sind / / als
wann ich sage : die Vor= und Nachsorge / der Schau= und Dantzplatz
(...). Da das Mittelstrichlein (=) die vorhergehende Wörter mit dem
letzten bindet / und so viel ist als die Vorsorge / und Nachsorge (...).*[2]
Dieses neue Zeichen, von Schottelius erstmals in der 'Teutschen Sprachkunst' von 1641 erwähnt, findet auch bei Harsdörffer eine ausführliche Beschreibung. Die Erklärung ist
zwar nicht sehr klar, aber die Beispiele erleichtern das
Verständnis der Regel.

17.2.2.5 Zwergstrichlein

Das Teilzeichen wird genau unterschieden vom Bindestrich.
Es hat nur die Funktion der Worttrennung am Zeilenende: *die
Wörter aber / wann sie zu Ende der Zeil getheilet / sollen nicht mit
einem Mittelstrichlein (=) sondern mit einem Zwergstrichlein (-) be=
merket werden ; die gedoppelten von den zertheilten Wörtern zu unter=*

---

1 Damit ist die 17. Auflage der Deutschen Orthographie angesprochen,
wo Duden noch ein Interpunktionssystem präsentiert. In der 18. Neubearbeitung (erschienen 1980) werden die Interpunktionszeichen in
alphabetischer Reihenfolge gemischt mit anderen orthographischen
Fragen angeführt.

2 Harsdörffer, Poetischer Trichter, 1647. S.28.

scheiden.[1] Im 'Teutschen Secretarius' hat Harsdörffer eine kleine, aber von seinem Standpunkt notwendige Erklärung an dieser Stelle angehängt: *dieses hat noch der Zeit nicht in Ge= brauch gebracht werden können / ob zwar unzweiffelich / daß die Thei= lung der Sylben zu End der Zeiten (sic) (-) und die Theilung der Wör= ter (=) zu unterscheiden.*[2] Es ist durchaus möglich, dass sich diese Bemerkung konkret gegen Schottelius wendet, welcher genau den gegenteiligen Gebrauch von Teilzeichen und Binde- strich empfohlen hatte. Allerdings befindet sich Harsdörffer ebenfalls im Gegensatz zur praktischen Verwendung in den meisten Schriftstücken seiner Zeit.

Harsdörffers Manuskripte, sowohl das des 'Poetischen Trich- ters', als auch das des 'Teutschen Secretarius', sind Druk- kern in die Hände gefallen, die sich herzlich wenig um sei- ne Bemühungen um diesen feinen Unterschied kümmerten. In al- len Fällen steht in beiden Ausgaben am Zeilenende das Mit- telstrichlein.

17.2.2.6 Hinterstrichlein

Der Apostroph wird in der sechsten Stund im Zusammenhang mit der Metrik besprochen, wo er die Aufgabe erfüllt, über- flüssige Vokale, welche das Versmass stören, zu ersetzen. Da dieses Zeichen auch heute nicht zur Interpunktion gezählt wird, beschränken wir uns hier auf seine blosse Erwähnung.

17.3 Zusammenfassung

Harsdörffer begründet die meisten seiner Zeichen grammati- kalisch. Allerdings bereitet ihm diese neue Art noch etwas Mühe, was sich in einigen ziemlich unbeholfenen Regeln äussert. Der Umstand, dass Harsdörffer mehr Poet als Gram- matiker ist, trägt das seine dazu bei.

---

1 Harsdörffer, Poetischer Trichter, 1647. S.29.
2 Harsdörffer, Teutscher Secretarius, 1656. S.566.

Das Zielpublikum ist dagegen sehr eindeutig bestimmt: es
sind die Schreibenden. Die Interpunktionszeichen sind nicht
mehr von Vortragsanmerkungen begleitet. Harsdörffer benutzt
in seinen eigenen Schriften zu viele Interpunktionszeichen.
Er erblickt in der Zeichensetzung eine weitere Möglichkeit,
die deutsche Sprache zu verbessern. Die Satzzeichen sollten
die ganze logische Struktur eines Satzes aufzeigen. Die all-
zuvielen Zeichen tragen aber mehr zur Verwirrung als zur
Klärung bei. Harsdörffers Darstellung leidet zudem ein wenig unter Systemzwang. Besonders deutlich wird es bei den
Hauptzeichen, wo der Vollständigkeit halber dreimal zwei
Zeichen erklärt werden, obwohl weder grammatisch noch rhetorisch ausreichend Begründungen angeführt werden können.

18. JOHANN GIRBERT

18.1 Leben und Werk[1]

Ueber die Jugend und die Studienzeit Johann Girberts ist
nichts bekannt. Er stammte aus Jena und wird erstmals 1634
als Rector von Nordhausen erwähnt. Er scheint also eine
pädagogische Laufbahn durchschritten zu haben und aus manchen seiner Bemerkungen wird erkennbar, dass er mit Ratkes
Ideen vertraut gewesen war. Von 1644 an ist Girbert Gymna-
siarch in Mülhausen, wo er erst 22 Jahre später altershalber
entlassen wird. Er stirbt 1671.

Seine schriftstellerische Tätigkeit ist auf den Schulunterricht ausgerichtet. Zu erwähnen sind vor allem zwei Werke: eine deutsche Orthographie von 1650[2] und eine deutsche
Grammatik von 1653[3]. In beiden Werken versucht Girbert, die

---

1 Die wenigen Angaben über Girbert stammen aus dem 2. Ergänzungsband
  von Jöchers Gelehrten-Lexicon, 1787. Spalte 1471.

2 Deutsche Orthographie aus der Bibel den Knaben zur Nachricht aufge-
  setzt. Mülhausen 1650.

3 Deutsche Grammatica oder Sprachkunst / auss denen bey dieser Zeit
  gedruckten Grammaticis (...) zusammen getragen / in kurtze Tabellen
  eingeschrenckt (...) Mülhausen 1653.

zu seiner Zeit recht umfangreichen Sprachregeln in tabellarischer Form darzustellen. Bei der Rechtschreibung dient
ihm die Bibel als Grundlage. Der Sprachkunst liegen mehrere,
z.T. auf dem Titelblatt, z.T. in der Einleitung erwähnte
Werke zugrunde. Auf dem Titelblatt werden folgende Namen
genannt: Clajus (1587), Vinariensis (1618), Gueintz (1641)
und Schottelius (1641). In der Einleitung kommen zusätzlich noch folgende Namen zur Sprache: Ickelsamer, Oelinger,
Ostrofrank und die Weimarischen Deutschen grammatischen Arbeiten. Von all diesen Autoren haben sich Ickelsamer, Gueintz
und Schottelius zur Interpunktion geäussert.

18.2 Das Interpunktionssystem

Die Interpunktion nimmt die Tabellen 75 und 76 der deutschen
Grammatik von 1653 ein. Die Tabellenzahl kommt der Seitenzahl des Buches gleich. Die Interpunktion ist inmitten von
Bemerkungen zur Syntax plaziert. Zwei kurze Sätze führen
den Leser in den Zweck der Interpunktion ein: *Distinctio vnd
die Schrifftscheidung ist / welche lehret / was zusammen gehöret / vnd
was hin vnd wieder gesondert werden muß. (...) 1. Ohne die Schrifft=
scheidung kan man schwerlich was verstehen. Sie ist der Marck= vnd
Grenzstein der Reden. 2. Diese Zeichen sind dem Leser / als Ruhestätte /
dabey er gleichsam still stehen / ein wenig ruhen / vnd etwas bedencken
mag.*[1] Als Vorlage diente hier offensichtlich Schottelius,
obwohl sich die beiden Aussagen auf Harsdörffer und Ickelsamer zurückverfolgen lassen. Schottelius hat sie jedoch
schon in seiner Einleitung zur Interpunktionslehre von 1651
zusammengenommen. Da sich Girbert offen als Kompilator be-
kennt, begnügen wir uns mit kurzen Hinweisen auf die Quelle,
wo eindeutige Zuordnungen feststellbar sind.

---

1 Girbert, Sprachkunst, 1653. Tabelle 75, Bogen g 4.

18.2.1 Sinn- und Pausenzeichen

18.2.1.1 Comma, das Beystrichlein

Comma, das Beystrichlein / wird geschwinde durch ein leichtes / etwas
gelehntes Strichlein gezogen also (./.) zu Unterscheidung der Wörter
sehr offt= vnd vielmals gebraucht / nemlich : So offt die Rede noch
vnvollkommen ist ; die Wörter aber darinn gleichwol eine schiedliche
Sonderung erfordern / zu besserem Verstande dem Leser / vnd zu schick=
licher Theilung der Wörter (Bsp.).[1] Wir finden eine genaue Kopie
von Schottelius' gleichnamigen Zeichen vor, einzig der Beispielsatz scheint aus Girberts Feder zu stammen.

18.2.1.2 Semicolon, das Strichpüncktlein

Semicolon, Das Strichpüncktlein : wird Von einem Striche vnd einem
Püncktlein oder Tippel gemacht / also (;). gebraucht in der Rede / wenn
der Sinn zwar noch unvollkommen ist ; aber dennoch einen kleinen Jn=
halt vnd mehrere Ruhe / als durch den Beystrich geschehen mag / erfor=
dert (Bsp.).[2] Bei diesem Zeichen ist die direkte Vorlage von
Schottelius klar zu erkennen. In einem kleinen Zusatz, *Die=*
ses ist bißher von wenigen in acht genommen worden ; feht aber an ge=
braucht zuwerden.[3], wird auch ein wenig Gueintzens Vorbild
sichtbar. Dieser Anhang wurde von Schottelius nie geschrieben, hingegen findet sich bei Gueintz eine ähnliche Stelle.

18.2.1.3 Colon, der Doppelpunckt

Colon, Der Doppelpunckt : wird geschrieben mit zweyen Püncktlein / da
eines vber dem andern stehet also (:). gebraucht / wenn die Rede etwas
volkommen schon ist ; doch also / daß auff solche volkommene Rede annoch
etwas folgen müsse oder könne / als in den Gleichnüssen: Jn Anführung der

---

1 Girbert, Sprachkunst, 1653. Tab.75, Bogen g 4.

2 Girbert, Sprachkunst, 1653. Tab.75, Bogen g 4.

3 Girbert, Sprachkunst, 1653. Tab.75, Bogen g 4.

Exempel : Jn Gegensetzen / vnd dergleichen (Bsp.).[1] Hier tritt wieder der gleiche Fall wie beim Beistrich ein: die Beschreibung
stammt wörtlich von Schottelius, der Beispielsatz ist von
Girbert.

18.2.1.4 Punctum, der Endespunckt

*Punctum, der Endespunckt : wird geschrieben mit einem eintzigen Tütlein
also (.). gebraucht zu Ende einer Spruchrede / oder Periodi. Es ist
aber die Spruchrede eine volkommene Rede / oder ein volkommener Ver=
stand in einer Rede / die man mit niedergezogener Stimme vnd Außhal=
tung des Athems beschleust (Bsp.).*[2] Die Ausdrücke 'Spruchrede'
und 'Periodus' weisen auf Schottelius hin. Die Formulierung
ist nicht wörtlich übernommen. Zudem führt Girbert rhetorische Anmerkungen an, die neu zu sein scheinen. Eine direkte
Quelle konnte nicht gefunden werden. Rhetorische Anmerkungen dieser Art wurden jedoch gerne von lateinischen Grammatikern des 15. und 16. Jahrhunderts gemacht.

18.2.2 Ton- und Schriftzeichen

18.2.2.1 Subunio, der Mittelstrich

Während Girbert das Teilzeichen, das er selbst häufig verwendet, nicht erwähnt, bringt er ausführliche Erklärungen
zum Bindestrich: *Subunio, der Mittelstrich : wird mit zweyen ge=
lehnten kleinen Strichlein an einander geschrieben / als : (=).*[3] Girbert bietet anschliessend fünf Möglichkeiten für den Bindestrich an, die alle von Schottelius übernommen sind. Einzig
in der Form des Zeichens hält er sich mehr an die Theorie
Harsdörffers, der ebenfalls die doppelte Version des Striches vorzieht.

---

1 Girbert, Sprachkunst, 1653. Tab.75, Bogen g 4.

2 Girbert, Sprachkunst, 1653. Tab.75, Bogen g 4.

3 Girbert, Sprachkunst, 1653. Tab.76, Bogen g 4'.

18.2.2.2 Apostrophe, der Hinterstrich

Apostrophe, der Hinterstrich / findet zu hinten des Worts seine Stel=
le / vnd wird also geschrieben (') vnd zwar oben / zum Zeichen eines
außgelassenen / e : das folgende Wort aber muß sich allezeit von einem
Vocali, oder von einem / H : anfahen (Bsp.).[1] Auch hier liegt
eine direkte Uebernahme von Schottelius vor. Girbert stellt
die terminologische Verbindung zwischen Apostrophe und
Hinterstrich her.

18.2.2.3 Signum interrogationis, das Fragezeichen

Signum interrogationis das Fragezeichen / ist ein Püncktlein mit einem
vbergesetzten krummen strichlein also (?) welches alßbald auff eine
Frage gesetzt wird (Bsp.).[2] Bei diesem Zeichen lassen sich gleich
mehrere Quellen feststellen. Die Bschreibung des Aussehens
scheint auf Steinhöwel zurückzugehen. Die Erklärung der
Funktion steht in der Tradition von Gueintz und Schottelius
und der angehängte Beispielsatz ist unverändert aus der
Theorie von Johannes Kolross übernommen worden.

18.2.2.4 Signum Exclamationis, das Verwunderungszeichen

Signum Exclamationis das Verwunderungszeichen / also verzeichnet (!)
wird in einer Rede als denn gebraucht / wenn man sich verwundert / oder
sonst einen affect anzeiget (Bsp.).[3] Dieses Zeichen ist relativ
eigenständig formuliert. Allerdings bringt die Definition
Girberts keine Erweiterung oder Präzisierung des Gebrauchs.
Der Ausrufeffekt ist im Deutschen noch immer unerwähnt.

18.2.2.5 Signum Parentheticum, der Einschluss

Signum Parentheticum der Einschluß / oder das Einschlußzeichen / sind

---

1 Girbert, Sprachkunst, 1653. Tab.76, Bogen g 4'.

2 Girbert, Sprachkunst, 1653. Tab.76, Bogen g 4'.

3 Girbert, Sprachkunst, 1653. Tab.76, Bogen g 4'.

zwene halbe Zirckel / oder wol zwene lange Striche / derer ieglicher

zwene Punckt bey sich inwendig stehend hat / als (: :) oder /: :/ vnter=

scheidet das zufällige in der Rede / so nicht eigendlich zur Sache ge=

höret (Bsp.).[1] Abgesehen von der Terminologie, die derjenigen
von Schottelius entspricht, handelt es sich auch bei der
Klammer um eine neue Erklärung, was Wortwahl und Beispiel
anbelangt. Inhaltlich wird aber auch hier keine Neuerung
geboten.

18.3 Zusammenfassung

Johann Girbert bietet ein erstaunlich systematisches Interpunktionssystem an. Als erster bringt er die konsequente
Verbindung von deutschem und lateinischem Ausdruck. Schottelius hat diese Ausdrucksverbindung in seine 'Ausführliche Arbeit' von 1663 übernommen. Ein sehr schönes Beispiel
von gegenseitiger Beeinflussung.

Girberts Interpunktionslehre ist sehr stark auf Schottels
'Teutscher Sprachkunst' aufgebaut. Man darf jedoch sagen,
dass es Girbert gelungen ist, die wesentlichen Punkte aus
dem umfangreichen Werk herauszulösen und in leicht verständlicher tabellarischer Form darzustellen.

19. JOHANN BELLIN

19.1 Leben und Werk[2]

Johann Bellin wurde 1618 in Bauca, Pommern, geboren. Die
Schule besuchte er an verschiedenen Orten, 1638 auch in
Halle, wo Christian Gueintz sein Rektor war. 1641 amtierte
er als Hauslehrer in Hamburg und war zugleich am dortigen
Gymnasium eingeschrieben. 1643 wechselte er nach Wittemberg,
wo er zwei Jahre später die Magisterwürde erlangte. Als

---

1 Girbert, Sprachkunst, 1653. Tab.76, Bogen g 4'.

2 Die biographischen Angaben über Bellin stützen sich auf den Aufsatz
  von Merzdorf in ADB Bd.2, 1875. S.311.

Lehrer wirkte er in Hamburg, Helmstedt und schliesslich in
Schweden. 1650 wurde er Rektor in Parchim. Zu einem unbekannten Zeitpunkt kehrte er nach Wismar zurück, wo er 1660
starb.

Bellin verfasste mehrere Schriften über die deutsche
Sprache und war deshalb als Deutschlehrer sehr geschätzt.
Seine wichtigsten Arbeiten sind: 'Sendschreiben von vielen
zur Ausarbeitung der hochdeutschen Sprache hochwichtigen
Stükken' (1647),'Poetische Gedanken über die Geburt Christi'
(1650)[1] und die 'Hochdeutsche Rechtschreibung' (1657)[2].

19.2 Das Interpunktionssystem

Die Interpunktionsregeln Bellins stammen aus der 'Hochdeutschen Rechtschreibung' von 1657. Die Rechtschreibung ist
in elf Kapitel unterteilt, deren neuntes die Interpunktionsregeln enthält. Es scheint für Bellin keine Frage zu
sein, wo die Interpunktion plaziert werden muss. Sie nimmt
in diesem Werk keine Randposition ein, wie es in früheren
Orthographien noch der Fall war, sondern sie wird mitten
unter altbewährte Elemente der Orthographie gesetzt.

Die nachfolgende Analyse richtet sich nach dem Text der
Lübecker Ausgabe von 1657, die in einem Nachdruck von 1973
leicht zugänglich ist[3].

Bellin ordnet in einigen einleitenden Worten die Interpunktion klar der Orthographie zu: *Die Schriftscheidung ist
ein teil der Rechtschreibung / nach welcher die geschriebene rede durch
gewisse zeichen und strichlein unterschieden / und deutlich gemacht würd.*[4]

---

1 Die beiden letzten Titel sind nach ADB Bd.2, 1875. S.311 zitiert.

2 M. Johann Bellins Hochdeudsche Rechtschreibung ; darinnen die ins
  gemein gebräuchliche Schreibart / und derselben / in vielen stükken /
  grundrichtige Verbässerung / unforgreiflich gezeiget würd. Lübeck
  1657.

3 Bellin, Johann: Hochdeutsche Rechtschreibung. Hildesheim /New York
  1973. Nachdruck der Ausgabe Lübeck 1657.

4 Bellin, Rechtschreibung, 1657. S.92.

Der Zweck der Schriftscheidung ist, den Sinn der Rede zu
verdeutlichen.

19.2.1 Sinn- und Pausenzeichen

19.2.1.1 Beistrichlein

Das Beistrichlein / comma , ist ein länglichtes / etwas gelenetes /
hinten am worte gesäztes strichlein ; sihet also (/) aus . Es würd
dasselbige gebrauchet / das es die unfolkommene rede verständlich ma=
che / und die wörter schiklich teile (Bsp.).[1] Bellin hält sich an
das bewährte Rezept vieler seiner Vorgänger: zuerst beschreibt er das Aussehen des Zeichens, dann wird seine Funktion erklärt und abschliessend anhand eines Beispiels erläutert.

   Das Beistrichlein hat die Funktion, die unvollkommene
Rede zu unterteilen. Bellin hält sich mit dieser Formulierung eher an eine rhetorische Bestimmung des Zeichens.

19.2.1.2 Strichpünktlein

Das Strichpünktlein / semicolon , ist oben ein punkt / und unten ein
kleiner halber zirkel ; sihet also (;) aus.
§.1. Es ist dises zwar eigentlich mer ein Lateinisches / als Deudsches
zeichen / welches in dem heutigen Bibeldrukke nicht würd gefunden .
Idoch aber / weil Opiz / und andere gelarte leute sich dässen in iren
schriften gebrauchen / als kan man dasselbige auch wol nach gelägen=
heit säzzen.
§.2. Es hat aber seine stelle in der rede / wan der sin zwar noch un=
folkommen ist / aber dännoch einen kleinen inhalt / und merere ruh /
als durch den beistrich geschähen mag / erfordert (Bsp.).[2] Die Bezeichnung Strichpunkt bzw. Semikolon entspricht der heutigen Benennung. Der Hinweis, es sei ein lateinisches Zeichen,
welches erst Opiz eingeführt habe, stimmt nicht ganz. Erst-

---

1 Bellin, Rechtschreibung, 1657. S.92.

2 Bellin, Rechtschreibung, 1657. S.92/93.

mals taucht dieses Zeichen im Satzinnern bei Ratke 1628 auf.

Die Erklärung entspricht der Vierteilung der Sinn- und
Pausenzeichen, wie wir sie etwa bei Perger und anderen lateinischen Grammatikern vorfinden.

Bellin berücksichtigt durchaus die rhetorische Komponente der Satzzeichen, wenn er im Zusammenhang mit diesem Zeichen von 'merere ruh' in Bezug auf den Beistrich spricht.
Allerdings taucht diese Formulierung schon bei Schottelius
beinahe gleich auf.

Beide Zeichen, Beistrichlein und Strichpunkt, zeigen Einflüsse von Harsdörffer und Schottelius, wobei der Einfluss
des letzteren grösser ist.

19.2.1.3 Doppelpunkt

Der Doppelpunkt hat grosse Bedeutung. Bellin entwickelt
eine Grundregel, an welche sich sechs verschiedene Unterregeln anschliessen: *Der Doppelpunkt / colon , würd mit zweien über
einander gesäzten pünktlein / am ende eines wortes / also (:) gezeich=
net. Es würd derselbige gebraucht / wan die rede den worten nach zwar
etwas folkommen ist / doch also / das auf solche folkommene rede annoch
etwas folgen müsse oder könne / (...)*[1] An dieser Stelle soll die
Formulierung von Schottelius desselben Zeichens als Vergleich angeführt werden: *Der Doppelpunkt hat den Nahmen / wenn
da zwey Pünktlein / eines über das ander seyn ; hat seine stelle / wenn
die Rede etwas vollkommen schon ist / doch also / daß auf solche vollen=
kommene Rede / annoch etwas folgen müsse oder künne (...)*[2] Die Grundregel ist beinahe wörtlich übernommen. Bellins Leistung
liegt eher in der gründlichen Ausarbeitung der einzelnen
Unterregeln, welche ansatzmässig auch schon bei Schottelius
vorhanden sind. Die einzelnen Regeln lauten folgendermassen:
*(1.) In gegensäzzen unterschidlicher sachen ; oder / wan die folgende
rede der forigen zu wider ist (Bsp.).*

---

1 Bellin, Rechtschreibung, 1657. S.93.
2 Schottelius, Teutsche Sprach Kunst, 1651. S.846.

(2.) In gleichnissen / wan in der folgenden rede mit der forhergähen=
den eine vergleichung eines dinges angestället würd (Bsp.).
(3.) In anfürung einer ursache ; oder wan die ursache eines dinges
folget (Bsp.).
(4.) In anzihung eines worte (Bsp.).
(5.) In anfürung der exempel auf einen lersaz.
(6.) In einer slusrede for dem slusse (Bsp.).[1]

Das Grundmuster für die Regel bleibt immer dasselbe: ein
Teil der Rede muss vollständig sein. Der Doppelpunkt wird
nun in folgenden Satzteilen gesetzt:
- wenn es sich bei den Satzteilen um inhaltliche Gegensät-
ze handelt,
- wenn es sich um einen Vergleich, ein Gleichnis handelt,
- wenn eine Begründung des Vorangegangenen folgt,
- bei Ankündigung einer direkten Rede. Erstmals erscheint
hier der Doppelpunkt in Verbindung mit der direkten Rede.
Der Uebergang vom Gliederungszeichen zum Ankündigungszeichen
in der heutigen Funktion ist hier besonders deutlich sichtbar. Es dauert allerdings bis ins 19. Jahrhundert, bis sich
das Kolon auf den heutigen Gebrauch einschränkt.
- Weiter steht der Doppelpunkt vor Beispielen, die auf einen
Lehrsatz folgen und
- vor dem Schlusssatz eines logischen Dreischrittes.
Bellin bietet eine breite Palette von Möglichkeiten an.
Zum Teil sind sie semantisch, zum Teil grammatisch und zum
Teil rhetorisch begründet. In der Ausführlichkeit der Regeln ist Bellin von Harsdörffer beeinflusst. Die Ideen zu
den einzelnen Abschnitten stammen teilweise von Schottelius.
Die Leistung Bellins besteht in der Systematik der Darstel-
lung und in der Untermauerung durch Beispiele.

19.2.1.4 Punkt

Bellin unterscheidet wie Harsdörffer zwei Punkte: einen gros-

---

1 Bellin, Rechtschreibung, 1657. S.93/94.

sen und einen kleinen. Ihr Aussehen ist dasselbe, nur wird
nach dem grossen gross, nach dem kleinen klein weiterge-
schrieben: *Der Punkt ist ein tüttel / welcher unten an der letter*
also (.) gezeichnet würd.

§ 1. Der Punkt ist zweierlei Klein und Groß. Der Kleine ist / auf wel=
chen ein kleiner buchstab in gleicher zeil folget ; und würd gebrau=
chet / wan die ganze meinung kurz ist / und an den folgenden worten
nicht hanget (Bsp.).

§.2. Der Große Punkt ist / auf welchen ein großer buchstab folget ;
und würd am ende einer ganz folkommenen rede gebrauchet ; und / wo
man darauf gar von einer andern sache beginnet zu reden / würd auch
nach demselben eine neue zeil angefangen (Bsp.).[1] Hier finden wir
zum Teil wörtliche Entlehnungen aus Harsdörffers Interpunktionslehre (cf. Kap.17.2.1.4). Bellin macht einen geringfügig andern Unterschied . Das Schwergewicht liegt beim
grossen Punkt weniger auf dem neuen Abschnitt, als vielmehr auf der Länge des Satzes. Bellin verwendet in seinem
Werk ebenfalls nur den einfachen Punkt im heutigen Sinn.

19.2.2 Ton- und Schriftzeichen

19.2.2.1 Fragzeichen

Das Fragzeichen ist ein punkt mit einem darüber gesäzten / einer flam=
men / oder umgekerten Lateinischen kurzen s nicht ungleich scheinenden /
herüm gebeugten strichlein ; sihet also (?) aus. Es würd dasselbige
alsbald auf eine fragende rede gesäzzet (Bsp.).[2] Dieses Zeichen
darf als von Schottelius übernommen betrachtet werden. Auf
die sehr ausführliche Beschreibung folgt eine kurze Regel.
Seit seinem ersten Erscheinen bei Niklas von Wyle hat das
Fragezeichen praktisch keinen Bedeutungswandel durchgemacht.

---

1 Bellin, Rechtschreibung, 1657. S.94.
2 Bellin, Rechtschreibung, 1657. S.95.

19.2.2.2 Rufzeichen

Das Rufzeichen (Verwunderungszeichen) ist ein punkt mit einem darüber
gleichaufgerichteten strichlein ; sihet also (!) aus. Es würd dassel=
bige gebrauchet zu erhöhung der Stimme in freude und trauren / in ver=
wunderung und wündschung / und wan ein sonderer nachdruk einer rede
sol angedeutet wärden (Bsp.).[1] Bellin gibt diesem Zeichen einen neuen Namen: es heisst Rufzeichen. Seine Funktion ist
rein rhetorischer Art. Dieses Zeichen nimmt Einfluss auf
die Stimme, indem es sie erhöht in Situationen des Affekts.
Alle Begriffe finden sich in anderer Reihenfolge schon bei
Harsdörffer, die Funktion des Rufens ist aber wieder in die
Definition aufgenommen worden.

19.2.2.3 Einsluszeichen

Das Einsluszeichen sind zwene gegen einander gekerte halbe zirkel ;
sihet also ( ) aus. Es dinet dasselbige / wan etwa mitten in eine gan=
ze rede / ungehindert der andern schriftscheidung / gleichsam ein ander
und fremder sin eingeslossen / oder eingesäzzet würd (Bsp.).[2] Dieses
Zeichen bringt keine Neuerung. Sowohl die Beschreibung als
auch die Regel sind wörtlich von Harsdörffer übernommen.

19.2.2.4 Mittelstrichlein

Die Mittelstrichlein sein zwo über einander kleine zwerglinien ; sähen
also (=) aus. Diselbigen wärden gebraucht / wan in denen von zweien /
dreien oder meren zusammen gesäzten wörtern bei den ersten ein wort
oder endung verschwigen / und nur zum lätsten gesäzzet würd (Bsp.).[3]
Die Mittelstrichlein sind ungefähr dem heutigen Ergänzungsbindestrich gleichzusetzen. Dieses neue Zeichen, von Harsdörffer stark beeinflusst, wurde damals gerne auch bei Ad-
jektivhäufungen verwendet. Vermutlich kam diese Anwendung

---

1 Bellin, Rechtschreibung, 1657. S.95/96.

2 Bellin, Rechtschreibung, 1657. S.96.

3 Bellin, Rechtschreibung, 1657. S.96.

der damaligen Abkürzungspraxis entgegen. Formulierungen wie
'üb- und liblich' für 'üblich und liblich' werden heute
nicht mehr verwendet. Bellins Verdienst ist es, den Umfang
der Erklärung dieses Zeichens auf ein relativ vernünftiges
Mass heruntergeschraubt zu haben, ohne allzuviel an Substanz
zu verlieren.

19.2.2.5 Teilzeichen

Bellin führt beim Teilzeichen zwei verschiedene Bedeutun-
gen an: diejenige des Bindestrichs in Zusammensetzungen
und diejenige des Trennungsstrichs. Die erste Funktion
lehnt Bellin ab. Das Teilzeichen kann nicht Bindestrich sein,
da es ein teilendes und nicht ein verbindendes Zeichen ist.
Mit Berufung auf Schottelius und auf die alten Griechen
spricht er sich für die Zusammenschreibung zusammengesetzter
Wörter aus.

Den richtigen Zweck des Teilzeichens umschreibt er wie
folgt: *Das Teilzeichen ist ein zur mitte däs wortes / oder der zeil
gezogenes gleiches zwergstrichlein ; sihet also (-) aus. (...) Der
rechte gebrauch dässelben ist / das man die wörter / wan sie nicht kön=
nen auf eine zeil gebracht / sondern zu ende derselben müssen geteilet
wärden / damit bemärke : wiwol dises noch zur zeit nicht in gebrauch
hat können gebracht wärden. Besihe den Deudschen Secretar. am 566.
bl.*[1] Bemerkenswert an dieser kopierten Definition ist eigentlich nur, dass Bellin hier zum ersten Mal seine Quelle angibt. Offenbar benutzte er die gleiche Ausgabe von
Harsdörffers 'Teutschem Secretarius' aus dem Jahre 1656,
da die Seitenzahl genau übereinstimmt. In Bellins eigenem
Werk ist der Unterschied zwischen Mittelstrich und Teilzeichen konsequent nach seinen Forderungen durchgeführt.

---

1 Bellin, Rechtschreibung, 1657. S.97/98.

19.2.2.6 Oberbeistrichlein

Das Oberbeistrichlein ist ein kleiner halber zirkel / oben bei dem
buchstabe eines wortes gezeichnet ; sihet also (') aus.[1] Das Oberbeistrichlein, der Apostroph, welcher eigentlich nicht zur
Interpunktion gezählt wird, taucht hier ausführlich beschrieben innerhalb der Satzzeichen auf. Bellin unterscheidet vier
verschiedene Möglichkeiten der Anwendung, welche kurz referiert werden:
- Als poetischer Begriff erlaubt der Apostroph das Weglassen der Vokale 'e' und 'i' innerhalb und am Ende eines
Wortes, wenn es der Metrik des Verses dienlich ist.
- In bestimmten Situationen kann der Apostroph die Wörter
'es' und 'das' durch 's darstellen.
- Das Oberbeistrichlein kann ebenfalls aus rhythmischen
Gründen bei zweisilbigen Verben das Schluss-e ersetzen.
- Zuletzt folgt das Zugeständnis, dass der Apostroph auch
in Prosa verwendet werden dürfe. Damit endet die Interpunk-
tionslehre Bellins.

19.3 Zusammenfassung

Bellin stellt ein System vor, das er aus Schottelius und
Harsdörffer zusammengesetzt hat. Es unterscheidet sich nicht
wesentlich von seinen Vorlagen. Einige Details sind bei
Schottelius genauer ausgeführt worden.

Wo Harsdörffer und Schottelius als Neuerer auftraten und
Aenderungen forderten, war Bellin gezwungen umzuformulieren.
Das wirkte sich nicht positiv auf die Einheitlichkeit sei-
ner Interpunktionslehre aus.

Bellin ist als Zeugnis eines Kopisten interessant. Obwohl
er die wichtigsten Grundsätze aus den wegweisenden Interpunktionslehren von Harsdörffer und Schottelius in seinem
Werk vereinigt hatte, erzielte er niemals die gleiche Wir-

---

1 Bellin, Rechtschreibung, 1657. S.98.

kung wie seine Vorgänger, sondern verschwand trotz seines handlichen Formats recht bald.

20. GEBHARD OVERHEIDEN

20.1 Leben und Werk[1]

Ueber das Leben Gebhard Overheidens ist nur sehr wenig zu erfahren. Er scheint aus Hannover zu stammen, wie aus dem Titelblatt eines seiner Werke ersichtlich ist. Das sichere, das man von ihm weiss, ist, dass er als Mathematiker, Rechenmeister und Buchhalter in Braunschweig wirkte. Die einzigen genauen Daten sind mit den beiden von ihm stammenden Veröffentlichungen verbunden: 1664 veröffentlichte er in Braunschweig ein Vorschriftenbüchlein, und 1668 gab er am gleichen Ort seine 'Vermehrte Teütsche Schreib=Kunst'[2] zum vierten Mal heraus. Es ist nicht sicher festzustellen, aus welchem Jahr die erste Ausgabe stammt. Das Titelkupfer, welches möglicherweise der Erstausgabe entnommen wurde, trägt die Jahreszahl 1660.

20.2 Das Interpunktionssystem

Ein Blick in das Inhaltsverzeichnis der 'Teütschen Schreib= Kunst' zeigt, dass die Interpunktion der Orthographie zugeordnet wird. Die Schreibkunst umfasst drei Teile: der erste Teil enthält die Orthographie, der zweite Teil Musterbriefe und im dritten Teil werden kaufmännische Ratschläge er-

---

1 Die wenigen Daten über Overheiden stammen aus dem 5. Ergänzungsband von Jöchers Allgemeinem Gelehrten-Lexicon, 1816. Spalte 1317.

2 Gebhardi Overheiden Vermehrte Teütsche Schreib=Kunst, Braunschweig 1660. 4. Auflage Braunschweig 1668.
Die vorliegende Besprechung stützt sich auf den Text der Ausgabe von 1668, wobei es dem Verfasser nicht möglich war abzuklären, ob sich zwischen der ersten und der vierten Auflage inhaltliche Veränderungen ergeben haben. Zeitlich spielt es allerdings keine Rolle, da im Zeitraum zwischen 1660 und 1668 keine weitere Interpunktionslehre erschienen ist.

teilt.

Der Aufbau der Orthographie lässt keine logische Ordnung
erkennen. Die vielfältigsten Sachgebiete sind wahllos neben-
einandergestellt. Die Schriftscheidung hat ihren Platz in
der Mitte der Orthographie, zwischen der Aufzählung der
Wortarten und einem lexikonartigen Kapitel. Overheiden
schrieb dieses Buch für ein ganz bestimmtes Publikum: für
Schreibschüler und junge Handelsdiener.

Eine einleitende Erklärung begründet den Sinn der Inter-
punktion: *Gleich wie ein jedes Wort / entweder ein / zwo / drey oder
mehr Glieder / ein Wortglied auch ein oder etzliche Buchstaben hat /
Also hat eine jede Schrifft / etzliche unterschiedliche Glieder oder
Teile / welche allesampt aneinander hengen / und zu dem vollkommenen
Verstande der schrifftlichen Meynung dienen.*[1] Overheiden geht vom
Satz aus. Der Satz ist analog zu den Wörtern unterteilt.
Diese Einleitung ist sehr eigenwillig formuliert und auch
in ähnlicher Form noch nie vorher erschienen. Overheiden
befindet sich allerdings in der Tradition, welche Ickelsa-
mer begründete, nämlich der Zerlegung des Ganzen in Teile.
Die Abgrenzung der Teile voneinander erfolgt durch Satzzei-
chen, deren er acht vorstellt.

20.2.1 Sinn- und Pausenzeichen

20.2.1.1 Beystrichlein

Das Beystrichlein unterscheidet die Wörter / so nicht eines Verstandes.[2]
Die Beschreibung ist sehr ungenau. Das Aussehen des Zeichens
entspricht der Virgel. Wörtlich genommen müsste eigentlich
zwischen allen Wörtern, die nicht durch ein anderes Zeichen
getrennt sind, ein solches Beistrichlein stehen.

Hier muss wohl davon ausgegangen werden, dass der Leser
dieses Buches, in diesem Falle meist ein Schüler, entweder

---

1 Overheiden, Schreib=Kunst, 1668. S.57/58.

2 Overheiden, Schreib=Kunst, 1668. S.58.

bereits verschiedene Regeln zum Beistrichlein kannte, oder
dass er durch einen Lehrer mit dem Zeichen intensiver vertraut gemacht wurde. Nur so lässt sich diese kurze Begründung verstehen.

20.2.1.2 Strichpunct

Strichpunct begreiffet einen Theil des gantzen Verstandes.[1] Zum
Strichpunkt muss das gleiche gesagt werden wie oben. Nur
ein Leser mit diesbezüglicher Vorbildung kann den Sinn dieser kurzen Regel verstehen.

20.2.1.3 Punct

Der Punct schleusset einen gantzen Verstand.[2] Der Punkt als Schlusszeichen ist nicht neu. Die Anwendung durch Overheiden selbst
zeigt, dass er unter 'Verstand' grammatikalisch und inhaltlich vollständige Sätze versteht. Der 'Verstand' ist für
ihn der Orientierungspunkt für alle Sinn- und Pausenzeichen.
Insofern präsentiert er ein sehr knappes und systematisches
Interpunktionsmodell.

20.2.2 Ton- und Schriftzeichen

20.2.2.1 Doppelpunct

Doppelpunct weiset / was man sonderlich erzehlen und andeuten wil.[3]
Es ist erstaunlich, dass Overheiden dieses Zeichen nicht
ausführlicher bespricht. Er rechnet den Doppelpunkt nicht
mehr wie seine Vorgänger zu den Sinn- und Pausenzeichen,
d.h. zu den streng gliedernden Zeichen, sondern er weist
ihm die Funktion der Ankündigung zu, die dem heutigen Gebrauch viel eher entspricht. Overheiden beschreibt das Zei-

---

1 Overheiden, Schreib=Kunst, 1668. S.58.

2 Overheiden, Schreib=Kunst, 1668. S.58.

3 Overheiden, Schreib=Kunst, 1668. S.58.

chen zudem so, als ob es in dieser Funktion schon bekannt
gewesen wäre.

20.2.2.2 Fragzeichen

Fragzeichen stehet zu End einer Frage (Bsp.).[1] Die gewohnte Form
der Erklärung wird in diesem Falle durch ein kurzes Beispiel erläutert.

20.2.2.3 Zwischenstrich

Zwischenstrich wird alsdenn gemacht / wann zu End einer Riege ein Wort
muß abgebrochen und geteihlet werden / wie auch / wann unterschiedli=
che Wörter aneinander kommen / welche einerley Endung haben / Als: Den
Schreib= und Botten Tag beobachten.[2] Der Zwischenstrich hat zwei
Funktionen: diejenige des Trennungszeichens und diejenige
des Bindestrichs. Diese zwei Zeichen werden heute nicht zur
Interpunktion gezählt, sondern bilden einen selbständigen
Teil der Orthographie[3]. Die relativ ausführliche Beschreibung zeigt deutlich den damaligen Wirbel, der um dieses
Zeichen gemacht wurde. Overheiden entscheidet sich für nur
eine Form bei beiden Funktionen: den doppelten Querstrich.

20.2.2.4 Verwunderungs=Zeichen

Verwunderungs=Zeichen wird gemachet / nach dem man eine Verwunderung
hat gesetzet (Bsp.).[4] Das Ausrufezeichen wird vom Namen her
erklärt und erfüllt nur eine Funktion: es zeigt die Verwunderung an.

---

1 Overheiden, Schreib=Kunst, 1668. S.58.

2 Overheiden, Schreib=Kunst, 1668. S.58.

3 Cf. dazu die Anmerkung 1, S.122.

4 Overheiden, Schreib=Kunst, 1668. S.58.

20.2.2.5 Einschluss

Einschluß begreifft das jenige / das nicht eigentlich in die Rede / je=
doch zu derselben Verstand gehöret / Als: Jch wil morgen (mit Gottes
Hülffe) zu euch kommen. Er hat es (leider) empfunden.[1] Bemerkenswert
ist bei dieser Definition der Unterschied zwischen 'Rede'
und 'Verstand', wobei der 'Verstand' der 'Rede' untergeordnet ist. Es handelt sich um Inhaltsbezeichnungen, die vom
rhetorischen Standpunkt aus zu verstehen sind. Die beiden
Beispiele zeigen, dass die Klammer nach heutigen Begriffen
viel zu häufig verwendet wird.

20.3 Zusammenfassung

Overheiden hat zu einer Zeit, in welcher ausführliche und
gute Interpunktionssysteme und Regeln bestanden, ein sehr
eigenwilliges Modell vorgestellt. Er befindet sich mit seinen Zeitgenossen nur insofern auf einer gemeinsamen Ebene,
als er dem damals aufkommenden Zwischenstrich auch in seiner
Besprechung am meisten Platz einräumt.

Overheiden scheint ein breites Wissen gehabt zu haben,
denn in manchen seiner prägnanten Beschreibungen klingen die
verschiedensten früheren Regeln mit. Ein besonderes Merkmal
seiner Regeln sind die guten Interpunktionskenntnisse, die
sie bereits voraussetzen. Ausserdem steht er mit seinem
Interpunktionssystem ziemlich abseits der sonst in groben
Zügen sichtbaren Tradition[2]

21. CHRISTIAN PUDOR

Die Besprechung von Pudors Interpunktion wird kurz ausfal-
len, da sich sein System auf die blosse Erwähnung der meisten Zeichen beschränkt. Er wird dennoch in die vorliegende

---

1 Overheiden, Schreib=Kunst, 1668. S.58.

2 Dieser Aspekt wird im 2. Hauptteil ausführlicher besprochen.

Untersuchung aufgenommen, da der Aufbau seiner Arbeit unkonventionell ist und zu einer neuen Betrachtung der Satzzeichen führt.

21.1 Leben und Werk[1]

Ueber das Leben von Christian Pudor ist nur wenig in Erfahrung zu bringen. Er stammt aus Guben in der Nieder-
Lausitz, er war Pfarrer in Straussberg in der Marck und
galt als grosser Liebhaber der Philologie. 1672 veröffentlichte er in Cölln ein Werk über die deutsche Sprache mit
dem Titel: 'Der Teutschen Sprache Grundrichtigkeit / Und
Zierlichkeit'[2]. Wie schon durch den Titel angedeutet, zerfällt das Werk in zwei Teile: in die 'Grundrichtigkeit' und
in die 'Zierlichkeit'. Die Grundrichtigkeit enthält die
Grundlagen für den richtigen Sprachgebrauch. Dieser Teil
geht von den Buchstaben aus und gelangt über die Silben zu
den Wörtern. In diesem Kapitel ist die Interpunktion untergebracht. Pudor steigt dann weiter auf über die Redensarten
(Phrases), die Spruchreden (Sententiae), die Schlussreden
(Periodi) bis zur 'gantzen, vollkommenen Teutschen Rede
(Oratio)'[3]. Der zweite Teil des Werks, die Zierlichkeit, befasst sich mit stilistischen Fragen.

21.2 Das Interpunktionssystem

Der Abschnitt 'Wörter', das umfangreichste Kapitel der Grundrichtigkeit, wird weiter zergliedert nach den Begriffen 'insgemein' und 'insonderheit'. Insgemein wird er nach Abteilung, Aussprechung und Schreibung untersucht. Bei der Schrei-

---

1 Die wenigen Angaben über Pudors Leben stammen aus Jöchers Gelehrten-
  Lexicon, Bd.3, 1751. Spalte 1803.

2 Der Teutschen Sprache Grundrichtigkeit / Und Zierlichkeit. Oder kurtze
  Tabellen / Darinn gewiesen wird / (...) Von Christian Pudor (...)
  Poeten / und d.z. Prediger in Strausberg. Cölln an der Spree 1672.

3 Pudor, Grundrichtigkeit, 1672. S.140.

bung sind die Wörter selbst und die Zeichen in Acht zu nehmen.

Pudor unterscheidet fünf verschiedene Arten von Zeichen:
- Zeichen, welche die Wörter selbst teilen. Dazu zählen
der Trennungs- und der Bindestrich.
- Zeichen, welche die Wörter mitten in Sentenzen voneinander
abgrenzen. Das sind das Beistrichlein, der Strichpunkt, der
Doppelpunkt, das Fragezeichen und das Verwunderungszeichen.
- Schlussreden werden durch einen Punkt bezeichnet.
- In Schlussreden oder Sentenzen Eingeschlossenes wird mit
dem Einschluss markiert.
- Der Hinterstrich (Apostroph) wird als Abkürzungszeichen
vorgestellt.

Das System Pudors enthält einige Unklarheiten. Er verzichtet auf jede Erklärung der Sinn- und Pausenzeichen. Eine andere Stelle in der 'Sprachrichtigkeit' zeigt eine
weitere Gruppierungsmöglichkeit in diesem Bereich. Es ist
die Rede von der Grossschreibung der Buchstaben und an dieser Stelle äussert sich Pudor folgendermassen: *Diese grosse
Buchstaben werden gebraucht / 1. Wenn eine gantze Rede sich anfänget /
oder wenn ein Punct / oder Doppelpunct / oder Strichpünctlein / oder
Frag= und Rufzeichen gewesen (...).*[1] Hier wird also das Beistrichlein mit dem Punkt vertauscht, sonst ist die Gruppie-
rung gleich, wie in der Interpunktionslehre selbst.

Pudor unterscheidet nicht zwischen Haupt- und Nebenzeichen, sondern er bildet funktionale Gruppen. Diese Methode
hat Samuel Walter erstmals angewendet, der in seinem System
Frage- und Ausrufezeichen zusammen mit dem Punkt zu den
Satzschlusszeichen zählte.

Sowohl der Zeichenbestand als auch die Terminologie entsprechen ganz den damals geltenden Normen. Pudors System
ist nur in seinem Aufbau originell und bemerkenswert. Zur
Entwicklung der Interpunktion hat es keinen Beitrag geleistet.

---

1 Pudor, Grundrichtigkeit, 1672. S.8.

22. JOHANN LUDWIG PRASCH

22.1 Leben und Werk[1]

Johann Ludwig Prasch wurde 1637 in Regensburg geboren. Ausser einigen Studienjahren in Jena, Strassburg und Giessen
verbrachte er sein ganzes Leben in Regensburg, wo er hohes
Ansehen genoss. Er war Rechtsgelehrter, Sprachforscher und
Dichter. Prasch hat sehr viel geschrieben: 1680 gab er ein
Verzeichnis seiner bisherigen Schriften heraus, das 23 Titel
umfasste. Bis zu diesem Zeitpunkt hatte Prasch nur lateinisch geschrieben. Von 1680 an begann er sich vermehrt mit
der deutschen Sprache auseinanderzusetzen. In diesem Jahr
erschien in Regensburg seine 'Gründliche Anzeige von der
Fürtrefflichkeit und Verbesserung Teutscher Poesie. Samt
einer Poetischen Zugabe'[2]. Zeitweise trug er sich sogar mit
dem Gedanken, eine deutschliebende Gesellschaft zu gründen.

Das für unsere Untersuchung wichtige Werk erschien 1687
in Leipzig unter dem Titel 'J.L.P. Neue / kurz= und deutliche Sprachkunst / (...) Regenspurg 1687'[3]. Mit Recht darf
angenommen werden, dass es sich bei 'J.L.P.' um Johann Ludwig Prasch handelt[4]. In der Vorrede verbreitet sich Prasch
über die Absicht dieses Buches. Für uns ist diese Einleitung insofern interessant, als er darin auf seine Quellen
zu sprechen kommt. Er möchte Schottelius' 'Ausführliche Arbeit' von 1663 zu einem für den Schulunterricht brauchbaren
Lehrbuch zusammenfassen, *sintemal es (sc. Schottels Ausführliche*
Arbeit) nicht nur etwas hoch / tieff / und weitleuffig / sondern zu=
weilen seine besondere Meynungen / will nicht sagen Fehler und Mängel /
hat.[5] Prasch steckt sich also ein ziemlich hohes Ziel.

---

1 Die Angaben über Praschs Leben stützen sich auf den Aufsatz von
  Daniel Jacoby in ADB Bd.26, 1888. S.505-509.

2 Zitiert nach ADB Bd.26, 1888. S.507.

3 Im folgenden als Prasch, Sprachkunst, 1687 zitiert

4 Cf. dazu Jellinek, nhd. Grammatik, Bd.I, S.186, Anm.1.

5 Prasch, Sprachkunst, 1687. Im unpaginierten Vorwort, Bogen a 2.

Praschs Arbeit setzt sich aus zwei Büchern zusammen. Im
ersten werden die Lehrsätze, im zweiten die Lehrübungen dargestellt. In einem Anhang am Ende des Werks ist die Interpunktionslehre separat dargestellt.

22.2 Das Interpunktionssystem

Der Interpunktion wird kein bestimmter Platz in der Grammatik oder in der Orthographie zugewiesen. Mit einer kurzen Einleitung führt Prasch den Leser in die Zeichensetzung
ein: *ES ist eine grosse Nothwendigkeit / daß die geschribene Worte /
mittelst recht gesetzter Kennzeichen unterschiden werden.*[1] Die Interpunktion dient also der notwendigen Unterscheidung der
geschriebenen Wörter.

22.2.1 Sinn- und Pausenzeichen

Prasch geht bei den Sinn- und Pausenzeichen vom Satz aus.
Das vollständigste Gebilde heisst bei ihm 'Rede'. Der Rede
untergeordnet ist der 'Sinn'. Dieser wiederum kann gewisse
Glieder und Absätze haben. *Dergleichen sind das schlechte Strich=
lein (comma) wann der Sinn (sensus) gewisse Glider und Absätze hat
(Bsp.). Das punctirte Strichlein (semicolon) wann der Sinn vollkommen
ist / aber die Rede nicht (Bsp.). Das gedoppelte Pünctlein (colon) wann
eine fremde oder neue Rede und Exempel eingeführet wird (Bsp.). Das
einfache (punctum) wann sich eine Rede schleust.*[2] Prasch benutzt
eine eigene Terminologie für die damals üblichen Hauptzeichen. Um Zweifelsfälle zu vermeiden, fügt er in Klammern jeweils die lateinische Bezeichnung hinzu. Obwohl der Doppelpunkt seinen alten Platz in der aufsteigenden Reihe der
sinntrennenden Zeichen innehat, wird er in seiner neuen
Funktion vor direkten Reden und Beispielen vorgestellt.
Voraussetzung für das Verständnis von Praschs kurzen Re-

---

1 Prasch, Sprachkunst, 1687. S.119.
2 Prasch, Sprachkunst, 1687. S.119.

geln ist die genaue Kenntnis seiner eigenen Syntax und ihrer
Grundbegriffe. Prasch steht mitten in seiner Zeit, ohne
grosse Neuerungen einzuführen. Ein genauer Vergleich mit
Schottelius, den er ja verbessern wollte, zeigt erstaunlich
wenig gemeinsame Elemente. In Praschs Definitionen klingen
zwar öfters bekannte Töne mit, ohne dass sie sich aber auf
eine ganz bestimmte Quelle zurückführen liessen.

22.2.2 Ton- und Schriftzeichen

Auch bei den Nebenzeichen hält sich Prasch an den damals
üblichen Katalog. Frage-, Ausrufezeichen und Klammern werden nur erwähnt und dargestellt: *Das Fragzeichen (signum inter=*
rogationis) wird also gebildet / ? Das Rufzeichen (signum exclamatio-
nis) also / ! Der Einschluß (parenthesis) also : ( ) [ ].[1] Bemerkenswert sind hier zwei Bezugspunkte zu früheren Arbeiten:
Das Ausrufezeichen wird 'Rufzeichen' genannt. Diese Formulierung hat Bellin erstmals gebraucht und seither ist sie
durch den Begriff 'Verwunderungszeichen' verdrängt gewesen.
Zum zweiten zeigt Prasch neben der runden auch die eckige
Klammer, die vor ihm nur von Ratke und dessen Mitarbeiter
Walter erwähnt wurde.

Am meisten Eigenständigkeit entwickelt Prasch beim zu
seiner Zeit meistdiskutierten Zeichen, dem Bindestrich:
Wann man zwey Wörter etlicher massen zusammenziehen will / hat das
Zwerchstrichlein (hyphen) statt. Als: die heilig-schöne Stadt. Welches
dann nicht recht ein / und nicht recht zwey Wörter sind / sondern von
absonderlicher Krafft und Deutung. Aber / Kugelrund / Rosenroth / und
dergleichen gewöhnliche oder sonst fügliche Wörter / bedörffen das
Zwerchstrichlein nicht / vil weniger 2. Strichlein / welche anderstwo=
hin gehören. Als / wann ich sage : Sanfft= und Demuth ; Freund= und
lieblich.[2] Während Prasch den Trennungsstrich (er verwendet
den doppelten Querstrich dafür) nicht erwähnt, stellt er

---

1 Prasch, Sprachkunst, 1687. S.119.

2 Prasch, Sprachkunst, 1687. S.119/120.

zwei Arten von Bindestrichen vor. Den einfachen Bindestrich
braucht er, um vollständige Wörter zusammenzuziehen. Begründet wird dieses Vorgehen mit semantischen Begriffen.
Diese Art von Zusammensetzung lehnte Schottelius ab. Die
zweite, doppelte Version dient bei Prasch als üblicher Ergänzungsbindestrich.

Als letztes Zeichen erwähnt Prasch den Apostroph, hier
'Abgangszeichen' genannt, mit dem Hinweis auf seine Beschreibung innerhalb der 'Teutschen Poesie'.

Die Schlussbemerkung, welche nur noch sehr beschränkt mit
Interpunktion zu tun hat, zeigt doch, wie weit fortgeschrit-
ten inzwischen die Drucktechnik war: *Nachdruckliche Wörter und
Sprüche / oder eingemengte fremde Reden / pfleget man zuweilen mit an=
deren Buchstaben / gröber= oder kleinerem Drucke / vorzustellen / oder
mit Linien zu unterziehen. Dienet auch zu Erleichterung des Verstandes.*[1]

22.3 Zusammenfassung

Praschs Interpunktionssystem ist relativ einfach. Seine etwas alt anmutende Terminologie scheint von ihm selbst zu
stammen, ebenso die Grundüberlegung, worauf die Hauptzeichen aufgebaut sind. Er steht dennoch sehr stark in der Tradition seiner Zeit, wie aus der Anzahl und der Art der Zeichen klar zu erkennen ist. Sein Werk ist ohne Einfluss auf
die weitere Entwicklung der Interpunktion geblieben.

23. JOHANN BOEDIKER

23.1 Leben und Werk[2]

Johann Bödiker wurde 1641 in der Nähe von Stettin geboren.
Ueber seine Studienjahre sind keine Fakten bekannt. Von
1673 an wirkte er als Lehrer am Kölnischen Gymnasium in Ber-

---

1 Prasch, Sprachkunst, 1687. S.120.

2 Die biographischen Angaben über Bödiker stützen sich auf den Aufsatz
  von W. Scherer in ADB Bd.3, 1876. S.15.

lin. Von 1675 an sogar als dessen Rektor bis zu seinem Tod
im Jahre 1695.

1690 erschienen seine 'Grund=Sätze der deutschen Sprache'[1],
eine deutsche Schulgrammatik. Das Werk setzt sich nach anti-
kem Vorbild aus vier Teilen zusammen: der Orthographie, der
Etymologie, der Syntax und der Prosodie. Die Interpunktion
bildet das 20. Kapitel der Orthographie.

23.2 Das Interpunktionssystem

Der genaue Titel des 20. Kapitels der Orthographie und die
einleitenden Worte zur Interpunktion lauten folgendermassen:
XX. Die Unterscheidungs=Zeichen müssen wol gemercket und an gehörigen
Ort gesetzt werden. Ohne Schrift=Scheidung kan die beste Schrift nicht
wol verstanden werden ; v. Harsd. P.T. p.131. Es sind aber bey den
Deutschen üblich folgende Neben=Zeichen und Zwischen=Striche:[2] Aus
diesen wenigen Zeilen ist schon sichtbar, dass hier keine
sehr neue und eigenständige Interpunktionslehre zu erwarten
ist. Neben dem zitierten Harsdörffer sind Anklänge an Schottelius zu sehen.

23.2.1 Sinn- und Pausenzeichen

In Anbetracht der Bedeutung, welche Bödikers 'Grund=Sätze'
für die deutsche Sprache hatten, werden die einzelnen Zeichen gesondert besprochen. Die Analyse beschränkt sich jedoch auf kurze Hinweise auf die Herkunft des Zeichens und
auf Erweiterungen durch Bödiker.

23.2.1.1 Comma oder Beystrichlein

Das Comma, (Beystrichlein /) wird am meisten und also gebraucht / wenn

---

1 Grund=Sätze Der Deutschen Sprache im Reden und Schreiben / (...) Der
  studierenden Jugend und allen Deutschliebenden zum Besten Vorgestel-
  let von Johanne Bödikero. Cölln an der Spree (...) 1690.

2 Bödiker, Grund=Sätze, 1690. S.30.

eine Rede noch unvollkommen ist / und die Wörter doch eine Sondrung er=
fordern. (Bsp.).[1] Die Definition ist sinngemäss von Schottelius übernommen. Meist vereinfacht Bödiker die Regel von
Schottelius ein wenig. Er führt zudem konsequent zuerst den
lateinischen, dann in Klammern den deutschen Namen des
Zeichens an und beschliesst die einzelnen Regeln mit einigen Beispielen.

23.2.1.2 Colon oder Doppel=Punct

Das Colon : (der Doppel=Punct :) Wenn die Rede schon etwas fortgangen /
und schier vollkommen ist ; doch also / daß ihr noch was beygefüget wer=
de : Als in Erzehlung und Anführung der Exempel / in Gleichnüssen / in
Wiederholung eines andern Worte. u.d.g. (Bsp.).[2] Ungewohnt ist die
Reihenfolge der Zeichen. Bödiker durchbricht die Hierarchie
zwar nicht, sondern bringt die übliche Unterteilung der
Hauptzeichen, nur in anderer Reihenfolge. Hier finden wir
wieder eine leichte Paraphrasierung Schottels vor. Einige
Elemente könnten aber auch direkt von Ratke stammen.

23.2.1.3 Semicolon oder Strich=Pünctlein

Das Semicolon ; (Strich=Pünctlein ;) Jst mehr als das Comma, wenn man
in der Rede schon fortgefahren ; sonderlich wo das Gegentheil oder
ein Aber folget / und sonst particulae adversativae ; und man antithe=
ta, in Dinge vorstellet. (Bsp.).[3] Hier liegt eine grammatische
Erweiterung durch Bödiker vor. Er übernimmt zwar einige Elemente der Regel aus älteren Grammatiken, versucht dann aber
mit lateinischen Fachausdrücken den Gebrauch des Zeichens
näher zu definieren.

Dass das Semicolon eine schwächere Unterteilung als das
Colon bedeutet, zeigt sich im identischen Anfang der beiden

---

1 Bödiker, Grund=Sätze, 1690. S.30.

2 Bödiker, Grund=Sätze, 1690. S.31.

3 Bödiker, Grund=Sätze, 1690. S.31.

Definitionen, der beim Colon durch den Zusatz 'und schier
vollkommen ist' ergänzt wird. Auch aus den beigefügten Beispielen wird deutlich, dass die vertauschte Reihenfolge der
Zeichen keine funktionalen Folgen hat.

23.2.1.4 Punctum oder Punct

Das Punctum . (der Punct oder Tütlein .) wenn ein Periodus oder eine
gantze Spruch=Rede / die einen vollkommenen Sinn hat / geendiget ist.
(Bsp.).[1] Bei diesem Zeichen deuten wieder verschiedene Hinweise auf eine Patenschaft von Schottelius hin. Einige Elemente (z.B. der 'vollkommene Sinn', der bei Schottelius
keine Rolle spielt) lassen sich viel weiter zurückverfolgen: zuerst erscheint der 'vollkommene Sinn' bei Steinhöwel, das letzte Mal vor Bödiker im Schriftspiegel. Diese
Hinweise zeigen, dass sich Bödiker nicht nur auf Schottelius abstützt, sondern dass er eine ganze Reihe verschiedener Lehren kannte und diese alle in seiner Theorie je nach
Bedarf verarbeitete.

23.2.2 Ton- und Schriftzeichen

23.2.2.1 Signum Interrogationis oder Frage=Zeichen

Das Signum Interrogationis ? (Frage=Zeichen ?) wird so bald hinter
die fragende Rede gesetzet / es sey dieselbe eine schlechte oder Rhe=
torische Figürliche Frage. (Bsp.).[2] Die Erweiterung durch Bödiker besteht in der Erwähnung der direkten und indirekten
Frage, wobei er in beiden Fällen das Fragezeichen setzt.

23.2.2.2 Signum Exclamationis oder Ausruffung=Zeichen

Das Signum Exclamationis ! (Ausruffung=Zeichen !) Es sey / daß man sich

---

1 Bödiker, Grund=Sätze, 1690. S.31.
2 Bödiker, Grund=Sätze, 1690. S.31.

verwundere oder wündsche / oder in Bestürtzung klage. Es kan das O da=
bey stehen / oder außbleiben. (Bsp.).[1] Der deutsche Ausdruck
'Ausrufungszeichen' stammt von Ratke und ist seither durch
das 'Verwunderungszeichen' verdrängt gewesen. Die Erklärung hält sich wieder an die übliche Bestimmung durch Ausdrücke wie Verwunderung, Wunsch und hier speziell Bestürzung. Bemerkenswert ist auch die erstmalige Erwähnung einer
Interjektion.

23.2.2.3 Parenthesis oder Einschluss

Parenthesis (der Einschluß) ( ) Wenn mitten in einer Rede / als ob je=
manden etwas einfiele / ein gantz fremder Sinn eingeschlossen wird.
(Bsp.).[2] Ein Teil der Definition ('als ob ...') erscheint
bei Bödiker erstmals. Der Rest stimmt eher mit Harsdörffer
als mit Schottelius überein, wobei Harsdörffer von Schottelius stark beeinflusst ist.

23.2.2.4 Apostrophus oder Hinter=Strich

Apostrophus, ' (der Hinter=Strich / ') wird als ein umgekehrtes c. oder
als im Griechischen ein Spiritus lenis, am Ende des Worts zu oberst ge=
zeichnet : giebt zu verstehn / daß ein E. weggeworfen. Da denn unfehl=
bar darauff ein Vocalis oder das H. muß folgen. Es hat aber der Apo=
strophus nur seinen Platz in Versen ; keines weges aber in ungebundner
Rede. (Bsp.).[3] Bei diesem Zeichen ist die Verwandtschaft
mit einem andern Grammatiker auffallend: mit Christian Pudor. Zum Vergleich sei hier die entsprechende Stelle aus
Pudors 'Grundrichtigkeit' zitiert: *(...) Dessen Zeichen ist der*
Hinterstrich : (') und wird zu hinten des Worts oben angesetzt / ent=
weder mitten in der Zeile / oder am Ende der Zeile / bedeutet / das ein
e wegen des folgenden Vocalis / oder des Buchstabens h weggeworffen sey.[4]

---

1 Bödiker, Grund=Sätze, 1690. S.32.

2 Bödiker, Grund=Sätze, 1690. S.32.

3 Bödiker, Grund=Sätze, 1690. S.32.

4 Pudor, Grundrichtigkeit, 1672. S.23.

Die Aehnlichkeit zeigt sich sowohl in der Formulierung als
auch im theoretischen Hintergrund.

23.2.2.5 Signum Conjunctionis oder Mittel=Strich

Auch Bödiker setzt sich sehr intensiv mit dem Bindestrich
auseinander: *Signum Conjunctionis = (der Mittel=Strich =) So will
ichs nennen / wenn die Deutschen 1. Unterschiedliche Composita zusam=
men setzen / die ein Subjectum haben : oder 2. Unterschiedliche deri=
vata : oder 3. auch wol die Endigung der Stamm=Wörter : oder 4. Vor=
wörter / (praepositiones) die wider einander lauffen : oder 5. sonst
Wörter / die etwas wichtiges bedeuten (Bsp.).*[1] Es folgt eine ein-
gehende Erörterung des Problems, ob es im Deutschen sinnvoll sei, zusammengesetzte Wörter mit einem Bindestrich zu
schreiben. Bödiker setzt sich für einen sehr weitläufigen
Gebrauch des Bindestrichs ein. Ein Blick auf seine Terminologie der Interpunktion zeigt, dass er sich konsequent daran
hält: er trennt alle zusammengesetzten Zeichen und verbindet sie mit dem Mittelstrich.

23.2.2.6 Punctum divisionis oder End=Strichlein

*Punctum divisionis, (End=Strichlein =) Wenn am Ende einer Linie ein
Wort in Sylben getrennet und zertheilet wird. (...) Dis soll billig
vom vorgehenden Mittel=Strich unterschieden werden. Man kan jenes dem=
nach mit geraden Strichen = ; dieses aber mit queren Strichen oder
sonst andeuten.*[2] Die Aufteilung der Wörter in Silben geht auf
Harsdörffer und Bellin zurück. Bemerkenswert ist die forma-
le Unterscheidung zwischen Mittelstrich und Endstrich, indem beim Endstrich die zwei Querstrichlein etwas schräggestellt werden (⸗).

---

1 Bödiker, Grund=Sätze, 1690. S.33.
2 Bödiker, Grund=Sätze, 1690. S.34.

23.3 Zusammenfassung

Bödikers Interpunktionssystem ist nicht originell. Es lassen sich kaum eigene Elemente darin entdecken, aber er hat
es verstanden, aus einer Anzahl verschiedener Interpunktionslehren seiner Ansicht nach Wichtiges herauszulesen und
systematisch darzustellen. Sein Modell zeichnet sich zudem
angenehm durch Uebersichtlichkeit und Einheitlichkeit in
der Formulierung aus. Die nicht zitierten Beispiele ergänzen die Regeln in richtiger Weise, sodass es bei genauer
Lektüre des 20. Kapitels der Orthographie dem Leser keine
grossen Schwierigkeiten mehr bereiten sollte, einen Text
in relativ moderner Art und Weise zu interpunktieren.

24. KASPAR STIELER

24.1 Leben und Werk[1]

Kaspar Stieler wurde 1632 in Erfurt geboren. Er besuchte in
den Jahren 1648-52 die Universitäten in Leipzig, Erfurt,
Marburg, Giessen und Königsberg, wobei er sich mit den verschiedensten Studienrichtungen beschäftigte. Nach fünfjäh-
rigem Kriegsdienst reiste er in wechselvoller Funktion durch
Holland, Frankreich, Spanien, Italien und die Schweiz. 1661
kehrte er nach Deutschland zurück und trat 1663 in die Dienste der sachsen-weimarischen Herzöge in Eisenach. 1668 wurde er als der 'Spate' (der Späte) in die fruchtbringende Gesellschaft aufgenommen. 1691 kehrte er nach Erfurt zurück
und war als Rechtsgelehrter und Schriftsteller bis zu seinem Tode im Jahre 1707 tätig.

Obwohl Stieler erst spät zu schreiben begonnen hatte, entwickelte er eine reiche schriftstellerische Tätigkeit. Neben Dramen, Uebersetzungen, Lehr- und Musterbüchern veröffent-

---

1 Die Daten über Stieler stützen sich auf den Aufsatz von Edward Schröder in ADB Bd.36, 1893. S.201 ff.

lichte er 1691 ein umfassendes deutsches Wörterbuch unter
dem Titel: 'Der Teutschen Sprache Stammbaum und Fortwachs /
oder Teutscher Sprachschatz'[1]. Ein kurzer Abriss der deutschen Grammatik ist als Anhang zum 'Teutschen Sprachschatz'
unter dem Titel 'Kurze Lehrschrift von der Hochteutschen
Sprachkunst' erschienen. Diese Grammatik enthält 32 Kapitel, deren fünftes den Titel 'von der Rechtschreibung in-
gemein' trägt. In den Abschnitten 11-15 wird die Interpunktion abgehandelt.

24.2 Das Interpunktionssystem

Nicht mit eigenen Worten, aber mit einer (unbeabsichtig-
ten ?) Wortschöpfung führt Stieler die Interpunktion ein:
Zu der Rechtschreibung gehöret / als ein vornemes Stück / auch die
Schriftschneidung / als welche gleichsam die Zunge und Sprache der
Schrift ist. Andere nennen es den Marck= und Gränzstein / so da be=
richtet / was zusammen gehöret und gesondert werden muß / in dem sie
die Rede fein Gliedweis teilet und durchordnet / daß die Schrift desto
gewißer und verständlicher gelesen und angehöret werden könne.[2] Ge-
wisse Anklänge an Schottelius sind nicht zu übersehen.
Wichtig ist aber die grosse rhetorische Bedeutung, welche
Stieler den Interpunktionszeichen beimisst. Sie bilden
gleichsam die Zunge der geschriebenen Sprache, d.h. ihre
Aufgabe ist es, den Tonfall und die Pausen der gesprochenen
Sprache im Schriftbild wiederzugeben.

24.2.1 Sinn- und Pausenzeichen

24.2.1.1 Beystrichlein

Es bestehet aber dieselbe (sc. Interpunktion) in gewißen Pünkt= und
Züglein / deren das erste und gemeinste das Beystrichlein (/) genennet

---

1 Der Teutschen Sprache Stammbaum und Fortwachs / oder Teutscher Sprachschatz (...) von dem Spaten. Nürnberg 1691. Bd.I-III. Nachdruck
  München 1968.

2 Stieler, Sprachkunst, 1691. S.32.

wird / weil es / so wol die Wörter / die eine Sonderung erfordern / als
auch die noch gar unvollkommene Rede / insonderheit die Zwischenwörter
unterscheidet (Bsp.) Worbey zu merken / daß die Wörter / so mit Und ge=
füget werden / vor und nach dem Und diß Strichlein nicht haben : Wann
aber das Und etwas mehrers / als eine Zusammenfügung bedeutet ; So kan
nicht allein solches Beystrichlein vor und nach / sondern auch vor
demselben wol gar ein Punkt stehen. (Bsp.).[1] Während der erste
Teil der Definition stark auf Schottelius abgestützt ist,
beschäftigt sich Stieler im zweiten Teil als erster ausführlich mit dem Problem um das Wörtchen 'und'. Sein Lö-
sungsversuch darf als modern bezeichnet werden.

Stieler bringt anschliessend an jeden Abschnitt, welcher
jeweils mehr als ein Zeichen umfasst, eine lateinische Version der Regel. Die Definition ist eine mehr oder weniger
genaue Uebersetzung des deutschen Textes, die Beispiele
sind jedoch neu gewählt.

24.2.1.2 Strichpünktlein

Das Strichpünktlein / deßen Zeichen (;) ist / hat seine Stelle in der
Rede eines mehrern / aber doch noch unvollkommenen Jnnhalts / da man
stracks die Folge darauf erwartet (Bsp.). Es wird auch das Strich=
pünktlein / ob schon nach einer ziemlich langen Erzehlung / gebrauchet /
wenn die Worte : Als / so / demnach / dannenhero / diesem nach : darauf
folgen.[2] Auch hier ist der erste Teil der Regel Schottelius
nachgebildet, der zweite Teil eine Ergänzung aus Stielers
eigener Feder.

24.2.1.3 Doppelpunkt

Hingegen nimmt der Doppelpunkt seinen Platz / wann die Rede mehr voll=
kommen worden / iedoch dergestalt / daß sie gleichwol noch hange / und
man eines weitern Anfürens und völligen Schlußes darauf gewärtig sey.

---

1 Stieler, Sprachkunst, 1691. S.32/33.

2 Stieler, Sprachkunst, 1691. S.33.

Wird mehrenteils bey Gleichnüssen / bey Anführungen der Exempel / in
Gegensätzen / Einteilungen und Folgerungen gebrauchet / und ist deßen
Zeichen (:) (Bsp.).[1] Neben Schottelius lässt sich auch Bellin
als Quelle vermuten, welcher bisher als einziger von Schluss-
folgerungen im Zusammenhang mit diesem Zeichen und mit der
Interpunktion überhaupt sprach.

24.2.1.4 Punkt oder Tüppel

Der Punkt oder Tüppel (.) hat alsdann statt / wann die Rede oder Schrift /
wie das jetzt gesetzte Exempel / zu Ende gehet / und einen vollkommenen
Verstand in sich begreifet ! Und hindert nichts / wann der Wortbegriff
schon kleine ist / und in wenig Worten bestehet / wann ihme nur an einem
vollkommen Verstande nichts mangelt (Bsp.).[2] Hier klingen nun ganz
verschiedene Definitionen von Vorgängern mit. Der zweifache
Name erscheint in dieser Form erstmals bei Gueintz. Die Definition selbst ist Bellin nachgebildet und der Zusatz erinnert stark an Overheidens Erklärung des Punktes.

24.2.2 Ton- und Schriftzeichen

Stieler ist sich des Unterschieds zwischen Haupt- und Nebenzeichen bewusst. Allerdings leitet er relativ unsystematisch
zu den letzteren über mit den Worten: *Zur Schriftscheidung ge=*
hören noch viel andere Zeichen (...).[3]

24.2.2.1 Fragezeichen

Anschliessend an obiges Zitat fährt Stieler fort: *(...) als*
da ist das Fragezeichen / also gestaltet (?) und wird so wol auf eine
fragende / als zweyflende Rede gesetzet (Bsp.).[4] Erstmals taucht die

1 Stieler, Sprachkunst, 1691. S.33.

2 Stieler, Sprachkunst, 1691. S.33.

3 Stieler, Sprachkunst, 1691. S.34.

4 Stieler, Sprachkunst, 1691. S.34.

seit Kolross (1564) verschwundene Form des Fragezeichens
wieder auf. Stieler scheint sie als deutsche Form zu verwenden, denn in der lateinischen Parallelerklärung benutzt
er die gewohnte, noch heute übliche Form. Neben den fragenden werden von Stieler auch die zweifelnden Reden mit einem
Fragezeichen versehen. Der Beispielsatz: *Sagt mir was zu thun
sei* ⸮[1] zeigt, dass hier eine unrichtige Erweiterung vorliegt.

24.2.2.2 Verwunderungs-, Ausruf- und Wunschzeichen

Der dreifache Titel ist vermutlich Ratke nachgebildet, welcher seinem Bewegzeichen genau diese drei Eigenschaften
zuschrieb: *Das Verwunderungs= Ausruf= und Wunschzeichen / wird also
gebildet (!) und alsdann gebrauchet / wenn man in der Rede und Schrift
sich entsetzet / beschweret / ausruft / wünschet / und bejammert (Bsp.).*[2]
Auch in dieser Regel bemüht sich Stieler um eine kleine Erweiterung der damals üblichen Formulierung, wobei es ihm
aber nicht gelingt, eine wesentliche Neuerung einzuführen.

24.2.2.3 Einschluss-Zeichen

*Das Einschluß=Zeichen ( ) ist / wenn mitten in einer ganzen Rede et=
was anders / so doch allenfalls darvon bleiben könnte / entweder / üm
mehrer Zierlichkeit oder Deutlichkeit willen / eingerücket wird ; da
es sonsten wol stracks Anfangs oder zu Ende der Rede hätte gesetzet
werden können (Bsp.).*[3] Die Grundlagen für dieses Zeichen sind
bei Schottelius und Helber zu finden. Ganz deutlich zeigt
sich hier die Methode, nach welcher Stieler die Regeln zu
erweitern sucht: bei ihm könnte der Klammerinhalt nicht nur
wie sonst üblich am Schluss des Satzes, sondern auch am Anfang stehen.

---

1 Stieler, Sprachkunst, 1691. S.34.

2 Stieler, Sprachkunst, 1691. S.34.

3 Stieler, Sprachkunst, 1691. S.34/35.

24.2.2.4 Hinderstrich

Verschiedene Theorien zum Apostroph werden zusammengenommen und in einen Satz gekleidet. Die Grundlagen liefern Bödiker und Prasch.

24.2.2.5 Mittelstrich

Der Mittelstrich wird von Stieler wie bei Schottelius erklärt. Die persönliche Erweiterung besteht in einigen Bemerkungen zum falschen oder übermässigen Gebrauch des Bindestrichs. Stieler bildet vier Regeln für die richtige Anwendung des Zeichens. Die ausführliche Beschreibung und Erklärung füllt einen ganzen Abschnitt.

24.2.2.6 Wächter oder Teilstrichlein

Das Zeichen mit dem gleichen Aussehen wie der Mittelstrich dient auch zur Worttrennung am Zeilenende: *Es werden auch noch zwey Qverstrichlein von solcher Bildung (=) zu Ende der Zeiten (sic) gesetzet / wenn daselbst ein Wort nicht ganz ausgeschrieben / sondern geteilet wird / welche Strichlein man den Wächter / oder Teil= strichlein nennet. Worbey ein großer Streit sich erhebet / indem die= jenige / so es mit der Spracheigenschaft halten / nicht gestatten wollen / daß die Stammbuchstaben von ihrem Stamme zertrennet / und zu den zufälligen Sylben gebracht werden : Darum teilen sie die Sylben also geb=en / mein=es. Welches dann auch / nach Anleitung des Grundes und der natürlichen Eigenschaft der Sprache / nicht zutadeln : Wann aber das e verschluckt / und gebn / meins / zuschreiben wäre ; So müste das n und s auf derfolgenden Zeile alleine stehen : Es würde auch sonst mit dem Buchstabiren nicht wol von statten gehen. Darum dann auch in andern Sprachen solches nicht beobachtet wird. Weshalber ich davor halte / man schreibe und teile z.e. das Wort lebendig / lieber also : Le=ben dig / als : Leb=end=ig. Weil man / sich der überall verhaßten Neuerung / so viel müglich / zu entschlagen / und im übrigen mit den Gelehrten beßere Gedancken zuhaben dennoch die Freyheit behält.*[1]

Stieler nimmt ausführlich Stellung in einer Diskussion, die
damals über den richtigen Trennungsmodus geführt wurde. Er
selbst zieht die Silbentrennung der Stammworttrennung vor,
im Gegensatz zu andern Grammatikern seiner Zeit. Auf wen
Stieler bei diesen Ausführungen konkret Bezug genommen hat,
lässt sich nicht feststellen, da er sich als einziger so
ausführlich zu dieser Frage geäussert hat.

24.3 Zusammenfassung

Stielers Interpunktionslehre bietet keine grossen Neuerungen. Obwohl er die Interpunktion vom rhetorischen Standpunkt her einführt, verzichtet er im weiteren auf Bemerkungen zu diesem Gebiet, abgesehen von einigen lateinischen
Zusätzen. Daneben führt er einige weitere Fachtermini deutscher Prägung ein.

25. HIERONYMUS FREYER

25.1 Leben und Werk[2]

Hieronymus Freyer wurde 1675 in Gantzkau bei Kyritz geboren. Er besuchte die Schulen in Kyritz, Perleberg und
schliesslich in Berlin[3]. An der Universität Halle begann er
das Studium der Theologie, wechselte aber bald ins Lehr-
fach und begann 1698 an der Frankischen Anstalt Unterricht
zu erteilen. Dieser Schule blieb er über 50 Jahre treu.
1705 übernahm er zudem das Inspektorat und behielt es bis
zu seinem Tode im Jahre 1747.

Neben seiner Arbeit als Lehrer fand er auch Zeit für

---

1 Stieler, Sprachkunst, 1691. S.36/37.

2 Die Angaben über Freyers Leben stützen sich auf den Aufsatz von
  Eckstein in ADB Bd.7, 1877. S.367 ff.

3 In Berlin besuchte Freyer als Schüler eine Zeit lang das Gymnasium
  zum grauen Kloster, das im Zusammenhang mit den biographischen Notizen innerhalb dieser Arbeit noch mehrmals erwähnt wird.

schriftstellerisches Schaffen, besonders für die Bearbeitung von Schulbüchern. Sein wichtigstes Werk ist die seit
1721 mehrmals neu aufgelegte 'Anweisung zur Teutschen Orthographie'[1]. Zu seiner Zeit erfolgreicher waren die 'Vorbereitung zur Universalhistorie' und die 'Einleitung zur
Universalhistorie'[2].

Die 'Anweisungen zur Teutschen Orthographie' sind in
zwei Teile geteilt. Der erste Teil, eine Art Inhaltsverzeichnis, enthält die Aufzählung aller Regeln zur deutschen
Orthographie, gegliedert in verschiedene Kapitel. Das
sechste Kapitel behandelt die Interpunktion. Im zweiten,
viel umfangreicheren Teil des Buches wird jede Regel noch
einmal zitiert und mit ausführlichen Bemerkungen versehen.

25.2 Das Interpunktionssystem

Freyers Interpunktionssystem ist in 16 Regeln unterteilt.
In der folgenden Analyse werden die einzelnen Regeln dem
bekannten System unterworfen und in folgender Reihenfolge
besprochen: Die Regeln 1-3 enthalten allgemeine und einleitende Bemerkungen; die Regeln 4-7 enthalten die Hauptzeichen; die Regeln 8-15 enthalten die Nebenzeichen und die
Regel 16 rundet die Interpunktion mit abschliessenden Bemerkungen ab.

Bei der folgenden Besprechung der einzelnen Regeln werden im Normalfall die ausführlichen Erklärungen in einem
kurzen Kommentar zusammengefasst. Besonders auffällige und
bemerkenswerte Stellen werden aber im ursprünglichen Wort-
laut zitiert.

1 Regel. Die Unterscheidungszeichen sind im Schreiben höchst nöthig.[3]

---

1 Hieronymi Freyers, Paed.Reg.Hal.Insp. Anweisung zur Teutschen Orthographie. Dritte Auflage, Halle 1735.

2 Die 'Vorbereitung zur Universalhistorie' erlebte bis 1763 acht Auflagen, die 'Einleitung zur Universalhistorie' bis 1764 zehn. (Zitiert
   nach ADB Bd.7, 1877. S.368).

3 Freyer, Anweisung, 1735. S.10.

Die Erklärung enthält zwei Punkte. Zuerst wird die rhetorische Funktion der Interpunktionszeichen erwähnt. So, wie
jeder Laut seinen Buchstaben hat, hat auch jedes Intervall
sein Zeichen. Deshalb richtet sich die Interpunktion nach
der Pronunziation. Der zweite Teil der Erklärung richtet
sich besonders an die 'gebildeten Männer'. Wichtig ist für
diese nicht nur, dass sie Zeichen setzen, sondern dass auch
die richtigen Zeichen an den richtigen Ort zu stehen kommen. Dieser Abschnitt erinnert an eine Stelle in der Einleitung Ickelsamers, der jedoch gerade das Gegenteil von
Freyer verkündet hatte: *Es leyt auch so vast nit daran / wie die*
zaichen sein / wenn allain die reden vnd jre tail recht damit getailt
vnd vnterschaiden werden.[1] Es ist aber kaum anzunehmen, dass
Freyer gerade auf diese Stelle Bezug nimmt.

2 Regel. Die vornehmsten Unterscheidungszeichen sind punctum, colon,
semicolon, comma, signum interrogationis und signum exclamationis :
wozu auch noch signum parentheseos, signum exclusionis, signum cita=
tionis, signum diuisionis und signum apostrophi kommen.[2] In der
Erklärung werden zuerst die deutschen Bezeichnungen dieser
Zeichen angeführt. Sie seien kurz aufgezählt: Punct, Doppelpunct, Strichpunct, Beystrich, Fragezeichen, Ausruffungszeichen, Einschliessungszeichen, Ausschliessungszeichen, Anführungszeichen, Theilungszeichen, Unterstrich und Hinterstrich. Freyer verwendet bei der Erklärung der einzelnen
Regeln nur die lateinischen Bezeichnungen.

Der zweite Teil der Erklärung zeigt sehr genau den Charakter von Freyers Vorgehen, der als deskriptiv zu bezeichnen ist: *Der vsus scribendi hat diese Zeichen also eingeführet :*
wobey man es denn auch lassen kann. Zwar wäre nicht undienlich, wenn
zu der ersten Classe noch eines und das andere hinzugethan wäre ; zum
Exempel, semipunctum und semicomma, oder wie mans hätte nennen wollen.[3]
Die Grundlage für Freyer bildet also der Schreibgebrauch,

---

1 Ickelsamer, Teutsche Grammatica, 1534. Bl. d 7'.

2 Freyer, Anweisung, 1735. S.10.

3 Freyer, Anweisung, 1735. S.170.

dem er sich unterwirft, obwohl er noch Verbesserungsmöglich-
keiten sähe. Die beiden neuen Begriffe stammen übrigens von
Harsdörffer, der sie in seinem System eingebaut hatte. Interessant ist auch die Teilung der Zeichen in zwei Klassen,
welche zum grossen Teil mit der Teilung in Haupt- und Nebenzeichen identisch ist. Frage- und Ausrufezeichen werden zu
den Hauptzeichen gezählt, vermutlich auch auf Walters Grundlage, der sie den Satzschlusszeichen zuordnete.

3 Regel. Beym distinguiren muß auf vier Stücke gesehen werden. Das
erste ist die Sache, die man schreibet : das andere die Bedeutung der
Zeichen, womit man unterscheidet : das dritte der Affect, so unter den
Worten verborgen lieget : das vierte die unterschiedene Schreibart,
deren man sich bedienet.[1] Diese vier Punkte sagen folgendes aus:
- Innerhalb eines geschriebenen Textes gibt es sowohl Zusammenhänge als auch Unterschiede. Die Zusammenhänge und
die Unterschiede sind nicht immer gleich gross.
- Die Zeichen haben deshalb nicht alle die gleiche Bedeutung. Der Punkt ist das stärkste, das Komma das schwächste
Zeichen. Ihre besondere Bedeutung haben sie durch den Gebrauch erhalten.
- Affekte werden mit besonderen Zeichen markiert: mit dem
signum interrogationis und exclamationis.
- Stilistische Feinheiten können durch einen differenzierten Gebrauch der Interpunktionszeichen hervorgehoben werden.
So lassen z.B. 'Colon' und 'Punctum' dem Leser mehr Zeit
zum Nachdenken als 'Comma' und 'Semicolon'.

Die Ueberleitung zu den eigentlichen Interpunktionsregeln
betont noch einmal die Wichtigkeit der gesprochenen Sprache als Richtschnur für die Zeichensetzung.

------

1 Freyer, Anweisung, 1735. S.10.

25.2.1 Sinn- und Pausenzeichen

25.2.1.1 punctum

4 Regel. Das punctum wird am Ende eines ieglichen periodi gebrauchet.[1]
Unter 'Periodus' versteht Freyer einen vollständigen Satz,
der einen abgeschlossenen Wortverstand in sich fasst. Manchmal kann er in Stücke aufgeteilt werden, manchmal nicht.
Der Punkt bezeichnet den grössten Unterschied und kann an
keinem andern Ort gesetzt werden. Der Abkürzungspunkt und
der Punkt nach Zahlen haben mit diesem Zeichen nichts zu
tun.

25.2.1.2 colon

*5 Regel. Das colon wird gebrauchet, wenn die Hauptstücke eines periodi
zu unterscheiden sind.*[2] Freyer führt zwei Hauptstücke des ganzen Satzes an: 'Protasis' und 'Apodosis', Vorsatz und Nachsatz. Protasis und Apodosis sind noch heute gebräuchliche
Termini technici für den nachgestellten Hauptsatz eines
Konditionalsatzes beziehungsweise dessen Gegenteil. Freyer
gebraucht diese Ausdrücke etwas anders. Die Beispiele lassen einen Gebrauch des Kolons erkennen, wie er heute demjenigen des Strichpunkts oder sogar des Kommas entspricht.

Untergeordnet unter die Teilung des Periodi ist auch die
direkte Rede, die erst in der Erklärung zur Sprache kommt.
Freyer gelingt es so, eine Brücke zwischen den zwei ziemlich verschiedenen Anwendungsbereichen des Kolons zu schlagen und die direkte Rede als Teil einer Satzkonstruktion zu
verwenden.

25.2.1.3 semicolon

6 Regel. Das semicolon wird gebrauchet, wenn ein Hauptstück des peri=

---

1 Freyer, Anweisung, 1735. S.10.

2 Freyer, Anweisung, 1735. S.10.

odi aufs neue in besondere und zwar aus unterschiedenen constructioni=
bus bestehende Stücke soll getheilet werden.[1]   Die Voraussetzung
für den Gebrauch eines Semikolons ist das Vorkommen eines
Kolons. Die Hierarchie der Zeichen darf nicht durchbrochen
werden. In allen übrigen Fällen setzt man entweder ein Kolon
oder ein Komma. In einem Zusatz behauptet Freyer allerdings,
er könnte ebensogut eine gegenteilige Regel aus seinen Fun-
damenten ableiten, er finde es aber bequemer, bei der gegebenen Regel zu bleiben.

25.2.1.4 comma

7 Regel. Das comma wird gebrauchet, wenn entweder blosse Wörter oder
schlechte constructiones von einander zu unterscheiden sind.[2]   Das
Komma ist das geringste und schwächste Unterscheidungszeichen. Freyer gibt einige Beispiele für 'blosse Wörter' und
'schlechte constructionen'.

Auffallend ist bei Freyer der Umstand, dass er durchge-
hend die moderne Form des Beistrichs verwendet, ohne auch
nur eine Erwähnung zu tun. (Seit der letzten Interpunktionslehre sind 30 Jahre vergangen, ohne dass sich in der Zwischenzeit ein bedeutender Theoretiker dazu geäussert hätte[3]).

---

1 Freyer, Anweisung, 1735. S.10.

2 Freyer, Anweisung, 1735. S.10.

3 Ulrich Wendland, Die Theoretiker und Theorien der sogen. galanten
  Stilepoche und die deutsche Sprache, 1930, berichtet S.124-127 von
  einigen galanten Theoretikern der Jahrhundertwende vom 17. zum 18.
  Jahrhundert, welche in ihren Werken eine Interpunktionslehre anfüh-
  ren. Namentlich erwähnt er August Bohse, Friedrich Andreas Hallbauer,
  Johann Hübner, Benjamin Neukirch, Johann Georg Neukirch, Volck von
  Wertheim-Scharffenberg und Christoph Weissenborn. 'Ein nicht gerin-
  ger Teil der gal. Lehrbücher ... geht über diese Angelegenheit (sc.
  die Interpunktion) ... mit zwei bis drei nichtssagenden Sätzen zur
  Tagesordnung über. Je nach persönlicher Neigung richten sie sich
  entweder mehr nach Schottels und Bödikers Vorschriften oder nach
  Prinzipien, die sie aus 'denen besten Auctoribus' herausgelesen zu
  haben meinen'. (S.126/127). Eine weitere beliebte Quelle war Kaspar
  Stieler.
  Bei diesen galanten Theoretikern finden sich sowohl das Komma als
  auch die Virgel, wobei der Schwerpunkt bei der letzteren liegt.

Nach Freyer taucht die ältere Form des Zeichens, das Strichlein (/),nie mehr auf. Es scheint sich also hier im praktischen Gebrauch stillschweigend eine Aenderung vollzogen zu
haben, ohne dass dies von theoretischer Seite aus bemerkt
worden wäre.

25.2.2 Ton- und Schriftzeichen

Auch wenn Freyer Frage- und Ausrufezeichen zu den 'erstklas-
sigen' Zeichen zählt, werden sie hier unter den Nebenzeichen
angeführt, da sie auch von Freyer nicht in ihrer Funktion
als Satzschluss-Zeichen, sondern eindeutig als rhetorische
Zeichen angesehen werden. Freyer kennt eine grössere Anzahl von Nebenzeichen als seine Vorgänger, wobei er alle
auf die gleiche Art und Weise wie die Hauptzeichen bespricht:
auf die kurze Regel folgt im zweiten Teil eine ausführliche
Erklärung.

25.2.2.1 signum interrogationis

8 Regel. Das signum interrogationis wird nach einer Frage gebrauchet.[1]
Bemerkenswert ist hier zuerst einmal, dass Freyer zwei
Formen des Zeichens, ? und ⸮ , ohne Unterschied verwendet.
Es scheint hier wohl eher eine Freiheit des Setzers vorzu-
liegen.

   Die Erklärung des Gebrauchs des Fragezeichens lässt sich
in zwei etwas widersprüchliche Teile spalten. Im ersten
Teil zeigt Freyer ausführlich, dass das Fragezeichen nicht
nur nach ganzen Perioden, sondern auch an Stelle des Kolons,
des Semikolons oder gar des Kommas stehen kann. Mit Beispielen wird das ausführlich erläutert. Im zweiten Teil der Erklärung behauptet er dagegen , das Fragezeichen dürfe erst
gesetzt werden, wenn *die gantze Frage nebst allem, was dazu gehöret,
aus ist*[2]. Offenbar scheint sich Freyer selbst nicht ganz im

---

1 Freyer, Anweisung, 1735. S.11.
2 Freyer, Anweisung, 1735. S.190.

klaren über den richtigen Gebrauch zu sein.

25.2.2.2 signum exclamationis

9 Regel. Das signum exclamationis wird nach einer Ausruffung gebrauchet.[1]
Das Ausrufezeichen darf nach Freyer nur in Verbindung mit
einem Ausrufewort gebraucht werden. Unter Ausrufewörtern
versteht er Ausdrücke wie 'ach', 'weh', 'ey' und ähnliche.
Diese Ausdrücke verwendet man, um eine Verwunderung, einen
Schmerz, ein Verlangen oder einen andern heftigen Affekt
auszudrücken. Mit diesen Begriffen befindet sich Freyer in
einer alten Tradition. Die Erklärung schliesst mit einer
ausführlichen Erörterung der richtigen Stellung des Ausrufezeichens innerhalb des Satzes.

25.2.2.3 signum parentheseos

10 Regel. Das signum parentheseos wird gebrauchet : wenn etwas zu unter=
scheiden ist, das zum Verstande der Rede nicht nothwendig gehöret ; son=
dern nur um mehrerer Deutlichkeit willen oder aus andern Ursachen da=
zwischen gesetzet worden.[2] Freyer betrachtet dieses Zeichen
noch in der Reihe der Hauptzeichen, wenn er sagt, man müsse es setzen, wenn die andern Zeichen nicht ausreichten.
Die Erklärung des richtigen Gebrauchs beschränkt sich auf
den Hinweis auf Regel 3; die restlichen drei Seiten der Erklärung beschäftigen sich mit der Frage, ob und wann andere
Interpunktionszeichen in Verbindung mit der Klammer gesetzt
werden sollen. Die Hauptaussagen sind folgende: Der Inhalt
der Klammer muss so interpunktiert werden, wie wenn er nicht
in der Klammer stehen würde. Am Schluss der Klammer ist
kein Zeichen notwendig, da die Klammer den Unterschied schon
anzeigt.

---

1 Freyer, Anweisung, 1735. S.11.
2 Freyer, Anweisung, 1735. S.11.

25.2.2.4 signum exclusionis

11 Regel. Das signum exclusionis wird gebrauchet, wenn fremde und zum
Text eigentlich nicht gehörige Worte von der übrigen Rede zu unter=
scheiden sind.[1] Mit diesem Zeichen sind die eckigen Klammern
gemeint. Diese haben die Funktion, Zusätze zu kennzeichnen,
welche durch eine fremde Hand in einen Text hineingekommen
sind. Als Beispiel dienen ihm Lutherübersetzungen, wo Wort-
erklärungen, die nicht im Urtext stehen, in die deutsche Uebersetzung übernommen sind. Freyer lehnt aber den Gebrauch
dieses Zeichens ab, da der Leser durch diese Zusätze nur
verwirrt wird. Er schlägt vor, solche Zusätze und Erklärungen nicht in den Text hinein, sondern unter denselben
zu setzen; ein Vorläufer also der heute gebräuchlichen Anmerkungen.

Wir haben schon früher neben den runden auch eckige Klammern angetroffen, Freyer hat aber als erster einen theoretischen Unterschied zwischen diesen zwei Formen herausgearbeitet.

25.2.2.5 signum citationis

12 Regel. Das signum citationis wird gebrauchet, wenn eines andern
auctoris Worte anzuführen und von der übrigen Rede zu unterscheiden
sind.[2] Bei den Anführungszeichen versteht sich Freyer wohl
als theoretischer Wegbereiter, denn er begnügt sich für
einmal nicht mit der blossen Erwähnung des Zeichens, sondern er erklärt auch sein Aussehen: *Das Zeichen aber selbst*
bestehet aus zweyen krummen Häcklein, welche beym Anfange der Zeilen
zur lincken Hand gesetzet werden.[3] Das Zeichen wird also noch
anders als heute verwendet. Nicht am Anfang und am Ende
eines Zitates, sondern zu Beginn jeder Zeile, die von ei-

---

1 Freyer, Anweisung, 1735. S.11.

2 Freyer, Anweisung, 1735. S.11.

3 Freyer, Anweisung, 1735. S.201.

nem andern Autor übernommen ist, wird dieses Zeichen gesetzt. Zudem wird es erst bei Zitaten, jedoch noch nicht
bei direkter Rede verwendet.

25.2.2.6 signum attentionis

*13 Regel. Das signum attentionis wird gebrauchet, wenn nachdrückliche
und vor andern merckwürdige Worte von der übrigen Rede zu unterschei=
den sind.*[1] Um ein Zeichen im eigentlichen Sinne handelt es
sich hier nicht mehr. In Handschriften wird das Hervorzuhe-
bende unterstrichen, in gedruckten Texten mit einem andern
Schriftgrad gekennzeichnet. In der Schlussbemerkung von J.
L. Prasch ist dieser Aspekt erstmals zur Sprache gekommen.
Freyer hat ihn gleich als Regel in seine Interpunktionslehre aufgenommen.

25.2.2.7 signum divisionis

*14 Regel. Das signum diuisionis wird gebrauchet, wenn ein Wort in der
Mitte abzutheilen ist.*[2] Die sehr kurze Regel täuscht etwas
über die Bedeutung des Zeichens hinweg. Freyer widmet dem
'Theilungszeichen' immerhin fünf Seiten Erklärung.

Das Zeichen besteht aus zwei Querstrichlein und wird auch
'hyphen' oder 'custodes' (cf. auch Stielers 'Wächter') genannt. Es hat zwei Funktionen: es muss am Zeilenende Wörter
trennen und es muss bisweilen in zusammengesetzten Wörtern
stehen.

Die Worttrennung am Zeilenende wird kurz abgehandelt.
Freyer ist für die Silbentrennung und propagiert sie auch
ohne Hinweis auf andere Möglichkeiten.

Freyer verliert sich anschliessend in seitenlangen Spe-
kulationen darüber, in welchen Situationen ein Bindestrich
sinnvoll und wo er nicht angebracht sei. Er lässt ihn in

---

1 Freyer, Anweisung, 1735. S.11.

2 Freyer, Anweisung, 1735. S.11.

folgenden Situationen gelten: als Ergänzungsbindestrich,
bei Amtsbezeichnungen, bei Zusammensetzungen aus verschiedenen Sprachen, in poetischen und aussergewöhnlichen Situationen; die Wegleitung erlaubt also einen ziemlich freien
Gebrauch.

25.2.2.8 signum apostrophi

*15 Regel. Das signum apostrophi wird nur in Versen gebrauchet, wenn das
e am Ende des Worts weggeworfen ist.*[1] Die Erklärung bringt keine
Erweiterung der Regel. Das Aussehen des Zeichens wird beschrieben. Es wird jedoch ebenfalls erwähnt, dass dieses
Zeichen geradesogut weggelassen werden könne.

25.3 Zusammenfassung

Freyer hängt an die Zeichenerklärungen selbst noch eine
letzte Regel an, in welcher er den richtigen Gebrauch der
Hauptzeichen nochmals aufgreift: *16 Regel. Die Regeln von dem
rechten Gebrauch der Unterscheidungszeichen sind mit gutem Unterscheide
zu appliciren.*[2] Freyer fordert zur Hauptsache nochmals die
strenge Einhaltung der Hierarchie der Hauptzeichen. Sie
sollte erst nach genauer Ueberlegung und richtigem Urteil
angewendet werden.

Mit Freyer erreicht die Interpunktionslehre wieder einen
neuen Stand. Auf der einen Seite finden wir ein System mit
einem modernen Zeichenbestand vor, das an Ausführlichkeit
alle Vorgänger übertrifft. Auf der andern Seite ist es
Freyer gelungen, alle Interpunktionszeichen mit der gleichen Systematik darzustellen, was sich schon in der in allen Regeln verwendeten einheitlichen Formulierung zeigt.

Freyers Einfluss auf die Entwicklung der Interpunktion
zeigt sich in den Zeichensystemen mancher seiner Nachfolger,

---

1 Freyer, Anweisung, 1735. S.11.

2 Freyer, Anweisung, 1735. S.11.

die Fragestellungen und Regeln von ihm aufgreifen und ver-
arbeiten.

26. JOHANN LEONHARD FRISCH

26.1 Leben und Werk[1]

Johann Leonhard Frisch wurde 1666 in Sulzach bei Nürnberg
geboren. Er besuchte das Gymnasium in Nürnberg, studierte in
Altdorf, Jena und Strassburg und schloss in Nürnberg als
Kandidat der Theologie ab. Ausgedehnte Reisen und ein un-
stetes Wanderleben führten ihn praktisch durch ganz Europa.
Erst 1698 liess er sich in Berlin nieder, dafür bis zu seinem Tod im Jahre 1743. Er trat in den Schuldienst am Ber-
linischen Gymnasium zum Grauen Kloster[2], wurde 1708 Kon-
rektor und 1727 dessen Rektor. Frisch war sehr vielseitig
gebildet und veröffentlichte sowohl naturwissenschaftliche
als auch philologische Werke. Besonders erwähnenswert ist
das 1712 erschienene deutsch-französische Wörterbuch, das
zeigt, dass er mit dieser Sprache gut vertraut war. Er
besass aber auch Kenntnis der antiken und der slavischen
Sprachen. 1723 gab er Bödikers Grundsätze (cf. Kap.23) unter folgendem Titel neu heraus: 'Johannis Bödikeri, P. Gymn.
Svevo-Colon. Rect. Grund=Sätze Der Teutschen Sprache (...)
Verbessert und vermehrt von Joh. Leonh. Frisch. Berlin 1723.'
In diesem Werk wird auch die Interpunktion zur Sprache gebracht.

26.2 Das Interpunktionssystem

Frisch übernimmt zwar den Zeichenbestand von Bödiker, stellt

---

1 Die Angaben über Frischs Leben stützen sich auf den Aufsatz von Eckstein in ADB Bd.8, 1878. S.93 ff.

2 Freyer, der neun Jahre jünger als Frisch war, besuchte diese Schule
  bis zum Jahr 1697, also bevor Frisch als Lehrer hier tätig wurde.
  Dennoch ist es denkbar, dass beide hier gemeinsame Anregungen aus
  dritter Quelle erhalten haben.

ihn jedoch in einer andern Reihenfolge und vor allem mit
einer ganz anderen Begründung dar. Die folgende Analyse untersucht die Unterschiede zwischen Bödiker und Frisch und
versucht, die Grundlagen von Frischs System zu zeigen.

26.2.1 Sinn- und Pausenzeichen

Frisch verwendet zwar die gleichen Sinn- und Pausenzeichen
wie Bödiker, stellt sie aber in der umgekehrten Reihenfolge,
d.h. in der gleichen Reihenfolge wie beispielsweise Freyer,
dar.

26.2.1.1 End-Punct

Der End=Punct ist das leichteste Zeichen (.) Man macht ihn, wo der Ver=
stand eines Stücks der Rede, oder der ganzen Rede aus ist. Da hält man
am längsten in, und gibt auch den letzten Worten einen fallenden Tohn.[1]
Mit Bödikers Definition seines 'Punctum' hat die vorliegende Regel nichts gemeinsam. Zwei Merkmale fallen bei Frischs
Formulierung auf: die Bezeichnung 'End-Punct' ist bisher
erst einmal verwendet worden, und zwar von Girbert; zum
zweiten tauchen hier seit langem die ersten rhetorischen
Empfehlungen auf. Auch wenn bisweilen davon die Rede war,
dass die Interpunktion speziell die 'Gesprochenheit' der
Sprache bezeichnen müsse, hat doch kein Grammatiker seit
Fuchsberger konkrete Hinweise zur Aussprache gegeben.

26.2.1.2 Colon oder Doppelpunct

Das Colon, oder Doppelpunct (:) setzt man, wo sich ein Stück des Ver=
stands der Worte endet, aber noch etwas folgt. Da es zu lang würde
dauern, wann man immer fort läse, und übel lauten, wann man den Endi=
gungs=Tohn schon hören lassen, und die Stimme ändern wolte.[2] Die Ein-

---

1 Frisch, Bödikers Grund=Sätze, 1723. S.83.
2 Frisch, Bödikers Grund=Sätze, 1723. S.83.

ordnung des Zeichens in die Hierarchie der Hauptzeichen und
die völlige Vernachlässigung der Ankündigungsfunktion, die
Bödiker stark hervorgehoben hatte, erinnern an Freyer. Auch
bei diesem Zeichen wird der rhetorischen Auswirkung grosse
Bedeutung beigemessen. Frisch versucht, dieses Zeichen ebenfalls unter dem Gesichtspunkt des Vortrags zu beurteilen.

26.2.1.3 Semicolon

Das Semicolon oder Comma mit einem Punct darüber (;) ist ein Zeichen,
das die einfältigen wohl auslassen können, und ein Comma oder Colon da=
für setzen. Dann die Gelehrten sind selbst nicht recht eins, wo es ei=
gentlich stehen soll.[1] Hier finden wir eine völlig neue Art
von Erklärung oder besser Kommentar. Die Funktion des Zeichens wird weder rhetorisch noch grammatisch gezeigt. Der
Leser kann höchstens den Schluss ziehen, dass es seine Stelle irgendwo zwischen dem Kolon und dem Komma hat. Die Anspielung auf die Gelehrten könnte sich durchaus auf Freyer
beziehen, der bei der Erklärung des Semikolons ziemlich Mühe
hatte . Auf jeden Fall zeigt diese Stelle deutlich, dass
Frisch nicht einfach verschiedene Theorien zusammenstellt,
sondern dass er sie kritisch auf ihre praktische Verwendbar-
keit hin prüft.

26.2.1.4 Comma

Das Comma ist ein Strichlein, welches jeden Umstand, wenn er auch nur
mit einem Wort angedeutet werde, von dem andern absondert. Da man im
reden etwas still hält, oder ein wenig absetzt, um der Deutlichkeit
willen. Jst das nöhtigste Abteilungs=Zeichen.[2] Die Beschreibung
dieses Zeichens und seiner Verwendung zeigt überhaupt keine Verwandtschaft mit Bödiker. Frisch schliesst an das Kolon
an und bringt wieder die rhetorische Bedeutung zur Diskus-

---

1 Frisch, Bödikers Grund=Sätze, 1723. S.83.
2 Frisch, Bödikers Grund=Sätze, 1723. S.83.

sion. Was die Funktion des Zeichens anbelangt, führt Frisch
keine Neuerung ein. Das Komma hat immer noch die Aufgabe,
die kleinsten Einheiten voneinander zu trennen.

26.2.2 Ton- und Schriftzeichen

Während Frisch die Reihenfolge von Bödikers Hauptzeichen
verändert hat, hält er sich in den Nebenzeichen sowohl an
die Anzahl als auch an die Reihenfolge Bödikers.

26.2.2.1 Frag-Zeichen

*Das Frag=Zeichen (?) ist nöhtig, weil man dabei, als bei einem Punct,
still halten, und den Tohn der Rede zum fragen ändern muß.*[1] Erstaunlicherweise geht Frisch nicht näher auf die rhetorische Besonderheit der Frage ein. Während er beim gewöhnlichen Satz-
schluss Anweisungen für die Intonation gibt, spart er sich
diese Bemerkung beim schwierigeren Fragezeichen. Die Erklärung ist sehr eigenwillig. Quellen lassen sich nicht feststellen.

26.2.2.2 Ruff- oder Bewunderungs-Zeichen

Die Kombination von Ruf- und Verwunderungszeichen kommt
zwar bei Bellin vor, die Erklärung ist jedoch ganz anders:
*So auch das Ruff= oder Bewunderungs=Zeichen (!) so man zu den Wörtlein
Ach! O! etc. oder nach andern Worten setzt, die darauf folgen. Es be=
kommt da die Rede einen besondern accent.*[2] Die rhetorische Anweisung ist auch hier relativ kurz gehalten. Die Verbindung mit einer Interjektion ist von Freyer gefordert worden, wobei er aber andere Beispiele gewählt hat.

---

1 Frisch, Bödikers Grund=Sätze, 1723. S.83/84.
2 Frisch, Bödikers Grund=Sätze, 1723. S.84.

26.2.2.3 Parenthesis

Die Parenthesis, oder das Einschliessungs=Zeichen, ist gleichfalls we=
gen des Tohns nöhtig, den man etwas niedriger, als den andern Text da=
bei, hören lässt. Und ist von den Gelehrten ein nöhtiger Unterschied
darinnen bisher gemacht worden. Wann ein Auctor selbst, so etwas ge=
schrieben, dergleichen Einschluß macht, werden nur halbe Cirkel ge=
macht ( ). Wann aber ein anderer um Deutlichkeit oder Erklärung willen
etwas dazwischen setzt, schliesst man es in solche Haken ein [ ].[1]
Bei diesem Zeichen klingen wieder verschiedene Vorgänger
mit. Die rhetorische Auswirkung ist von Helber beinahe
gleich beschrieben worden (cf. Kap.11.2.2.4).

Frisch erwähnt in diesem Zusammenhang zum zweiten Mal die
Gelehrten, und wiederum muss dieser Hinweis als Anspielung
auf Freyer verstanden werden, der bisher als einziger eine
Differenzierung zwischen den beiden Formen, und zwar die
von Frisch beschriebene, vorgenommen hat. Während der Begriff 'Haken' von Frisch selbst stammen dürfte, wurden die
zwei halben Zirkel schon öfters erwähnt, zum letzten Mal bei
Girbert.

26.2.2.4 Apostrophus

Der Apostrophus (') oder das Auslassungs=Zeichen eines Buchstabens ist
eines von den unnöhtigsten ; geht nur an, wo ein kurzes e in den Versen
ausbleibt.[2] Frisch möchte noch weiter gehen als Bödiker,
der den Apostroph ebenfalls schon in die Dichtung verwiesen
hatte. Am liebsten würde ihn Frisch wohl ganz weglassen.
Dies zeigt sich auch im Umstand, dass er bei diesem stark
rhetorischen Zeichen keine diesbezüglichen Bemerkungen
macht.

---

1 Frisch, Bödikers Grund=Sätze, 1723. S.84.
2 Frisch, Bödikers Grund=Sätze, 1723. S.84.

26.2.2.5 Verbindungs-Zeichen

Im Gegensatz zu Bödiker, der den Mittelstrich vom Endstrich
unterscheidet, beschränkt sich Frisch mit folgender Begründung auf das Verbindungszeichen: *Das Verbindungs=Zeichen ist ein
gerades - oder zwei gerade oder abhangende Strichlein. Es ist ein Zei=
chen, daß ein Wort nicht vollkommen, sondern noch ein Wort oder Sylbe
dazu gehöre. Wann man dieses Zeichen wieder unnöhtiger Weise in drei=
erlei Arten teilt, macht man eine unnütze Schwierigkeit. Wann es an
einem abgebrochenen Wort, als am Ende der Zeile stehet, verbindet es
die auf der folgenden Zeile stehende Sylben. Zwischen den Wörtern sieht
man auch wohl, was es verbindet.*[1]   Frischs Ausgangspunkt ist ein
anderer. Für ihn sind das Trennungszeichen, der Ergänzungsbindestrich und der Bindestrich in Zusammensetzungen alles
Varianten des gleichen Gestus: nur ein Teil des Ganzen ist
dargestellt und bedarf der Ergänzung.

   Bemerkenswert ist die stilistische Anmerkung Frischs zum
Ergänzungsbindestrich. Dieser darf nur einen Teil eines
Wortes ersetzen, wo kein besonderer Nachdruck auf der Stelle liegt. In den übrigen Fällen müssen die Wörter ausgeschrieben werden.

26.3 Zusammenfassung

Obwohl Frisch von sich sagt, er verbessere und vermehre Bödikers Grundsätze, muss man bei der Interpunktion von einer
Neuschöpfung sprechen. Während Bödiker eine konventionelle
Mischung von grammatischen und rhetorischen Begründungen
liefert, ist Frisch beinahe ausschliesslich auf den rhetorischen Effekt ausgerichtet. Jedes Zeichen wird in seiner
Funktion beim lauten Vortrag eines Textes erklärt. Dass
Frisch den gleichen Zeichenbestand wie Bödiker anführt, hat
nicht viel zu sagen, da er der damals üblichen, von Schottelius begründeten Tradition entsprach.

---

1 Frisch, Bödikers Grund=Sätze, 1723. S.84.

Die konsequente Durchführung der Erklärung und einige spezielle Hinweise lassen es als wahrscheinlich erscheinen, dass Frisch die Anweisungen von Hieronymus Freyer gekannt hat. Da beide gleichzeitig als Lehrer in Berlin tätig waren, ist durchaus auch eine persönliche Bekanntschaft denkbar, die ihre Auswirkungen bis hierhin erstreckte.

27. JOHANN JACOB WIPPEL

27.1 Leben und Werk[1]

Ueber das Leben Wippels ist nur sehr wenig bekannt. Von seiner Jugendzeit wissen wir gar nichts. Das erste sichere Datum ist das Jahr 1746, in welchem er Bödikers 'Grund-Sätze' erneut herausgab[2]. Wippel hatte in Berlin gelebt und war Rektor des Gymnasiums zum grauen Kloster, der Schule, die Bödiker und Freyer als Schüler besucht hatten und der Frisch ebenfalls als Rektor vorgestanden war. Wippel ist 1765 gestorben.

Während Frisch mit Bödikers Vorlage relativ frei umgegangen ist, hält sich Wippel streng an das Original. Sein Vorgehen ist folgendes: zuerst führt er jeweils den Text Bödikers an, den er mit 'B' oder gar nicht markiert. Daran anschliessend zitiert er vielfach die Zusätze von Frisch, die er mit 'F' markiert. Erst dann bringt er seine eigenen Erklärungen und Erweiterungen. Dieses relativ komplizierte Vorgehen erschwert die Verständlichkeit dieses Werks um einiges.

---

1 Die Daten über Wippels Leben sind einem Aufsatz über die Biographie seines Sohnes Wilhelm Jacob Wippel entnommen. Verfasst hat ihn Friedrich Wienecke und abgedruckt ist er in ADB Bd.55, 1910. S.107 f.

2 Johann Bödikers Grundsäze der Teutschen Sprache Mit Dessen eigenen und Johann Leonhard Frischens vollständigen Anmerkungen. Durch neue Zusäze vermehret von J. J. Wippel. Berlin 1746. Nachdruck Leipzig 1977.

27.2 Das Interpunktionssystem

Wie bei Bödiker bildet bei Wippel die Interpunktion das 20.
Kapitel der Rechtschreibung. Wippel hält sich also sogar im
Aufbau peinlich genau an seinen Vorgänger. Seine eigenen Bemerkungen zur Interpunktion lassen sich in zwei Teile trennen. Im ersten Teil nimmt er zu einzelnen Regeln Stellung
und kommentiert Bödikers oder Frischs Vorschläge. Diese Zusätze bedeuten in den meisten Fällen keine Erweiterung oder
Vertiefung des bestehenden Gebrauchs. Sie werden in der folgenden Besprechung an der betreffenden Stelle erwähnt werden. Weit interessanter ist aber Wippels eigene Theorie zu
den Sinn- und Pausenzeichen, welche auf eine syntaktische
Einordnung hinausläuft.

27.2.1 Sinn- und Pausenzeichen

Bei der Besprechung der Hauptzeichen müssen wir unterscheiden zwischen den Kommentaren zu Bödiker und Frisch und zwischen Wippels eigener Theorie. Zuerst sollen die Bemerkungen zu den vorhandenen Zeichen kurz referiert werden:

Zum Comma empfiehlt Wippel eine Unterscheidung zwischen
der lateinischen und der deutschen Form. Der Unterschied
liegt in der geraden oder gekrümmten Form des Beistrichleins, so, wie es schon von Ratke, allerdings ohne Bedeutungsunterschied, empfohlen wurde.

Zum Semicolon zitiert Wippel Frischs Bemerkung (cf. Kap.
26.2.1.3) ohne eigenen Kommentar.

Zum Colon bemerkt er, man könne es in Ankündigungsfunktion
durchaus weglassen. Notwendig sei es nur, wenn Worte eines
Fremden so angeführt würden, wie wenn er selbst dastehen
und sprechen würde.

Die Zweiteilung des Punctes in einen grossen und einen
kleinen, wie sie im Schriftspiegel, bei Bellin und bei Harsdörffer gemacht wurde, lehnt er als überflüssig ab.

Während diese Kommentare wahllos im Text verstreut sind,
beschliesst Wippel seine Interpunktionslehre mit einer ausführlichen Theorie über die Hauptzeichen. Voraussetzung für
den richtigen Gebrauch dieser Zeichen sind syntaktische
Kenntnisse, die er sogleich vermittelt: *Was der gute Bödiker
von dem Orte, da ein iedes Signum Distinctionis stehen soll, vorge=
schrieben hat, das mag in den übrigen noch so klar gnung sein. Dem Com=
mati aber, dem Semicolo, dem Colo und dem Puncto muß der Plaz noch ei=
gentlicher bestimmt werden, als es insgemein zu geschehen pflegt. Wir
wollen es wagen, ob wir es ziemlich treffen können. Wir müssen die
Logik und die Rhetorik dabei zu Hülfe nehmen. Periodi sind erweiterte
logische Säze. Ein logischer Saz beiaet etwas von einem Dinge, oder er
verneinet etwas von einem Dinge. Dasienige wovon etwas beiaet, oder ver=
neinet wird, heißt das Subjectum   Dasienige welches beiaet oder ver=
neinet wird, heißt das Praedicatum. Hat der Saz nur ein Subiectum, oder
nur ein Praedicatum: So wird er ein einfacher Saz genennet. Hat der
Saz aber mehrere Subiecta allein, oder mehrere Praedicata allein, oder
mehrere Subiecta und Praedicata zugleich: So heißt er ein zusammenge=
sezter Saz. Die Erweiterungen, oder Amplificationes, oder Accessiones
eines Sazes sind die mehrern Vorstellungen und Ausdrükke derselben bei
dem Subiecto und Praedicato, als die bloße Propositio logica, an sich
selbst enthält. Wenn nur ein einziger Saz, er mag simplex oder compo=
sita sein, durch mehrere Vorstellungen und Ausdrükke der Vorstellungen
erweitert wird: So entstehet ein Periodus simplex   Werden aber mehrere
Säze zugleich, sie sein simplices oder compositae, mit zusammenhangenden
mehreren Vorstellungen und Ausdrükken entweder alle, oder doch zum
Theil erweitert: So entstehet ein Periodus composita, welcher in der
lateinischen Rhetorik bimembris heißt, wenn er zwei Säze ; trimembris,
wenn er drei Säze ; quadrimembris, wenn er vier Säze enthält. Denn die
Propositiones sind die Membra oder Cola des Periodi.*[1] Diese ausführliche Einleitung ist die notwendige Voraussetzung für das
Verständnis und die Beurteilung von Wippels Leistung. Er
ist unbefriedigt über das bisher Geleistete auf dem Sektor

---

1 Wippel, Bödikers Grundsäze, 1746. S.100/101.

der Interpunktion und möchte nun unfehlbare Regeln entwik-
keln. Allerdings ist die Einleitung schon relativ kompliziert, so dass nur ein gut ausgebildeter Kenner der deutschen Sprache und der lateinischen Grammatik seinen Regeln
folgen kann.

27.2.1.1 Punctum

Das Punctum wird gesezt: 1. Nach einer nicht erweiterten Propositione
logica, sie sei simplex oder composita (Bsp.). 2. Nach einer erweiter=
ten Propositione logica, sie sei simplex oder composita, das heißt,
nach einem Periodo simplici (Bsp.). 3. Nach einem Periodo, welcher com=
posita ist.[1] Die zwei ersten Regeln werden durch ausführliche Beispiele untermauert. Einfach gesagt steht der Punkt
nach allen ganzen Sätzen.

27.2.1.2 Colon

Das Colon wird gesezt, so oft in dem Periodo eine Proposition vor sich
und mit ihren Erweiterungen aus ist. Daher hat es im Periodo simplici
keinen Plaz, sondern im composita, und alsdenn einen großen Buchstaben
nach sich.[2] Das Kolon ist in seiner Funktion klar umschrieben. Wippel empfiehlt den Gebrauch einer Majuskel nach dem
Doppelpunkt und führt dies bei sich auch durch. Unerwähnt
ist in diesem System die Ankündigungsfunktion des Colons.

27.2.1.3 Semicolon

Das Semicolon wird gesezt, wenn in einer Proposition des Periodi etwas
vorkommt, welches nicht so genau zu dem Subiecto oder Praedicato der
Proposition gehöret, und gleichsam in der Proposition eine neue Propo=
sition macht. Es hat besser einen kleinen, als großen Buchstaben nach
sich. Denn es unterscheidet gleichsam nur ein halbes Membrum, oder eine

---

1 Wippel, Bödikers Grundsäze, 1746. S.101-103.
2 Wippel, Bödikers Grundsäze, 1746. S.103.

halbe Proposition.[1] Bei diesem Zeichen verrät Wippel schon
etwas mehr Mühe, eine eindeutige Definition zu finden. Obwohl die theoretischen Voraussetzungen sehr genau besprochen
wurden, nimmt er jetzt Zuflucht zu Ausdrücken wie 'nicht so
genau', 'gleichsam'. Im Beispielsatz weiter hinten spricht
Wippel im Zusammenhang mit dem Semicolon von 'Neben=Propo-
sitionen'. Wir müssen uns darunter eine 'freie Ergänzung
(...), die ohne Schaden für die Konstruktion wegbleiben
könnte'[2] vorstellen.

Wippel gerät in zusätzliche Schwierigkeiten, da er den
Gebrauch der Klammern ablehnt (cf. unten Kap.27.2.2.3) und
sie durch Semicola und Commata ersetzen möchte.

27.2.1.4 Comma

Das Comma wird gesezt, wenn in dem Subiecto, oder Praedicato, der Pro=
positionen mehrere Vorstellungen und Ausdrükke vorkommen. Jedoch ist
von demselben, wie auch von den übrigen Abtheilungs=Zeichen zu behal=
ten, daß dieienigen Vorstellungen und Ausdrükke, welche das Wort Und
mit dem folgenden verknüpft, eben nicht allezeit, sondern nur alsdenn
mit Signis Distinctionum abgesondert werden, wenn das Und eine neue
Proposition anfänget.[3] Die Funktion des Commas ist gemessen
an den theoretischen Vorarbeiten recht ungenau umschrieben.
Wippel lenkt dann sogleich auf seine zutreffenden Bemerkungen zur Situation mit dem Wort 'und' über.

Wippel steht im Vergleich mit der heutigen Situation immer noch vor dem Problem, vier Sinn- und Pausenzeichen im
Satzgefüge unterzubringen. Auch wenn sich zeitweise die Ankündigungsfunktion des Doppelpunkts in den Vordergrund ge-
drängt hatte, wird er im vorliegenden System überhaupt
nicht mehr aus dieser Perspektive betrachtet. Die einseitige syntaktische Ausrichtung könnte auf Freyers Interpunk-

---

1 Wippel, Bödikers Grundsäze, 1746, S.103.

2 Jellinek, nhd. Grammatik, Bd.II, S.474.

3 Wippel, Bödikers Grundsäze, 1746. S.103/104.

tionsregeln zurückgehen, wo diese Methode, allerdings nicht
so ausführlich ausgearbeitet, zu guten Resultaten geführt
hatte.

27.2.2 Ton- und Schriftzeichen

Die Nebenzeichen bespricht Wippel nicht so ausführlich, wie
die Hauptzeichen. Er übernimmt sie ebenfalls von Bödiker
und äussert sich in seiner ungeordneten Kommentarsammlung
zu den meisten von ihnen. Sie werden im folgenden in Bödikers Reihenfolge kurz angeführt.

27.2.2.1 Signum interrogationis

Wippel äussert sich eingehend zur Frage, ob nach direkten
und nach indirekten Fragen ein solches Zeichen stehen müsse. Er lehnt den Gebrauch nach indirekten Fragen ab. Die
Unterscheidung der Fragen in direkte und indirekte ist bei
Bödiker im Ansatz schon vorhanden gewesen.

27.2.2.2 Signum exclamationis

Zu diesem Zeichen nimmt Wippel nicht Stellung.

27.2.2.3 Parenthesis

Neben Bödikers Definition wird auch Frischs Bemerkung zur
Klammer zitiert. Wippel selbst äussert sich aber folgendermassen dazu: *Der Cirkel, Haken und Klammern, die man Signa Parenthe=
seos nennt, können wir auch entübriget sein. Zwei Commata oder ein Se=
micolon thun eben die Dienste.*[1] Hierzu sind zwei Bemerkungen zu
machen. Wippels Reaktion ist nur zu begreiflich, wenn man
sich vergegenwärtigt, dass zu seiner Zeit die Klammern zuweilen wirklich übertrieben häufig verwendet wurden. Er
selbst kommt allerdings ganz ohne die Klammern nicht aus.

---

1 Wippel, Bödikers Grundsäze, 1746. S.98/99.

Wenn er ein Interpunktionszeichen darstellen will, setzt er
es in die Klammern. Der noch heute verwendete Name 'Klammern' erscheint ausgerechnet hier zum ersten Mal.

Die Ersetzung der Klammern durch Kommata und Semikola
trägt noch das ihre zur allgemeinen Verwirrung unter den
Hauptzeichen bei. Wippel beobachtet ganz richtig, dass in
beiden Fällen, beim Nebensatz und bei der Klammer, etwas
ähnliches geschieht und möchte es deshalb mit dem gleichen
Zeichen markieren. Dadurch wird das Verständnis seiner Regeln jedoch nur unnötig erschwert.

27.2.2.4 Apostrophus

Den Gebrauch des Apostrophs lehnt Wippel ab mit der Begründung, ein Kenner seiner eigenen Muttersprache merke sowohl
in Poesie als auch in Prosa, wo ein 'e' fehle; das müsse
nicht noch gekennzeichnet werden.

27.2.2.5 Signum coniunctionis

Zu diesem Zeichen äussert sich Wippel nicht. Er verwendet
in seinem Werk den doppelten Querstrich dafür.

27.2.2.6 Signum divisionis

Für das Trennungszeichen schlägt Wippel zwei Versionen vor:
eine lateinische (-) und eine deutsche (=). Er ist der erste,
der diesen Unterschied formuliert. Verwendet wurden diese
zwei Zeichen mit dieser Differenzierung erstmals von Gueintz.

Zu seinen Bemerkungen gesellt sich noch eine Anweisung
zum Gebrauch der Anführungsstriche. Die Erklärung entspricht
ziemlich genau derjenigen Freyers.

27.3 Zusammenfassung

Wippel bringt manchen neuen und originellen Gedanken in seinem Interpunktionssystem zur Sprache. Allerdings verwickelt

er sich oft in Widersprüche. So verwirft er mehrmals den
Gebrauch eines etablierten Zeichens mit dem Hinweis auf seine Ueberflüssigkeit. Auf der andern Seite stellt er in der
Einleitung zu seinen eigenen Bemerkungen fest, dass es noch
eine ganze Anzahl weiterer Interpunktionszeichen gebe, dass
er sich aber in diesem Fall auf Bödikers Zeichenbestand ein-
schränken wolle.

Bemerkenswert ist die Methode, wie Wippel die Interpunktion anders als Bödiker einzuordnen versucht. Bei Bödiker
bildet sie einen Teil der Rechtschreibung und ist auch dort
untergebracht. Wippel hält sich zwar an dieses Vorgehen,
stellt aber seinen eigenen Ausführungen eine kleine Syntax
voran, damit er die Interpunktion anschliessend auf diese
Art und Weise interpretieren kann.

Von Wippels Interpunktionslehre lässt sich nicht behaup-
ten, sie bringe die Klarheit, die sie verspricht. Die Mischung von Bödiker, Frisch und Wippel, zeitweise ohne er-
kennbare Ordnung, erfordert ein eingehendes Studium, bis
nur schon Wippels eigene Ideen, seien sie zustimmend oder
widersprechend, herausgearbeitet sind.

28. JOHANN BALTHASAR VON ANTESPERG

28.1 Leben und Werk[1]

Ueber das Leben von Johann Balthasar von Antesperg ist beinahe nichts in Erfahrung zu bringen. Lebensdaten fehlen
gänzlich. Bekannt ist, dass er in Wien lebte, dass er um
die Mitte des 18. Jahrhunderts am kaiserlichen Hof in Wien
eine Stellung als Rath, Redner und Agent innehatte, und
dass er Mitglied der 'Deutschen Gesellschaft' in Leipzig
war.

---

1 Die wenigen Angaben über Antesperg stammen aus dem 1. Ergänzungsband
  zu Jöchers Gelehrten-Lexicon, 1784. Spalte 921. Jöcher resp. Adelung
  hat diese Daten vermutlich vom Titelblatt der deutschen Grammatik
  übernommen, das die gleichen Informationen auch enthält.

Antesperg veröffentlichte 1747 in Wien eine deutsche Grammatik[1], welche 1749 ein zweites Mal aufgelegt wurde. Diese
Grammatik setzt sich aus vier Teilen zusammen. Die Interpunktion ist im 2.Teil, der deutschen Wortfügung, also in
der Syntax untergebracht.

28.2 Das Interpunktionssystem

Ein Blick auf die 'Vormerkung', die den eigentlichen Interpunktionsregeln vorangeht, zeigt, dass hier kaum ein sehr
originelles Werk vorliegt. In vier Punkten führt Antesperg
in die Problematik der Interpunktion ein. Es werden 12 Zeichen vorgestellt, in der gleichen Reihenfolge und mit den
gleichen Namen wie bei Freyer. Ebenfalls von Freyer übernommen sind die Aussagen der andern drei Abschnitte. Sie
treten zwar nicht in der Reihenfolge von Freyer auf und
sind zum Teil gekürzt oder umgestellt, aber es besteht
kein Zweifel darüber, welcher Vorlage sie entnommen sind.
So schreibt Antesperg beispielsweise in Punkt 3: *Man hat
bey dem Distinquiren, das ist bey dem Unterscheiden durch die Schrift=
zeichen auf 3. Stücke zu sehen. Als (1) auf die Sache , die man schrei=
bet. (2) Auf die Bedeutung der Zeichen, womit man die Buchstaben, die
Sylben, die Wörter, die Constructionen und Perioden unterscheidet. (3)
Auf den Affect, der unter den Worten verborgen lieget.*[2] Der genaue
Vergleich mit Freyers Fassung (cf. oben Kap.25.2) zeigt einige Unterschiede. Antesperg führt nur drei der vier Freyerschen Punkte an; die stilistische Funktion interessiert ihn
nicht. Den Punkt 2 weitet er hingegen aus, indem er eine an
Pudor erinnernde aufsteigende Reihe vom Buchstaben bis zur
Periode anführt, welche unterschieden werden soll. Während
Freyer seine vier Punkte eingehend erklärt, verzichtet An-
tesperg auf eine Erläuterung seiner Aussagen, welche in

---

1 Die Kayserliche Deutsche Grammatick, Oder Kunst, die deutsche Sprache
  recht zu reden, Und ohn Fehler zu schreiben (...) Von Johann Balthasar von Antesperg. Wien 1747.

2 Antesperg, deutsche Grammatik, 1747. S.246.

diesem Falle nicht mehr sehr aufschlussreich sind. Durch
andere Stellen in seiner Interpunktionslehre gestützt darf
man sogar zu sagen wagen, Antesperg habe die doch ziemlich
anspruchsvollen Grundlagen Freyers nicht ganz verstanden.

Die Zeichen werden separat, in der gegebenen Reihenfolge
besprochen, da es sich bei diesen Einzelregeln nicht nur
um Uebernahmen von Freyer handelt.

28.2.1 Sinn- und Pausenzeichen

28.2.1.1 Tüpflein

Das Tüpflein oder Punctum (.) braucht man am Ende eines jeglichen Peri=
odi, oder einer jeglichen Rede, die einen vollkommenen sensum oder Ver=
stand hat (Bsp.).[1] Dieses Zitat lässt sich nicht mehr Freyer
zuordnen. Es klingen Elemente mit, wie sie bei Frisch und
bei Girbert erschienen sind. Besonders eine rhetorische Anmerkung, angefügt am Schluss des ganzen Kapitels, erinnert
an Girberts Definition des Punktes. Diese Anmerkung lautet:
Bey einem Puncto muss man gleichsam gar aufhören und mit der Stimme
fallen.[2] Antesperg fügt zu diesem Zeichen noch eine Bemerkung hinzu, die von ihm selbst stammen dürfte. Sie betrifft
allerdings nur die schriftliche Darstellung: nach einem
Punkt müsse wie nach jedem Wort ein wenig Raum freigelassen
werden.

28.2.1.2 Doppeltüpflein

Das Doppeltüpflein, duo puncta oder colon (:) braucht man, wann die
Rede zwar schon ziemlich vollkommen ist; dannoch aber mit der nachfol=
genden genau muß verbunden werden.[3] Hier zeigt sich eine Cha-
rakteristik Antespergs sehr deutlich: er hat eine sehr grosse Begabung im Umformulieren vorliegender Texte. Die Be-

---

1 Antesperg, deutsche Grammatik, 1747. S.247.

2 Antesperg, deutsche Grammatik, 1747. S.252.

3 Antesperg, deutsche Grammatik, 1747. S.247.

schreibung des Doppelpunkts und seiner Anwendung lässt sich
nicht auf eine bestimmte Vorlage zurückführen, aber die
Formulierung lässt sich in ähnlicher Form bis auf Schottelius zurückverfolgen. Dieser Umstand zeigt natürlich auch,
dass Antesperg ziemlich belesen gewesen ist und dass er eine
grössere Anzahl sprachtheoretischer Werke gekannt hat.

28.2.1.3 Strichpunct

Den Strichpunct, Semicolon oder media nota (;) braucht man, wann der
Verstand der Rede zwar noch etwas unvollkommen ist, aber jedoch einen
grössern Einhalt erfordert, als durch das Comma gegeben wird. (Bsp.).[1]
Bei diesem Zeichen ist die Urheberschaft von Schottelius
noch viel deutlicher zu erkennen, wobei festzuhalten ist,
dass Bellin und Girbert diese Definition beinahe unverändert
von Schottelius übernommen hatten. Antesperg könnte also
auch ein Werk der beiden letztgenannten als Vorlage benutzt
haben.

28.2.1.4 Beystrich

Der Beystrich Comma (,) wird gebraucht, wann die unvollkommene Glieder
der Rede sollen voneinander unterschieden, und verständlich gemacht
werden. (Bsp.).[2] Wenn diese Definition des Beistrichs auch
nicht besonders originell ist, zeigt sie doch, dass Antesperg im Stand ist, seine Hauptzeichen im Rahmen seiner Syntax konsequent unterzubringen. Zu diesem Zeichen bringt
Antesperg noch die Anmerkung, dass Obgesagtem zufolge der
Beistrich vor die Konjunktionen dass, damit, weil, wann
etc. zu setzen sei.

28.2.2 Ton- und Schriftzeichen

Während sich Antesperg in der Reihenfolge der Hauptzeichen

---

1 Antesperg, deutsche Grammatik, 1747. S.247.

2 Antesperg, deutsche Grammatik, 1747. S.248.

genau nach Freyer richtet, durchbricht er sie einmal bei
den Nebenzeichen: das Teilungszeichen wird vor dem Unterstrich besprochen. Sonst ist die Reihenfolge die gleiche.

28.2.2.1 Fragezeichen

*Das Fragezeichen Signum interrogationis (?) braucht man so oft man fra=
get (Bsp.).*[1] Die Definition ist einfach gehalten. Eine direkte Quelle lässt sich nicht nachweisen. Auffallend ist, dass
Antesperg ebenfalls beide Formen des Fragezeichens, ? und ؟,
ohne Unterschied verwendet.

Das Fragezeichen hat eine wichtige rhetorische Bedeutung.
Antesperg äussert sich wie folgt dazu: *Bey dem Fragezeichen
muss man die Stimme also formiren, dass man höre, dass es eine Frage
sey.*[2] Mit diesen rhetorischen Bemerkungen wendet sich Antesperg an die 'Instructores der Jugend', welche den Schülern
diese Feinheiten bestimmt zu vermitteln fähig seien.

28.2.2.2 Ausruffungszeichen

*Das Ausruffungszeichen Signum exclamationis (!) braucht man, wann man
etwas mit einer sonderbaren Gemüthsbewegung vortragen will. (Bsp.).*[3]
*(...) Bey dem Ausruffungszeichen muss die Stimme und der Ton in Freude
oder Leide etwas erhaben seyn.*[4] Diese Regel ist im Vergleich mit
den übrigen eher undifferenziert gehalten. Auch hier kommt
der rhetorischen Ausführung beim Vortrag eine besondere Bedeutung zu.

28.2.2.3 Einschlusszeichen

*Das Einschlußzeichen parenthesis [( )] braucht man, wann in einer Rede
etwas ganz unverhofft und zufälliger Weise eingeschoben wird, welches*

---

1 Antesperg, deutsche Grammatik, 1747. S.248.

2 Antesperg, deutsche Grammatik, 1747. S.252.

3 Antesperg, deutsche Grammatik, 1747. S.248.

4 Antesperg, deutsche Grammatik, 1747. S.252.

hätte ausbleiben können. (Bsp.).[1] Die Beschreibung der Funktion
dieses Zeichens erinnert wieder eher an eine bestimmte Vorlage: an Girbert (cf. oben Kap.18.2.2.5). Auch zum Einschlusszeichen hat Antesperg eine rhetorische Bemerkung
geschrieben, im Sinne wie sie vor ihm Helber und Frisch
formuliert hatten.

28.2.2.4 Ausschliessungszeichen

Das Ausschliessungszeichen Signum exclusionis [ ] wird gebraucht, wann
fremde und zum Text eigentlich nicht gehörige Worte in der Rede zu un=
terscheiden seynd. (Bsp.).[2] Während sich Antesperg bisher auf
verschiedene Vorlagen abstützte, schreibt er diese und die
folgenden Regeln direkt von Freyer ab. (cf. oben Kap.25.2.2.4
- 25.2.2.8).

28.2.2.5 Anführungszeichen

Das Anführungszeichen ist ohne Aenderung von Freyer übernommen.

28.2.2.6 Theilungszeichen

Die Definition des Trennungs- und Bindestrichs ist Freyer
nachgebildet und leicht gekürzt dargestellt. Die Identität
erstreckt sich bis auf den Beispielsatz.

28.2.2.7 Unterstrich

Die Definition ist wörtlich von Freyer übernommen. Antes-
perg stellt dazu folgendes Zeichen vor: -. Ob dies ein
Fehler von Seiten des Setzers war, oder ob Antesperg diese
Regel überhaupt nicht verstanden hatte, muss offen bleiben.
Antesperg bietet jedenfalls keine nähere Erklärung an und

---

1 Antesperg, deutsche Grammatik, 1747. S.249.

2 Antesperg, deutsche Grammatik, 1747. S.249.

auch der Beispielsatz lässt den Leser im Unklaren über den Sinn dieser Regel.

28.2.2.8 Hinterstrich

Der Hinterstrich Signum apostrophi (') wird in der Poesie gebraucht, wann der Vocal e ausgelassen und von dem nachfolgenden Vocal verschluk= ket wird. (Bsp.).[1] Das letzte Zeichen in Antespergs Interpunktionslehre ist nicht mehr Freyer nachgebildet. Die Formulierung erinnert wieder eher an Girbert.

28.3 Zusammenfassung

Antesperg baut ein System auf der Grundlage von Hieronymus Freyer auf. Er zieht andere Theorien bei, vermutlich vor allem Girberts Interpunktionslehre. Im Gegensatz zu Freyer verwendet Antesperg immer die deutschen Namen der Zeichen und schreibt diese Bezeichnungen als erster konsequent zusammen.

Sein System darf ebenfalls als einheitlich bezeichnet werden. Die Definitionen beginnen immer mit der gleichen Formulierung und einige Beispiele untermauern jeweils das Gesagte. Antesperg ordnet die Hauptzeichen grammatisch ein. Im Gegensatz zu Freyer steht er aber zu wenig über der Sache, als dass ihm eine lückenlose Regelfolge gelingen könnte. Die Nebenzeichen sind stärker von Freyer beeinflusst als die Hauptzeichen.

29. JOHANN CHRISTOPH GOTTSCHED

29.1 Leben und Werk[2]

Johann Christoph Gottsched wurde 1700 in Königsberg, Preus-

---

1 Antesperg, deutsche Grammatik, 1747. S.251.

2 Die Angaben über Gottscheds Leben stützen sich auf den Aufsatz von Michael Bernays in ADB Bd.9, 1879. S.497-508.

sen, geboren. Schule und Studium absolvierte er in Königs-
berg. Er beschäftigte sich mit Theologie, Philosophie und
Philologie. Kurze Zeit war er Lehrer an der Universität von
Königsberg, bis er 1724 vor den Werbern des preussischen
Königs nach Leipzig fliehen musste. Ab 1730 war er dort
Professor für Poesie und von 1734 an für Logik und Meta-
physik. Kurz nach seiner Flucht aus Königsberg trat er der
'Deutschen Gesellschaft' bei und wurde schon 1727 deren
Senior. Gottsched machte sich einen Namen mit seinem 'Ver-
such einer Critischen Dichtkunst vor die Deutschen'[1]. Darin
strebte er eine Reform der deutschen Literatur und vor allem des deutschen Dramas an. Eigene Dichtungen, z.B. 'der
sterbende Cato'[2] begründeten seine mächtige und autoritäre
Stellung. In den 'Critischen Beiträgen zur deutschen Sprache' nahm er auf dem Höhepunkt seines Ruhmes Stellung zu
allen Problemen seiner Zeit. Seine Ablehnung von Klopstock,
Milton und Shakespeare, und die Befehdung durch die beiden
Schweizer Bodmer und Breitinger, später auch durch Klopstock selbst leiteten den unaufhörlichen Abstieg von seiner
hohen Position ein.

Erst in dieser Spätphase veröffentlichte er die für die
vorliegende Untersuchung wichtige 'Deutsche Sprachkunst',
die 1748 erstmals erschien und bis 1762 fünfmal neu aufgelegt wurde[3].

Völlig verkannt in dem, was er geleistet hatte und der
allgemeinen Lächerlichkeit preisgegeben starb er 1766 in
Leipzig.

---

1 Erschienen in Leipzig, 1730.

2 Uraufführung 1731, gedruckt erschienen 1732 unter dem Titel: erste
  regelmässige Originaltragödie.

3 Vollständigere und Neuerläuterte Deutsche Sprachkunst, Nach den Mu-
  stern der besten Schriftsteller des vorigen und itzigen Jahrhunderts
  abgefasset (...) Von Johann Christoph Gottscheden. Leipzig 1762[5].
  Nachdruck Hildesheim/New York 1970.

29.2 Das Interpunktionssystem

Die Interpunktionslehre ist bei Gottsched in der Rechtschreibung untergebracht. Sie bildet das vierte Hauptstück mit dem Titel 'Von den orthographischen Unterscheidungszeichen'.

Gottsched leitet den Gebrauch der Interpunktion historisch her. Die ersten fünf der 18 Paragraphen umfassenden Interpunktionslehre befassen sich mit der Entwicklung der Satzzeichen. Nach Gottsched schrieben die Griechen noch alle Wörter ohne Zwischenraum. Die Römer setzten dann zuerst zwischen alle Wörter einen Punkt, später nur noch nach den ganzen Perioden. Nach und nach setzte man zu Beginn jeder Periode und jedes Verses einen grossen Buchstaben. Die grossen Buchstaben wurden übertragen auf die Namen und schliesslich auch auf die Nennwörter, d.h. auf die Substantive. Ob Gottsched die Majuskeln schon zu den orthographischen Unterscheidungszeichen zählt oder nicht, ist nicht zu entscheiden. Auf jeden Fall bilden sie die Voraussetzung für die Interpunktionszeichen.

Die Interpunktionsregeln sind nicht sehr systematisch aufgebaut. In lockerem Gespräch streift Gottsched nach und nach die verschiedenen Gebiete der Interpunktion und leitet dann daraus die eigentlichen Regeln ab. In der folgenden Analyse werden jeweils die aufschlussreichen Partien und die eigentlichen Regeln zitiert.

29.2.1 Sinn- und Pausenzeichen

Gottsched bespricht in seiner Arbeit die üblichen vier Hauptzeichen. Er steigt vom Punkt zum Komma hinab und bewegt sich in einem Gemisch von grammatischen und semantischen Bezugspunkten. Die grammatischen Grundlagen stammen mit grosser Wahrscheinlichkeit von Wippel, ohne dass sie sich aber direkt auf ihn zurückführen liessen.

29.2.1.1 Schlusspunct

Nächst diesem (sc. die Grossschreibung der Anfangsbuchstaben) trägt zur
Deutlichkeit im Bücherlesen nichts mehr bey, als wenn die Sätze oder
Perioden wohl von einander unterschieden sind. Dieses geschieht durch
einen Punct ; auf welchen sodann ein grosser Buchstab folget, der die
neue Periode anhebt. (...) XIX Regel: Wo eine kurze Rede, oder ein
Ausspruch, den man von einer Sache thut, ein Ende hat ; das folgende
aber ganz von etwas anderm redet, und nicht genau mit dem vorigen zu=
sammenhängt : da machet man einen Schlußpunct.[1] Während sich die
einleitenden Worte eher auf grammatische Begriffe (Satz,
Periode) abstützen, spielen in der Regel selbst semantische
Begriffe eine Rolle. Schwer verständlich ist der Zusatz
'kurze Rede', der vielleicht besagen will, dass es weniger
auf die Länge als auf die Vollständigkeit des Satzes an-
kommt.

29.2.1.2 Doppelpunct

Etwas differenzierter wird der Doppelpunct behandelt, wo
seit langem erstmals wieder zwei Funktionen getrennt erklärt
werden. Zuerst die sinntrennende Funktion: *(es) kommen bis=*
weilen Perioden vor, die aus kleinern Sätzen zusammengesetzet sind; aber
so zusammenhängen, daß man sie nicht ganz von einander trennen kann.
Diese scheidet man nun durch zween übereinandergesetzte Puncte (:) die
man einen Doppelpunct, oder ein Kolon nennet: wenn das folgende Glied
ein neu Subject, und ein neu Prädicat hat. (...) Man merke also die
XX Regel: Wenn in einer Periode zwo besondere Aussprüche, von ganz ver=
schiedenen Dingen, verbunden werden: so setze man zwischen beyde einen
Doppelpunct.[2] Eine klare Ordnung lässt sich im Aufbau dieser Regel nicht erkennen. Es entsteht der Eindruck, Gottsched habe alle Elemente, die ihm gerade durch den Kopf gin-
gen, in die Erklärung hineingenommen, um ja jeden Bereich

---

1 Gottsched, Sprachkunst, 1762. S.105.
2 Gottsched, Sprachkunst, 1762. S.106.

abgedeckt zu haben.

Klarer und eindeutiger wird die zweite Funktion des Doppelpunktes, die Ankündigungsfunktion, beschrieben: *Es sey
also die XXI Regel: Wenn man fremde Reden oder Worte anführet; so setze
man vor, und nach denselben einen Doppelpunct.*[1] Der Gebrauch des
Zeichens ist zwar noch auf die direkte Rede eingeschränkt
und die Anwendung entspricht auch nicht ganz der heutigen;
dennoch ist es Gottsched anzurechnen, dass er diese Funktion des Zeichens wieder hervorgehoben hat. In einer Anmerkung zu diesem Zeichen nimmt er Bezug auf den Vorschlag
Wippels, ohne diesen aber zu nennen, die Klammerzeichen
durch Kola zu ersetzen. Er stimmt diesem Vorschlag zu, da
manche Schriften nur so von Klammern wimmeln würden.

29.2.1.3 Strichpunct

*Jn neuern Zeiten hat man noch eine kleinere Art der Unterscheidungs=
zeichen ersonnen, die man das Semikolon nennet, und mit einem punc=
tirten Strichlein (;) schreibt. Dieses Zeichen dienet, geringere Ab=
theilungen der Rede, oder der Sätze zu bemerken, als wobey der Doppel=
punct gesetzet wird. Meines Erachtens ist also die XXII Regel: Man
setze den Strichpunct da, wo entweder ein neu Prädicat zu demselben
Subjecte; oder ein neu Subject zu demselben Prädicate, gesetzet wird.*[2]
Auch dies ein schönes Beispiel für die Unsystematik von
Gottsched. Der Bezug zum Doppelpunkt ist eindeutig vorhanden.
Gottsched operiert auch hier mit Terminis, die von Wippel
stammen könnten. Während er aber beim Doppelpunkt in der
Herleitung der Regel von der Grammatik spricht, sind die
grammatischen Begriffe beim Strichpunkt in die Regel selbst
aufgenommen worden. Bemerkenswert ist in diesem Zusammenhang die Formulierung 'meines Erachtens', wo Gottsched offensichtlich seine Autorität ausspielt.

---

1 Gottsched, Sprachkunst, 1762. S.106.

2 Gottsched, Sprachkunst, 1762. S.108.

29.2.1.4 Beystrich

*Doch auch dieses (sc. Semicolon) langet noch nicht völlig zu. Daher
sey die XXIII Regel: Die kleinsten Unterschiede gewisser Wörter, die
von einander getrennet werden sollen, weil sie nicht unmittelbar zu=
sammen gehören, bemerke man durch einen Beystrich, oder durch ein Kom=
ma. Es ist aber hier oft sehr gleichgültig, wohin man einen solchen
Beystrich setzen soll. Man merke nur, daß man derselben weder gar zu
wenige, noch gar zu viele mache: denn beydes machet den Verstand einer
Rede zuweilen dunkel.*[1] Bei diesem Zeichen hat sich Gottsched
vollständig von der grammatischen Ebene gelöst, und er
empfiehlt eine Anwendung, die jede Freiheit lässt. Seit
Ickelsamer, der die Unwichtigkeit des Aussehens des Zeichens
betont hatte, ist dies die ungenaueste Regel. Gottsched
selbst verwendet das Komma nach heutigen Begriffen zu häufig.

29.2.2 Ton- und Schriftzeichen

Aehnlich wie Stieler trennt Gottsched die Hauptzeichen von
den Nebenzeichen: *Außer diesen hat man in neuern Zeiten, noch ver=
schiedene andere Unterscheidungszeichen einer Rede erfunden; die nicht
weniger nützlich sind, dieselbe deutlich und verständlich zu machen.*[2]
Zum zweiten Mal beruft sich Gottsched auf die neuere Zeit,
ohne zu berücksichtigen, dass die meisten dieser Zeichen
schon seit mehr als hundert Jahren, einige schon seit dreihundert Jahren im Gebrauch sind. Den Unterschied zwischen
Haupt- und Nebenzeichen macht Gottsched eher instinktiv,
ohne ihn genau benennen zu können.

29.2.2.1 Fragezeichen

*XXIV Regel: Nach einer wirklichen Frage, setze man am Ende derselben,
allezeit dieses Zeichen (?). (Bsp.). Nur diejenigen Fragen nimmt man
von dieser Regel aus, die man nur von einem andern anführet, oder in*

---

1 Gottsched, Sprachkunst, S.108/109.

2 Gottsched, Sprachkunst, S.109.

die Rede beyläufig mit einflicht (Bsp.).[1] Auch Gottsched verwendet die alte und die neue Form des Zeichens. Der zweite Teil der Erklärung bezieht sich vermutlich auf Wippels Unterscheidung von direkter und indirekter Frage. Gottsched versucht, diese Regel etwas populärer auszudrücken.

In einer Anmerkung macht sich Gottsched Gedanken darüber, ob das Fragezeichen nicht besser vor die Frage gesetzt würde, da ja der Fragesatz schon von Anfang an besonders betont werden müsse. In weiteren Bemerkungen verrät Gottsched, dass er über verschiedene Fremdsprachen unterrichtet ist. So ist es gut möglich, dass er diese Idee aus dem Spanischen übernommen hat, wo noch heute Ausrufe- und Fragezeichen verkehrt vor den betreffenden Satz hingestellt werden.

29.2.2.2 Ausrufszeichen

Da es sehr gut gewesen seyn würde, wenn man für die vornehmsten Lei= denschaften, eigene Zeichen ausgedacht hätte: so hat man es bey einem einzigen bewenden lassen, welches man fast in allen heftigen Gemüths= regungen brauchen muß. Daher sey die XXV Regel: Der Ausruf, die Ver= wunderung und Verspottung, ja eine jede heftige Anrede an einen andern, muß mit diesem besondern Zeichen (!) unterschieden werden. Man nennet selbiges daher das Ausrufszeichen (Signum exclamandi) (Bsp.).[2] Der Wunsch nach mehr Zeichen für die verschiedenen Affekte ist bei Gottsched gut verständlich, denn er hat sich intensiv im Rahmen seiner dramatischen Theorien mit der Deklamation auseinandergesetzt und seine eigenen Schüler darin unterrichtet. Er sähe noch folgende Ergänzungszeichen: Signa gaudii, doloris, irae, misericordiae, invidiae, timoris u. d.g. Am Schluss der Interpunktionslehre kommt Gottsched noch auf die Akzentlehre zu sprechen, die seiner Ansicht nach der deutschen Sprache ebenfalls wertvolle Dienste leisten könnte. Man sieht ganz deutlich, dass für Gottsched

---

1 Gottsched, Sprachkunst, 1762. S.109.

2 Gottsched, Sprachkunst, 1762. S.110.

bei diesen Zeichen die rhetorische Funktion stark im Vordergrund steht.

29.2.2.3 Klammern

XXVI Regel: Wenn in eine zusammenhangende Rede etwas eingeschoben wird, das, dem Sinne ohne Schaden, auch wegbleiben könnte: so schließt man das Eingeschobene, vorne und hinten mit einem Paar Klammern ( ) ein.

Andere machen diese Klammern auch so [ ], welches aber einerley ist. Doch versteht sich dieses nur von einem etwas langen Einschiebsel, wel= ches die Rede sehr unterbricht. Bey kurzen Einschaltungen, thun ein Paar Beystriche eben die Dienste.[1] Gottsched macht keinen Unterschied mehr zwischen runden und eckigen Klammern. An Wippel erinnert der Zusatz, dass die Klammer bei kurzen Einschüben durch zwei Kommas ersetzt werden könne. Gottsched spricht nur noch von 'Klammern', andere deutsche oder lateinische Bezeichnungen werden nicht angeführt.

29.2.2.4 Oberstrich

Die Erwähnung des Apostrophs bringt keine Neuerung. Die Regel XXVII lautet: *Wo ein merklicher Selbstlaut verbissen worden, der sonst zum Worte gehöret hätte; da bemerke man solches durch fol= genden Oberstrich (').*[2] Gottsched schränkt die Anwendung auf die Poesie und auch dort auf die allernotwendigsten Fälle ein, ohne diese aber zu definieren. Er spricht ganz allgemein von den Selbstlauten, d.h. von den Vokalen, obwohl die meisten seiner Vorgänger den Vokal 'e' in diesem Zusammenhang speziell erwähnten.

29.2.2.5 Gänseaugen

Ohne bestimmte Regel beschäftigt sich Gottsched zum Ab-

---

1 Gottsched, Sprachkunst, 1762. S.111.
2 Gottsched, Sprachkunst, 1762. S.112.

schluss mit den Anführungsstrichen. Er bringt sie allerdings
mit dem ebenfalls schon erwähnten 'Unterstrich' durcheinander, welchen er in der gleichen Funktion sieht.

29.3 Zusammenfassung

Gottscheds Interpunktionssystem erreicht den damaligen Standard nicht. Er bewegt sich mit seinen Regeln zwar inmitten
der damals vorherrschenden Tradition, es gelingt ihm aber
nicht, einen einheitlichen Nenner für alle Zeichen zu finden. Im Vordergrund steht bei ihm oft die rhetorische
Funktion der Zeichen. In den unsystematischen Erklärungen
und Kommentaren bringt er die mannigfaltigsten Argumente
zur Sprache. Am stärksten scheint er von Wippel beeinflusst
zu sein, ohne ihn wörtlich je zu zitieren.

Gottscheds System ist in die Rechtschreibung eingebettet,
was die fortlaufende Numerierung der Regeln von XIX bis
XXVII erklärt. Nicht erwähnt hat Gottsched den Trennungsstrich, den er in der doppelten Version verwendet. Belege
für den Bindestrich finden sich in seiner Sprachkunst nicht.

Von Interesse sind Gottscheds Regeln aus zwei Gründen.
Einmal versucht er die Interpunktion historisch in ihrer
Entwicklung zu zeigen. In origineller Weise führt er sie
aus dem Bedürfnis nach Klarheit, das ständig gewachsen ist,
her. Er scheint allerdings nicht sehr vertraut mit der Entwicklung der Interpunktion in der neuesten Zeit gewesen zu
sein, da er mehrmals von 'neueren' Dingen spricht, die in
der Fachliteratur einige hundert Jahre früher erwähnt wurden.

Zum zweiten ist Gottscheds Interpunktion als Bestandteil
eines Werks von Interesse, das nicht so sehr seiner Quali-
tät, als vielmehr der Autorität des Verfassers wegen weite
Verbreitung fand.

30. KARL FRIEDRICH AICHINGER

30.1 Leben und Werk[1]

Ueber Karl Friedrich Aichinger ist nur sehr wenig in Erfahrung zu bringen. Er wurde 1717 in Vohenstrauss, Oberpfalz, geboren. Welche Schulen und Universitäten er besucht hatte, wissen wir nicht. 1741 war er Rektor in Sulzbach, später auch Stadtprediger und von 1777 an Inspektor der dortigen Kirchen und Schulen. Aichinger starb 1782.

1754 veröffentlichte Aichinger seinen 'Versuch einer Teutschen Sprachlehre'[2]. Dieses Werk ist aufgrund eigener Beobachtungen entstanden. Aichinger hat zwar andere Grammatiker gekannt, so z.B. Gottsched, er hat aber dennoch versucht, eigene Formulierungen und Regeln zu entwickeln. Es ist deshalb interessant zu sehen, wie er die Interpunktion angegangen ist.

30.2 Das Interpunktionssystem

Die zweite Abteilung der 'Teutschen Sprachlehre' handelt von der 'rechten Art zu Schreiben', also von der Orthographie. Dieses Kapitel ist in Paragraphen eingeteilt, deren 56. und 57. der Interpunktion gewidmet ist. Der Paragraph 56 enthält die Hauptzeichen, das Frage- und Ausrufezeichen und die Klammer. Das entspricht ziemlich genau dem Zeichenbestand von Ratke und Walter. Es mag ein Zufall sein, aber es ist denkbar, dass Aichinger als Pädagoge mit diesen Schriften in Berührung kam. Der Paragraph 57 enthält weitere Zeichen, die er aber nicht recht zur Interpunktion zählen möchte: Sternchen (*), Anführungszeichen, Apostroph und Hy-

---

1 Die Angaben über Aichingers Leben sind folgendem Werk entnommen: Jellinek, nhd. Grammatik, Bd.I, 1913. S.248/249.

2 Versuch einer Teutschen Sprachlehre, anfänglich nur zu eignem Gebrauche unternommen, endlich aber, um den Gelehrten zu fernerer Untersuchung Anlass zu geben, ans Liecht gestellt von Carl Friedrich Aichinger. Wien 1754.

phen. Im folgenden werden die Zeichen einzeln angeführt und
besprochen, aufgeteilt in Haupt- und Nebenzeichen.

Aichinger führt die Interpunktion mit folgenden Worten
ein: *Wegen der Jnterpunctionen oder Abtheilungszeichen kann von einer
Grammatik nichts gefodert werden, als, daß sie deren Gestalt und Namen
anzeige. Denn die Gelegenheit, wo sie gebraucht werden sollen, wird in
der Periodologie untersucht, welche allen Sprachen gemein ist (...)
Doch wir wollen auch nicht ganz trocken verbeygehen.*[1] Aichinger
bringt die Interpunktion (dieser Begriff taucht hier erstmals auf) zwar in der Orthographie, ordnet sie aber eher
der Syntax zu. Er weist auf drei Werke hin, welche dieses
Gebiet angeblich vorbildlich behandeln: Heineccii funda-
menat stili, Prof. Gessners Anmerkungen und C. Zippels Periodologie.

30.2.1 Sinn- und Pausenzeichen

Aichinger führt die vier damals in allen Theorien verwendeten Hauptzeichen an. Er beginnt beim Punkt und steigt ab
zum Komma. Die Erläuterungen werden mit jedem Zeichen ausführlicher. Ob sie auch klarer werden, bleibe dahingestellt.

30.2.1.1 Punct

*Die Teutschen haben also 1.) das Punct am Ende eines völligen Verstan=
des.*[2] Unter völligem Verstand versteht Aichinger eine Periode. So betrachtet erinnert die Formulierung stark an Freyers
Regel. Es ist nicht ganz klar, an wen sich diese Aussage
richtet, ob an den Leser oder an den Schreibenden. Die Funktion des Punktes ist jedoch richtig beschrieben.

---

1 Aichinger, Sprachlehre, 1754. S.100/101.
2 Aichinger, Sprachlehre, 1754. S.101.

30.2.1.2 Doppelpunct

2.) Das Doppelpunct, oder colon, welches zweyerley Gebrauch hat. Es
steht nehmlich so wohl zwischen den zween Haubtsätzen eines völligen
Verstandes, als nach den uerbis σημαυλικοῖς *oder Wörtern, die einen*
Vortrag bedeuten, als: sagen, schreiben, dieses, folgendes, u.d.g.[1]
Aichinger stellt ebenfalls zwei Verwendungsmöglichkeiten
des Doppelpunktes vor. Der erste Teil ist seiner Terminologie wegen bemerkenswert: erstmals erscheint hier der Terminus Hauptsatz in der deutschen Grammatik. Inhaltlich
scheint dieser Teil der Regel aber nicht originell zu sein.
Als Vergleich sei hier die Regel Freyers zum Kolon zitiert:
Das colon wird gebrauchet, wenn die Hauptstücke eines periodi zu un=
terscheiden sind.[2] Wenn man die Terminologie der beiden Autoren einander angleicht, entsprechen sich die zwei Formulierungen genau.
   Der zweite Teil der Regel ist ebenfalls nicht Aichingers
Erfindung, doch scheint die Formulierung von ihm selbst zu
stammen.

30.2.1.3 punctirtes Strichlein

3.) Das punctirte Strichlein, oder semicolon ist auch in zween Fällen
nöthig. Wo nehmlich der Vor= oder Nachsatz eines Verstandes nicht ein=
fach ist, sondern einen Nebensatz oder Nebenglied bey sich hat; wird
jener von diesem durch das Zeichen (;) unterschieden: und wo ein Satz
ein oder mehrere Wörter in sich enthält, welche zum Verstande des vor=
hergehenden oder folgenden Satzes auch gehören; stehet zwischen ihnen
an Statt des coli das semicolon.[3] Bei diesem Zeichen lassen sich
für beide Situationen entsprechende Stellen in früheren
Interpunktionslehren finden. Die erste Hälfte ist wieder
Freyer nachgebildet. Bemerkenswert ist hier der Begriff

---

1 Aichinger, Sprachlehre, 1754. S.101.

2 Freyer, Anweisung, 1735. S.10.

3 Aichinger, Sprachlehre, 1754. S.101.

'Nebensatz', eine Schöpfung Aichingers, die allerdings nur
beschränkt mit der Interpunktion im Zusammenhang steht. Der
zweite Teil der Regel erinnert sehr stark an Gottscheds
Erklärung des Semikolons. Aichinger hat Gottscheds 'Teutsche Sprachkunst' gekannt und sich im Vorwort zu seiner
Arbeit dazu, allerdings von oben herab, geäussert. In einer
Anmerkung am Schluss des § 56 macht Aichinger zudem Gottsched
den Vorwurf, eine bestimmte Stelle in seinem Werk nicht
korrekt interpunktiert zu haben. Ein weiterer Hinweis auf
Gottsched ist die Verwendung des Begriffs 'punctirtes Strichlein', das sonst nur von J.L. Prasch erwähnt wird.

30.2.1.4 Strichlein

*4.) Das Strichlein oder comma wird zwar zuweilen auch gesetzt, wenn
die Sätze oder Glieder der Perioden gar kurz sind: ordentlich aber
steht es, wo der Zusammenhang des Subjects oder Prädicats durch etwas
unterbrochen wird. Z.B. vor dem pronomine relatiuo; vor und nach den
uocatiuis; vor und nach den Wörtlein: sage ich, sprach er; vor den
aduerbiis und coniunctionibus, wo, wie, wann, daß, so, weil, indem,
u.d.g. woferne sie keinen Satz anfangen; in asyndetis und polysyndetis,
u.s.f.*[1] Umfangmässig ist die Kommaregel die ausführlichste.
Was die Klarheit anbelangt, trifft eher das Gegenteil zu.
Bei Gottsched haben wir gesehen, dass er bei diesem Zeichen ebenfalls eine grosse Unsicherheit verriet. Aichinger
verwendet z.T. das Vokabular, welches Gottsched von Wippel
übernommen hatte. Die Regel wird dann ergänzt durch die
Aufzählung von weiteren möglichen Positionen für das Komma,
wobei sich grammatische Begriffe mit praktischen Beispielen
gleichberechtigt mischen. Die Unsicherheit wird zusätzlich
durch das abschliessende 'u.s.f.' gekennzeichnet.

Aichinger scheint also doch Vorlagen benötigt zu haben.
Wo keine klare Regel vorgegeben war, da vermochte er selbst
ebenfalls keine Klarheit zu schaffen.

---

1 Aichinger, Sprachlehre, 1754. S.101.

30.2.2 Ton- und Schriftzeichen

Bei den Nebenzeichen müssen wir zwei Kategorien unterscheiden. Es gibt bei Aichinger drei Nebenzeichen, welche zur
Interpunktion gezählt werden. In § 57 werden noch vier weitere Zeichen angeführt, welche Aichinger zwar nicht mehr
eigentlich zur Interpunktion zählt, die er aber nirgends
sonst unterzubringen weiss. In der folgenden Analyse werden
zwar alle Zeichen erwähnt, jedoch nicht alle besprochen.

30.2.2.1 Fragzeichen

*Das Fragzeichen ? beschliesset eine Frage, die in ihrer eigentlichen
Gestalt hingeschriben wird (Bsp.) Wo aber die Frage nur erzehlet wird,
(in stilo relatiuo s. obliquo,) (Bsp.) da kann dieses Zeichen ersparet
werden.*[1] Das Zeichen wird nicht neu beschrieben. Der Unterschied zwischen rhetorischer und direkter Frage wurde schon
mehrmals formuliert, das letzte Mal und am ausführlichsten
von Gottsched.

30.2.2.2 Zeichen einer Ausruffung

*Das Zeichen einer Ausruffung oder Gemüthsbewegung ! welches (...) nicht
gebraucht werden soll, wo kein Affect ist, z.B. bey einem blossen uoca=
tiuo, oben in der Anrede eines Briefes.*[2] Bei diesem Zeichen beschränkt sich Aichinger sogar auf eine negative Einschränkung, ohne eine genauere Regel für den Gebrauch zu geben.
Er verweist auf zwei andere Werke: 'Herrn Feller l.c.' und
'Act. schol. Tom. VIII. p.387'. Ueber beide Quellen konnte
der Verfasser nichts in Erfahrung bringen.

30.2.2.3 Zeichen der Einschiebsel

Das Zeichen der Einschiebsel oder parenthesin ( ) oder [ ], wenn etwas

---

1 Aichinger, Sprachlehre, 1754. S.101/102.

2 Aichinger, Sprachlehre, 1754. S.102.

eingerucket ist, welches zwar zur Erläuterung dienet, aber nicht mit dem übrigen in grammaticalischer Verbindung stehet.[1] Beim letzten richtigen Interpunktionszeichen gelingt Aichinger eine eigene Formulierung, die zudem eine neue Perspektive eröffnet. Aus früheren Definitionen konnte man natürlich ohne weiteres den Schluss ziehen, dass kein grammatikalischer Zusammenhang des Klammerinhalts mit dem Obersatz bestand, Aichinger hat es aber im Rahmen seiner eigenen, grammatikalisch ausgerichteten Theorie richtig dargestellt und formuliert.

Aichinger zählt vier weitere Zeichen, die nicht eigentlich zur Interpunktion gehören, auf. Es sind dies: *1.) * oder ⸶, welche Anmerkungen bedeuten; 2.) " welches aussen an die Zeilen ge= setzt wird, so lang dasjenige währet, welches aus einem andern Buche abgeschrieben ist; 3.) ' der Apostrophus (...); 4.) = das Hyphen. (...).*[2] Punkt 1 erscheint erstmals in einer Interpunktionslehre. Punkt 2, die Anführungsstriche, sind Freyer nachgebildet. Punkt 3, der Apostroph, bietet keine Neuerung. Nach Aichingers Ansicht ist er überflüssig. Punkt 4, das Hyphen, ist wieder Freyer nachgebildet. Aichinger führt die gleichen drei Situationen an und entscheidet sich für respektive gegen die gleichen wie Freyer und später auch Antesperg. Die Erklärung des Hyphens erstreckt sich über beinahe drei Seiten, während die restliche Interpunktionslehre auf zwei Seiten genügend Platz fand. Dieses Missverhältnis zugunsten des Bindestrichs und Teilzeichens war über hundert Jahre früher gleich aktuell.

30.3 Zusammenfassung

Aichingers Interpunktionslehre bildet offenbar eine Ausnahme in seiner 'Teutschen Sprachkunst'. Sie ist auf keinen Fall als einfallsreich zu bezeichnen. Sehr viele Elemente

---

1 Aichinger, Sprachlehre, 1754. S.102.

2 Aichinger, Sprachlehre, 1754. S.102/103.

hat Aichinger von Freyer übernommen. Ebenfalls stark beeinflusst ist er von Gottsched gewesen.

Obwohl Aichinger ankündigt, er wolle die Interpunktionszeichen nur anführen, bemüht er sich doch in zunehmender
Weise darum, gewisse Gesetzmässigkeiten herauszufinden. In
diesem Stück ist er jedoch ganz ein 'Kind seiner Zeit'. Wo
seine Vorlagen in Schwierigkeiten gerieten, da konnte auch
er keine Lösung anbieten.

Es ist Aichinger anzurechnen, dass er den Versuch unternommen hat, die Interpunktion grammatikalisch zu ordnen und
dass er dieses Vorhaben auch durchgeführt hat. Interessant
ist in diesem Zusammenhang, dass er auf die viel ältere
Siebenzahl der Zeichen zurückkam. Er hat auch diejenigen
Zeichen aus dem Interpunktionssystem ausgeschlossen, welche
heute mit Ausnahme der Anführungsstriche nicht mehr dazugezählt werden.

31. JOHANN BERNHARD BASEDOW

31.1 Leben und Werk[1]

Johann Bernhard Basedow ist 1723 oder 1724 in Hamburg geboren. Eine nicht sehr glückliche Jugendzeit beeinflusste ihn
dahingehend, dass er sein Leben in den Dienst der Verbesserung der häuslichen Erziehung und des öffentlichen Schul-
unterrichts stellte. Nach Studien in Leipzig und Kiel erhielt er 1752 die Magisterwürde. 1753-61 war er Professor
an der Ritterakademie in Sorø, Dänemark. 1759 veröffentlichte er eine 'Neue Lehrart' der deutschen Sprache[2]. Von
1761-1771 war er Lehrer am Gymnasium in Altona. Fürst Leo-

---

1 Die Lebensdaten Basedows stützen sich auf folgende Quellen:
  - den Aufsatz von Max Müller in ADB Bd.2, 1875. S.113-124.
  - das Deutsche Literatur-Lexikon Bd.I, 1968. S.287.

2 Neue Lehrart und Uebung in der Regelmässigkeit der Teutschen Sprache von Johann Bernhard Basedow, Professor der Moral und schönen
  Wissenschaften auf der königl. Dänischen Ritterakademie Soroe. Kopenhagen 1759.

pold von Anhalt-Dessau berief ihn nach Dessau, wo Basedow
1774 das 'Philanthropin', eine Musterschule nach seinen eigenen pädagogischen Vorstellungen einrichten und leiten
konnte. Obwohl er nicht vorbehaltlos anerkannt war, verbreiteten sich seine liberalen pädagogischen Ideen schnell im
ganzen deutschsprachigen Raum Europas. Basedow starb 1790
auf einer Reise in Magdeburg.

31.2 Das Interpunktionssystem

Basedow äussert sich in seiner neuen Lehrart zur Interpunktion. Sie ist untergebracht im neunten Hauptstück, der Syntax. Das Kapitel über die Unterscheidungszeichen bildet den
Paragraphen 131. Ohne Einleitung in die oder Begründung der
Interpunktion beginnt Basedow seine etwas aus der Reihe fal-
lende Lehre von den Satzzeichen. Der Zeichenbestand entspricht zwar demjenigen z.B. von Aichinger, die Reihenfolge
der Zeichen ist jedoch sehr unkonventionell. Die fünf numerierten Abschnitte enthalten folgende Zeichen: 1) den Punkt,
2) Semikolon und Kolon, 3) Frage-, Ausrufezeichen und Klammer, 4) Komma und 5) eine allgemeine Bemerkung zu den Hauptzeichen. In der folgenden Analyse werden die Zeichen jedoch
in der gewohnten Reihenfolge, getrennt nach Haupt- und Nebenzeichen, besprochen.

31.2.1 Sinn- und Pausenzeichen

Um einen Eindruck von der Methode Basedows zu vermitteln,
müssen wir bei diesen Zeichen in einigen Fällen etwas ausführlicher als gewöhnlich zitieren.

31.2.1.1 Punct

*Am Ende eines Satzes, der mit keinem folgenden Worte grammaticalisch
vereinigt ist, folglich am Ende einer Periode, setzt man einen Punct.
Es muß also nach dem Puncte kein Theil angefangner Sätze, kein Conse=
quens und kein Anhang folgen. Man setzt also auch einen Punct nach*

Endigung einer Periode.[1] Anschliessend an diese Definition
äussert sich Basedow noch über den Unterschied zwischen notwendigen und willkürlichen Sätzen, wobei grammatische und
semantische Begriffe miteinander verglichen werden.

Der erste Teil der Definition wäre eigentlich klar. Basedow bestimmt die grammatikalische Funktion und Position des
Punktes. Er führt den Gedanken noch etwas aus und kommt
überflüssigerweise zum gleichen Schluss, ohne seiner Regel
etwas Neues hinzugefügt zu haben.

31.2.1.2 Colon

Die zwei nächsten Zeichen werden innerhalb der Hierarchie
der Satzzeichen erklärt, wobei Basedow plötzlich vom geringsten Zeichen ausgeht und aufsteigt zum Kolon. Für den Leser,
der die nachherfolgenden Regeln nicht kennt, sind diese
Definitionen kaum verständlich.

Hier also zuerst die Aeusserungen zum Doppelpunkt: *Sind
aber die Theile des Theils (sc. der Periode) schon durch Strichpuncte
unterschieden, so endigt sich der ganze Theil durch ein Colon, oder
zwey Puncte (:). Man braucht das Colon auch, wenn man gewisse Wörter
und Redensarten zum Exempel braucht, jemanden Worte in den Mund legt,
oder sie aus andern Schriften und Reden wieder anführt. Alsdann nemlich
steht vor solchen Exempeln und fremden Worten ein Colon.*[2] Basedow
führt auch die doppelte Funktion des Kolons an. Während der
erste Teil, d.h. die Abgrenzung von durch Semikola bereits
geteilten Einheiten, an Freyer erinnert, scheint der zweite
Teil neueren Datums zu sein. Die direkte Rede und die Zitate werden erstmals gemeinsam angeführt. Eine weitere Quelle für dieses Zeichen könnte Gottsched sein.

31.2.1.3 Semicolon

Die folgende Definition steht bei Basedow unmittelbar vor

---

1 Basedow, Neue Lehrart, 1759. S.103.

2 Basedow, Neue Lehrart, 1759. S.104.

den Aeusserungen zum Colon: *Wenn ein Theil einer Periode aus Theilen besteht, die durch Striche oder Commata von einander abgeson= dert sind; so muß dieser größre Theil sich durch ein Semicolon oder einen Strichpunct (;) schließen.*[1] Die Position dieses Zeichens ist ebenso wie diejenige des Colons vom nächst niedrigen innerhalb der Periode abhängig. Bis dahin versucht Basedow nicht, eine genauere grammatische Erklärung zu geben. Dieses Versäumnis holt er umso intensiver beim Komma nach.

31.2.1.4 Comma

Das Comma aber steht, woferne nach den vorigen Regeln kein ander Zei= chen nöthig ist, bey folgenden Fällen.

a) Zwischen dem Antecedens und Consequens, zwischen dem Satze und An= hange, vor und nach dem Einschiebsel, zwischen zwey auf einander folgenden Vorsätzen, Nachsätzen, Anhängen und Einschiebseln.

b) Vor und nach einem beherrschten Satze.

c) Vor und nach der Anrede.

d) Wo Wörter ausgelassen sind, die man hinzudenken muß.

e) Vor und nach den Redensarten, die vermittelst eines Infinitivi mit Zu etwas vorhergehenden erklären.

f) Vor und nach den participialischen Redensarten.

g) Wo Und und Auch ausgelassen sind.

h) Vor dem Und, wenn es nicht einzelne Worte, sondern Redensarten und Sätze an das vorige verbindet.

i) Vor einem jeden mittleren Und, wenn es verschiedne mal auf einander folgt; aber nicht vor dem ersten und letzten Und.

k) Das Comma sondert auch, um Zweydeutigkeit zu verhüten, solche Wörter, die zum vorhergehenden und folgenden gehören können, von denen ab, wozu sie nicht so genau gehören.

l) Es steht auch da, wo man ohne Mißverstand im Vorlesen wenigstens etwas, obgleich sehr wenig, einhalten könnte, oder müßte.[2]

In elf zum grössten Teil durchaus zutreffenden Regeln ver-

---

1 Basedow, Neue Lehrart, 1759. S.104.

2 Basedow, Neue Lehrart, 1759. S.104/105.

sucht Basedow, den Gebrauch des Kommas festzulegen. Er mischt
allerdings grammatische (a,b,e,f,g,h,i), semantische (d,k)
und rhetorische (c,l) Gründe in unzulässiger Weise durcheinander, so dass sich kein einheitliches Prinzip erkennen
lässt. Man muss Basedow hoch anrechnen, dass er als erster
versucht hat, mittels eines Regelkatalogs den Gebrauch des
Kommas einzuschränken. Dass es einfacher gegangen wäre, zeigen Wiederholungen bei den grammatischen Erklärungen. Die
Ausführlichkeit der Regeln ist ein Indiz dafür, dass die bei
den neuesten Grammatikern immer stärker beobachtete Unsicherheit insofern positive Auswirkungen hatte, als man sich bemühte, neue und gültige Regeln für einen eindeutigen Gebrauch zu finden.

Im Zusammenhang mit den Sinn- und Pausenzeichen ist noch die
Schlussbemerkung zur Interpunktion von Interesse, welche
sich nur mit der rhetorischen Seite der Satzzeichen befasst:
Wenn etwas kein grammaticalisches Zeichen des Anhanges hat, dennoch
aber dem Verstande nach mit dem vorigen zusammen hängt, und nicht mit
einer starken Zwischenpause gelesen werden darf: so unterscheidet man
es oftmals von dem vorigen als einem Anhange durch ein Comma, Semicolon
und Colon, und nicht durch einen Punct.[1] Die rhetorische Funktion
des Zeichens übertrifft also die grammatische. Es ist klar,
dass es unter diesen Umständen nicht einfach ist, bei der
Interpunktion eines Textes die jeweils richtige Kategorie
zu wählen. Es scheint aber, dass sich Basedow bei der praktischen Anwendung der Interpunktion an einfachere Regeln
gehalten hat. Seine Interpunktion weicht nicht von der damals
üblichen, etwas zu häufigen Zeichensetzung ab.

31.2.2 Ton- und Schriftzeichen

In Abschnitt drei, also zwischen Semikolon/Kolon und Komma,
werden die Nebenzeichen angeführt. Sie werden im folgenden

---

1 Basedow, Neue Lehrart, 1759. S.105.

gemeinsam besprochen, da sie zu wenig differenziert dargestellt sind und keine Neuerung bringen: *Nach Endigung der Fra=*
ge steht ein Fragzeichen (?) Nach Endigung des Wunsches oder eines
herzrührenden Ausrufs steht ein Ausrufungs Zeichen (!) Ein Einschiebsel,
dessen Daseyn, der Einrichtung der andern Wörter ganz gleichgültig ist,
wird vor und nach durch eine Parenthese ( ) abgesondert.[1] Die Formulierungen sind nicht besonders originell. Es finden sich
Anklänge an Gottsched, Ratke und Aichinger: Gottsched hat
die drei Zeichen ebenfalls gemeinsam dargestellt. Ratke
spricht in Verbindung mit dem Ausrufezeichen als einziger
von Wunsch und Ausruf. Aichinger endlich hat den Begriff
'Einschiebsel' geprägt. Die Nebenzeichen sind kurz abgehandelt. Ihre Einordnung ist unklar. Für die richtige Anwendung
dieser drei Zeichen sind gewisse Vorkenntnisse notwendig.

31.3 Zusammenfassung

Basedow hat sich zwar stets im Norden Europas aufgehalten,
aber einige Studienjahre verbrachte er in Leipzig. Aus dieser Zeit stammt vermutlich die Kenntnis von Gottscheds und
Aichingers Werken. Sein Vorgehen bei der Beschreibung der
Interpunktion ist auf eine spezielle Art eigenständig. Denkbar ist, dass er bei der Abfassung seiner Theorie zwar keine
Vorlagen zur Verfügung hatte, dass er sich aber daran erin-
nerte, eine oder mehrere Lehren schon einmal gelesen zu haben.

Der Aufbau seines Systems ist nicht einleuchtend. Basedow
hat zudem einen Hang zur Wiederholung; besonders deutlich
sichtbar ist dies bei der Beschreibung des Punktes.

Basedow orientiert die Zeichensetzung an der Grammatik.
Er versucht, seine Zeichen unter diesem Aspekt darzustellen,
was ihm aber nur teilweise gelingt. Er übernimmt die stär-
kenmässige Ordnung der Hauptzeichen, stellt sie aber in um-
gekehrter Reihenfolge als gewöhnlich dar.

---

1 Basedow, Neue Lehrart, 1759. S.104.

32. HEINRICH BRAUN

32.1 Leben und Werk[1]

Heinrich Braun wurde 1732 in Trostberg, Oberbayern, geboren.
In der Schule der Benediktiner empfing er seine Grundbil-
dung und trat mit 18 Jahren in diesen Orden ein. Als Lehrer
der schönen Wissenschaften und als Professor der Theologie
wirkte er im Kloster Tegernsee. Die 1765 erschienene 'Deutsche Sprachlehre'[2] verschaffte ihm eine Lehrstelle an der
Akademie der Wissenschaften in München. In rascher Folge
veröffentlichte er dort ein 'Deutsch-orthographisches Wörterbuch', eine 'Anleitung zur Dicht- und Verskunst' sowie
eine 'Redekunst'[3] und entwickelte eine aktive Lehrtätigkeit.
Er wurde mit der Reform der Volksschule und der Abfassung
von Schulbüchern betraut. 1770-1773 stand er an der Spitze
des deutschen Unterrichtswesens in Bayern und 1777-1781 amtierte er als 'Director der sämmtlichen Lyceen und Gymnasi-
en, dann der Stadt- und Landschulen in Bayern', wo er als
Reformator und Vorkämpfer der deutschen Volksbildung tätig
sein konnte. Er starb 1792.

Seine 'deutsche Sprachkunst' ist auf den vier klassischen
Teilen Orthographie, Prosodie, Etymologie und Syntax aufgebaut. Die Interpunktion bildet den letzten Abschnitt der
achtteiligen Orthographie.

32.2 Das Interpunktionssystem

Heinrich Braun setzt sich wieder intensiver mit der Inter-

---

1 Die biographischen Angaben über Braun stützen sich auf den Aufsatz
  von Kluckhohn in ADB Bd.3, 1876. S.265 f.

2 Heinrich Brauns Anleitung zur deutschen Sprachkunst. Zweite (...)
  verbesserte Auflage, München 1775. Die folgende Besprechung stützt
  sich auf diese Ausgabe. Leider konnte der Verfasser nicht abklären,
  wie stark die zweite Fassung gegenüber der ersten aus dem Jahre 1765
  überarbeitet und abgeändert ist.

3 Die Titel sind zitiert nach ADB Bd.3, 1876. S.265.

punktion auseinander. In einer Einleitung begründet er sowohl ihre Stellung innerhalb der Orthographie als auch ihren
Sinn und Zweck: *An der Richtigkeit der Unterscheidungszeichen liegt*
fast eben so viel, als an der Richtigkeit der Buchstaben selbst. Wenn
diese Zeichen ausgelassen werden; oder nicht am gehörigen Orte stehen:
so wird ein Redesatz entweder unverständlich, oder zweydeutig. So noth=
wendig aber diese Zeichen sind, so muß man doch mit denenselben nicht
gar zu freygebig seyn. Da dieß also so wohl eine Wissenschaft, als eine
Klugheit fodert, so darf sich Niemand wundern, daß die Schüler in die=
sem Stücke viele Schwierigkeiten finden.[1] Braun versucht nun, in
knappen Regeln und ausführlichen Erklärungen und Beispielsätzen den Gebrauch der Interpunktionszeichen zu definieren.
Er kennt die üblichen vier Hauptzeichen, hingegen stellt er
acht z.T. neue Nebenzeichen vor.

32.2.1 Sinn- und Pausenzeichen

Der Ausgangspunkt für die Hauptzeichen ist bei Braun immer
der Redesatz. Unter Redesatz versteht er einen grammatikalisch und inhaltlich abgeschlossenen Satz. Braun beginnt
die Erklärung beim Punkt und steigt ab zum Komma.

32.2.1.1 Punctum

Nach dem Ende eines jeden vollkommenen Redesatzes muß ein Punctum ste=
hen.[2] In einem ersten Schritt erläutert Braun, was er unter
einem vollkommenen Redesatz versteht. Verlangt ist die Vollkommenheit sowohl der Konstruktion als auch des Sinnes. Die
Konstruktion bezieht sich auf den grammatikalischen Teil
des Satzes. Der Sinn wird aber noch etwas genauer definiert
und zwar indem ein neuer Begriff, die 'Materie', eingeführt
wird. Unter Materie wird das Thema verstanden. Innerhalb
eines Themas können aber verschiedene vollkommene Sinne auf-

---

1 Braun, deutsche Sprachkunst, 1775. S.145.
2 Braun, deutsche Sprachkunst, 1775. S.146.

treten. Es handelt sich somit nur um eine zusätzliche semantische Absicherung des grammatikalischen Satzbegriffs.

In einem Exkurs wendet sich Braun gegen den Gebrauch des
Punktes nach Zahlen. Er macht keinen Unterschied zwischen
Ordinal- und Kardinalzahlen, sondern er lehnt ihn in jedem
Fall ab. Hierzu ist zu sagen, dass zu jener Zeit die Sitte
weit verbreitet war, hinter allen Zahlen einen Punkt zu set-
zen.

32.2.1.2 Kolon

Braun trennt die beiden Funktionen des Kolons sehr deutlich,
indem er für jede der Funktionen eine separate Regel anführt:
Wenn ein Redesatz zween Haupttheile hat, welche zwar für sich selbst
eine Construction ausmachen, und einen etwas vollkommenen Sinn geben;
indessen aber doch also mit einander zusammenhängen und verbunden sind,
daß der erste ohne den zweyten keinen vollkommenen Verstand giebt, und
man bey dem Schluße des ersten auf etwas Folgendes nothwendig wartet:
so muß nach dem Schluße des ersten Haupttheiles ein Kolon, oder ein
Doppelpunkt gesetzet werden.[1] Die Regel beschreibt den richtigen Gebrauch des Zeichens so ausführlich, dass Braun auf
eine Erläuterung verzichtet und sich mit einem Beispielsatz
begnügt. In den ersten Worten der Regel erkennt man leicht
die Tradition, welche von Freyer in der deutschen Sprache
begründet wurde. Dass eine solche Regel dennoch nicht alle
Schwierigkeiten beseitigen konnte, lässt sich aus der Interpunktierung der zitierten Regel erkennen.

Die zweite Regel zum Kolon befasst sich mit seiner Ankündigungsfunktion: *Wenn man die Worte eines andern so, wie er sie*
ausgesprochen hat, beybringen will; so setzet man auch das Kolon, oder
den Doppelpunkt.[2] Der Gebrauch des Kolons in dieser Funktion
ist wieder auf die Ankündigung der direkten Rede eingeschränkt. Die indirekte Rede wird mit dem Komma eingeleitet.

---

1 Braun, deutsche Sprachkunst, 1775. S.148/149.
2 Braun, deutsche Sprachkunst, 1775. S.149.

32.2.1.3 Semikolon

Die kleinern Theile eines Redesatzes werden mit einem Semikolon ge=
schlossen. (Bsp.). Das Comma ist in manchen Fällen zu schwach, und
trennet zwo Constructionen nicht genug; das Kolon aber würde sie zu
stark trennen; da setze man also das Semikolon. (...) Ueberhaupt kann
man diese Sache eher durch die Uebung, als durch viele Regeln lernen;
die Vernunft selbst wird es in besondern Fällen bestimmen, wann das
Comma zu schwach, und das Kolon zu starck seyn wird. (...).[1] Beim
Semikolon meidet Braun grammatische Begriffe und empfiehlt
den Gebrauch des Strichpunkts eher dem Sprachgefühl. Seine
Position ist nur innerhalb der Reihe der Satzzeichen bestimmt, zwischen dem Komma und dem Kolon. Wieweit Komma und
Kolon zu jener Zeit als grammatische termini technici verstanden wurden, lässt sich nicht klar feststellen. Eine
ganze Reihe von Beispielsätzen mit semantischen Anweisungen
hat die Aufgabe, das Sprachgefühl des Lesers zu schärfen.

32.2.1.4 Comma

Die kleinsten Theile eines Redesatzes, welche nicht unmittelbar zusam=
men gehören, unterscheidet man wegen der Deutlichkeit mit einem Com=
ma. Dieses Unterscheidungszeichen ist das gewöhnlichste, und läßt
sich nicht nur nach den Constructionen, sondern auch oft nach einzel=
nen Wörtern setzen. (Bsp.). Man wiederhole nur das Comma nicht gar zu
oft; sonst wird eine Schrift eckelhaft (Bsp.).[2] Das Comma findet
in der Regel selbst seinen Platz unter den Teilen eines Redesatzes. Auch hier lässt sich mit den zusätzlichen Informationen nicht viel anfangen. Die Beispielsätze bestätigen
das Urteil, das aus der Interpunktierung der Regeln selbst
gewonnen wird: Braun verwendet zu viele Sinn- und Pausenzeichen. Sogar Kola kommen an Orten vor, wo nach heutigem
Gebrauch ein Beistrich genügen würde.

---

1 Braun, deutsche Sprachkunst, 1775. S.149/150.
2 Braun, deutsche Sprachkunst, 1775. S.152.

32.2.2 Ton- und Schriftzeichen

Braun stellt wieder eine grössere Anzahl von Nebenzeichen
vor, von denen einige sogar neu sind.

32.2.2.1 Fragezeichen

Das Fragezeichen kömmt nach einer wirklichen Frage (Bsp.).[1] Diese
Formulierung tauchte bei Gottsched in sehr ähnlicher Form
auf. Auch Braun scheint keinen Unterschied zwischen der
alten und der neuen Form des Fragezeichens zu machen. Auf
zwei weiteren Seiten erörtert er die Frage, ob nach indirekten und nach langen Fragen ebenfalls ein Fragezeichen
zu setzen sei, wobei er sich auf Manutius[2] beruft.

32.2.2.2 Aufrufzeichen

*Das Aufrufzeichen setzet man nach einem Aufrufe, oder wenn man eine
heftige Gemüthsbewegung ausdrücken will.*[3] Auch diese Beschreibung zeichnet sich nicht durch Originalität aus. Der Wortschatz und die Reihenfolge der Wörter wurden schon mehrmals
verwendet (z.B. von Aichinger und Gottsched). Braun warnt
vor der Verwechslung mit dem Fragezeichen. Ob Braun den
Begriff 'Aufrufzeichen' absichtlich erfunden hat, oder ob
er bei flüchtiger Lektüre das lange 's' der Frakturschrift
mit einem 'f' verwechselt hat, ist schwer zu entscheiden.

32.2.2.3 Einschluss

*Parenthesis, der Einschluß, wird gesetzet, wenn man in einer Rede eine
Mittelconstruction einschaltet, welche nicht zur Sache gehöret, und
ohne Nachtheil des Zusammenhanges wegbleiben könnte. (Bsp.).*[4] Dieses

---

1 Braun, deutsche Sprachkunst, 1775. S.152.

2 Aldi Manutii orthographiae ratio, Venetiis 1566. Pag.791 ff: inter-
  pungandi ratio.

3 Braun, deutsche Sprachkunst, 1775. S.154.

4 Braun, deutsche Sprachkunst, 1775. S.155.

Zeichen wird auch völlig in der herrschenden Tradition beschrieben. Braun ist ebenfalls der Meinung, der Klammerinhalt müsse grammatikalisch vom Hauptteil verschieden sein;
in allen andern Fällen empfiehlt er den Gebrauch von Semikola oder Kola anstelle der Klammer.

32.2.2.4 Oberstrich

*Den Apostrophus, welcher von einigen der Oberstrich, von andern der
Hinterstrich genennet wird, setzet man, wenn ein Buchstab, welcher zum
Worte gehört, ausgelassen wird. (...).*[1] Braun modifiziert seine
Regel insofern, als er sie auf die Poesie beschränkt und
einen möglichst sparsamen Gebrauch des Zeichens empfiehlt.
Die Kenntnis mehrerer Bezeichnungen zeigt, dass er offen-
bar verschiedene Vorlagen in seiner Lehre verarbeitet hat.

32.2.2.5 Zeichen einer abgebrochnen Rede

*Das Zeichen einer abgebrochnen Rede, oder signum Aposiopeseos. setzet
man, wenn man mitten in der Rede abbricht. (Bsp.).*[2] Aus dem beigefügten Beispielsatz wird das Aussehen des Zeichens ersichtlich. Braun setzt nicht drei Punkte, sondern drei
schrägliegende kurze Doppelstriche nebeneinander (⸗⸗).
Dafür, dass das Zeichen erstmals erklärt wird, ist es nicht
sehr ausführlich beschrieben. Einige Anzeichen, wie z.B.
der Hinweis auf die Verwechslungsgefahr mit dem ebenfalls
noch unerwähnten Gedankenstrich, deuten darauf hin, dass
Braun auf Quellen zurückgehen konnte, die uns heute nicht
bekannt sind. Im Gegensatz zu den meisten Grammatikern des
18. und auch des 17. Jahrhunderts stammt er aus dem süddeutschen Raum. Möglich ist, dass sich hier eine etwas unterschiedliche Tradition herausgebildet hatte.

---

1 Braun, deutsche Sprachkunst, 1775. S.156.
2 Braun, deutsche Sprachkunst, 1775. S.157.

32.2.2.6 Trennungszeichen

Das Trennungszeichen gehöret zur Abtheilung der Syllben, wenn man ein Wort brechen, und entweder die gebrochenen Syllben in eine andere Zeile setzen, oder doch von einander setzen will. (Bsp.).[1] Für die genauere Besprechung dieser Regel verweist Braun auf die Prosodie, wohin seiner Ansicht nach das Zeichen gehört. Die kurze Regel zeigt aber schon, dass das Trennungszeichen die Funktion von Bindestrich und von Trennungszeichen am Zeilenende übernehmen muss.

32.2.2.7 Milderungszeichen

Das Milderungszeichen setzet man über einen Buchstaben, wenn man ohne Verletzung des Buchstabs den Laut desselben ändern, und gleichsam et= was gelinder machen will (Bsp.). Die Zeit, die Uebung, das Lesen guter Schriften, der Umgang mit Personen, die gut zu reden pflegen, und ver= schiedene unbemerkte Nebenumstände, können manchmal mehr vermögen, als alle grammatische Regeln, wenn sie noch so deutlich und richtig sind.[2] Der erste Teil der Regel befasst sich mit dem Zeichen für den Umlaut. Durch Beispiele wird es erläutert, wobei hier Dialektunterschiede eine Rolle spielen. Der Umlaut wird durch ein e-artiges Zeichen über dem betreffenden Vokal gebildet. Braun begründet das Vorkommen dieses Zeichens in der Interpunktion nicht. Vor und nach ihm ist es nie an dieser Stelle besprochen worden.

Der zweite, allgemeinere Teil der obigen Regel gibt einen guten Einblick in das Verhältnis Brauns zur Grammatik. Er hat von seinem Standpunkt aus natürlich nicht einmal so unrecht, da er ja als Lehrer immer den Lernerfolg der Schüler im Auge behalten musste, der sich nicht immer mit schwierigen grammatischen Regeln erzielen liess.

---

1 Braun, deutsche Sprachkunst, 1775. S.157.

2 Braun, deutsche Sprachkunst, 1775. S.157/158.

32.2.2.8 Gedankenstrich

Ein interessantes Zeugnis ist auch das letzte Zeichen, das
Braun in seiner Interpunktionslehre vorstellt: *Man könnte
auch den seit wenigen Jahren in Deutschland eingeführten, und von den
Engländern entlehnten Gedankenstrich hieher rechnen, den man solchen
Worten vorsetzt, die einen außerordentlichen und unerwarteten Gedanken
enthalten, um den Leser zu erinnern, daß er dergleichen zu erwarten
habe, oder wenn er laut liest, auch andere es erwarten lassen solle.
(Bsp.). Es wird aber der Gebrauch dieser Gedankenstriche von manchen
Schriftstellern so übertrieben, daß er beynahe verächtlich geworden
ist.*[1] Der Gedankenstrich scheint also von den Engländern zu
stammen. Erstmals wird eine Quelle aus dieser Richtung genannt, wobei nicht zu klären ist, ob es sich um die praktische Anwendung in einem literarischen Werk oder um die
theoretische Aeusserung in einer Grammatik handelt. Der Name scheint schon fest zu sein, da dieses Zeichen auch in
Zukunft nie anders genannt wird. Der Gedankenstrich scheint
sich schnell verbreitet zu haben: obwohl er erst seit wenigen Jahren in Deutschland gebräuchlich ist, hat sich schon
der Missbrauch, d.h. der allzuhäufige Gebrauch aufgrund eigenen Gedankenmangels, eingebürgert.

32.3 Zusammenfassung

Mit Braun greift endlich wieder ein Vertreter des süddeutschen Raumes in die Diskussion über die Interpunktion ein.
Während er bei den Sinn- und Pausenzeichen keine Neuerung
bringt, sondern sich in der alten Tradition der vier Hauptzeichen bewegt, führt er mehrere Nebenzeichen ein. Die Art,
wie er sie anführt lässt den Schluss zu, dass er sich selbst
nicht als Erfinder, sondern nur als Vermittler dieser Zeichen ansieht. Er greift also, mit Ausnahme des Gedankenstriches, auf bereits bestehende Beschreibungen zurück, ohne dass uns aber die genaue Quelle bekannt wäre.

---

1 Braun, deutsche Sprachkunst, 1775. S.158.

33. JOHANN JAKOB BODMER

33.1 Leben und Werk[1]

Johann Jakob Bodmer wurde 1698 in Greifensee (CH) geboren.
Er studierte Theologie, wurde Kaufmann, unterrichtete Geschichte und Politik am Zürcher Gymnasium. Bedeutung erlangte er als Kritiker und Theoretiker in der Auseinander-
setzung um Fragen der Poetik. Gemeinsam mit Breitinger ver-
trat er, beeinflusst von der englischen Dichtung, gegenüber Gottsched die Ansicht von der dauernden Erneuerung der
Poesie. Ebenso verdient machte sich Bodmer um die mittel-
alterliche Literatur, als Uebersetzer und als Historiker.
Eigene literarische Werke sind demgegenüber nicht von grosser Bedeutung. Bodmer starb 1783 in Zürich.

1768 veröffentlichte Bodmer anonym seine 'Grundsätze der
deutschen Sprache'[2]. Es handelt sich also um ein sehr spä-
tes Werk, zweitens um ein Gebiet, welches ausserhalb seiner
Hauptinteressen lag. Die Grammatik seines Antipoden Gottsched erschien zum ersten Mal 20 Jahre früher und scheint
keinen grossen Einfluss, zumindest keinen direkten auf Bodmer ausgeübt zu haben.

In der Vorrede beruft sich Bodmer auf eine ganz andere
Grundlage: auf die 1747 erschienenen 'vrais principes de la
langue françoise' von Gabriel Girard[3]. Inwieweit die Interpunktionslehre von Girard beeinflusst ist, wäre noch zu untersuchen.

---

1 Die Angaben über Bodmers Leben stützen sich auf den Aufsatz von
  Mörikofer in ADB Bd.3, 1876. S.19-23.

2 Die Grundsätze der deutschen Sprache. Oder: Von den Bestandtheilen derselben und von dem Redesatze. Zürich 1768. Auf dem Exemplar der Zen-
  tralbibliothek Zürich (Z III.368) ist der Name J.J.Bodmer mit Blei-
  stift auf der Titelseite eingefügt. Nach Baechtold, Geschichte der
  deutschen Literatur in der Schweiz, 1892, S.677, hat Breitinger an dem
  Buch mitgearbeitet. (Cf. Jellinek, nhd. Gramm. Bd.I, S.259, Anm.1).

3 Es handelt sich dabei um folgende Grammatik: Girard, Gabriel, Abbé:
  Les vrais Principes de la langue françoise ou la parole réduite en
  méthode, conformément aux lois de l'usage. Paris 1747.

33.2 Das Interpunktionssystem

Die 'Grundsätze' Bodmers sind in 14 Abschnitte unterteilt.
Die ersten neun befassen sich mit verschiedenen Wortarten.
Der zehnte Abschnitt behandelt die Syntax (nach Jellinek,
nhd. Grammatik, Bd.I, S.259, sehr stark von Girard beeinflusst). Der elfte und der zwölfte Abschnitt behandeln
orthographische Probleme. Der dreizehnte Abschnitt enthält
die Interpunktion, der vierzehnte eine Verslehre: *Von den*
Schreibzeichen, welche die Ruheplätze und Abstände der Stimme unter=
scheidend bezeichnen. Die Schrift muß genau zu allen Verhältnissen der
Aussprache der Wörter passen; sie muß darum nicht allein die articu=
lierten Töne, sondern auch die Pausen bezeichnen, welche der verschie=
dene Sinn und die Natur des Redesatzes erfodern. Zu diesem Ende hat
man eigene Züge oder Charackter erdacht; und sie geschickt anbringen,
heißt die Kunst der Punktierung. Zwar gegen die reine Sprache, den
schönen Ausdruck, die feinen und starken Gedanken gehalten, hat das
Punktieren einen geringen Werth; doch ist es dem geschicktesten Ver=
fasser nicht unanständig, daß er sich eine Sorge damit mache, wenn er
sein Werk für die Presse ins reine schreibt.[1] Aus diesen einleitenden Worten wird schon deutlich, dass Bodmer die Grammatik nicht nur als Theoretiker, sondern als jemand betrachtet, der sich mit Dichtung intensiv auseinandersetzt. Seine
Gedanken sind nicht neu, er verwendet aber eine eigenwilli-
ge Terminologie, die auch weiter unten zum Vorschein kommt.

Das Interpunktionssystem Bodmers ist in der gewohnten Art
aufgebaut. Auf die vier Hauptzeichen, vom Komma zum Punkt
aufsteigend dargestellt, folgen sieben resp. acht Nebenzeichen.

33.2.1 Sinn- und Pausenzeichen

Bodmer stellt die vier Hauptzeichen in der üblichen Art und
Weise dar. Der Orientierungspunkt ist bei ihm der Redesatz,

---

1 Bodmer, Grundsätze, 1768. S.121.

die Unterschiede unter den Zeichen sind vorwiegend semanti-
scher Art. Im folgenden beschränken wir die Analyse der einzelnen Zeichen auf die wichtigsten Aussagen, ohne einen besonderen Bezug zu seiner von Girard beeinflussten Syntax zu
nehmen.

33.2.1.1 Comma

Schon in dem einfachen Redesatze lassen sich die Glieder (...) unter=
scheiden. Und das Unterscheidungszeichen ist ein schiefes Stäbchen,
bey den Lateinern ein krummes, von den Gelehrten Comma und Virgula
genannt.[1]   Die Terminologie ist eher altertümlich. Der Begriff 'Virgula' ist seit Walter (1628) nicht mehr verwendet
worden. Bodmer unterscheidet eine lateinische und eine
deutsche Schreibweise, wie sie auch von Ratke beobachtet
wurde. Bodmer versucht, vier besondere Situationen herauszuarbeiten, wo das Komma gesetzt werden sollte, wobei aber
keine einheitliche Basis erkennbar ist.

33.2.1.2 Commapunkt

Aber wenn die Sätze zwar zusammengesetzt werden, obgleich jeder seinen
besondern Sinn hat; wenn aber ein Satz gegen den andern absticht, da=
mit sie zusammen einen ganzen Gedanken ausmachen, so müssen die Rede=
sätze, die in diesem Verhältnisse stehn, durch den Commapunkt unter=
schieden werden. Dieses Zeichen ist der Punkt über dem schiefen Stäb=
chen, dem Comma, der darum Commapunkt heißt. (Bsp.).[2] Im Vergleich
mit dem heutigen Gebrauch wird dieses Zeichen viel zu häufig
gesetzt. Die grammatikalische Einordnung ist allerdings zu
wenig genau, als dass man die Regel eindeutig anwenden könnte.

---

1 Bodmer, Grundsätze, 1768. S.121.
2 Bodmer, Grundsätze, 1768. S.123.

33.2.1.3 zwee Punkte

Wenn der Sinn, oder Gedanke, durch verschiedene Redesätze formiert
wird, und jeder Redesatz ist mit dem andern unverbunden, und vor sich
selbst vollendet, so daß sie allein als Bestandtheile beysammen stehn,
damit sie alle erst einen zusammengeordneten ganzen Sinn ausmachen, so
wird jeder von diesen dergestalt und nicht anders verbundenen Rede=
sätzen mit zween Punkten bezeichnet. (Bsp.).[1] Bei diesem Zeichen
ist Bodmer vollends zur rein semantischen Erklärung überge-
gangen, wobei die Klarheit der Beschreibung sehr zu wünschen übrig lässt. Seine Satzkonstruktionen sind schlecht
überschaubar und vor allem nach seinen eigenen Theorien
falsch interpunktiert.

33.2.1.4 Punkt

Wenn ein Sinn, ein Gedanke vollkommen von den andern getrennt wird,
und vor sich ein Ganzes ausmacht, so daß er mit denselben weiter nicht
als durch die Materie und die Zustimmung der Gedanken verbunden ist,
so gehört ihm der stärkste Grad der Unterscheidung und diesen empfängt
er mittelst des Punktes. (Bsp.).[2] Der Punkt ist also das stärkste Unterscheidungszeichen. Die vier Hauptzeichen werden
so vorgestellt, dass sie ihre Funktion in gegenseitiger Abhängigkeit erhalten. Bodmer ist es nicht gelungen, für jedes
Zeichen eine aussagekräftige Regel zu erarbeiten. Dass ihm
selbst die Interpunktion etwas Mühe bereitet hat, zeigt der
Umstand, dass die Beispielsätze, die die Regeln illustrie-
ren sollten, völlig anders interpunktiert sind, als der übrige Teil der Grammatik.

33.2.2 Ton- und Schriftzeichen

Bodmer teilt die Interpunktionszeichen ebenfalls in mehr
oder weniger wichtige Zeichen ein. Die Trennung zwischen

---

1 Bodmer, Grundsätze, 1768. S.123.
2 Bodmer, Grundsätze, 1768. S.124.

Haupt- und Nebenzeichen vollzieht er aber nicht am gewohnten Ort, sondern die Klammer wird in enger Verbindung mit den vier Hauptzeichen erklärt.

33.2.2.1 Einschiebsel

In dem schönen Stil hütet man sich, von einer andern Sache zu reden, ehe man die erste, womit man angefangen, geendiget hat. Wenn doch die Nothwendigkeit erfodert, daß man einen Gedanken einführe, bevor man den ersten ausgeredet hat, so wird die Unterbrechung des einen, und die Einschiebung des andern, mit dem Zeichen von zween gegen einander gekehrten Halbmonden angezeiget (Bsp.). Die Lateiner nennen sie Paren= theses, und wir Einschiebsel. Die kürzsten sind die besten, und die Commazeichen sind dann zulänglich.[1] Der Gebrauch der Klammern wird vom gleichen Standpunkt aus betrachtet, wie derjenige der Hauptzeichen. Die Klammer wird zudem als stilistisch unschön abgelehnt. Die zwei halben Monde zur Erklärung des Aussehens sind zum letzten Mal von Walter verwendet worden. Der deutsche Name 'Einschiebsel' wurde von Aichinger und von Basedow gebraucht.

Bodmer setzt erst nach diesem Zeichen eine Zäsur und geht über zu den weiteren Zeichen: *Ueber diese giebt es noch einige andere Zeichen der Schrift, dem langsamsten Leser aufzuhelfen, ihm den Sinn zu erleichtern, und der Dunkelheit des Stils vorzukommen.*[2] Bodmer kommt im Zusammenhang mit der Interpunktion immer wieder auf den Stil zu sprechen.

33.2.2.2 Fragepunkt

Nach einer Frage wird am Ende ein schlanker Strich über den Punkt ge= setzt (Bsp.).[3] Bodmer erklärt dieses Zeichen beinahe mit Gottscheds Worten. Das Zeichen wird vom Aussehen her nicht

---

1 Bodmer, Grundsätze, 1768. S.124/125.

2 Bodmer, Grundsätze, 1768. S.125.

3 Bodmer, Grundsätze, 1768. S.125.

näher erklärt. Eine relativ komplizierte Formulierung sagt
aus, dass der Fragepunkt nach indirekten Fragen nicht gesetzt werden müsse. Bodmer verwendet ausschliesslich die
heutige Form des Fragezeichens.

33.2.2.3 Ausrufezeichen

Nach einem Ausrufe in der Bestürzung oder einer Leidenschaft wird über
dem Punkte ein gerader Strich gesetzt. (Bsp.).[1] Auch dieses Zeichen
wird in der üblichen Form erklärt. Für Bodmer steht das
Ausrufezeichen in einem engen Zusammenhang mit dem Fragezeichen. Abgesehen von der ähnlichen Beschreibung macht er
auf besondere Situationen aufmerksam, in welchen statt des
Fragezeichens das Ausrufezeichen gesetzt werden muss.

33.2.2.4 Vereinbarungsstriche

Die Wörter, die am Ende der Zeile abgebrochen werden, zu verknüpfen,
dienen die Vereinbarungsstrichgen. Ehemals machte man von eben densel=
ben einen grossen Gebrauch, die zusammengesetzten Wörter zu verbinden.[2]
Der Ausdruck 'Vereinbarungsstriche' ist neu. Bodmer verwendet dieses Zeichen nur noch als Trennungsstrich am Zeilenende. Er weist auf den früheren Gebrauch als Verbindungszeichen hin. Die Funktion als Ergänzungsbindestrich scheint
ihm nicht bekannt zu sein.

33.2.2.5 Gansaugen

Vor die Zeilen, die nicht unser sind, die wir von andern genommen haben,
der Rede Ansehn, Gewicht oder Licht zu geben, setzt man eben dergleichen
Strichgen; und weil sie einige entfernte Aehnlichkeit mit Gansaugen
oder Ganstritten haben, nennt man sie auch so.[3] Das genaue Aussehen

---

1 Bodmer, Grundsätze, 1768. S.125.

2 Bodmer, Grundsätze, 1768. S.126.

3 Bodmer, Grundsätze, 1768. S.126.

der Zeichen scheint damals noch nicht eine grosse Rolle ge-
spielt zu haben. Bodmer beschränkt sich darauf zu erwähnen,
sie sähen gleich aus, wie die Vereinbarungsstriche. Dass
sie aber in einem ganz andern Winkel stehen, davon sagt er
nichts. In seinem Werk verwendet er sie nicht; es ist also
möglich, dass er diese Regel aus einer andern Lehre übernommen hat, ohne sich im klaren über das richtige Aussehen
zu sein.

33.2.2.6 Gedankenstrich

Gedankenstrich und Auslassungspunkte behandelt Bodmer in
einem. Er macht keinen wesentlichen Unterschied zwischen
ihnen: *Dem Leser mehr zu denken zu geben, als man sagt, es sey, daß*
man gerne abbrechen will, oder daß man sich fürchtet, die Sache heraus=
zusagen, setzet man einen oder zween kurze Querstriche; oder man setzt
für die Strichgen nur etliche Pünktchen nach einander. (Bsp.). Jhr se=
het, daß die Querstriche uns den Dienst der lateinischen &c. &c, thun.
Verfasser, die Mangel an Gedanken haben, oder sie nicht auszudrücken
wissen, behelfen sich öfters mit dieser Nothhülfe.[1] Bodmer mischt
hier einige Zeichen untereinander, welche ursprünglich nicht
alle die genau gleiche Funktion hatten. Aber auch in diesem
Fall handelt es sich um Zeichen, die Bodmer in seinen 'Grundsätzen' kaum verwendet. Aufgrund von oberflächlichen Beobachtungen ist es leicht möglich, dass Bodmer auf diese einheitliche Erklärung gelangt ist. Zumindest kann man das als ein
Indiz für das selbständige Vorgehen Bodmers ansehen.

33.2.2.7 Ausdrängung

Man hat ein besonderes Zeichen, die Ausstossung eines Selbstlautes am
Ende des Wortes anzuzeigen; welches geschieht, wenn das folgende Wort
ebenfalls mit einem Selbstlaut anfängt. In Latein heißt es auch Elisio,
Ausdrängung. (Bsp.). Jtzt wird es selten mehr gebraucht. Die schlechten

---

1 Bodmer, Grundsätze, 1768. S.126.

Versmacher haben es oft an die Stelle des Selbstlautes gesetzt, wenn
kein folgender Selbstlaut sie berechtigt hatte, den ersten wegzuwer=
fen.[1] Als letztes Nebenzeichen erklärt Bodmer den Apostroph.
Er betrachtet auch dieses Zeichen stark vom stilistischen
Standpunkt aus. Während die Formulierung ziemlich selbständig ist, entspricht der Wortschatz in Verbindung mit diesem
Zeichen demjenigen der meisten vorangegangenen Beschreibungen des Apostrophs.

33.3 Zusammenfassung

Bodmers Interpunktionssystem ist keine Neuschöpfung. Er übernimmt den Zeichenbestand und bestimmte Erklärungen von nicht
direkt bestimmbaren Vorgängern. Seine Leistung besteht darin,
dass er die meisten Regeln mit eigenen Worten neu zu formu-
lieren versucht. Angefangen bei den meist ungewohnten, etwas
altertümelnden Namen der Zeichen über den stilistisch ausgerichteten Grundsatz bis zu den sorgfältig nach den Regeln
der Interpunktionslehre interpunktierten Beispielsätzen zeigen seine Aeusserungen zur Zeichensetzung, dass es auch zu
seiner Zeit noch durchaus möglich war, das ganze System neu
zu betrachten.

34. JOHANN FRIEDRICH HEYNATZ

34.1 Leben und Werk[2]

Johann Friedrich Heynatz wurde 1744 in Havelberg geboren.
Er besuchte Gymnasien in Berlin und die Universitäten in
Halle und Frankfurt. 1679 wurde er Lehrer am Gymnasium zum
Grauen Kloster in Berlin[3]. Von 1775 an führte er als Rektor

---

1 Bodmer, Grundsätze, 1768. S.127.

2 Die Lebensdaten Freyers stützen sich auf den Aufsatz von Schwarze
  in ADB Bd.12, 1880. S.374 f.

3 Nach einem kurzen Unterbruch greift wieder ein Besucher dieser Schule in die Diskussion um die Interpunktion ein.

das städtische Lyceum in Frankfurt an der Oder und beklei-
dete eine ausserordentliche Professur der Beredsamkeit und
der schönen Wissenschaften an der dortigen Universität. Er
starb 1809 in Frankfurt.

Heynatz veröffentlichte mehrere Werke zur deutschen Sprache: 1770 erschien seine 'Deutsche Sprache zum Gebrauche
der Schulen', 1785 die 'Anweisungen zur deutschen Sprache
für Anfänger', und zwischen 1771 und 1775 äusserte er sich
in den 'Briefen, die deutsche Sprache betreffend' zu andern
Grammatikern und sprachlichen Problemen[1].

Weniger bekannt, für unsere Arbeit aber am wichtigsten
und am interessantesten, ist die 1772 erstmals erschienene
'Lehre von der Interpunktion', die überarbeitet und verbessert 1782 in Berlin ein zweites Mal herausgegeben wurde[2].
Diese 'Lehre von der Interpunktion' ist das ausführlichste
Werk, das seit jeher in deutscher Sprache über die Zeichensetzung veröffentlicht wurde. Es enthält auf 80 Seiten neben
den eigentlichen Interpunktionsregeln eine ausführliche Einleitung, in welcher sich Heynatz über die Entstehung, die
Geschichte, das Wesen und den Nutzen der Interpunktion verbreitet. Er kannte sehr viele Interpunktionslehren, die vor
ihm erschienen sind. Namentlich erwähnt er Aichinger, Gottsched, Stieler, Freyer, Wippel und Bödiker und zusätzlich
Heinze und Hemmer, deren Arbeiten dem Verfasser der vorliegenden Untersuchung jedoch nicht zugänglich waren[3].

---

1 Die Titel sind zitiert nach ADB Bd.12, 1880. S.374 f.

2 Die Lehre von der Interpunktion oder dem richtigen Gebrauche der Un=
  terscheidungs= oder Abtheilungszeichen, als eine Beilage zu seiner
  deutschen Sprachlehre herausgegeben von M. Johann Friedrich Heynatz.
  Zweite, durchgängig verbesserte Ausgabe, Berlin 1782.

3 Es handelt sich dabei 1. um Heinzes (...) Anmerkungen über des Herrn
  Professor Gottscheds deutsche Sprachlehre, Göttingen und Leipzig,
  1759, und 2. um Hemmers deutsche Sprachlehre (...) Mannheim 1775.
  Zitiert nach Jellinek, nhd. Grammatik, Bd.I, S.11/12.

34.2 Das Interpunktionssystem

Heynatz versucht nicht, ein neues Interpunktionssystem zu entwickeln, sondern er sieht seine Aufgabe darin, die verschiedenen Dunkelheiten, die damals in der Interpunktion noch herrschten, aufzuklären, alle bedeutenden Punkte miteinzubeziehen und die Regeln deutlich auszudrücken und gehörig zu beweisen. Für Heynatz hat die Interpunktion eine vorwiegend rhetorische Funktion: *Die Jnterpunktion lehrt, wie man im Schreiben die Sätze und kleinern Theile einer Rede den im Reden gebräuchlichen Ruhepunkten der Stimme gemäß durch gewisse Zeichen von einander trennen soll.*[1] Mit diesen Worten beginnt Heynatz seine Interpunktionslehre. Der Aufbau des Buches ist paragraphisch geordnet. Jeder Paragraph beginnt mit einer kurzen Aussage oder Regel, die dann in seitenlangen Begründungen und Beispielen untermauert wird. Wir werden aus diesem umfangreichen Werk nur die wichtigsten Punkte zitieren, da es sich bei Heynatz mehr um eine Zusammenfassung alles Bisherigen als um neue Ideen handelt.

34.2.1 Sinn- und Pausenzeichen

Heynatz stellt ebenfalls die üblichen vier Hauptzeichen vor. Er beginnt die Darstellung mit dem Punkt. Er findet es das natürlichste Vorgehen, da der Punkt nicht nur das notwendigste und vornehmste aller Zeichen ist, sondern weil es auch als erstes erfunden worden ist.

34.2.1.1 Punkt

Unter allen Abtheilungszeichen ist der Punkt in Ansehung seines Ge=brauchs am leichtesten. Man setzt ihn nemlich, sobald der Verstand aus ist, und ein neuer ganz andrer Satz anfängt.[2] Heynatz definiert

---

1 Heynatz, Interpunktion, 1782. S.7.

2 Heynatz, Interpunktion, 1782. S.20.

die Stelle des Punktes also semantisch. Er drückt sich nicht
übermässig genau aus und für denjenigen, der in seiner Terminologie nicht so bewandert ist, hat Heynatz folgendes Mittel bereit: *Wer nicht beurtheilen kann, wo der Verstand aus ist, und*
ein neuer anfängt, dem ist weiter nicht zu helfen. Alles, was man für
ihn thun kann, ist, daß man ihm einige Beispiele giebt. (Bsp.).[1]
Heynatz lässt sich nicht auf eine grammatische Satzdefinition ein, sondern verweist auf den Sprachgebrauch.

In seinen Anmerkungen bringt er weitere Fragen zur Sprache, wie den Punkt nach Zahlen, den Unterschied zwischen
grossem und kleinem Punkt etc., ohne aber selbst Stellung
dazu zu nehmen. Heynatz beschränkt sich auf die Darstellung
des Gebrauchs in verschiedenen anderen Lehren, ohne diese
beim Namen zu nennen. Neun Seiten Beispiele und Anmerkungen
ergänzen insgesamt die kurze Regel.

34.2.1.2 Kolon

Das Kolon wird nur in zwei Fällen gebraucht; erstlich vor dem mit so
anfangenden Nachsatze eines längern Perioden, zweitens vor Worten, die
man anführt. Das erste kann man das periodische, das zweite das Anfüh=
rungskolon nennen.[2] Heynatz versucht, den Gebrauch des peri-
odischen Kolons mit einem Kunstgriff zu umschreiben. Er ver-
meidet grammatische Begriffe und führt das Wörtchen 'so'
ein, ohne es näher zu erklären. Auf fünf Seiten werden dann
anhand von Beispielen mögliche Situationen und Ausnahmen besprochen, ohne dass sich aber ein eindeutiger Gebrauch für
das Kolon definieren liesse.

Das Anführungskolon bedarf keiner weiteren Erklärung. Es
ist in der damals üblichen Form erklärt.

Bevor Heynatz zur Erklärung des Semikolons übergeht, warnt
er in einem separaten Paragraphen vor der Verwechslung mit
dem Kolon. Als bestes Mittel zur Vermeidung diesbezüglicher

---

1 Heynatz, Interpunktion, 1782. S.21.
2 Heynatz, Interpunktion, 1782. S.29.

Fehler nennt er die Befolgung seiner Regeln.

34.2.1.3 Semikolon

*Das Semikolon wird in allen Abtheilungen eines Punktums gebraucht, wo
das Kolon nicht statt findet, und wo das Komma eine zu kleine Unter=
scheidung machen würde.*[1] Heynatz trägt nicht viel bei zur eindeutigen Verwendung dieses Zeichens, wenn er ihm den Platz
zwischen dem Kolon und dem Komma zuweist. Er versucht deshalb, vier genauere Punkte herauszuarbeiten. Er nennt das
Semikolon nach den Situationen folgendermassen: das 'ent-
gegensetzende oder adversative' Semikolon, das 'verbindende
oder kombinative' Semikolon, das 'erklärende oder epexegetische' Semikolon und schliesslich das 'anhängende oder adjunktive' Semikolon. Auch bei diesen Spezifikationen handelt es sich ausschliesslich um semantische Elemente, die
den Gebrauch des Zeichens näher bestimmen.

Heynatz ist sehr selbstbewusst, was seine eigenen Regeln
anbelangt: *Nach meinen Grundsätzen kann niemand in einem wichtigen
Fall in Zweifel gerathen, ob er ein Kolon oder ein Semikolon setzen
müsse.*[2] Dennoch relativiert er seine Regeln, kaum hat er
sie aufgestellt. So schreibt er als Schlussatz zum Semikolon: *Wo die zu trennenden Sätze zu klein sind, setzt man statt des
Semikolons ein Komma, und wo sie zu groß werden, einen Punkt.*[3] Mit
diesem Spruch führt Heynatz eine neue Kategorie, nämlich
die Länge eines Satzes, ein und überlässt es somit wieder
jedem einzelnen, welches der in Frage kommenden Zeichen er
setzen wolle. Auf zehn Seiten wird dann in Beispielen, vielfach aus andern Grammatiken, der richtige und der falsche
Gebrauch des Semikolons bis ins Detail erklärt, wobei sich
aber keine Klarheit einstellt.

---

1 Heynatz, Interpunktion, 1782. S.37.

2 Heynatz, Interpunktion, 1782. S.38.

3 Heynatz, Interpunktion, 1782. S.38.

34.2.1.4 Komma

Der Gebrauch des Komma ist unstreitig am schwersten. Es wird entweder
zum Einschließen oder nur zum Unterscheiden gebraucht. Jm ersten Fall
steht es am Anfang und am Ende eines jeden Satzes, insofern es nicht
durch ein andres Unterscheidungszeichen verschlungen wird. Das ein=
schließende Komma hat Platz 1) vor und nach allen eingeschobnen Sätzen,
2) vor und nach allen mit verbindenden und beziehenden Partikeln anfan=
genden Sätzen, die kein Semikolon vor oder nach sich erfordern.[1] Heynatz führt bei der Erklärung des Kommas eine Neuerung ein.
Er unterscheidet zwei Arten des Kommas: eine einschliessende und eine unterscheidende. Die erste Art hat sich offenbar aus der geforderten Ersetzung der Klammer durch den Beistrich allmählich entwickelt und wird hier erstmals von
dieser Seite her erklärt. Heynatz gelingt es aber auch beim
Komma nicht, eindeutige Regeln für das einzelne Zeichen zu
finden, sondern er muss Bezug zu den andern Zeichen nehmen,
wodurch die Regel sogleich relativiert wird.

Das unterscheidende Komma findet statt, 1) wenn mehrere Subjekte,
Objekte oder Prädikate, d.i. Redetheile von einerlei Art, hinter einan=
der folgen, oder auch durch eine beziehende Konstruktion mit einander
verbunden werden, 2) zuweilen vor den Präpositionen, die auf einige
kürzere Glieder folgen.[2] Auch hier muss sich Heynatz mit sehr
unpräzisen Ausdrücken behelfen. Sein Vorgehen ist schwierig, da er von den Sprechpausen ausgeht und diese irgendwie
erklären muss. Eine sichtliche Neigung zu grammatikalischen
Regeln bei den schwächeren Zeichen ist festzustellen. Von
semantischen Gründen ist beinahe nicht mehr die Rede.

Auch die Komma-Regel wird durch Zusätze verwässert. Ein
Komma kann nach Heynatz weggelassen werden, um eine Häufung
von Satzzeichen zu vermeiden, also wegen etwas völlig Aeus-
serlichem.

Heynatz ist sich seines Idealismus sehr wohl bewusst.

---

1 Heynatz, Interpunktion, 1782. S.47/48.

2 Heynatz, Interpunktion, 1782. S.48.

Dennoch ist er in Anbetracht der herrschenden Unsicherheit
in der Zeichensetzung der Ansicht, die Einführung weiterer
Zeichen könnte eine Verbesserung herbeiführen. Ausgehend
von den recht unterschiedlichen Intervallen, die ein Leser
beim immer gleichen Zeichen 'Komma' machen müsse oder könne,
möchte er drei weitere Zeichen einführen: ein Trennungszeichen (◁), ein Verbindungszeichen (⌒) und ein Suspensions-
zeichen (Λ). Mit diesen zusätzlichen Zeichen, deren Gebrauch Heynatz allerdings nur im äussersten Notfall verlangt,
sollten die letzten Zweideutigkeiten der Sprache beseitigt
werden.

Abschliessend ist zu den Hauptzeichen zu sagen, dass Heynatz das Ziel, das er sich steckte, nicht erreicht hat,
aber dass er doch eine interessante Zusammenstellung von
mancherlei Gründen geboten hat. In den ausführlichen Anmerkungen und Erklärungen kommen die meisten Fragen, die irgend-
wann einmal aufgeworfen wurden, zur Sprache, ohne dass je-
desmal auch eine Antwort mitgegeben würde.

34.2.2 Ton- und Schriftzeichen

Die Nebenzeichen behandelt Heynatz viel weniger ausführlich,
da sie nicht so wichtig und auch nicht so schwierig zu er-
klären sind. Erstaunlicherweise stellt Heynatz nur fünf
solcher Nebenzeichen dar: Gedankenstrich, Parenthese, Häck-
chen, Fragezeichen und Ausrufezeichen. Obwohl Heynatz sein
Vorgehen sonst ausführlich begründet, bleibt er bei dieser
Einschränkung eine Erklärung schuldig. Vermutlich liegt der
Grund für die Beschränkung in der einseitigen rhetorischen
Ausrichtung der Interpunktion, die ihn hindert, die reinen
Schriftzeichen ebenfalls in seine Lehre aufzunehmen.

34.2.2.1 Gedankenstrich

Heynatz erklärt den Gebrauch des Gedankenstrichs nicht. Er
scheint diese Kenntnis vorauszusetzen. Seine Bemerkungen
befassen sich mit der Interpunktion vor und nach dem Gedan-

kenstrich. Er nennt den Gedankenstrich auch 'Horizontal-
strich'.

34.2.2.2 Parenthese

*Des Zeichens der Parenthese bedient man sich zur Einschließung solcher
Wörter, die in den Zusammenhang der Rede eingeschaltet werden.*[1] Heynatz führt vier verschiedene Situationen an, in welchen die
Klammern gesetzt werden sollten: bei Uebersetzungen, bei
Zitaten, bei kleinen Folgerungen und bei jeder Unterbrechung der Konstruktion. Es werden also wieder mehrere Be-
zugssysteme durcheinandergebracht. Heynatz empfiehlt nun
von dieser Seite aus nochmals das einschliessende Komma,
wenn der Einschluss nicht zu gross sei. Intensiv befasst er
sich mit der Frage, ob im Zusammenhang mit der Klammer auch
andere Satzzeichen gebraucht werden dürfen. Mit ausführlichen Beispielen werden dann die verschiedenen Situationen
besprochen und bewiesen.

34.2.2.3 Häkchen

*Die Häkchen [ ], die von einigen das Ausschließungszeichen (Signum ex=
clusionis) genannt werden, sind von den gewöhnlichen Zeichen der Paren=
these darinn unterschieden, daß man sie nur gebraucht theils um Ein=
schaltungen in angeführten Worten anzubringen, theils um anzuzeigen, daß
gewisse Worte in einer Schrift nicht von dem Verfasser herrühren, son=
dern von einem andern eingeschoben sind.*[2] Die Erklärung dieses
Zeichens ist ziemlich eindeutig. Heynatz empfiehlt dessen
Gebrauch hauptsächlich für Editionen alter Texte. Für den
Normalgebrauch sind sie nicht notwendig, denn sie können
hier durch zwei Gedankenstriche ersetzt werden.

---

1 Heynatz, Interpunktion, 1782. S.59.
2 Heynatz, Interpunktion, 1782. S.63.

34.2.2.4 Fragezeichen

Das Fragezeichen muß nie anders, als bei einer wirklichen Frage, und nicht eher, als am völligen Ende derselben gesetzt werden. Wenn eine Frage eine gar zu lange Reihe von Sätzen hinter sich her stehen hat, vor die man das Fragezeichen nicht setzen darf, so lässt man es allen= falls gar weg.[1] Heynatz lehnt den Gebrauch des Fragezeichens nach indirekten Fragen ebenfalls ab. Der Verzicht auf das Fragezeichen nach langen Fragen geht auf Aldus Manutius den Jüngeren zurück. Interessanter sind die Zusätze, welche von Heynatz als ideal angesehen werden. Von den Hauptzeichen her wissen wir, dass er nicht abgeneigt war, das System zu komplizieren. Für das Fragezeichen schlägt er jetzt eben- falls einige Neuerungen vor, die teilweise auf eine sehr alte Vorlage, nämlich Riederer zurückgehen: *Weil das Frage= zeichen hauptsächlich dazu erfunden ist, daß der Lesende den Ton am gehörigen Orte ins Zweifelhafte fallen lasse: so würde es nicht übel sein, wenn man zu Anfang einer jeden Frage ein Zeichen, etwa ein Fragezeichen ohne Punkt darunter (?), machte, um den Leser im Voraus zu erinnern, daß er den fragenden Ton anzunehmen habe. Da auch durch das Fragezeichen bald ein Punkt, bald ein Kolon, bald ein Semikolon, bald ein Komma von seinem Orte verdrängt wird, so wäre es besser, wenn man nicht bloß einen fragenden Punkt hätte (?) sondern auch ein solches Kolon, Semikolon und Komma (? , ? , ?).*[2] Heynatz schlägt also zwei Neuerungen vor. Der erste Teil, das Setzen des Zei- chens vor der Frage, wurde schon von Gottsched erörtert. Der zweite Teil, die Kombination des Fragezeichens mit den restlichen Hauptzeichen, wurde bisher erst einmal erwähnt: in der Interpunktionslehre von Friedrich Riederer (cf. Kap. 4.2.2.2).

Was Heynatz für das Fragezeichen gefordert hat, schlägt er auch für das andere ausschliesslich rhetorische Zeichen vor:

---

1 Heynatz, Interpunktion, 1782. S.64.

2 Heynatz, Interpunktion, 1782. S.66.

34.2.2.5 Ausrufungszeichen

Das Ausrufungszeichen muß eben so wenig zu unrechter Zeit und am un=
rechten Platze gesetzt werden, als das Fragezeichen. Eines Vorläufers,
den man etwa durch ; andeuten könnte, und der Unterscheidung in Komma,
Semikolon, Kolon und Punktum (! , ! , ! , !) ist es eben so sehr be=
nöthigt, als das Fragezeichen.[1] Hier gelten die gleichen Regeln
und Normen wie für das Fragezeichen. Heynatz erspart sich
die Regel und begnügt sich mit der nichtssagenden Warnung
vor dem unrichtigen Gebrauch.

34.3 Zusammenfassung

Heynatz peäsentiert ein sehr ausführliches Interpunktionssystem. Sein erstes Kriterium ist die gesprochene Sprache;
daran orientiert er die Auswahl der Zeichen und auch die
Beschreibung und Erklärung der Funktion. Heynatz will weniger Regeln setzen, als vielmehr den herrschenden Gebrauch
auf einen Nenner bringen. Das gelingt ihm nur bedingt, da
er rhetorische, semantische und grammatische Begründungen
ohne Unterschied durcheinandermischt.

Die Hauptzeichen werden vollständig in der Tradition der
steigenden Trennfunktion dargestellt. Es sind immer noch
vier Hauptzeichen, welche in der Bedeutungshierarchie nur
mit Mühe auseinandergehaltene Stellen zugesprochen bekommen.
. Heynatz besass eine grosse Kenntnis von andern Grammatikern. Er hat sich meist auf Theoretiker des 18. Jahrhunderts
abgestützt; frühere Quellen bilden eher die Ausnahme.

35. JOHANN CHRISTOPH ADELUNG

35.1 Leben und Werk[2]

Johann Christoph Adelung wurde 1732 in Spantekow bei Anklam

---

1 Heynatz, Interpunktion, 1782. S.66.

2 Die Angaben über Adelung stützen sich auf den Aufsatz von Wilhelm
  Scherer in ADB Bd.1, 1875. S.80-84.

geboren. Nach dem Besuch der Gymnasien in Anklam und Klosterberg studierte er an der Universität Halle. 1759 bis 1761 war er Gymnasiallehrer in Erfurt und von 1763 an privatisierte er. Als freier Schriftsteller und Redakteur in Leipzig befasste er sich mit den verschiedensten Wissensgebieten. Erst 1787 erhielt er die Stelle des Oberhofbibliothekars in Dresden, die er bis zu seinem Tod im Jahre 1806 innehielt.

Unter seinen zahlreichen von der Aufklärung beeinflussten kultur- und zeitgeschichtlichen Schriften sind vor allem seine grammatischen Werke von Bedeutung. Adelung ist zwar nicht ein besonders erfinderischer und einfallsreicher Geist, aber *in seinen Arbeiten strömen beinahe alle Anregungen und Erkenntnisse der nachgottschedischen Zeit zusammen.*[1] Ob sich dies auch in Bezug auf die Interpunktion bewahrheitet, soll die folgende Analyse zeigen.

Nun zu den einzelnen Werken: Im Auftrag des Verlegers Breitkopf verfertigte Adelung das von Gottsched angekündigte Wörterbuch und veröffentlichte es von 1774 bis 1786 unter dem Titel 'Versuch eines vollständigen grammatisch-kritischen Wörterbuches Der Hochdeutschen Mundart, mit beständiger Vergleichung der übrigen Mundarten, besonders aber mit der oberdeutschen'[2]. 1781 erschien die 'Deutsche Sprachlehre'[3], eine Art Schulgrammatik und 1782 erschien dann das 'Umständliche Lehrgebäude der Deutschen Sprache'[4]. Die 'Vollständige Anweisung zur Deutschen Orthographie'[5]

---

1 Jellinek, nhd, Grammatik, Bd.I, S.331.

2 Zitiert nach Jellinek, nhd. Grammatik, Bd.I, S.4.

3 Johann Christoph Adelungs Deutsche Sprachlehre. Zum Gebrauche der Schulen in den Königl. Preuss. Landen. Berlin 1781.

4 Umständliches Lehrgebäude der Deutschen Sprache, zur Erläuterung der Deutschen Sprachlehre für Schulen. Von Joh. Christoph Adelung. Bd.I und II. Leipzig 1782. Nachdruck Hildesheim/New York 1971.

5 Vollständige Anweisung zur Deutschen Orthographie, nebst einem kleinen Wörterbuche für die Aussprache, Orthographie, Biegung und Ableitung von Johann Christoph Adelung. Leipzig 1790 (2. Auflage).

schliesslich erschien 1788.

Die drei zuletzt zitierten Werke enthalten alle eine In-
terpunktionslehre. In der 'Schulgrammatik' von 1781 und im
'Umständlichen Lehrgebäude' von 1782 ist sie mit ganz kleinen Ausnahmen gleich dargestellt. So verwendet Adelung in
der Schulgrammatik immer den Buchstaben 'K', wo er im
Umständlichen Lehrgebäude ein 'C' setzt, also Kolon statt
Colon. Der Aufbau des Systems, die einzelnen Regeln und
auch die Beispielsätze entsprechen sich sonst völlig. Die
'Vollständige Anweisung' von 1788 entspricht zwar in der
Grundidee immer noch dem früheren Modell, ist aber viel ausführlicher und an ein paar Stellen leicht verändert dargestellt. Als Grundlage für die Untersuchung bedienen wir uns
dennoch der Regeln aus dem Umständlichen Lehrgebäude, da
die Erweiterungen in der Fassung von 1788 mehr quantitativer
als qualitativer Art sind. Selbstverständlich werden alle
substantiellen Erweiterungen und Abänderungen vermerkt. Die
Regeln aus der Schulgrammatik und aus dem Umständlichen
Lehrgebäude werden als 'älteres Modell', diejenigen aus der
Vollständigen Anweisung als 'neueres Modell' bezeichnet.

35.2 Das Interpunktionssystem

Allen drei Fassungen gemeinsam ist die Stellung der Interpunktion innerhalb der Orthographie. In der Vollständigen
Anweisung begründet Adelung diese Einordnung, indem er die
grössere Bedeutung der Satzzeichen für die richtige Schreibung eines Textes gegenüber der korrekten Aussprache her-
vorhebt. Die in Frage kommenden Orte sind also die Orthographie und die Rhetorik. Die Syntax wird im Zusammenhang
mit der Interpunktion nicht einmal erwähnt.

Während Adelung in Anzahl, Benennung und Regulierung der
einzelnen Zeichen keine Neuerung einführt, ist doch seine
Grundüberlegung neu: *Die in dem Schreiben üblichen Zeichen sind
ganz in der Absicht der Schrift, der möglichst leichten Verständlich=
keit gegründet; man findet sie daher nur immer alsdann in einer Sprache,*

wenn sie sich mit Verstande und mit klarem Bewußtseyn ihrer Absicht
auszubilden anfängt, und desto mehr dieses geschiehet, desto bestimm=
ter und regelmäßiger wird auch der Gebrauch dieser orthographischen
Zeichen. Die ältesten Sprachen hatten sie entweder gar nicht, oder doch
deren nur wenige; die neuern haben sie in größerer Anzahl, aber in
keiner ist ihr Gebrauch so bestimmt als in der Deutschen.[1] Wenn man
hier Adelung glauben darf, dann hat die Interpunktion in
der deutschen Sprache in den vergangenen dreihundert Jahren
im Vergleich mit andern Sprachen sehr grosse Fortschritte
gemacht. Im 16. Jahrhundert stand sie jedenfalls noch weit
hinter derjenigen z.B. der Italiener zurück.

Adelung teilt die Interpunktionszeichen neu ein. Er kennt
die Gruppe der Hauptzeichen zwar auch, stellt ihr aber die
Zeichen des Affekts voran: *Diese Zeichen sind überhaupt von drey=*
facher Art; 1. solche, welche den Ton der lebendigen Stimme ersetzen;
2. solche, welche die Glieder eines Satzes oder einer Periode abson=
dern, und dadurch die möglichst leichte Verständlichkeit wesentlich
befördern; und 3. solche, welche zu dieser Absicht nur in einigen Ne=
bendingen mitwirken, und folglich zu dem Wohlanständigen in der Schrift
gehören. Der Gebrauch aller drey Arten wird die Jnterpunction genannt.[2]
Adelung teilt die Zeichen von ihrer Funktion her in Gruppen
ein. Die wichtigsten sind die rhetorischen Zeichen, dann
folgen die grammatisch-semantischen und am Schluss diejenigen, welche ihren Zweck in der Verdeutlichung des Schrift-
bildes haben.

35.2.1 Sinn- und Pausenzeichen

Bei der Besprechung der Interpunktion folgen wir nicht Adelungs Reihenfolge, sondern stellen seine zweite Gruppe an
die Spitze, da sie die Hauptzeichen enthält[3]. Die erste

---

1 Adelung, Umständliches Lehrgebäude, 1782. S.791.

2 Adelung, Umständliches Lehrgebäude, 1782. S.791/792.

3 Während im älteren Modell nur die vier üblichen Hauptzeichen als Abteilungszeichen verstanden werden, zählt Adelung im neueren Modell
  auch die Klammern und den Gedankenstrich zu dieser Kategorie.

Gruppe wird zusammen mit der dritten innerhalb der Neben-
zeichen erklärt. Im Umständlichen Lehrgebäude leitet Ade-
lung die Hauptzeichen mit folgenden Worten ein: *Diejenigen*
Zeichen, welche zur Abtheilung der Glieder eines Satzes oder einer
Periode dienen, und zur möglichst leichten Verständlichkeit wesentlich
nothwendig sind, werden Abtheilungszeichen genannt. (...) Jhr richtiger
Gebrauch hänget ganz von der Kenntniß des Baues, des Satzes und der
Periode ab, daher man sich hier die Lehre von beyden wiederhohlen muß.[1]
Adelung verwendet den Begriff 'Abteilungszeichen' nur noch
für die Gruppe der sinntrennenden Zeichen. Er stellt den
Zusammenhang zwischen grammatischen und semantischen Ein-
heiten nicht in Frage.

Ziemlich anders äussert sich Adelung im neueren Modell
zum richtigen Gebrauch der Hauptzeichen: *Ihre Absicht ist, die*
verschiedenen Pausen anzudeuten, welche der vernünftige und bedachtsame
mündliche Vortrag zwischen den Gliedern eines Satzes bemerken lässt: ihr
richtiger Gebrauch hängt also eben so sehr von dem allgemeinen Gesetze:
schreib wie du sprichst, ab, als alles übrige in der Orthographie.[2]
Wir können in der Begründung einen klaren Kurswechsel erkennen. Die grammatische Ausgangslage weicht der rhetorischen. Wie sich das auf die einzelnen Regeln auswirkt, wird
im folgenden genau untersucht.

35.2.1.1 Schlusspunct

Die kurze Regel aus dem Umständlichen Lehrgebäude lautet:
Der Schlußpunct scheidet völlige Sätze und Perioden und stehet da, wo
man in der Rede frischen Athem schöpfet.[3] Hier bringt Adelung schon
verschiedene Dinge durcheinander. Er verwendet Termini wie
'Periode' und 'völliger Satz', wobei diese grammatischen Begriffe rhetorisch bestimmt werden: 'da, wo Atem geholt werden muss'.

---

1 Adelung, Umständliches Lehrgebäude, 1782. S.793.
2 Adelung, Vollständige Anweisung, 1790. S.392/393.
3 Adelung, Umständliches Lehrgebäude, 1782. S.793.

Die kurze Regel aus dem Umständlichen Lehrgebäude zeigt, dass Adelung nicht seinem Vorhaben folgt, sondern in der praktischen Ausführung stark in die Richtung des neuen Modells tendiert. Die Hauptaussage im neuen Modell unterscheidet sich dementsprechend schwach von der oben zitierten Regel. In der Vollständigen Anweisung wird der Punkt mit mehreren Beispielen erklärt. Ganz unter dem Einfluss von Heynatz wird die Frage nach dem Punkt vor 'und' gestellt und positiv beantwortet. Die wichtigste Voraussetzung für den Punkt ist nach wie vor eine starke Pause.

Adelung streift abschliessend kurz den Gebrauch des Punktes nach Abkürzungen und nach Zahlen, der im neuen Modell separat unter den Nebenzeichen abgehandelt wird.

35.2.1.2 Colon

Das Colon oder der Doppelpunct wird besonders in folgenden drey Fällen gebraucht. 1.Den Vordersatz von dem Nachsatze in concessiven, conditio= nalen, causalen, und zuweilen auch in comparativen Sätzen zu scheiden, besonders wenn sich der Nachsatz mit so anfängt. Jn allen Fällen aber nur, wenn die Sätze von beträchtlicher Länge sind (...) Sind sie sehr kurz, so ist ein blosses Comma hinlänglich.[1] Adelung ist bei diesem Zeichen stark von Heynatz beeinflusst, sowohl was die Partikel 'so' anbelangt, als auch in der Einbeziehung der Länge der Satzteile. Die erste Regel ist also ungenau und überlässt dem Schreiber die Entscheidung, welches Zeichen er setzen will.

2. Wenn man seine oder eines andern Worte unmittelbar anführet, und die Ankündigung ausdrücklich vorher gehet.[2] Dieser Teil der Regel ist klar und verständlich aufgebaut und beschrieben. Adelung ist zwar nicht der Erfinder dieser Funktion, aber es gelingt ihm, mit wenigen Worten den richtigen Gebrauch zu erfassen.

---

1 Adelung, Umständliches Lehrgebäude, 1782. S.793/794.
2 Adelung, Umständliches Lehrgebäude, 1782. S.794.

3. So oft man ein Beyspiel anführet, oder eine oder mehr Sachen gleich=
sam aufzählet.[1] Die Ankündigungsfunktion des Doppelpunkts
wird noch ein wenig ausgeweitet auf Beispiele und Aufzählungen.

Im neueren Modell führt Adelung die gleichen drei Punkte
einfach mit längeren Beispielen an. Zum Vergleich sei hier
der dritte Punkt zitiert, damit die Methode der Erweiterung
von Adelung sichtbar wird: *3. So oft man in Lehrschriften Bey=*
spiele von Wörtern, Ausdrücken oder Stellen anführet; ingleichen wenn
man Eine oder mehrere Sachen gleichsam aufzehlet.[2] Inhaltlich verändert sich die Aussage überhaupt nicht, sondern sie ist
einfach ein wenig breiter ausgeführt.

Adelung fügt zu diesem Zeichen im neuen Modell noch eine
weitere Regel hinzu, die aber nicht sehr klar ist: *Einen*
merkwürdigen Ausspruch dadurch von dem vorhergehenden zu unterscheiden,
und ihn desto stärker heraus zu heben.[3]

35.2.1.3 Semicolon

Das Semicolon unterscheidet theils mehrere Glieder eines Satzes, wenn
sie von einiger Länge sind, so daß das Comma allein nicht Verständlich=
keit genug gewähren würde; theils auch den Nachsatz von dem Vordersatze in
continuativen, adversativen, explanativen, illativen, exclusiven, ex=
ceptiven und proportionalen Sätzen; aber immer, wenn sie von einiger
Länge sind.[4] Während das Colon den Vordersatz vom Nachsatz
trennt, unterscheidet das Semicolon den Nachsatz vom Vordersatz. Adelung realisiert offenbar die Schwierigkeit,
zwischen dem Semicolon und dem Colon einen Bedeutungsunterschied zu konstruieren. So erklärt sich auch die grosse
Aehnlichkeit zwischen den beiden Regeln. Auch hier nimmt
Adelung wieder Zuflucht zur Länge der Sätze, was mit einer

---

1 Adelung, Umständliches Lehrgebäude, 1782. S.794.

2 Adelung, Vollständige Anweisung, 1790. S.380.

3 Adelung, Vollständige Anweisung, 1790. S.380.

4 Adelung, Umständliches Lehrgebäude, 1782. S.794.

Aufhebung der Regel gleichzusetzen ist. Bemerkenswert ist
auch, dass er im ersten Teil Bezug auf den Gebrauch des
Commas nimmt, bevor er es erklärt hat.

Im neuen Modell versucht Adelung, die Stellung des Semikolons, vermutlich stark unter dem Einfluss von Heynatz,
auch grammatisch etwas einzuordnen. So möchte er damit
Satzteile begrenzen, die schon durch Kommata unterteilt
sind. Auf der andern Seite dient der Strichpunkt dazu, in
langen Perioden, die bereits durch ein Kolon geteilt sind,
weitere Unterteilungen zu kennzeichnen. Es ist erstaunlich,
dass Adelung im älteren Modell, wo er gute syntaktische
Kenntnisse verlangt, diese vernachlässigt; im neueren Modell, das er eher rhetorisch ausrichtet, syntaktische Fragen zur Sprache bringt.

35.2.1.4 Comma

*Das Comma unterscheidet alle übrige kleinere Glieder, welche nicht un=
mittelbar mit einander verbunden sind, und wird allemahl da gebraucht,
wo man in der Rede den kleinsten Absatz macht.*[1] Zu dieser ziemlich
allgemein gehaltenen, aber gut in den Rahmen seiner Interpunktionslehre passenden Grundregel, die auch wieder zu
grammatischen, semantischen und rhetorischen Elementen Bezug nimmt, fügt Adelung fünf grammatikalisch bestimmte Spezialregeln hinzu: *1. Vor oder nach einem eingeschobenen Worte oder
Satze (Bsp.). 2. Vor einer Apposition, doch nur wenn sie erkläret, und
daher einen Genitiv, oder einen Artikel vor sich hat (Bsp.). 3. Jn co=
pulativen, circumscriptiven, kurzen restrictiven, proportionalen und
partitiven Sätzen. Ja in allen Sätzen, deren Glieder von keiner erheb=
lichen Länge sind, wo folglich das bloße Comma schon Unterschied genug
gewähret (Bsp.). 4. Vor allen Relativen (Bsp.). 5. Zwischen mehrern
Subjecten und Prädicaten, ingleichen zwischen mehrern Bestimmungs=
wörtern, wenn sie nicht mit und oder oder verbunden sind.*[2] In
diesen grammatischen Zusätzen kommen sehr viele Elemente

---

1 Adelung, Umständliches Lehrgebäude, 1782. S.794.

2 Adelung, Umständliches Lehrgebäude, 1782. S.794/795.

von Interpunktionslehren, die sich mit grammatikalischen
Regeln auseinandersetzten, zur Sprache. Adelung berührt die
wichtigsten Punkte, die für die Kommasetzung eine Bedeutung
haben, obwohl sie im Vergleich mit heute noch unausgearbei-
tet sind[1]. Dennoch erlauben sie eine Interpunktionspraxis,
die der heutigen sehr nahe kommt.

Die Grundregel lautet im neueren Modell sehr ähnlich, hingegen sind beträchtliche Erweiterungen in den Spezialregeln
zu erkennen. In der Vollständigen Anweisung führt Adelung
sieben, z.T. übereinstimmende Punkte an. Er setzt das Comma: *1. Vor und nach einem eingeschobenen Worte oder Satze (Bsp.). 2.*
Vor einer Apposition, doch nur wenn sie erklärt, und daher einen Geni=
tiv oder einen Artikel vor sich hat (Bsp.). 3. Vor allen Relativen (Bsp.).
4. Zwischen mehrern Subjecten und Prädicaten, ingleichen zwischen meh=
rern Bestimmungswörtern, wenn sie nicht mit und oder oder verbunden
sind (Bsp.). 5. Nach manchen Conjunctionen, wenn die mündliche Rede
eine kleine Pause nach ihnen macht (Bsp.). 6. Vor dem Jnfinitiv mit zu,
wenn er seinen Casum oder mehrere Bestimmungen bey sich hat (Bsp.).
7. Jn allen Arten von Sätzen vor und nach allen Gliedern, welche von
keiner so beträchtlichen Länge sind, daß sie eines der vorigen stär=
kern Unterscheidungszeichen bedürften (Bsp.).[2] Es ist schwierig zu
entscheiden, woher Adelung beeinflusst wurde. Es ist denkbar, dass er sich in der Zwischenzeit mit Heynatzens ausführlichen Theorien intensiver auseinandergesetzt hat. Einige Anzeichen sprechen dafür. Es ist aber ebensogut möglich,
dass Adelung im Verlauf seiner Beschäftigung mit der deutschen Sprache selbst gemerkt hat, dass sein älteres Modell
nicht alle Fälle abdecken konnte. In späteren Auflagen des
Umständlichen Lehrgebäudes und der Schulgrammatik hat er
die Interpunktionslehre jedoch nicht erneuert, sondern das
ältere Modell unverändert übernommen.

_____

1 Duden führt in der 17. Auflage der Rechtschreibung 52 Regeln für den
  Beistrich an.

2 Adelung, Vollständige Anweisung, 1790. S.384/385.

An dieser Stelle beginnt der grösste Unterschied zwischen
dem älteren und dem neueren Modell: ausgehend davon, dass
die gesprochene Sprache die Richtschnur für die Interpunktion bildet, gelangt Adelung zur Einsicht, dass die Klammern und der Gedankenstrich in die gleiche Kategorie wie
die Hauptzeichen gehören, da sie ebenfalls die Aufgabe haben,
rhetorische Spezialfälle in der schriftlichen Fixierung zum
Ausdruck zu bringen. Wir halten uns bei der Besprechung des
Systems aber an den Aufbau des Umständlichen Lehrgebäudes
und gehen an Ort und Stelle näher auf die Besonderheiten jedes Zeichens ein.

35.2.2 Ton- und Schriftzeichen

Adelung unterscheidet zwischen mehr und weniger wichtigen
Nebenzeichen. Als erstes werden die beiden Zeichen des Af-
fekts besprochen, die in beiden Modellen an den Anfang des
Interpunktionssystems gestellt wurden.

35.2.2.1 Fragezeichen

*Derjenigen Zeichen, welche den Ton der lebendigen Stimme ersetzen, oder
zur Bezeichnung des Affectes dienen, sind nur zwey, das Fragezeichen (?)
und das Ausrufungszeichen (!). Beyde werden nur gebraucht, wo sich in
der lebendigen Stimme der Ton merklich verändert. Folglich das Frage=
zeichen nur nach unmittelbaren Fragen (Bsp.), aber nicht nach mittel=
baren oder erzählten Fragen, weil hier keine merkliche Veränderung des
Tones der lebendigen Stimme vorgehet (Bsp.).*[1] Die Erklärung des
Zeichens ist insofern bemerkenswert, als Adelung die gesprochene Sprache als Kriterium für das Setzen eines Zeichens benutzt, nachdem er in der Einleitung die syntaktische
Bedeutung aller Interpunktionszeichen betont hat. Neben der
neuen verwendet er auch die alte Form des Fragezeichens (⸵).
    Das neue Modell weist einige mit grosser Wahrscheinlich-

---

1 Adelung, Umständliches Lehrgebäude, 1782. S.792.

keit von Heynatz stammende Erweiterungen auf. Die Einleitung
und Hinführung zu den Zeichen des Affekts oder 'Zeichen der
Gemüthstellung', wie sie hier genannt werden, ist geringfügig erweitert. Den Anweisungen zum Fragezeichen hängt Adelung die Bemerkung an, es könne nach langen Fragen weggelassen werden. Er nimmt auch Stellung zur Frage, ob es sinnvoll
sei, die 'Zeichen der Gemüthstellung' dem Frage- und Ausru-
fesatz voranzustellen. Adelung lehnt diese Praxis mit der
Begründung ab, dass ein Rezitator sowieso gezwungen sei, jeden Satz vor dem lauten Vortrag zu überblicken, damit er am
richtigen Ort die richtige Stimmführung anwende. Zudem sei
eine Frage schon vielfach an der ungewohnten Wortstellung
im voraus zu erkennen.

35.2.2.2 Ausrufungszeichen

*Das Ausrufungszeichen stehet gleichfalls da, wo der Ton der lebendigen
Stimme es nothwendig macht, d.i. nach denjenigen Worten, welche durch
den Ton vorzüglich vor den andern herausgehoben werden. Folglich nach
allen Jnterjectionen wenn sie allein stehen. (Bsp.). Überhaupt wird man
in der Anwendung dieser beyden Zeichen nicht fehlen können, wenn man
nur erwäget, daß sie den Ton der lebendigen Stimme ersetzen, folglich
ihm auf das genaueste folgen müssen.*[1] Beim Ausrufezeichen steht
die rhetorische Funktion noch mehr im Vordergrund. Für die
richtige Anwendung der beiden Zeichen verweist Adelung auf
das Sprachgefühl. Die grammatischen Bemerkungen beschränken
sich auf die theoretische Untermauerung der rhetorischen
Elemente.

   Das neuere Modell bringt bei diesem Zeichen keine Erweiterung ausser der schon beim Fragezeichen diskutierten Anzeige zu Beginn des Satzes.

Die restlichen Zeichen in Adelungs Interpunktionslehre werden als Schreibzeichen bezeichnet, welche zur 'Wohlanstän-
digkeit' der Schrift gehören, und die die Aufgabe haben,

---

1 Adelung, Umständliches Lehrgebäude, 1782. S.792/793.

ebenfalls die Verständlichkeit zu fördern, wenn auch nur in Nebendingen. In der Vollständigen Anweisung wird die dritte Gruppe 'Zeichen einzelner Sylben und Buchstaben' genannt. Adelung handelt darin folgende fünf Zeichen ab: Bindestrich und Teilungszeichen, Puncta diaereseos, Apostroph, Anführungszeichen und Punkt nach Zahlfiguren. Auch diese Zeichen werden im folgenden kurz in der Reihenfolge des Umständlichen Lehrgebäudes besprochen.

35.2.2.3 Anführungszeichen

Das Anführungszeichen, („) die unmittelbaren Worte eines andern, sowohl bey ihrem Anfange und Beschlusse als auch vorn an den Zeilen zu bezeich=
nen.[1] Das Zeichen wird immer noch nicht in der heutigen Art angewandt. Bei Zitaten oder direkten Reden steht es am Anfang jeder einzelnen Zeile, die zum Zitat gehört. Die Erweiterung im neuen Modell beschränkt sich auf die beiden Namen 'Gänseaugen' und 'Hasenöhrchen'.

35.2.2.4 Theilungszeichen

Das Theilungszeichen (= oder -), ein getheiltes Wort zu bezeichnen; so wohl am Ende der Zeilen, frucht=bar, als auch, wenn die Endsylbe und in Zusammensetzungen das bestimmte Wort einmahl verschwiegen wird, ein=
und zweyseitig.[2] Im praktischen Gebrauch verwendet Adelung ausschliesslich die doppelte Version dieses Zeichens. Interessant ist der Zusammenzug von Trennungsstrich und Ergänzungsbindestrich, da Adelung das 'Bindezeichen' separat vorstellt. Im neuen Modell wird der Ergänzungsbindestrich zusammen mit dem Bindezeichen vorgestellt.

35.2.2.5 Bindezeichen

Das Bindezeichen, welches dem vorigen gleich ist, zusammen gesetzte

---

1 Adelung, Umständliches Lehrgebäude, 1782. S.796.

2 Adelung, Umständliches Lehrgebäude, 1782. S.796.

Wörter zu bezeichnen, wenn man Ursache hat, sie nicht völlig als ein Wort zu schreiben.[1] Adelung erklärt dieses Zeichen nicht innerhalb der Interpunktionslehre, sondern im vierten Kapitel der Orthographie, das den Titel 'Von der Orthographie zusammen gesetzter Wörter' trägt. Dort wird aber nicht nur der Bindestrich bei Zusammensetzungen sondern ebenfalls der Ergänzungsbindestrich besprochen. Es scheint hier im Umständlichen Lehrgebäude eine Begriffsverwirrung vorzuliegen, die in alle Auflagen übernommen und erst in der Vollständigen Anweisung bereinigt wurde.

35.2.2.6 Einschluss

Der Einschluß oder die Parenthese, ( ) oder [ ], einen eingeschobenen Satz oder Begriff zu unterscheiden; wo man sich aber vor dem Mißbrauch solcher Einschiebsel zu hüthen hat, weil sie die Rede verdunkeln.[2] Die Klammer wird im Umständlichen Lehrgebäude relativ ungenau beschrieben und auch kein Beispiel klärt die Situation. Adelung begnügt sich mit der Warnung vor allzu häufigem Gebrauch, ohne ausführlich auf das Verhältnis von Klammer und anderen Satzzeichen einzugehen, wie es viele seiner unmittelbaren Vorgänger getan hatten.

Ganz anders verhält es sich im neuen Modell. Hier wird die Klammer sogar im Rahmen der Hauptzeichen besprochen. Das Zeichen wird zwar nicht viel anders beschrieben, hingegen fügt Adelung einige Bemerkungen zum richtigen Gebrauch hinzu. Das Schwergewicht der Erklärung liegt auf der Kombination der Klammer mit einem anderen Satzzeichen, wobei Adelung einen etwas seltsamen Gebrauch empfiehlt. Ein Beispielsatz kann dies am besten zeigen: *Jn einigen Jahren war der kleine Charlot, (denn so hieß der Knabe,) das angenehmste Kind von der Welt.*[3] Die Klammer wird in Kombination mit den andern Satz-

---

1 Adelung, Umständliches Lehrgebäude, 1782. S.796.

2 Adelung, Umständliches Lehrgebäude, 1782. S.796.

3 Adelung, Vollständige Anweisung, 1790. S.386.

zeichen gebraucht. Worin der Unterschied zum gleichen Satz
bestände, wenn man die beiden Klammerzeichen wegliesse, ist
unklar. Vermutlich sah Adelung darin eine feine stilistische Möglichkeit. Mit dem Hinweis auf den diakritischen Gebrauch der eckigen Klammer, der aber *von den wenigsten beobach=*
tet[1] wird, schliesst dieser Abschnitt.

35.2.2.7 Zeichen der abgebrochenen Rede

Im Umständlichen Lehrgebäude findet sich folgende Regel:
Das Zeichen einer abgebrochenen Rede, == , wohin auch der nur zu oft
so sehr gemißbrauchte Gedankenstrich - gehöret.[2] Die Beschreibung
der Zeichen wird immer kürzer. Adelung scheint die Kenntnis
des Gebrauchs vorauszusetzen. Er macht keinen Unterschied
zwischen dem Gedankenstrich und den Auslassungspunkten und
erwähnt hauptsächlich den übertriebenen Gebrauch. Diese
Elemente sind alle nicht neu, sondern erstmals von Braun
formuliert worden.

   Im neuen Modell werden diese Zeichen unter dem Titel 'Gedankenstrich' zusammengefasst: *Dieses Zeichen ist in den meisten*
Arten seines Gebrauches erst in den neuern Zeiten den Engländern abge=
borget worden. Es bestehet gemeiniglich in einem oder mehrern horizon=
talen Strichen, - wofür man oft auch folgende Zeichen findet: - - -,
oder . . ., oder = = = Es deutet theils eine Auslassung, theils eine
Abbrechung, theils aber auch eine stärkere Pause an, als der Schluß=
Punct andeuten kann.[3] Auffallend ist zuerst einmal der Hinweis
auf die Entlehnung des Gedankenstriches von den Engländern,
was schon Braun festgestellt hatte. In der zitierten Grundregel bringt Adelung schon alles zur Sprache, wofür er sieben einzelne Spezialregeln mit ausführlichen Beispielen
aus der Literatur anführt. Einen Unterschied zwischen dem
Gedankenstrich und den Auslassungspunkten lässt er nicht

---

1 Adelung, Vollständige Anweisung, 1790. S.387.

2 Adelung, Umständliches Lehrgebäude, 1782. S.796.

3 Adelung, Vollständige Anweisung, 1790. S.388.

gelten. Diese Regel hat im neuen Modell hauptsächlich eine
grosse umfangmässige Erweiterung erfahren, abgesehen von
der neuen Plazierung des Zeichens innerhalb der Unterscheidungszeichen.

35.2.2.8 Apostroph

Der Apostroph ('), ein willkürlich weggeworfenes e zu bezeichnen (Bsp.).[1]
In einem separaten Paragraphen äussert sich Adelung ausführlich zum Begriff 'willkürlich' in diesem Zusammenhang. Dabei
kommt er zu einem etwas befremdlichen Gebrauch des Apostrophs: er möchte damit z.B. den Unterschied zwischen
'rast' und 'Rast' so kennzeichnen, damit keine Verwechslung
möglich ist. Adelung vernachlässigt hier völlig den semantischen Rahmen, der eine Verwechslung ohnehin schon aus-
schliesst und den er sonst sehr hoch einschätzt. Zudem
schränkt er den Gebrauch des Apostrophs auf den vertrauli-
chen Umgangston und auf die Poesie ein.

Im neuen Modell stellt er dieser Verwendung einen weiteren
Gebrauch voraus, der sich aber ebenfalls auf die Eindeutig-
keit der geschriebenen Sprache bezieht. Er setzt in zwei Fällen den Apostroph vor das Genitiv-s: einerseits um die richtige Grundform zu kennzeichnen, andererseits um die richtige
Aussprache von vornherein festzulegen.

35.3 Zusammenfassung

Adelungs Interpunktionslehre ist in zwei verschiedenen Fassungen überliefert. Beiden gemeinsam ist der unkonventionelle Aufbau des Systems. Adelung unterscheidet drei Gruppen von Satzzeichen: die Zeichen zur Ersetzung des lebendigen Tones der Stimme oder die Zeichen der Gemüthstellung;
die Abteilungzeichen oder Unterscheidungszeichen; die übrigen Zeichen oder die Zeichen einzelner Silben und Buchsta-

---

1 Adelung, Umständliches Lehrgebäude, 1782. S.796.

ben. Die zweite Gruppe der Zeichen hat in der neueren Fassung eine Erweiterung um die Klammer und den Gedankenstrich erfahren.

Während im älteren Modell die Einleitung auf der syntaktischen Bedeutung der Interpunktion aufbaut, rückt im neueren Modell die rhetorische Funktion völlig in den Vordergrund. Die ältere Fassung unterscheidet sich jedoch nicht so stark von der neueren, wie man vermuten könnte, da die einzelnen Zeichen dort ebenfalls beinahe ausschliesslich vom rhetorischen Standpunkt aus erklärt werden.

Adelungs Leistung liegt weniger in der Beschreibung und Regulierung der einzelnen Zeichen, als vielmehr im Aufbau eines neuen Systems. Die Zeichen übernimmt und beschreibt er in der damals üblichen Art und Weise. Während er sich im älteren Modell hauptsächlich auf Freyer und Gottsched stützt, scheinen im neueren Modell die Interpunktionslehren von Braun und Heynatz verarbeitet worden zu sein.

36. ZUSAMMENFASSENDER UEBERBLICK

Als Abschluss der Darstellung der einzelnen Lehrschriften werden die wichtigsten Punkte jedes Autors nochmals in Stichworten angeführt: die Anzahl der Zeichen, ihre Aufteilung in Haupt- und Nebenzeichen (HZ=Hauptzeichen), die Stellung der Interpunktion innerhalb des Werks und die Begründung der Zeichen, wobei bei letzterem nur die wichtigste der drei zur Auswahl stehenden Begründungsarten (grammatisch, rhetorisch und semantisch) genannt wird, da in den meisten Fällen alle drei in irgend einer Weise beteiligt sind.

Wyle, 1462: 5 Zeichen, davon 3 HZ. Interpunktion in Uebersetzung. Rhetorische Begründung.

Steinhöwel, 1473: 6 Zeichen, davon 3 HZ. Interpunktion in Uebersetzung. Semantische Begründung.

Nythart, 1486: 4 Zeichen, davon 2 HZ. Interpunktion in

Uebersetzung. Rhetorische Begründung.

Riederer, 1493: 10 Zeichen, davon 5 HZ. Interpunktion in
Rhetorik. Syntaktische Begründung.

Pleningen, 1515: 6 Zeichen, davon 4 HZ. Interpunktion in
Uebersetzung. Syntaktische Begründung.

Schriftspiegel, 1527: 8 Zeichen, davon 5 HZ. Interpunktion
in Orthographie. Semantische Begründung.

Kolross, 1530: 5 Zeichen, davon 3 HZ. Interpunktion in
Orthographie. Rhetorische Begründung.

Ickelsamer, 1531: 5 Zeichen, davon 3 HZ. Interpunktion in
Grammatik. Grammatische Begründung.

Salat, 1536: 7 Zeichen, davon 2 HZ. Interpunktion in Chronik. Semantische Begründung.

Fuchsberger, 1542: 6 Zeichen, davon 3 HZ. Interpunktion in
Syntax. Rhetorische Begründung.

Helber, 1593: 8 Zeichen, davon 4 HZ. Interpunktion in Syntax. Grammatische Begründung.

Sattler, 1607: 5 Zeichen, davon 3 HZ. Interpunktion in Orthographie. Grammatische Begründung.

Ratke, 1629: 7 Zeichen, davon 4 HZ. Interpunktion in Orthographie. Semantische Begründung.

Walter, 1628: 9 Zeichen, davon 4 HZ. Frage, ob in Syntax
oder Orthographie. Grammatische Begründung.

Gueintz, 1641: 7 Zeichen, davon 4 HZ. Interpunktion in Syntax. Semantische Begründung.

Schottelius, 1641: 10 Zeichen, davon 4 HZ. Interpunktion
in Orthographie. Rhetorische Begründung.

Harsdörffer, 1647: 10 Zeichen, davon 4 HZ. Interpunktion
in Orthographie. Semantische Begründung.

Girbert, 1653: 9 Zeichen, davon 4 HZ. Interpunktion in
Syntax. Rhetorische Begründung.

Bellin, 1657: 10 Zeichen, davon 4 HZ. Interpunktion in Orthographie. Semantische Begründung.

Overheiden, 1660: 8 Zeichen, davon 3 HZ. Interpunktion in Syntax. Semantische Begründung.

Pudor, 1672: 10 Zeichen, davon 4 HZ. Interpunktion in Orthographie. Unkonventionelle Begründung.

Prasch, 1687: 9 Zeichen, davon 4 HZ. Interpunktion selbständig. Grammatische Begründung.

Bödiker, 1690: 10 Zeichen, davon 4 HZ. Interpunktion in Orthographie. Semantische Begründung.

Stieler, 1691: 10 Zeichen, davon 4 HZ. Interpunktion in Orthographie. Semantische Begründung.

Freyer, 1721: 12 Zeichen, davon 4 HZ. Interpunktion in Orthographie. Grammatische Begründung.

Frisch, 1723: 7 Zeichen, davon 4 HZ. Interpunktion in Orthographie. Rhetorische Begründung.

Wippel, 1746: 10 Zeichen, davon 4 HZ. Interpunktion in Orthographie. Grammatische Begründung.

Antesperg, 1747: 12 Zeichen, davon 4 HZ. Interpunktion in Syntax. Grammatische Begründung.

Gottsched, 1748: 9 Zeichen, davon 4 HZ. Interpunktion in Orthographie. Semantische Begründung.

Aichinger, 1754: 11 Zeichen, davon 4 HZ. Interpunktion in Orthographie. Semantische Begründung.

Basedow, 1759: 7 Zeichen, davon 4 HZ. Interpunktion in Syntax. Grammatische Begründung.

Braun, 1765: 12 Zeichen, davon 4 HZ. Interpunktion in Orthographie. Grammatische Begründung.

Bodmer, 1768: 11 Zeichen, davon 4 HZ. Interpunktion selbständig. Grammatische Begründung.

Heynatz, 1772: 9 Zeichen, davon 4 HZ. Interpunktion in
Orthographie. Grammatische Begründung.

Adelung, 1782: 12 Zeichen, davon 4 HZ. Interpunktion in
Orthographie. Rhetorische Begründung.

Aus diesem zusammenfassenden Ueberblick lassen sich bereits einige Tatsachen erkennen:
- Die Anzahl der Interpunktionszeichen steigert sich ganz
  allgemein vom Anfang gegen den Schluss hin, wobei einige
  Höhepunkte bei Riederer, Schottelius und Freyer festzu-
  stellen sind. Mehr als zwölf Interpunktionszeichen sind
  im untersuchten Zeitraum nie vorgestellt worden.
- Die Anzahl der Hauptzeichen entwickelte sich konstanter.
  Im 15. und 16. Jahrhundert überwogen die Lehren mit drei
  Hauptzeichen. Seit Ratke stellten alle Theoretiker mit
  einer Ausnahme die gleichen vier Hauptzeichen vor.
- Die Schwankungen in der gesamten Anzahl der Interpunktionszeichen ist also auf die unterschiedliche Menge von
  Nebenzeichen zurückzuführen.
- Es lässt sich keine Verbindung zwischen der Stellung der
  Interpunktion und der Art der Begründung herstellen, obwohl gerade ein Zusammenhang zwischen einer grammatikalischen Erklärung und der Stellung innerhalb der Syntax
  naheliegend wäre.
- Die Interpunktion wird im 17. und 18. Jahrhundert mit
  wenigen Ausnahmen in der Orthographie plaziert. Während
  die Begründung im 17. Jahrhundert vorwiegend semantisch
  ist, findet im 18. Jahrhundert ein Wechsel zur grammatisch
  ausgerichteten Erklärung statt. Vereinzelt werden auch
  noch rhetorische Begründungen herangezogen, die aber häufiger in den ersten zwei Jahrhunderten anzutreffen sind.
Es lassen sich also zwei grosse Entwicklungslinien erkennen: 1. hat die Interpunktion im Verlauf von diesen gut
dreihundert Jahren ihre Stellung in der Orthographie gefunden und gefestigt, und 2. ist eine deutliche Tendenz in
die Richtung einer ausschliesslich grammatischen Begründung

der Satzzeichen sichtbar, die ihren Abschluss erst in der
heutigen Interpunktionstheorie gefunden hat.

IV. DIE ENTWICKLUNG DER INTERPUNKTION

Die Entwicklung der Interpunktion wird in zwei Abschnitte
aufgeteilt: in die Entwicklung der einzelnen Zeichen und
in die Entwicklung der ganzen Interpunktionssysteme.

Für die Entwicklung der einzelnen Zeichen gibt es verschiedene Kriterien: das Aussehen, die Bezeichnung, die
Funktion des Zeichens. Um einen Vergleich der einzelnen,
oft sehr unterschiedlichen Regeln zum gleichen Zeichen beziehungsweise zur gleichen Funktion überhaupt erst zu er-
möglichen, war es notwendig, ein System zugrunde zu legen,
an dem die übrigen gemessen werden konnten. Aus mehreren
Gründen wurde das heute geltende Duden-Regelwerk[1] als Modell gewählt: einmal erlaubt es, sowohl den Unterschied
unter den damaligen Interpunktionsregeln, als auch den Unterschied zwischen dem damaligen und heutigen Interpunktionsgebrauch aufzuzeigen; zum andern ist der Darstellung
der Entwicklung vorauszuschicken, dass die deutsche Interpunktion, im Gegensatz zur übrigen deutschen Grammatik und
zur Orthographie, am Ende des 18. Jahrhunderts nicht einen
markanten Höhepunkt erreicht hat, der sich als Vergleichsba-
sis angeboten hätte.

Eine Schwierigkeit ergab sich aus dem Umstand, dass bis
Adelung die meisten Interpunktionslehren vier Sinn- und
Pausenzeichen beschrieben, während heute nur noch drei Zei-
chen diese Funktion erfüllen. Es war deshalb zeitweise not-

---

1 Duden, Rechtschreibung der deutschen Sprache und der Fremdwörter.
  18., neu bearbeitete und erweiterte Auflage, hrsg.v. der Dudenredaktion. Mannheim / Wien / Zürich 1980. Wir benutzen die neueste Auflage des Duden, den sog. Duden 80, da er einige Vorteile gegenüber
  früheren Auflagen bietet. Während z.B. die 17. Auflage noch eine
  spezielle Interpunktionslehre anbot, sind im Duden 80 'Richtlinien
  zur Rechtschreibung, Zeichensetzung und Formenlehre in alphabetischer
  Reihenfolge' angeführt. Zudem sind die meisten Regeln übersichtlicher
  dargestellt und etwas kürzer gefasst.

wendig, die Funktion des Zeichens - ohne Rücksicht auf dessen Form und Namen - als primären Vergleichspunkt zu verwenden.

Bei der Untersuchung der einzelnen Zeichen geht es in
erster Linie darum zu zeigen, wie und in welcher Richtung
sich ein bestimmtes Zeichen entwickelt hat, unter Umständen auch wann es zum ersten Mal aufgetreten ist und wie es
seine Form verändert hat. Zuerst werden die Hauptzeichen,
vom Punkt bis zum Komma, untersucht, dann die Nebenzeichen,
aber nicht in alphabetischer Reihenfolge wie im Duden 80,
sondern in der damals häufigsten Reihenfolge: Fragezeichen,
Ausrufezeichen, Klammer, Trennungszeichen, Bindestrich, Gedankenstrich, Auslassungspunkte, Anführungszeichen und Apostroph.

Der Ueberblick über die <u>Entwicklung der ganzen Interpunk-
tionssysteme</u> verfolgt ein anderes Ziel. Hier sollen bestimmte Epochen, seien sie durch Neuerungen oder durch Ruhepha-
sen gekennzeichnet, voneinander abgesondert werden. Bei diesem Vergleich steht der Bezug zur heutigen Zeit nicht im
Vordergrund. Wichtiger ist die Beziehung der einzelnen Systeme untereinander. Untersucht werden in diesem Zusammenhang
die Stellung der Interpunktion innerhalb der Grammatik, die
Einheitlichkeit des Systems, die Anzahl der Zeichen und ihr
Zusammenhang untereinander. Die Interpunktionssysteme werden gesamthaft, also nicht getrennt nach Haupt- und Nebenzeichen untersucht.

1. DIE ENTWICKLUNG DER EINZELNEN ZEICHEN

1.1 Die Sinn- und Pausenzeichen

1.1.1 Der Punkt

Als Voraussetzung werden kurz die wesentlichen Aussagen aus
Duden 80 zusammengefasst:
1. Der Punkt steht nach einem <u>Aussagesatz</u>. Voraussetzung

für das Verständnis dieser Regel ist die Kenntnis, was ein
Aussagesatz ist. Wir schliessen uns der Duden-Grammatik an,
die ihn als Satz definiert, 'der den Sachverhalt einfach
berichtend wiedergibt'[1].

2. Der Punkt steht <u>an Stelle des Ausrufezeichens</u> nach
Wunsch und Befehlssätzen, die ohne Nachdruck gesprochen werden. Zu dieser Regel lassen sich am ehesten bei der Erklärung des Ausrufezeichens entsprechende Stellen finden.

3. Der Punkt steht nach <u>Ordinalzahlen</u>. Diese Funktion ist
klar und einfach umschrieben.

4. Ein Punkt steht nach <u>Abkürzungen</u>, die im vollen Wort-
laut gesprochen werden.

   In die folgende Darstellung werden alle Autoren miteinein-
bezogen. Es wird gezeigt, wie sie den Punkt im Verhältnis
zu den heute geltenden Regeln definierten und anwendeten,
sowie wie sich sein Aussehen und seine Bezeichnung verän-
derten.

<u>Wyle</u> beschliesst mit dem *punckt* einen vollkommenen Sinn.
Er kennt ein gleichwertiges Zeichen, den *peryodus (;)*, den
er selbst aber nicht verwendet. Ein Bezug zur heutigen,
syntaktisch orientierten Regel lässt sich insofern herstellen, als in der zitierten Definition des Aussagesatzes
ebenfalls semantische Elemente verwendet werden. <u>Steinhöwel</u>,
der wie Wyle zwei Formen des Zeichens kennt, aber nur den
einfachen Punkt verwendet, erklärt das Aussehen des Zeichens mit den Begriffen *pünctlin, tüpflin*, nennt es aber
lateinisch *periodus, finitivus* oder *infimus*. Neben rein
semantischen Elementen spielen auch syntaktische Begriffe,
angedeutet durch den Namen 'Periodus' eine Rolle. <u>Nythart</u>
hält sich wie seine Vorgänger in erster Linie an eine semantische Regelung. Der *punckt*, bei Nythart in halber Höhe
der Zeile gesetzt, beschliesst eine ganze Rede oder 'Oratz'.
<u>Riederer</u> nennt den einfachen Punkt *Colon*. Er erfüllt die

---

1 Duden, Grammatik, Mannheim / Wien / Zürich 1973[3]. S.476.

Funktion der Satztrennung, auch hier semantisch umschrieben. Riederer kennt ein noch stärkeres Zeichen, den bei
Wyle und Steinhöwel erwähnten *Periodus (; oder (.)*, der die
Aufgabe hat, ganze Abschnitte voneinander zu trennen. Pleningen verwendet zwar den einfachen Punkt, ohne ihn aber in
seinem lateinisch orientierten System zu erwähnen. Er stellt
den mittlerweile bekannten *Periodus (;)* vor. Pleningen
bringt eine grammatische Erklärung, die der heutigen Regel
Nr.1 schon nahe kommt, indem er den Periodus an das Ende
einer Sentenz (sententia = Satz) setzt. Im Schriftspiegel
wird der einfache Punkt wie bei Riederer *Colon* genannt,
wobei er aber semantisch bestimmt die Funktion des heutigen
Schlusspunkts hat. Kolross setzt den *Perhiodon* oder *ter=
minum*, den er einen *endtlichen oder beschließlichen puncten*
nennt, wenn die Rede und die Sentenz beschlossen sind. Er
fügt zur semantischen eine rhetorische Bestimmung hinzu.
Ickelsamer ordnet den *punct* grammatisch ein. Er setzt den
Punkt am Ende einer Periode, die sich aus Kola und Kommata
zusammensetzt. Bis jetzt ist immer nur die Regel Nr.1 nach
Duden 80 erwähnt worden und es wird noch einige Zeit dauern,
bis der jetzt erreichte Stand der Punkt-Definition über-
schritten wird. Salat, der eine handschriftliche Interpunktionslehre überliefert hat, setzt den *eynigen punct* ebenfalls in halber Höhe der Zeile, nach geendeter und beschlos-
sener Meinung. Der Bezugspunkt ist wieder rein semantisch.
Fuchsberger bietet eine neue Art der Beschreibung. Ganz rhetorisch orientiert, und zwar von Leserseite aus, muss man
beim *punctlen* länger pausieren als bei den andern Zeichen.
Helber setzt die Tradition der nicht eindeutig grammatisch
oder semantisch definierten Regeln für den *punct* fort, indem er ihn am Ende einer Rede oder eines Spruchs empfiehlt.
Sattler bemüht sich um eine ausführlichere Definition, aber
auch er bleibt im Bereich der Regel Nr.1 stecken. Der *punctum vel punctus finalis* steht nach einer vollkommenen Rede,
die lateinisch Circuitus und griechisch Periodus genannt
wird. Ratke führt eine neue Bezeichnung für den Punkt ein:

das *Beschlußzeichen*. Die Anwendung ist wieder stärker semantisch geregelt: ein Spruch muss vollkommen beschlossen
werden. <u>Walter</u>, zwar stark unter dem Einfluss Ratkes stehend, definiert den Punkt grammatikalisch. Der *punctum* ist
das Zeichen des vorgehend definierten 'perfecten Periodi'.
<u>Gueintz</u> bringt einen neuen Namen für den Punkt. Er nennt
das Zeichen *punct* oder *tiplein*. Nach Gueintz wird er bei
den Deutschen nach vollendeter Meinung, also semantisch bedingt, am Ende des Wortes gesetzt. <u>Schottelius</u> führt zwar
eine ziemlich lange Regel für den *Punkt (Tütlein)* an, ohne
den Rahmen der Regel Nr.1 zu sprengen. Schottelius setzt
den Punkt nach einer Spruchrede, die dem Periodus gleichge-
setzt wird. <u>Harsdörffer</u> unterscheidet zwei Arten von Punkten: *den grossen, auf welchen ein grosser Buchstab / und
ein neuer Absatz folget ; und den kleinen punkt*. Harsdörffer verwendet als neues Kriterium die Länge des Satzes,
ähnlich wie früher beim vom Punkt verschiedenen Periodus.
<u>Girbert</u> verwendet den *Endespunckt* gleich wie Schottelius
zu Ende einer Spruchrede oder einer Periode. <u>Bellin</u> unterscheidet wie Harsdörffer den *kleinen und den grossen Punkt*
mit der gleichen Begründung. <u>Overheiden</u> definiert seinen
Punct wieder rein semantisch, indem er ihn einen ganzen Verstand schliessen lässt. <u>Pudor</u> steht ganz in der Tradition
von Schottelius. Sein *Punct* beschliesst Schlussreden. <u>Prasch</u>
bietet wieder eine einfachere Definition. Bei ihm steht das
einfache Pünctlein, wenn sich eine Rede schliesst. <u>Bödiker</u>
fasst sowohl was den Namen als auch was die Funktion anbelangt manches seiner Vorgänger zusammen, ohne aber Neues
hinzuzufügen. Er setzt das *Punctum (Punct, Tütlein)*, wenn
eine Periode oder Spruchrede, die einen vollkommenen Sinn
hat, geendigt wird. <u>Stieler</u> betont bei seinem *Punkt* oder
Tüppel, dass der Verstand vollkommen sein müsse und dass
es nicht auf die Länge des Satzes ankomme. Er beschränkt
sich auf eine semantische Begründung. <u>Freyer</u> bringt als
erster eine Erweiterung in die Regel. Er setzt den *Punkt*
am Ende jedes vollkommenen Satzes. Dann erwähnt er den Punkt

nach abgekürzten Worten, den er allerdings als nicht hier-
hergehörig bezeichnet. Zuletzt kommt er noch auf den Punkt
nach Zahlen zu sprechen, ohne aber einen Unterschied zwischen Ordinal- und Kardinalzahlen zu machen. Schliesslich
spricht Freyer beim Ausrufezeichen davon, dass es nicht gesetzt werden soll, wenn keine Interjektion vorangegangen
sei. Er ist der erste, der mehr als nur die erste Duden-
Regel behandelt, und er weitet das System so aus, dass alle
heute definierten Positionen, wenn auch nicht in jedem Fall
gleich wie heute, besprochen werden. Frisch fällt mit seinem *End=Punct* hinter Freyer zurück und bringt eine einfache
semantische Regel für die Position Nr.1. Wippel, wie Frisch
ein Kommentator und Herausgeber von Bödikers Grundsätzen,
führt eine ausführliche grammatische Erklärung für die Stellung des *Punctum (Punct, Titlein)* an, ohne Frisch jedoch
zu übertreffen. Antesperg schliesst zwar an Freyer an, definiert aber für seinen *Tüpfel* nur zwei der vier Freyerschen
Regeln: den Punkt nach einem Aussagesatz, hier allerdings
semantisch definiert, und den Punkt nach Abkürzungen. Gottsched beschränkt sich wieder ganz auf die erste Regel und
setzt den *Schlußpunct*, wenn ein Ausspruch, den man von einer Sache tut, ein Ende hat. Hier erscheint eine Definition,
die den Aussagesatz ziemlich genau trifft. Aichinger bietet
wieder eine eher magere Interpunktionslehre. Sein *Punct*
steht am Ende eines völligen Verstandes. Der Satz wird rein
semantisch bestimmt. Basedow liefert hingegen eine grammatische Erklärung für den *Punct*. Der Satz muss vollständig sein,
d.h. er darf mit dem folgenden Satz in keiner grammatikalischen Verbindung stehen. Braun nimmt bei der Besprechung
des *Schlußpunkts* Bezug zu zwei der heute geltenden Regeln.
Neben der ersten, von ihm grammatisch begründeten, kommt er
auf den Gebrauch des Punktes nach Zahlen zu sprechen, den
er aber in jedem Falle ablehnt. Den Punkt nach Abkürzungen
verwendet er zwar, erwähnt ihn aber nicht. Bodmer beschränkt
sich beim *Punkt* wieder auf die Funktion als Satzschlusszeichen. Heynatz bringt in seiner ausführlichen Interpunktions-

lehre erneut alle Punkte zur Sprache. Er setzt den *Punkt*
nach allen vollständigen Sätzen. Hinter Zahlen lehnt er ihn
generell ab, ist jedoch bereit, bei den Ordnungszahlen eine
Ausnahme zu machen, da man den Punkt an dieser Stelle als
eine Art Abkürzungspunkt verstehen kann. Für die Abkürzungen möchte Heynatz eine spezielle Regelung treffen: der
Punkt soll nur dann verwendet werden, wenn die letzten
Buchstaben des abgekürzten Wortes weggelassen sind. Die
vierte Regel, Punkt statt Ausrufezeichen, wird von Heynatz
in einer etwas andern Richtung sogar ausgeweitet: er kann
nicht nur das Ausrufe-, sondern auch das Fragezeichen ersetzen und zwar wenn die Sätze zu lang sind. Adelung nimmt
ebenfalls Bezug zu allen Punkten, die im Duden 80 angeführt
sind, z.T. im Zusammenhang mit Heynatz, z.T. auch unab-
hängig von ihm. Adelungs *Schlußpunct* scheidet völlige Sätze voneinander. Immer noch ist die Vollständigkeit wichtiger als die Art der Sätze. Die Abkürzungen werden ganz kurz
erwähnt. Den Punkt nach Zahlen lehnt er ganz ab mit der Begründung, Zahlen seien keine Abbreviaturen. Bemerkenswert
ist der Passus innerhalb der Erklärung des Ausrufezeichens,
wo er sagt: *der Vocativ bedarf keines Ausrufungszeichens,
wenn er nicht mit einer merklichen Leidenschaft ausgesprochen wird.*

Der Punkt hat in den ersten zwei Jahrhunderten praktisch
keine Entwicklung durchgemacht. Sein Name änderte ein paar
Mal, aber sein Aussehen und seine Funktion blieben sich
immer gleich. Erst zu Beginn des 18. Jahrhunderts trat eine Erweiterung ein, die den Punkt gleich in allen heutigen
Funktionen erfasste. Wenn der Punkt damals noch nicht so
genau eingeordnet war, wie er es heute ist, dann liegt ein
gewichtiger Grund darin, dass zu jener Zeit die Syntax
noch nicht so klar wie in unserer Zeit geregelt war.

1.1.2 Der Doppelpunkt

Der Doppelpunkt, auch Kolon genannt, hat eine zweispurige
Entwicklung durchgemacht. Während er ursprünglich die einzelnen Kola einer Periode, d.h. die Glieder eines ganzen
Satzgebildes,bezeichnete, gesellte sich allmählich die
Funktion der Ankündigung hinzu. Eine gewisse Parallelität
der beiden Funktionen ist natürlich gegeben, da bei Ankün-
digungen ein Satzgebilde meist auch in zwei Teile geteilt
wird, die relativ selbständig sind. Die Ankündigungsfunktion gewann im Verlaufe der Zeit fortwährend an Gewicht
und verdrängte nach und nach die ursprüngliche sinntrennende Funktion, allerdings erst im 19. Jahrhundert vollständig.

Die Untersuchung der Entwicklung des Doppelpunkts berücksichtigt beide Seiten. Die ursprüngliche, sinntrennende
Funktion hat der Doppelpunkt bis zum Ende des 18. Jahrhunderts beibehalten. Die Theoretiker bemühten sich fortwährend, diese Funktion möglichst genau zu umschreiben. Um die
Verbindung zum heutigen Interpunktionsgebrauch herzustellen, wird in einigen Fällen der Strichpunkt in der Verwendung nach Duden 80 als Vergleichspunkt herangezogen.

Für die Entwicklung der Ankündigungsfunktion dient die
Doppelpunkt-Regel aus Duden 80 als Basis:
1. Der Doppelpunkt steht vor angekündigter direkter Rede.
2. Der Doppelpunkt steht vor ausdrücklich angekündigten
Sätzen oder Satzstücken.
3. Der Doppelpunkt steht vor angekündigten Aufzählungen.
4. Der Doppelpunkt steht vor Sätzen, die das Vorangegangene zusammenfassen oder daraus eine Folgerung ziehen.

Die Untersuchung erstreckt sich wieder auf alle Autoren,
sofern sie in irgend einer Form von diesem Zeichen sprechen.

Während Wyle weder das Zeichen selbst noch einen der beiden
Namen kennt, stellt Steinhöwel das Zeichen (:) als mögliche
Alternative zum Coma vor und verwendet es, wo ein verständ-
licher Sinn beschlossen ist, woran aber noch mehr hängt.

Diese semantische Umschreibung der Funktion wird sich für
die Aufgabe des Kolons in ähnlicher Form sehr lange halten.
Nythart kennt dieses Zeichen nicht. Riederer ist ein eher
komplizierter Fall. Den Namen 'Colon' braucht er für den
einfachen Punkt. Er kennt ein Zeichen mit dem Aussehen des
Doppelpunctes, den *Gemipunctus erectus*, der aber nicht die
Funktion des Kolons im älteren Gebrauch erfüllt, sondern das
zweitschwächste von fünf sinntrennenden Zeichen ist. Riederer kennt schliesslich auch ein Zeichen, das die von Steinhöwel begründete Tradition des vollständigen, aber ergänzungsbedürftigen Satzteils weiterführt. Es ist das gleiche
Zeichen wie bei Steinhöwel: das *Coma (!)* mit dem Aussehen
des heutigen Ausrufezeichens. Pleningen bringt als erster
das Zeichen (:) mit dem Begriff *Colum* in Verbindung. Er
setzt es nach Sätzen, denen noch etwas Zierliches angehängt
werden mag. Auch hier ist wieder die semantisch bedingte
Ergänzungsbedürftigkeit ausschlaggebend. Im Schriftspiegel
heisst der Doppelpunkt *Membrum*, was jedoch nichts anderes
als der lateinische Terminus für das griechische Kolon ist.
Die Funktion des Zeichens ist nicht sehr klar. Es steht
nicht innerhalb der Reihe der Hauptzeichen, man darf jedoch
vom Namen her auf eine Funktion schliessen, die derjenigen
des Steinhöwelschen Comas nahe kommt. Kolross wird sehr ungenau. Für ihn ist der Doppelpunkt, der zusammen mit der
Virgel den Namen *Comma und Colon* trägt, die lateinische
Form für jedes Zeichen, das nicht am Satzende steht. Ickelsamer macht ebenfalls keinen Unterschied zwischen der *vir=
gula (/)* und den *zwen punct (:)*, sondern setzt sie gleichberechtigt nach Kola und Kommata. Ickelsamer versucht demnach, eine grammatische Unterteilung des Satzes zu bezeichnen. Bei Salat hat der Doppelpunkt eine ganz andere Funktion. Er dient als Abkürzungszeichen. Dieser Gebrauch kann
zu jener Zeit nicht nur in handschriftlichen sondern auch
in gedruckten Texten beobachtet werden. Salat ist der einzige, der diesen Anwendungsbereich beschreibt. Fuchsberger
schliesst an Kolross und Ickelsamer an. Seine *zway pünctl*

stehen zusammen mit der Virgel im Innern des Satzes. Bei
Fuchsberger steht die Atempause im Vordergrund, die bei
diesem Zeichen gemacht werden muss. Bei Helber ist die
Hierarchie wiederhergestellt. Der namenlose Doppelpunkt
füllt die Lücke zwischen dem Punkt und der Virgel was die
Sprechpause anbelangt. Seine Funktion wird mit der Halbie-
rung der 'Red' umschrieben. Sattler fasst bei der Erklärung seiner *Duopuncta* nochmals die bisherigen grammatischen
Kriterien zusammen. Der Doppelpunkt steht nach Kola resp.
Membra, was er deutsch mit 'vollkommenen Teilen einer ganzen Sentenz' umschreibt. Ratke nennt den Doppelpunkt *Glied=
zeichen*. Er greift zurück auf die semantische Begründung
des zwar vollkommenen, doch ergänzungsbedürftigen Spruchs.
Walter bespricht das *Colon* gemeinsam mit dem Semikolon,
wobei er die Stellung im Satz nicht genau definiert. Einen
Anhaltspunkt für die richtige Verwendung bietet am ehesten
der Terminus 'Kolon', gestützt durch das lateinische 'Membrum'. Mit Gueintz tritt erstmals die zweite Funktion des
Doppelpunkts auf. Er setzt ihn ebenfalls nach vollkommenen
Meinungen, die einer Ergänzung bedürfen. Dann aber setzt
Gueintz den *doppelpunct* - diese heute noch gebräuchliche
Bezeichnung tritt auch zum ersten Mal in dieser Form auf -
in Gleichnissen, wenn man Ursachen anzeigen oder wenn man
einer Regel ein Exempel folgen lassen will. Zwar sind es
noch nicht die Regeln, wie sie im Duden 80 formuliert sind,
aber der Ankündigungscharakter ist nicht zu übersehen.
Schottelius folgt den Vorschlägen von Gueintz und geht sogar noch einen Schritt weiter. Er unterscheidet die zwei
Funktionen des *Doppelpuncts* nicht mehr, sondern setzt sie
einander gleich. Eine vollkommene Rede, der noch etwas folgen muss wird verglichen mit Gleichnissen, Beispielen etc.
Harsdörffer bringt einige Regeln zur Sprache, ohne sich dessen bewusst zu sein. Für seinen *Doppelpunct* führt er vier
Regeln an, die einige Bereiche des heutigen Kolon- und Semi-
kolongebrauchs abdecken. Harsdörffer setzt den Doppelpunkt,
wenn ein Satz verschiedene Teile hat, die alle mit einem

Verb geschlossen werden. Heute kann im Vergleich dazu
höchstens ein Semikolon statt des Kolons gesetzt werden
zwischen den nebengeordneten Sätzen einer Satzverbindung.
Zum gleichen Bereich gehören auch die zwei folgenden Regeln, welche den Gebrauch des Doppelpunktes in weitläufigen Gleichnissen und in Erzählungen mit vielen Teilen
empfehlen. Als letztes führt Harsdörffer konditionale
Sätze an; ein Gebrauch, der heute durch das Komma abgedeckt ist. Erwähnenswert ist noch, dass Harsdörffer alle
Beispielsätze mit einem Doppelpunkt einleitet. Girbert
definiert den *Doppelpunckt* ganz in der Tradition von Schottelius ohne eigene Zusätze. Bellin führt zusätzlich zu
den bei Harsdörffer beschriebenen Situationen zwei weitere,
noch heute dem Doppelpunkt zugeschriebene Aufgaben an: er
setzt den *Doppelpunkt in anzihung eines Wortes*, d.h. vor
einer angekündigten direkten Rede. Als zweite Erweiterung
setzt er den Doppelpunkt in Schlussreden vor dem Schluss.
Diese Regel ist eine Vorwegnahme der oben unter Punkt 4 zitierten Passage, die dem Doppelpunkt die Stelle vor Folgerungen zuweist. Overheiden beschränkt die Funktion seines
Doppelpuncts auf die Ankündigungsfunktion. Pudor begnügt
sich mit der Feststellung, der *Doppelpunct* stehe innerhalb
der Sentenzen. Prasch verwendet das *gedoppelte Pünctlein*,
wenn eine fremde oder neue Rede angeführt wird, oder wenn
ein angekündigtes Beispiel gebracht wird. Auch er beschränkt
sich auf die Ankündigungsfunktion. Bödiker stellt wieder
die Verbindung der beiden Funktionen bei seinem *Doppel=*
Punct her. Der ergänzungsbedürftige Satz wird erklärt
durch die direkte Rede, durch Gleichnisse und Beispiele etc.
Stieler steht ebenfalls in der Tradition, die von Schottelius und Bellin begründet wurde. Der *Doppelpunkt* steht bei
Gleichnissen, Beispielen, Gegensätzen, Einteilungen und
Folgerungen. Stieler bringt zum ersten Mal den Ausdruck
'Folgerung' mit dem Doppelpunkt in Verbindung. Freyer be-
tont wieder die ursprüngliche Funktion des *Doppelpuncts*.
Er definiert ihn als Unterteiler der Hauptstücke einer Peri-

ode. Die Beispiele zeigen allerdings eine Verwendung, wie
sie heute eher sogar dem Komma als dem Strichpunkt entspricht. Da die Anführung der direkten Rede eine ähnliche
Aufteilung der Periode bedeutet, wird das Kolon auch da
gesetzt. Freyer weist auf den Unterschied zwischen direkter
und indirekter Rede hin, wobei bei der letzteren ein Komma
als Einleitung genügt. Frisch berücksichtigt ausschliesslich die sinntrennende Funktion des *Doppelpuncts*, obwohl
Bödiker, den er kommentiert, beide Aufgaben erwähnt hat.
Wippel ergänzt die Fassung Bödikers im Punkt der Anführung
der direkten Rede, indem er auf den Unterschied zur indirekten Rede aufmerksam macht. Antesperg nennt den Doppelpunkt *Doppeltüpflein, duo puncta* oder *colon*. Er hat seine
Stelle, wo die Rede zwar schon etwas vollkommen ist, jedoch
mit dem folgenden zusammenhängt. Auch wenn die Formulierung
etwas geändert hat, ist die Aussage seit Steinhöwel doch
die gleiche geblieben. Gottsched ist der erste, der für
den *Doppelpunct* zwei getrennte Regeln anführt. Die erste
Regel befasst sich mit Perioden, die aus kleineren Sätzen
zusammengesetzt sind, die aber alle ein neues Subjekt und
ein neues Prädikat besitzen. Diese Funktion entspricht
stark derjenigen des heutigen Strichpunkts. Der zweite Teil
von Gottscheds Erklärung befasst sich mit der direkten Rede,
wobei er vor und nach den angeführten Worten einen Doppelpunkt verlangt. Aichinger erwähnt ebenfalls einen zweifa-
chen Gebrauch. Der zweite Teil ist allgemeiner als bei Gottsched definiert, indem er den *Doppelpunct* setzt bei Worten,
die einen Ankündigungscharakter haben, wie sagen, schreiben,
dieses, folgendes etc. Basedow führt in loser Folge verschiedene Regeln für das *Colon* oder die *zwey Puncte* an: der Doppelpunkt beschliesst durch Semikola unterteilte Satzteile,
er steht bei Beispielen, vor Zitaten und vor fremden Reden.
Braun führt wieder zwei getrennte Regeln für den *Doppelpunkt*
an. Die Hauptteile des Redesatzes werden semantisch umschrieben als ergänzungsbedürftig. Die zweite Regel befasst
sich nur mit der direkten Rede. Bodmer trennt mit *zween Punc=*

ten verschiedene ganze Redesätze, welche aber thematisch untereinander verbunden sind. Die Beispielsätze lassen einen Gebrauch erkennen, der demjenigen des heutigen Strichpunktes ziemlich genau entspricht. <u>Heynatz</u> unterscheidet ein periodisches Kolon vom Anführungskolon. Das *periodische Kolon* wird vor Nachsätzen gebraucht, die mit 'so' beginnen. Diese Grundregel wird anschliessend modifiziert und in Abhängigkeit gebracht von der Länge und der Art des Satzes. Das *Anführungskolon* wird auf die direkte Rede eingeschränkt und auch nur dann gebraucht, wenn die Rede von einiger Länge ist. <u>Adelung</u> schliesslich führt für den *Doppelpunct* drei Regeln an. Die sinntrennende Funktion wird grammatikalisch umschrieben. Der Doppelpunkt steht zwischen dem Vordersatz und dem Nachsatz, vorausgesetzt sie besitzen einige Länge, in konzessiven, konditionalen, kausalen und komparativen Sätzen, besonders wenn sie mit 'so' beginnen. In kürzeren Sätzen kann das Kolon durch ein Komma ersetzt werden. In den meisten dieser Fälle würde nach heutigem Gebrauch ein Komma gesetzt. Als zweites wird der Doppelpunkt vor der direkten Rede erklärt und als drittes wird das Anführen von Beispielen, das Aufzählen von Sachen etc. erwähnt.

Abschliessend können wir sagen, dass der Ankündigungscharakter des Doppelpunktes in den Theorien immer dominanter wird und vor allem, dass der heutige Anwendungsbereich schon damals vollständig erfasst war. In der ursprünglichen Funktion der Satzgliederung war der Doppelpunkt üblicherweise zwischen dem Punkt und dem Strichpunkt plaziert. In der praktischen Anwendung hat er aber schon vor der theoretischen Erwähnung oft den Charakter der Folgerung, der Zusammenfassung oder der Ankündigung getragen.

1.1.3 Der Strichpunkt

Den Strichpunkt müssen wir am strengsten getrennt vom heutigen Gebrauch untersuchen. Es sind vor allem zwei Voraussetzungen zu beachten. Erstens hatte ein Zeichen, das dem
heutigen Strichpunkt sehr ähnlich sieht und meist 'Periodus' genannt wurde, bis zum ersten Viertel des 16. Jahrhunderts die Funktion, z.T. eine noch stärkere Unterteilung
als der Punkt zu bezeichnen, z.T. diesen zu ersetzen. Es
trat dann eine Ruhepause ein, und der Strichpunkt erschien
rund hundert Jahre später vorerst noch etwas unsicher, aber
immer bestimmter eingebettet in ein Quartett von Sinn- und
Pausenzeichen. Damit sind wir bei der zweiten Schwierigkeit angelangt: Im heutigen Sprach- und Schreibgebrauch wird
der Satz vorwiegend durch das Komma grammatisch gegliedert.
In einigen Ausnahmefällen kann der Beistrich durch den
Strichpunkt ersetzt werden. Vom Beginn des 17. Jahrhunderts
bis zum Ende des 18. Jahrhunderts kannte man jedoch drei
Zeichen, nämlich das Komma, den Strichpunkt und den Doppelpunkt, die diese Aufgabe zu erfüllen hatten. Der Bereich
des heutigen Semikolons war weitgehend durch den damaligen
Doppelpunkt abgedeckt. Der Strichpunkt ist somit eher in
der Gegend des heutigen Kommas zu suchen. Der heutige Beistrich erstreckt seine Funktion überblicksmässig auf fünf
Bereiche, von denen vor allem zwei für das Semikolon des
16. bis 18. Jahrhunderts in Frage kommen: das Komma zwischen
Satzteilen und das Komma zwischen Sätzen.

In erster Linie geht es aber darum, eine Entwicklung des
Gebrauchs dieses Zeichens zu untersuchen, wobei wir sehen
werden, dass vor allem Heynatz die Schwierigkeit der Abgrenzung von Komma, Semikolon und Kolon zur Sprache gebracht
hat.

Eine weitere Schwierigkeit für den Vergleich der Strich-
punkt-Anwendung mit der heutigen Interpunktion liegt bei
der Terminologie. Während Duden 80 versucht, die möglichen
Positionen in grammatikalisch eindeutig definierten Regeln

zu bestimmen, schwanken die früheren Definitionen zwischen
quantitativen, semantischen und rhetorischen Begründungen
hin und her. Hierin bringt erst das 18. Jahrhundert eine
Erweiterung in Richtung der Grammatik, wobei aber auch diese Versuche nicht immer eindeutig bestimmbar sind und im
Vergleich mit der heutigen Regulierung beträchtliche Lücken
offen lassen.

Die ersten Erwähnungen des Strichpunktes geschehen also
im Zusammenhang mit einer ganz anderen Funktion, als er
sie heute besitzt. Wyle erwähnt den *peryodum* nicht als eigenständiges Zeichen, sondern nur als Alternative zum gewöhnlichen Punkt. Was die Funktion im historischen Rahmen
anbelangt, d.h. die Funktion, welche im 17. und 18. Jahrhundert vom Strichpunkt übernommen wurde, verwendet Wyle
ein anderes Zeichen, das wie das heutige Ausrufezeichen
aussieht und *virgel* heisst. Mit diesem Zeichen unterscheidet er Satzteile, die noch keinen vollkommenen Sinn besitzen. Steinhöwel erklärt den Strichpunkt wie Wyle als
mögliches Zeichen für den einfachen Punkt. Bei ihm heisst
er ebenfalls *periodus*. Für die Funktion der Wyleschen Virgel kennt Steinhöwel kein Zeichen. Nythart kennt weder ein
Zeichen in dieser Funktion noch ein Zeichen mit dem Aussehen des Strichpunkts. Bei Riederer wird die Situation wieder kompliziert. Er nennt das Zeichen mit dem Aussehen des
Strichpunktes ebenfalls *Periodus* und führt es als alter-
natives Zeichen an, aber nicht für den einfachen Punkt am
Satzende, sondern für den Periodus ((.), der das Ende
eines ganzen Abschnitts kennzeichnet. Die historische Funktion des Strichpunktes wird durch den *Gemipunctus erectus*,
den Doppelpunkt erfüllt. Das Zeichen mit der Form des Ausrufezeichens heisst bei ihm *Coma* und erfüllt eine stärker
trennende Funktion. Pleningen stellt den *Periodus* als ur-
sprüngliches Zeichen vor, das am Ende grösserer Sinnzusam-
menhänge steht. Die Funktion des späteren Strichpunkts erfüllt hier das *Coma (!)*. Die Form des Zeichens schliesst an

Wyle an, der Name an Steinhöwel und Riederer. Im Schriftspiegel wird der Strichpunkt zum letzten Mal mit dem Satzende in Verbindung gebracht. Er wird *Periodus minor* genannt
und ebenfalls nach längeren Abschnitten gesetzt. Der 'Periodus maior' steht dann am Ende ganzer Schriftstücke. Das
Zeichen für die Strichpunkt-Funktion ist in Aussehen und
Bezeichnung Pleningen nachgebildet: das *Coma (!)*.

Bei den nächsten sechs Autoren erscheint der Strichpunkt
weder dem Zeichen noch der Bezeichnung nach. Die spätere
Funktion des Semikolons wird aber bei allen durch ein oder
zwei andere Zeichen erfüllt. Kolross verwendet für alle
Funktionen im Satzinnern das *Comma (/)* und das *Colon (:)*
abwechslungsweise für die deutsche und die lateinische Sprache. Ickelsamer kennt die gleichen zwei Zeichen und verwendet sie ohne Unterschied, um die Glieder einer Periode zu
bezeichnen. Salat schränkt sich auf das *rüttlj* oder *strichlj*
(/) ein und überträgt ihm alle Trennfunktionen im Innern
eines Satzes. Fuchsberger kehrt wieder zurück zum undifferen-
zierten Gebrauch von *virgel oder strichel* oder *zway pünctl*
innerhalb des ganzen Satzes. Helber überträgt die Funktion
des späteren Strichpunktes dem Doppelpunkt (cf. S.264).
Ebenso verhält es sich mit Sattler, der ebenfalls zwischen
der *Virgula* und den *Duopuncta* einen Unterschied macht und
die Funktion des Doppelpunktes so umschreibt, wie sie bald
für den Strichpunkt definiert werden wird.

An dieser Stelle ist eine Ergänzung notwendig. Der Strichpunkt als Satzgliederungszeichen wurde für die deutsche
Sprache 1629 von Ratke erstmals beschrieben. Die 'Interpun-
gandi ratio' des Aldus Manutius aus dem Jahre 1566[1] erwähnt schon die vier Sinn- und Pausenzeichen Komma, Semikolon, Kolon und Punkt in der Reihenfolge, in welcher sie
bis zum Ende des 18. Jahrhunderts im deutschen Sprachraum
gültig blieben. Diese Interpunktionslehre von Manutius hat

---

1 Aldi Manutii orthographiae ratio. Venetiis 1566. Die Stelle über die
  Interpunktion ist abgedruckt in Bieling, Interpunktion, S.79-82.

einen langanhaltenden Einfluss auf die deutsche Theorie ausgeübt und lässt sich bis ins 18. Jahrhundert verfolgen. Es
gibt aber noch ein älteres Zeugnis, welches die praktische
Verwendung des Strichpunktes innerhalb des Satzes belegt.
Es handelt sich dabei um das 'Büchlein gleichstimmender
Wörter' von Johannes Fabritius aus dem Jahre 1532[1]. Die
theoretische Besprechung des Zeichens hinkt also sowohl der
praktischen Anwendung als auch der lateinischen Theorie
nach.

Ratke ist der erste, welcher den Strichpunkt, bei ihm *Mit=
telzeichen* genannt, als Gliederungszeichen verwendet. Erklärt wird das Zeichen auf mehrfache Weise. Der Strichpunkt
hat seine Stelle zwischen dem Komma und dem Kolon, er bezeichnet oft widerwärtige Dinge und kann den Doppelpunkt
ersetzen. Semantische und grammatikalische Erklärungen sind
miteinander vermischt. Walter übernimmt den Gedanken von
Ratke, unterscheidet jedoch nicht so scharf zwischen dem
Semicolon und dem Doppelpunkt, sondern verwendet beide Zeichen als Zeichen für die Abgrenzung von Kola, d.h. von Satzgliedern. Gueintz spricht immer noch davon, dass das *Semi=
colon* bei den Deutschen noch nicht im Gebrauch sei, dass es
aber in bestimmten, semantisch bedingten Fällen anstelle
des Kolons verwendet werden könne. Gueintz befindet sich
ganz in der Tradition von Ratke. Bei Schottelius hat das
Strichpünctlein endlich einen selbstverständlichen Platz er
halten. Es steht da, wo der Sinn zwar noch nicht vollkommen
ist, wo aber doch eine grössere Pause als beim Komma erfordert wird. Die Beschreibung ist immer noch relativ ungenau.

---

1 Eyn Nutzlich buchlein etlicher gleich stymender wörther Aber vngleichs
  verstandes / denn angenden deutschen schreyb schülern / zu gut mit
  geteylt / Durch Meister Hanssen fabritium Rechenmeister vnd deutscher
  schreyber zu Erffurth. Erfurt 1532.
  Der Verfasser benutzte den Nachdruck von John Meier aus dem Jahre 1895,
  wobei einige Vorbehalte angebracht werden müssen. Es ist durchaus
  möglich, dass Meier die Interpunktion dem modernen Gebrauch angepasst
  hat, sodass der Strichpunkt ein Zusatz des 19. Jahrhunderts ist. Meier
  hat   - wie aus dem faksimilierten Titelblatt erkennbar ist - zumindest aus dem Schrägstrich (/) ein einfaches Komma (,) gemacht.

Harsdörffer führt drei differenzierte Regeln für das *Strich=
pünctlein* an. Es unterscheidet 1. kurze Gleichnisse, 2.
Gruppen gleichartiger Begriffe bei Aufzählungen (diese Funktion erfüllt der Strichpunkt heute noch), und 3. unterteilt
er Satzglieder, die bereits durch Doppelpunkte voneinander
getrennt sind. Das Zeichen wird in Relation zu einem andern
erklärt. Girbert hält sich bei der Besprechung seines *Strich=
pünktleins* ganz an das Vorbild von Schottelius. Auch Bellin steht in der Tradition der gleichen Erklärung, wobei er
zusätzlich erwähnt, man finde das *Strichpünktlein* zwar noch
nicht in den deutschen Bibeldrucken, hingegen schon bei
Opitz. Overheiden löst sich von der erwähnten Tradition und
versucht eine eigene Definition für den *Strichpunct*, indem
er ihm die Stelle nach einem 'Teil des ganzen Verstandes'
zuweist. Pudor beschränkt sich auf die Feststellung, dass
das *Strichpünctlein* die Wörter innerhalb der Sentenzen unterscheidet. Prasch weist dem *punctirten strichlein* eine stärkere Funktion zu. Er setzt es, wenn der Sinn vollkommen ist,
die Rede jedoch nicht. Mit Rede umschreibt er Perioden, die
sich aus mehreren Gliedsätzen zusammensetzen. Hier findet
sich eine Entsprechung zur ersten heutigen Duden-Regel, die
das Semikolon an Stelle des Punktes zwischen eng zusammen-
gehörige selbständige Sätze stellt. Bödikers *Strich=Pünct-
lein* ist 'mehr als ein Comma' und wird gesetzt, wo ein Gegenteil oder ein 'aber' folgt. Die semantische Bestimmung
rückt wieder in den Vordergrund. Stieler übernimmt einen
Teil der Erklärung des *Strichpünktleins* von Schottelius
und erweitert die Regel dahingehend, dass in langen Erzählungen das Semikolon vor Ausdrücken wie 'als', 'so', 'demnach' etc. das Komma ersetzen kann. Freyer geht von der
Grundregel aus, dass der *Strichpunct* jene Satzteile unterscheide, die schon durch Doppelpunkte getrennt sind. Er
verfeinert die Regel dann insofern, als er die Bedingung
stellt, dass in den einzelnen Stücken wenigstens mehr als
eine Konstruktion enthalten sein müsse, sonst könne der
Strichpunkt durch das Komma ersetzt werden. Hier finden wir

den Ansatz zur Grundlage des heutigen Strichpunkt-Gebrauchs.
Freyer unterteilt in seinen Beispielen ohne Unterschied
auch Satzteile durch ein Semikolon, die durch ein Anführungskolon eingeleitet werden. Frisch kommentiert die damalige Diskussion um das *Semicolon* mit der Bemerkung, die
'Einfältigen' könnten dieses Zeichen ohne weiteres durch
das Komma oder das Kolon ersetzen, da sich selbst die Gelehrten nicht einig seien über dessen richtigen Gebrauch.
Wippel enthält sich eines Kommentars zu Bödikers Zeichen
und bringt das *Strichpünktlein* in seiner eigenen, syntaktisch orientierten Interpunktionslehre unter. Er setzt den
Strichpunkt, wenn eine Proposition (Subjekt und Prädikat)
gleichsam in der Proposition eine neue Proposition bildet.
Die praktische Anwendung verrät einen Gebrauch, der heute
in jedem Fall durch das Komma ersetzt würde. Antesperg
erklärt den Gebrauch seines *Strichpuncts* beinahe mit den
Worten von Schottelius. Inhaltlich fügt er keine Erweiterung hinzu. Obwohl Gottsched seine Interpunktionslehre mehr
als hundert Jahre nach Ratke abfasste, schreibt er, 'in
neuerer Zeit' sei ein Zeichen erfunden worden, das *Strich=*
punct heisse. Er entwickelt für den Strichpunkt eine grammatische Regel, und zwar setzt er ihn da, wo zu einem Subjekt ein neues Prädikat, oder ein neues Subjekt zum gleichen Prädikat gesetzt wird. Die Beispielsätze sind so abgefasst, dass in einigen Fällen heute gar kein Zeichen an
Stelle eines Semikolons stehen würde. Aichinger stellt das
punctirte Strichlein als modifiziertes Kolon dar, d.h. es
kann das Kolon in zwei Fällen ersetzen, die er von Freyer
und von Gottsched übernommen hat. Basedow erklärt den Gebrauch des *Strichpuncts* mit der unterschiedlich starken Unterteilung eines Satzes, wobei er von der schwächsten zur
stärksten Unterteilung aufsteigt. Das Semikolon teilt also
Sätze, die bereits durch Kommata unterteilt sind. Braun
ist der Ansicht, der richtige Gebrauch des *Strichpunkts* lasse sich eher durch Uebung als durch Regeln erlernen. Denn-
noch gibt er vier teils semantische, teils grammatische

Richtlinien an. <u>Bodmer</u> bestimmt ein Verhältnis, in welchem
zwei Satzteile zueinander stehen müssen, damit sie durch einen *Commapunkt* verbunden werden. Die beiden Teile müssen je
einen besonderen Sinn haben, den ganzen Gedanken jedoch erst
gemeinsam ausdrücken. Die Beispiele Bodmers zeigen aber,
dass der besondere Sinn nicht durch einen selbständigen Gedanken oder einen abgeschlossenen Satz bestimmt ist, sondern dass es sich meist um Nebensätze mit einer Ergänzung
handelt. <u>Heynatz</u> weist dem *Strichpunkt* seinen Platz zwischen
dem Komma und dem Kolon zu. In vier näher bestimmten Fällen
setzt er dieses Zeichen. Es sind adversative, kombinative,
epexegetische und adjunktive Situationen. Obwohl Heynatz
nie davon spricht, dass zwischen den Zeichen vollständige
Sätze stehen müssen, lässt sein praktischer Gebrauch doch
eine modernere Anwendung als die seiner Vorgänger erkennen.
Er stellt zudem die Verbindung zu Punkt und Komma her, indem der Strichpunkt in gewissen Fällen für diese Zeichen
gesetzt werden kann: für das Komma, wenn die einzelnen ab-
zutrennenden Glieder nur kurz sind; für den Punkt, wenn die
einzelnen Sätze in einem engen inhaltlichen Zusammenhang
stehen. <u>Adelung</u> schliesslich unterscheidet mit dem *Semicolon*
mehrere Glieder eines Satzes, wenn sie von einiger Länge
sind. Er führt zwar speziellere Situationen an, welche aber
immer von der Länge des einzelnen Satzgliedes abhängig sind.

Der heutige Gebrauch des Semikolons entspricht mit wenigen
Ausnahmen nicht demjenigen des 16. bis 18. Jahrhunderts. Zu
jener Zeit hatte der Strichpunkt die Aufgabe, nicht vollständige Sätze, sondern einzelne Satzglieder voneinander ab-
zutrennen. Er stand zudem meist in Konkurrenz zum Kolon,
das im grossen und ganzen die gleiche Funktion zu erfüllen
hatte. Seit der ersten Erwähnung des Strichpunkts als Gliederungszeichen durch Ratke hat er bis auf Adelung keine wesentliche Entwicklung durchgemacht. Die Erklärung des Zeichens und die Begründung seiner Position im Satzinnern vari-
ieren manchmal recht stark, wobei das Semikolon seiner engen
Verwandtschaft mit dem Kolon wegen häufig semantisch einge-

teilt wird. Der Gebrauch des heutigen Semikolons ist praktisch durch den damaligen Gebrauch teils des Semikolons,
teils des Kolons erfasst gewesen. Die theoretisch wichtige
Erklärung, dass durch den Strichpunkt selbständige Sätze
voneinander unterschieden werden, fehlte jedoch.

1.1.4 Das Komma

Die Beschreibung der Entwicklung des Zeichens, das wir nach
heutigem Gebrauch Komma nennen, beansprucht am meisten Raum.
Hier lassen sich viele verschiedene Ebenen voneinander unterscheiden. Nicht immer wurde das gleiche Zeichen mit dem
gleichen Namen in Verbindung gebracht, nicht immer erfüllte
das gleiche Zeichen die gleiche Funktion. Dennoch lassen
sich eindeutige Entwicklungslinien erkennen. So taucht z.B.
die heutige Form des Kommas (,) neben der früheren, die
oft Virgel (/) genannt wurde, in der Theorie schon im 15.
Jahrhundert auf. Erst mit der Wende vom 17. zum 18. Jahrhundert bürgerte es sich ohne Uebergangsschwierigkeiten im
Schreibgebrauch ein.

'Komma' bedeutete ursprünglich Abschnitt im Sinne von
kleinerem Teil eines Kolons. Diese Unterordnung wurde stets
beibehalten, wobei sich aber die Form und die Funktion der
Zeichen beträchtlich ändern konnten.

Die Entwicklung der Zeichen im Bereich des Begriffs 'Komma' wird zuerst ohne direkten Bezug zur heutigen Zeit untersucht. Erst anschliessend an die Darstellung der Entwicklung wird versucht, anhand des Duden-Modells zu zeigen,
wie sich der damalige zum heutigen Zeichengebrauch verhält.

Vor allem bei den frühen Autoren wird in diesem Abschnitt
unter Umständen mehr als ein Zeichen erwähnt, da es Ueber-
schneidungen in der Terminologie, in der Form und in der
Funktion geben kann. Die Zeichen werden in diesem Abschnitt
in der Diskussion folgendermassen benannt: / = Virgel und
, = Komma. Die übrigen Zeichen werden mit ihrem heutigen
Namen bezeichnet.

Wyle stellt als geringstes seiner Zeichen das *strichlin* (/)
vor. Seine Aufgabe besteht in der Trennung blosser Worte
oder 'Oratzen' ohne vollkommenen Sinn. Die *virgel* (!) - das
Wort kommt von lat. Virgula = Rütchen, Stäbchen und wird
normalerweise für den einfachen Schrägstrich (/) verwendet -
unterscheidet schon ganze 'Geschriften', die jedoch auch
noch keinen vollkommenen Sinn enthalten. Wyle stellt also
zwei Zeichen mit einer ähnlichen Funktion vor, ohne dass
sich diese aber genau bestimmen liesse. Steinhöwel verwendet die gleichen Zeichen wie Wyle, nennt sie aber anders
und weist ihnen auch eine andere Funktion zu. Die *virgula*
(/) zeigt an, dass mehrere Worte zusammengehören, die jedoch
noch keinen verständlichen Sinn ergeben. Das *coma* (!) beschliesst schon einen verständlichen Sinn, der aber noch
einer (von Steinhöwels Praxis her beurteilt inhaltlichen
und nicht grammatischen) Ergänzung bedarf. Nythart kennt
nur die *virgel* (/), die alle Reden oder 'Oratzen' ohne vollständigen Sinn trennt. Bei Riederer stellt sich die Situation ähnlich wie bei Steinhöwel, nur etwas differenzierter.
Riederer kennt die *Virgula* (/ und ,), die die unvollkomm-
nen Teile einer Rede unterscheidet. Diese Teile können aus
einem oder mehreren Wörtern bestehen. Das nächsthöhere Zeichen ist aber noch nicht das *Coma* (!), sondern der 'Gemipunctus erectus' (cf. Doppelpunkt). Das 'Coma' wird nach
vollkommenen Teilen der Rede gebraucht, mit der Bedeutung,
dass die folgenden Teile in enger Beziehung zu den vorangegangenen stehen. Mit anderen Worten bezeichnet dieses
Zeichen ebenfalls ergänzungsbedürftige Sätze. Die Reihenfolge von Komma und Kolon ist bei Riederer jedoch eingehal-
ten, da er den einfachen Schlusspunkt 'Colon' nennt. Pleningen kennt ebenfalls die *Virgula* (/) als Interpunktionszeichen für unvollkommene Sätze und das *Coma* (!) für er-
weiterungsbedürftige Sätze. Pleningen scheint jedoch die
Funktion der zwei Zeichen nicht genau zu durchschauen. Besondere Mühe bereitet ihm der Unterschied zwischen dem
'Coma' und dem 'Colum' (:), die er beinahe identisch er-

klärt. Der Schriftspiegel gibt der Virgel den Namen *Suspen=*
sivus und definiert das Zeichen als geringstes Unterscheidungszeichen. Er ist der letzte, der das Ausrufezeichen mit
dem Namen *Coma* in Verbindung bringt. Das Coma steht, wo
zur Vollkommenheit des Sinnes noch etwas nachfolgen muss.
Bemerkenswert ist der Umstand, dass das Coma zwar wie das
Ausrufezeichen beschrieben wird, dass im Druck aber ein
kleines, heute übliches Komma (,) steht. Da der Schriftspiegel mit Riederer einige Aehnlichkeit zeigt, ist es möglich, dass er auch dieses Zeichen von ihm übernommen hat.
Mit Kolross beginnt eine neue Phase der Zeichensetzung. *Com=*
ma (/) und *Colon* (:) werden ohne Unterschied als Gliederungszeichen innerhalb des Satzes verwendet, das Komma im
Deutschen, das Kolon im lateinischen Satz. Noch undiffe-
renzierter mischt Ickelsamer die zwei Zeichen durcheinander.
Virgula (/) oder *zwee punct* (:) werden ohne Unterschied
nach 'Colis und Commatis' gesetzt. Salat setzt das *rüttlj*
oder *strichlj* (/) solange die Sentenz nicht zu Ende ist, um
Worte oder Meinungen von einander abzusondern. Er betont
den grossen Nutzen dieses Zeichens für die Verständlichkeit
eines Textes. Fuchsberger erklärt *virgel, strichel* (/) oder
zway pünctl wie Kolross und Ickelsamer ohne Bedeutungsunterschied. Diese Zeichen werden innerhalb des Satzes gesetzt
und dienen der Unterteilung einer langen Rede. Helber weist
dem *Strichlein* oder *Virgul* (/) wieder eine etwas genauer bestimmte Position zu. Es teilt die minderen Teile einer Rede
voneinander ab. Sattler, der eine lateinische (,) und eine
deutsche Form (/) der *Virgula* unterscheidet, setzt sie nach
den unvollkommenen Teilen der Sentenz, die 'Comma' genannt
werden. Ratke nennt das Komma *Abschneidungszeichen* und unterscheidet ebenfalls zwischen einer lateinischen und einer
deutschen Schreibweise. Die deutsche Schreibweise entspricht
der heutigen Form des Kommas (,), während die lateinische
ebenfalls klein, aber leicht gekrümmt (,) ist. Ob Ratke
wirklich das kleine Komma gemeint hat, wäre am Manuskript
zu überprüfen, da uns seine Schriften nur in der Transkrip-

tion durch Erika Ising zugänglich sind. Es ist denkbar, dass
Ratke ein halbhohes Strichlein gemacht hat, da lange nicht
alle Autoren die Virgel gleich lang zeichneten. Das Abschneidungszeichen hat die Aufgabe, Wortgruppen ohne verständlichen Sinn voneinander abzugrenzen. Der Gebrauch des Zeichens
ist relativ eng umgrenzt. Walter, ebenfalls durch Erika
Ising übermittelt, weicht aus ins andere Extrem. Die lateinische Form des *Strichel* oder der *Virgula* wird ebenfalls
rund überliefert, aber so überdimensioniert, dass sie unserer Klammer gleichkommt:( )). Die deutsche Form ist die gewöhnliche Virgel (/). Die Stellung dieses Zeichens wird
zwar grammatisch umschrieben, lässt sich aber nicht genau
einordnen: das Strichlein steht, wenn ein, zwei oder mehr
Wörter 'fein syntaktisch' zusammengesetzt sind. Gueintz
braucht sein *Strichlein (Comma)* um die Wörter in einer zwar
verständlichen, doch unvollkommenen Rede zu unterscheiden.
Schottelius nennt die Virgel als erster *Beystrichlein* und
setzt damit den Namen fest, der heute noch dafür verwendet
wird. Nach Schottelius wird das Beistrichlein oft zur Unterscheidung der Wörter gebraucht. Es hat also im Vergleich mit
Gueintzens Strichlein eine sehr geringe Funktion. Harsdörffer nimmt die lateinische und deutsche Form des Zeichens
wieder auf, konstruiert aber einen Bedeutungsunterschied
zwischen dem *Zwergstrichlein (/)* und dem *Beystrichlein (,)*.
Ausserdem liefert er genauere Regeln. Er setzt das Zwergstrichlein in drei Fällen: 1. zwischen Wörtern bei Aufzählungen, 2. nach herausgehobenen Satzteilen, wobei er Sätze
mit 'und' nicht speziell behandelt und 3. vor nachgestellten Nebensätzen. Harsdörffer formuliert es allerdings nicht
mit diesen Worten, aber anhand der Beispiele lassen sich diese Situationen feststellen. Für das Beistrichlein bringt er
nur ein Beispiel, wo ein Adverb zwischen zwei Kommas steht.
Ein Gebrauch also, der heute undenkbar ist. Girbert übernimmt die Regel für das *Beystrichlein (/)* von Schottelius.
Bei ihm fällt auf, dass er nach lateinischen Fachausdrücken
jeweils das kleine Komma (,) setzt. Bellin verwendet das

Beistrichlein, um die unvollkommene Rede verständlich zu
machen und die Wörter zu teilen. <u>Overheiden</u> hält die Erklärung des *Beystrichleins* (/) noch kürzer: es unterscheidet Wörter, 'so nicht eines Verstandes'. <u>Pudor</u> erwähnt
das gleiche Zeichen nur als Gliederungszeichen. <u>Prasch</u>
setzt das *schlechte Strichlein* (/), wenn der Sinn gewisse
Glieder und Absätze hat. Er greift wieder zurück auf die
Bedeutung des Terminus 'Comma'. <u>Bödiker</u> übernimmt die Erklärung des *Beystrichleins* (/) beinahe wörtlich von Schottelius. <u>Stieler</u> stützt sich zwar auch auf Schottelius,
führt jedoch verschiedene Fälle für das Setzen eines *Bey=
strichleins* (/) an. Er setzt die Virgel bei Aufzählungen
gleicher Wörter, bei Nebensätzen und bei relativen Anschlüs-
sen. Das wichtigste Kriterium ist jedoch die Unvollständig-
keit der Aussage. Mit <u>Freyer</u> setzt eine neue Epoche im Gebrauch des Kommas ein. Ohne eine Erklärung stellt er die
heutige Form des Zeichens vor, die von diesem Zeitpunkt an
ausschliesslich benutzt wird. Die Virgel, welche bis und
mit Stieler in der Praxis nie ernstlich gefährdet war, erscheint nie mehr. Freyer setzt den *Beystrich* nach blossen
Wörtern oder nach einfachen Konstruktionen. Aus den ausführlichen Anmerkungen lassen sich etwa folgende Regeln ableiten: das Komma trennt Anreden, Interjektionen, Wörter der
gleichen Wortart, herausgestellte Satzteile, nachgestellte
genauere Bestimmungen und einige Arten von Nebensätzen, die
nicht genauer bestimmbar sind. Freyer verwendet das Komma
nach heutigen Verhältnissen allerdings viel zu häufig.
<u>Frisch</u> erklärt das *Strichlein* (,) wieder einfacher und unge-
nauer. Es deutet jeden Umstand, und sei er noch so klein,
an. Was Frisch unter Umstand versteht, lässt sich nur vermuten, da er keine Beispielsätze anführt, die Aufschluss
darüber geben könnten. Wahrscheinlich sind fremde Elemente inhaltlicher Art damit gemeint. <u>Wippel</u> ergänzt zuerst
Bödikers System dahingehend, dass er ebenfalls eine Unterscheidung des lateinischen vom deutschen Komma in der gleichen Art wie Ratke vorschlägt. In seinem eigenen, syntak-

tisch ausgerichteten System hat das *Comma* seinen Platz,
wenn in einem Satz das Subjekt oder das Prädikat aus mehreren Teilen zusammengesetzt sind. Bemerkenswert ist, dass
er den Spezialfall mit 'und' erwähnt. Vor 'und' steht nach
Wippel nur ein Komma, wenn es einen neuen, vollständigen
Satz einleitet. Antesperg braucht den *Beystrich*, um die unvollkommenen Glieder der Rede voneinander zu unterscheiden.
Er erweitert in einer Anmerkung die Regel so, dass immer
ein Komma in zwei Fällen stehen müsse: vor den Konjunktionen dass, damit, weil etc. und ebenso vor den Relativpro-
nomina, wenn sie eine neue Konstruktion einleiten. Antesperg erklärt hier zwei richtige Regeln, allerdings ohne
Systematik. Gottsched präsentiert ein vergleichsweise äusserst ungenaues System für seinen *Beystrich*. Er gebraucht
das Komma zur kleinsten Unterscheidung gewisser Wörter, wobei es 'oft sehr gleichgültig ist, wohin man einen solchen
Beistrich setzen soll'. Gottsched empfiehlt zudem die mass-
volle Verwendung des Beistrichs. Aichinger versucht wieder
eine genauere, z.T. grammatische Bestimmung für das *Strich=
lein* zu geben. Er lässt es gelten als Unterscheidungszeichen
der einzelnen Satzglieder einer längeren Periode. Den richtigen Gebrauch führt er aber auf die Grundsituation zurück,
wenn der Zusammenhang von Subjekt und Prädikat unterbrochen
wird, z.B. vor einem Relativpronomen, vor und nach Interjektionen etc. Aichinger bringt auf diese Weise verschiedene
Regeln auf einen Nenner. Sehr viel ausführlicher präsentiert sich das Regelsystem von Basedow. Für sein *Comma* führt
er elf einzelne Regeln an, die teils grammatisch, teils
semantisch und teils rhetorisch bestimmt sind. Dabei erfasst
er schon einen grossen Teil der heute geltenden Komma-Re-
geln, auch wenn er nicht immer zum gleichen Schluss kommt
wie Duden und viel weniger ausführliche Erklärungen liefert.
Braun behandelt seinen *Beystrich* wieder weniger genau. Er
ist das geringste Zeichen und kann nicht nur Satzkonstruktionen, sondern auch einzelne Wörter voneinander trennen.
Braun warnt wie Gottsched ziemlich undifferenziert vor dem

allzuhäufigen Gebrauch dieses Zeichens. <u>Bodmer</u> empfiehlt
für das *Comma* oder die *Virgula* einen zu häufigen Gebrauch.
Er begründet seine Regeln aber grammatisch und trifft einige heute noch geltenden Anordnungen erstaunlich genau. So
setzt er z.B. das Komma zwischen zwei Gliedsätze, wenn das
Bindewort zwei vollständige Sätze verbindet. Besonders ausführlich beschäftigt sich Bodmer mit dem Zusammentreffen
von Haupt- und Nebensätzen, wobei er aber die Zweifelsfälle der eigenen Entscheidung überlässt. <u>Heynatz</u> versucht,
den Gebrauch des *Beistrichs* mit vier Grundregeln zu ordnen.
In seinen Anmerkungen erklärt er die kurzgefassten Grundregeln ausführlich. Die Trennung in eine ausschliessende
und in eine unterscheidende Funktion lässt sich aber nicht
widerspruchsfrei durchführen. Heynatz erfasst mit seinen
Regeln dennoch beinahe alle Situationen des heutigen Komma-
Gebrauchs, ohne sie so genau umschreiben zu können. Auf die
konkreten Ausführungen wird in der anschliessenden Zusammenfassung und Betrachtung im Hinblick auf den heutigen Gebrauch näher eingegangen. <u>Adelungs</u> System bildet eher wieder einen Rückschritt im Vergleich zu Heynatz. Neben einigen Spezialfällen wie Appositionen und Relativsätze, greift
er auf die Länge der Satzglieder zurück, was keine verbind-
lichen Regeln mehr für das *Comma* ergibt.

Das Komma hat eher im 15./16. Jahrhundert eine Entwicklung
durchgemacht als im 17./18. Jahrhundert. Als geringstes Zeichen ist es nie in Frage gestellt gewesen und alle Autoren
haben es in irgendeiner Form besprochen. Wieweit der Gebrauch
des Kommas bis zum Ende des 18. Jahrhunderts geschritten war
im Verhältnis zur heutigen Zeit, wird im folgenden am Modell
der Duden-Regeln gezeigt. Es wird versucht, ausgehend von
der heute geltenden Regulierung zu zeigen, ob und wann ein
Zeichen für die jeweilige Situation diese Funktion erfüllte.
Als Grundlage für diese Darstellung halten wir uns an die
Grobeinteilung des Dudenschen Modells, da der Vergleich mit
jeder einzelnen dieser 37 Regeln zu stark ins Detail ginge

und oft aufgrund inadäquater Terminologie gar nicht möglich
wäre. Duden unterteilt die Regeln in fünf Abschnitte: 1.
Das Komma zwischen Satzteilen, 2. Das Komma bei Partizipial-
und Infinitiv-Gruppen, 3. Das Komma zwischen Sätzen, 4. Das
Komma vor 'und' oder 'oder', und 5. Das Komma beim Zusammentreffen einer Konjunktion mit einem Adverb, Partizip u.a.
Diese fünf Situationen werden im folgenden kurz einzeln besprochen.

1. Das Komma zwischen Satzteilen: Für die vierzehn Einzelregeln lassen sich in den besprochenen Werken ohne weiteres
zahlreiche Belege finden. Da das Komma in der älteren deutschen Interpunktion, d.h. noch bis Adelung, eher zu häufig
als zu selten benutzt wurde, ist es nicht verwunderlich,
dass in diesem Abschnitt, mit Ausnahme einiger Spezialregeln wie Wohnungsangaben, Bücherzitaten etc. alle Fälle abgedeckt sind. Im Unterschied zum heutigen System, das sich
aber ebenfalls auf die Aufzählung einzelner Situationen beschränken muss, sind die damaligen Regeln nicht so eindeutig und klar formuliert, da die theoretischen Grundlagen
dafür fehlen.

2. Das Komma bei Partizipial- und Infinitivgruppen: Die
Duden-Regeln beschränken sich zur Hälfte darauf, Situationen zu definieren, wo das Komma nicht gesetzt werden muss.
Dieses Vorgehen war in älterer Zeit auch bekannt, jedoch
nicht so konsequent durchgeführt. So wurden z.B. einzelne
Partizipien ohne nähere Bestimmung oft ebenfalls durch ein
Komma abgetrennt, wo heute nur die Partizipialgruppe damit
bezeichnet wird. Der gleiche Fall tritt beim Infinitiv mit
zu ein. Diese Situation wurde sowieso erst sehr spät definiert, noch ohne Unterscheidung, ob es sich um einen reinen
oder um einen erweiterten Infinitiv handelte. Auch hier
bleibt festzustellen, dass bis ins 18. Jahrhundert eher zu
viele als zuwenige Kommas gesetzt wurden.

3. Das Komma zwischen Sätzen: In diesem Bereich ist es
nicht erstaunlich, wenn im 16. bis 18. Jahrhundert in gewissen Fällen kein Komma gesetzt wurde. Gerade um selbstän-

dige Sätze zu trennen, kannte man den Punkt und das Kolon,
allenfalls noch das Semikolon. Dem Komma als dem geringsten
Zeichen wurde höchstens die Gliederung von ganzen Sätzen
zugebilligt, nie aber deren Trennung. Während das Komma
zwischen selbständigen Sätzen nicht, oder nur sehr selten
angetroffen wurde, stellten es die Grammatiker oft zwischen
Haupt- und Nebensätze, ohne dass die einzelnen Situationen
eindeutig definiert gewesen wären. Die Begriffe 'Haupt-
und Nebensatz' wurden erst im 18. Jahrhundert geprägt. Früher war der Satzbau stark von der lateinischen Periode abhängig. Während heute das Komma auch zwischen Gliedsätzen
verschiedenen Grades gesetzt wird, bediente man sich im 17.
und 18. Jahrhundert gerne auch verschiedener Zeichen dafür.
Es ist jedoch keinem der untersuchten Autoren gelungen, die
verschiedenen Verhältnisse auf befriedigende Art und Weise
darzustellen.

4. Das Komma vor 'und' oder 'oder': Für diesen Spezialfall lässt sich am ehesten eine Entwicklung in Richtung des
heutigen Gebrauchs feststellen. Die Frage, ob - vorerst nur
bei 'und', später auch bei 'oder' - eine Ausnahme zu machen
sei, wurde zu Beginn des 18. Jahrhunderts aufgeworfen. Vorher wurde diese Situation je nach Intuition mit oder ohne
Komma, auf jeden Fall ohne System gemeistert. Es lässt sich
sehr bald nach dem Auftauchen der Frage eine intensive Beschäftigung mit dem Problem feststellen, die bei Heynatz
ihren Höhepunkt gefunden hat. Die Frage wurde allerdings
anders als heute angegangen: zur Diskussion stand, ob vor
'und' ausser dem Komma auch die andern drei Hauptzeichen angebracht seien. In diesem Zusammenhang wurde am ehesten ein
Komma zwischen selbständigen Sätzen gesetzt.

5. Das Komma beim Zusammentreffen einer Konjunktion mit
einem Adverb, Partizip etc.: Der Gebrauch des Kommas in
diesen Fällen ist auch heute nicht eindeutig geregelt. Es
handelt sich dabei um spezielle Formulierungen, die im untersuchten Zeitraum in den Interpunktionslehren keinen Raum
fanden. Im praktischen Gebrauch wurde ein Satzzeichen wohl

in den meisten Fällen gesetzt. Ob sich dahinter eine Systematik verbirgt, wäre zu untersuchen, ist jedoch kaum anzunehmen.

Der Gebrauch des Kommas entsprach am Ende des 18. Jahrhunderts im grossen und ganzen dem heutigen. In der praktischen Anwendung lässt sich diese Aehnlichkeit aber schon im 16. Jahrhundert feststellen. Die theoretische Untermauerung erreichte aber erst mit den Interpunktionslehren von Heynatz und Adelung einen relativ modernen Stand[1].

1.2 Die Ton- und Schriftzeichen

Die Entwicklung der Nebenzeichen ist einfacher als diejenige der Hauptzeichen vor sich gegangen. Der Bedeutungsumfang der Ton- und Schriftzeichen ist auch viel eindeutiger und klarer gegeben als bei den Sinn- und Pausenzeichen.

1.2.1 Das Fragezeichen

Das Fragezeichen erscheint mit einer Ausnahme in allen Interpunktionslehren, ohne einen grossen Bedeutungswandel durchzumachen. Es ist dennoch interessant, den Weg dieses Zeichens Schritt für Schritt nachzuvollziehen. An dieser Stelle ist vorauszuschicken, dass wir zwei Formen des Fragezeichens unterscheiden: eine neuere, die dem heute gebräuchlichen Fragezeichen entspricht (?), und eine ältere, die in ähnlicher Form auch des öftern auftauchte (⁚). Besonders bei dieser zweiten Version weichen die Varianten teilweise beträchtlich von der Grundform ab, wobei jedoch immer die gleiche Basis dahinter erkennbar ist.

---

1 An dieser Stelle muss auf eine sehr interessante Untersuchung von Joachim Zinke, Autortext und Fremdeingriff, Hamburg 1974, hingewiesen werden, worin auf S. 87-139 die Entwicklung der Interpunktion und besonders des Kommas von Heynatz und Adelung bis auf die heutige Zeit sehr ausführlich dargestellt ist. In diesem Rahmen sind die Arbeiten von Heynatz und Adelung bis ins Detail nach der 17. Auflage der Dudenschen Interpunktionsregeln aufgeschlüsselt.

Wyle stellt die alte Form des Fragezeichens vor, ohne ihm
einen Namen zu geben. Er setzt es nach Fragesätzen. Steinhöwel versucht das gleiche Zeichen schon zu beschreiben als
Pünktlein mit einem krummen Strichlein darüber. Nythart beschreibt die Form des Zeichens, das er im heutigen Aussehen,
aber seitenverkehrt setzt, nicht. Davor stehende Worte sollten als Frage gelesen werden. Riederer beschreibt ebenfalls
die alte Form mit den gleichen Worten wie Steinhöwel, setzt
aber den lateinischen Namen *Interrogativus* dazu. Pleningen
verzichtet auf eine Erklärung der Funktion seines *fragenden
punctes*, stellt jedoch ein Zeichen vor, das der heutigen
Form sehr ähnlich ist. Es lässt sich am ehesten mit einer
Ziffer 2 über einem Punkt ($\overset{2}{.}$) umschreiben. Der Schriftspiegel zeigt die alte Form . Er umschreibt den *Jnterrogativus*
als Punkt mit einem Zeichen darüber, das wie ein Horn ausse-
he. Kolross bietet zum Interrogativus die Uebersetzung *frag
punct* und weist ihm die Aufgabe der Frage-Kennzeichnung zu
in der üblichen rhetorisch-semantischen Art. Ickelsamer
stellt fest, dass das *frag zaichen* - die noch heute geltenden Bezeichnung taucht hier zum ersten Mal auf - der Stimme
nachgebildet sei, die sich im Fragesatz in gleicher Weise
in die Höhe schwinge. Ickelsamer verwendet die moderne Form
des Zeichens. Salat ist der einzige Autor, der das Fragezeichen nicht erwähnt. Es ist möglich, dass dies bei der Art
seines Werkes, einer Chronik, einfach nicht nötig war. Fuchsberger und Helber bringen nochmals die alte Form des Zeichens. Fuchsberger nennt es *Fragpunct*, Helber hat keinen Namen dafür. Bis zum Ende des 17. Jahrhunderts wird die ältere
Form des Fragezeichens nicht mehr erscheinen. Erst bei Stieler und Freyer taucht sie wieder auf, allerdings nicht mehr
als einziges Zeichen, sondern neben der modernen Form, und
sie wird sich in der Praxis bis zum Ende des 18. Jahrhunderts halten können. Sattler nennt das Fragezeichen noch
lateinisch *Nota seu signum interrogationis* und mit Ratke erhält es seinen endgültigen Namen *Fragezeichen*. Weder der
Name, noch das Aussehen, noch die Funktion des Fragezeichens

erfahren bei einem der neun folgenden Autoren auch nur die
geringste Erweiterung. Erst Bödiker versteht es, einen neuen
Aspekt in die Diskussion des *Frage=Zeichens* zu bringen. Bis
dahin wurde die Stellung des Fragezeichens einmütig mit dem
Ende einer Frage bezeichnet. Bödiker führt mit unbeholfenen
Worten den Unterschied zwischen direkter und indirekter Frage ein. Stieler bringt erstaunlicherweise wieder die alte
Form des Fragezeichens ohne Begründung. Die moderne Form
verwendet er in lateinischen Sätzen und nach lateinischen
Ausdrücken. Er unterscheidet also zwischen einer deutschen
(der älteren) und einer lateinischen (der neueren) Form.
Freyer erklärt das Fragezeichen für seine Verhältnisse eher
bescheiden. Der Unterschied zwischen direkter und indirekter Frage wird nicht mehr gemacht. Freyer verwendet die neuere und die ältere Form gleichberechtigt nebeneinander.
Frisch hebt den rhetorischen Aspekt des Fragezeichens hervor und Wippel, der andere Kommentator Bödikers, nimmt den
Unterschied zwischen direkter und indirekter Frage wieder
auf. Frisch und Wippel verwenden wieder ausschliesslich die
neuere Form des Zeichens. Antesperg, der beide Formen gleich-
wertig braucht, setzt das Fragezeichen nach jeder Frage.
Gottsched beschränkt sich wieder auf die direkten Fragen.
Er verwendet im Gegensatz zu Aichinger beide Formen. Aichinger benutzt nur die moderne Form und setzt das Fragezeichen
nach allen Fragen, wobei es nach relativen Fragen weggelassen werden kann. Basedow äussert sich undifferenziert zur
Funktion des Fragezeichens und setzt es nach allen Fragen.
Braun verwendet ohne Unterschied die neue und die alte Form
des Zeichens nach wirklichen Fragen. Bodmer ist seit Ratke
der erste, der den Namen 'Fragezeichen' nicht verwendet. Er
setzt einen 'schlanken Strich' über den Punkt am Schluss
einer Frage. Heynatz möchte den Gebrauch des Fragezeichens,
das er nur nach direkten Fragen gelten lässt, wesentlich
ausweiten, indem er es mit den andern Sinn- und Pausenzeichen kombiniert. Adelung schliesslich verwendet wieder beide Formen nebeneinander und gebraucht sie nach unmittelba-

ren Fragen.

Diese kurze Zusammenstellung zeigt, dass sich das Fragezeichen in den drei untersuchten Jahrhunderten nur sehr wenig verändert resp. entwickelt hat. Schon sehr früh war die
heutige Form des Zeichens vorhanden, und die ältere Form
ist noch von Adelung gebraucht worden. Bemerkenswert ist
die Periode von Sattler bis Stieler, wo nur die moderne
Form des Zeichens Verwendung fand. Eine inhaltliche Erweiterung ist in der Unterscheidung zwischen direkter und indirekter Frage zu sehen, wobei zu bemerken ist, dass in der
Praxis diese Differenzierung schon viel früher gemacht wurde. Das Fragezeichen ist oft stark als rhetorisches Hilfsmittel angesehen worden. Nur wenige Autoren zählten es zu
den Satzschlusszeichen, aber noch Adelung räumte ihm und
dem Ausrufezeichen eine Sonderstellung an der Spitze der
ganzen Interpunktion ein.

1.2.2 Das Ausrufezeichen

Das Ausrufezeichen ist nicht so alt wie das Fragezeichen,
tritt jedoch schon früher als allgemein angenommen wird
auf[1]. In Abschnitt 1.1.4 haben wir gesehen, dass ein Zeichen
mit dem Aussehen des heutigen Ausrufezeichens im 15. und anfangs des 16. Jahrhunderts eine sinntrennende Funktion erfüllte und meist 'Coma' genannt wurde. Bemerkenswert ist,
dass im 15. Jahrhundert Riederer neben dem Coma ein zweites,
etwas fetter gedrucktes Zeichen mit dem gleichen Aussehen
vorstellte, das er *Exclamativus* oder *admirativus* nannte. Er
braucht dieses Zeichen, um einer Verwunderung, die scharf
akzentuiert wird, Ausdruck zu geben. Es handelt sich dabei
zweifelslos um einen Vorläufer des heutigen Ausrufezeichens.

---

1 So schreibt z.B. Berger in Komma, Punkt und alle anderen Satzzeichen,
  Mannheim 1968: 'In älteren Schriften der romanischen Sprache fehlt
  das Ausrufezeichen als solches überhaupt, und in Deutschland ist der
  Erstdruck von Johann Fischarts 'Flöhhatz' (1572) wohl das älteste
  Zeugnis für seine Anwendung'. (S.7/8).

Das Ausrufezeichen verschwindet nach Riederer in der Theorie während rund hundert Jahren und wird erst wieder von
Helber in die Interpunktion aufgenommen. Wenn man der Transkription durch John Meier vertrauen darf, ist das Ausrufezeichen in der heutigen Funktion noch einmal im Jahre 1532
bei Johannes Fabritius verwendet worden. Helber also hält
sich wie Riederer an die Verwunderung, die dem namenlosen
Zeichen den Platz zuweist. Sattler lässt es wieder weg,
aber Ratke gelingt es, mit seinem *Ausruffungszeichen* auch
semantisch die Funktion des Zeichens zu präzisieren. Er setzt
es in 'ausrufenden, wünschenden und Verwunderungs-Sprüchen'.
Mit dieser Beschreibung deckt er mit Ausnahme der Befehlssätze den gesamten   heutigen Bereich, sowohl was die Funktion als auch was den Namen anbelangt, ab. Die folgenden
Theorien bringen kaum mehr eine Erweiterung. Walter stellt
das *Bewegzeichen* in seiner Funktion als Satzschlusszeichen
vor. Gueintz erfindet den Begriff *Verwunderungszeichen*, der
in den folgenden hundert Jahren beinahe ausschliesslich verwendet wird und schränkt im Vergleich mit Ratke den Gebrauch
auf die Verwunderung und auf den Wunsch ein. Schottelius
folgt Gueintz beinahe wörtlich. Er legt das Schwergewicht
auf die Intensität des Wunsches oder der Verwunderung.
Harsdörffer erklärt sein *Verwunderungszeichen* in einem andern semantischen Umfeld. Es dient ihm zur Erhebung der
Stimme in Freude und Trauer. Girbert verallgemeinert den
Gebrauch des *Verwunderungszeichens*, indem er es als Zeichen
des Affekts vorstellt. Bellin kennt neben dem Begriff 'Verwunderungszeichen' den Namen *Rufzeichen*. Die Aufzählung der
Situationen für das Ausrufezeichen fasst alles bisher Gesagte zusammen. Bellin setzt es zur Erhöhung der Stimme in
Freude, Trauer, bei Verwunderung, bei Wünschen und überall,
wo der Stimme ein besonderer Nachdruck verliehen werden soll.
Viel einfacher macht es sich Overheiden, der das *Verwunde=*
rungszeichen wieder ganz einfach nach Verwunderungen setzt.
Geradezu ungenau wird Pudor, der sich auf die Feststellung
beschränkt, das *Verwunderungszeichen* befinde sich am Satz-

ende. Ebnfalls ganz ohne Erklärung präsentiert Prasch das
Rufzeichen. Bödiker übersetzt den lateinischen Begriff 'Signum exclamationis' mit *Ausrufungs-Zeichen*, die Verwendung
beschränkt sich auf Verwunderung, Wunsch und Klage. Stieler
knüpft schon in der Benennung des Zeichens an Ratke an. Er
nennt es *Verwunderungs-, Ausruf- und Wunschzeichen*. Die Erklärung erweitert die im Namen genannten Begriffe nicht.
Bei Freyer rückt die Betonung des Ausrufs in den Vordergrund. Verwunderung, Schmerz und Affekt sind als verschiedene Situationen des Ausrufens erklärt. Frisch bringt ein
neues Element in die Erklärung des *Ruff-Zeichens*. Er nennt
es daneben auch Verwunderungzeichen. Dieser Begriff erscheint hier zum letzten Mal. Frisch setzt dieses Zeichen
nach Wörtern wie Ach, Oh etc., dafür lässt er alle andern
Erklärungen weg. Wippel beschränkt sich auf das Zitieren
von Bödikers Regel. Antesperg setzt das *Ausruffungszeichen*,
wenn er eine heftige Gemütsbewegung vortragen will. Gottsched übernimmt die heftige Gemütsbewegung für das *Ausrufezeichen* und ergänzt sie durch den Ausruf, die Verwunderung,
die Verspottung und die heftige Anrede. Aichinger beschränkt
sich beim *Zeichen der Ausruffung* auf die Vorlage eines Ausrufs oder einer Gemütsbewegung. Basedow schränkt das *Ausru=
fungszeichen* noch mehr ein auf Wünsche und herzrührende
Ausrufe. Braun hält sich wieder mehr an die Definition von
Aichinger und Bodmer setzt das namenlose Zeichen nach Ausrufen der Bestürzung oder einer Leidenschaft. Heynatz betont vor allem den richtigen Gebrauch des *Ausrufungszeichens*,
ohne ihn aber näher zu bestimmen. Analog zum Fragezeichen
schlägt er auch hier die Kombination des Ausrufezeichens
mit dem Kolon, dem Semikolon und dem Komma vor, um es im
Satzinnern ebenfalls an gebührender Stelle verwenden zu können. Adelung empfiehlt den Gebrauch des *Ausrufungszeichens*
nach allen Interjektionen und allen Sätzen, die mit einer
Interjektion verbunden sind. Neben dieser eindeutigen Regel
gibt er noch eine allgemeinere, die den Gebrauch des Ausrufezeichens nach merklichen Leidenschaften erlaubt.

Das Ausrufezeichen hat schon sehr früh mit Ratke den heutigen Stand beinahe erreicht. Allerdings haben Ratkes Nachfolger nicht alle seine Empfehlungen übernommen, sondern, was
an der Entwicklung der Bezeichnung schön zu beobachten ist,
das Schwergewicht auf die Verwunderung gelegt.

1.2.3 Die Klammern

Die Klammern waren Zeichen, welche die frühen Theoretiker
durchwegs in besonderem Masse beschäftigt haben. Neben dem
Fragezeichen ist es das einzige Nebenzeichen, welches von
allen untersuchten Grammatikern besprochen wurde. Zu Beginn
der Interpunktionstheorien nahm die Erklärung der Klammern
jeweils sogar am meisten Raum ein. Die Entwicklung der
Klammern lässt sich auf drei Ebenen untersuchen. Erstens
am Namen, zweitens an der Umschreibung des Aussehens der
Klammern und drittens an der Beschreibung ihrer Funktion.
Hier muss noch vorausgeschickt werden, dass die Klammern zu
jener Zeit ein ungemein beliebtes Satzzeichen waren und
viel häufiger als heute verwendet wurden. Man findet schon
in Drucken des 15. Jahrhunderts Ineinanderschachtelungen
mehrerer Klammern.

Wyle beschreibt seine *parentesis* oder *interposicio* mit zwei
'krummen Strichlin'. Wo dieses Zeichen vorkommt, kann ein
Satz so gelesen werden, als ob das Eingeschlossene nicht dastehen würde. Die Erklärung des Zeichens ist einfach und
wird sich sinngemäss ziemlich lange halten können. Was ändert ist die Perspektive, aus welcher die Ueberflüssigkeit
des Klammerinhalts beschrieben wird. Steinhöwels *zaichen
perentisis* wird durch zwei Möndlein gebildet, die gegeneinander stehen. Die eingeschlossene Rede verändert den Sinn
des Obersatzes nicht. Hier wird unter 'Sinn' sowohl die grammatische als auch die semantische Struktur verstanden. Nytharts *Interpositio* oder *Parenthesis* ist ganz nach Wyles Vorbild erklärt. Er versucht den Namen mit 'Zwischensetzung'
zu übersetzen. Riederer bildet seine *Parenthesis*, indem er

vorher und nachher einen halben Kreis hinsetzt. Er verbindet Wyles und Steinhöwels Thesen, indem er erklärt, der
Klammerinhalt habe zwar keinen Einfluss auf das Satzgefüge,
könne jedoch den Inhalt ergänzen. Zudem können die eingeschlossenen Worte weggelassen werden. Heute werden mit den
Klammern 'erklärende Zusätze' bezeichnet. In Riederers
Regel ist dieses Element bereits enthalten. Bei Pleningen
setzt sich die *Parentesis* aus zwei halben Zirkeln zusammen.
Pleningen erwähnt eine spezielle rhetorische Meisterung
dieses Zeichens: die hüpfende Aussprechung dessen, was in
einen unvollendeten Satz eingeschoben ist. Im Schriftspiegel wird die durch zwei Halbmonde gebildete *Parenthesis*
wieder mit der Redundanz des Eingeschlossenen in Verbindung
gebracht: das, was eingeschlossen ist, könnte ebensogut
weggelassen werden. Kolross versucht als erster eine deutsche Uebersetzung für die Parenthesis zu finden. Er nennt
sie ähnlich wie Nythart *zwüschen setzung*, wörtlich aus dem
Griechischen übertragen. Das Zeichen wird durch zwei Ringe
oder Zirkel gebildet. Neben der gewöhnlichen runden Form
kennt er noch eine zweite, durch Punkte ergänzte: (. .).
Die Erklärung bleibt ganz im bisherigen Rahmen. Zwei neue
Uebersetzungen für die Klammern, die durch zwei halbe Monde
'gefiguriert' werden, bietet Ickelsamer: *einschliessung* und
einsetzung. Ickelsamer setzt Dinge in die Klammern, die
zwar nicht weggelassen, aber an den Schluss der Rede hätten
gestellt werden können. Salat kennt keinen Namen für das
Zeichen, das auch bei ihm von zwei 'Möndlein' gebildet wird.
Das auf diese Weise Abgesonderte wird 'überhüpfend', d.h.
so, als ob es nicht dastehen würde, gelesen. Fuchsberger
schliesst mit seinen *eingesetzten Claußlen* die ältere Tradition fort, die den Klammerinhalt als überflüssig bezeichnet. Er bildet sein Zeichen mit zwei halben Zirkeln oder
'Monscheinlein'. Helber begnügt sich mit dem Hinweis auf
die Darstellung beim *parenthesischen Zeichen*. Dafür erklärt
er den Klammerinhalt genauer: er dient zur Verzierung und
zur Erklärung der Hauptrede. Seine rhetorischen Anweisungen

weichen ebenfalls etwas ab: nicht ausgelassen, sondern mit
tieferer oder stillerer Stimme soll das gelesen werden, was
in der Klammer steht. Sattler erklärt das Aussehen der *Nota
Parenthesis* nicht. Die Erklärung ist wieder einfach und
greift auf das Weglassen-Können des Klammerinhalts zurück.
Ratke kommt dem heutigen Gebrauch der Klammern mit seinem
Einsetzungszeichen sehr nahe. Die Klammern enthalten erklärende Zusätze. Ratke stellt auch mehrere Formen vor, ohne
sie speziell zu bezeichnen: /: :/, ( ) und *[ ]*. Walter baut
diese Seite der *parentheses* aus. Obwohl er zur Beschreibung
des Aussehens nur die zwei halben Zirkel oder Mondzeichen
herbeizieht, präsentiert er fünf verschiedene, z.T. auch
eckige Formen: *[: :]*, (: :), ( ), :/: :/: und /: :/. Die
Erklärung der Funktion ist eher bescheiden. Der Klammerinhalt enthält zwischen vollkommenen Perioden das Zufällige.
Gueintz knüpft bei der Bezeichnung der Klammer an Ickelsamer
an und nennt sie *Einschlußzeichen*. Das Aussehen wird nicht
beschrieben, aber es werden zwei Formen vorgestellt: ( )
und /: :/. Gueintz setzt das in die Klammern, was ohne Verstümmelung der Rede oder des Sinns weggelassen werden könnte. Schottelius übernimmt den Namen von Gueintz und lässt
auch die verkürzte Form *Einsluß* gelten. Das Aussehen der
Klammern wird mit der Funktion des Einschliessens erklärt.
Mit Ickelsamer verbindet ihn, dass er den Klammerinhalt
nicht einfach weglässt, sondern ihn auch ans Ende des Satzes
stellt. Harsdörffer stellt fest, dass der *Einschluß* die
übrige Interpunktion nicht beeinflusst. Girbert stellt wieder die zwei gleichen Zeichen wie Gueintz vor und beschreibt
sie mit zwei halben Zirkeln. Die Begründung richtet sich
nach Walter, indem Girbert ebenfalls das Zufällige in die
Klammer verweist. Etwas ausführlicher umschreibt Bellin das
Einsluszeichen durch zwei gegeneinander gekehrte halbe Zirkel. Die Erklärung der Funktion ist ziemlich genau Harsdörffer nachgebildet. Overheiden versucht, den *Einschluß* etwas
feiner zu umschreiben. In die Klammer wird das gesetzt, was
nicht eigentlich in die Rede, aber doch in den gleichen Ver-

stand gehört. Inhaltlich besteht also eine Beziehung, grammatikalisch handelt es sich aber um zwei selbständige Gebilde. Pudor nennt neben dem *Einschluß* wieder die *Parenthe=*
sis. Die Erklärung ist sehr dürftig und setzt die Kenntnis
des richtigen Gebrauchs der Klammer voraus. Prasch stellt
die ihm bekannten zwei Formen ( ) und *[ ]* des *Einschluß* ohne Erklärung vor. Bödiker beschränkt sich wieder auf die
runde Form des *Einschluß* und bringt einen bemerkenswerten
Gedanken in die Erklärung, indem er die Analogie zum Sprechen herstellt. Er setzt die Klammer, wenn etwas ganz Frem-
des in die Rede kommt, 'als ob jemandem etwas einfiele'.
Stieler versieht sein *Einschluß-Zeichen* mit zwei bekannten
Erklärungen. Der Klammerinhalt kann weggelassen werden. Er
dient der Zierlichkeit und der Deutlichkeit der Rede.
Freyer führt eine Neuerung im Gebrauch der Klammern ein. Er
unterscheidet die runde Form, das *Einschliessungszeichen*,
von der eckigen, dem *Ausschliessungszeichen*. Die runden Klammern verwendet er so, wie bisher die Klammer immer definiert
wurde: um etwas in einen Text einzuschieben, das nicht notwendig für das Verständnis eines Textes ist, sondern das
der Verdeutlichung dient. Die eckigen Klammern dienen dazu,
fremde, d.h. nicht vom Autor selbst angebrachte Zusätze und
Erklärungen zu kennzeichnen. Damit ist die heutige Aufgabe
der eckigen Klammern, was die diakritische Funktion anbelangt, schon ziemlich nahe getroffen. Frisch übernimmt diese Differenzierung von Freyer, nennt aber beide Formen des
Zeichens *Einschliessungs=Zeichen*. Wenn der Autor selbst einen Zusatz zum Text macht, wird dieser zwischen halbe Zirkel gesetzt. Wenn hingegen jemand anders um der Deutlichkeit
oder Erklärung willen einen Zusatz beifügt, dann wird dieser Zusatz mit 'Haken' eingeschlossen. Wippel hat eine ganz
andere Einstellung zu den Klammern. Er ist der Ansicht, sie
seien überflüssig und könnten durch Kommata oder Semikola
ersetzt werden. Duden 80 kennt eine gerade gegensätzliche
Regel: bei eingeschobenen Sätzen, die ohne Nachdruck gesprochen werden, können an Stelle von Kommas oder Gedankenstri-

chen runde Klammern gesetzt werden. Ausgerechnet Wippel, der
die 'signa parentheseos' ablehnt, gebraucht für die Erklärung der Form erstmals den heutigen Ausdruck: er spricht
von *Cirkel, Haken und Klammer*. Antesperg unterscheidet wieder deutlich zwischen einem *Einschlußzeichen* und einem *Aus=
schliessungszeichen*. Die Formen sind wie bei Freyer ver-
teilt, der Unterschied wird aber nicht mehr so deutlich erklärt. Das Einschlusszeichen bezeichnet unverhofft und zufällig in den Text Geratenes, das auch hätte wegbleiben können. Das Ausschliessungszeichen hingegen muss fremde, zum
Text nicht eigentlich gehörige Worte unterscheiden. Antesperg hat vielleicht selbst einige Schwierigkeiten gehabt,
die beiden Zeichen auseinanderzuhalten. Er ist zudem für
einige Zeit der letzte Autor, der einen Bedeutungsunterschied
zwischen der runden und der eckigen Klammer macht. Gottsched,
der beide Formen gleich gelten lässt, spricht von *Klammern*.
Auch er hält sich an das bewährte Rezept, dass das in die
Klammer gehört, was ohne Schaden weggelassen werden kann. Er
macht allerdings den Zusatz, dass bei ganz kurzen Einschüben
auch Beistriche ausreichen würden. Aichinger gebraucht ebenfalls unterschiedslos beide Formen und nennt sie *Zeichen der
Einschiebsel*. Sie werden gesetzt, wenn etwas eingeschoben
wird, das der Erläuterung dient, mit dem übrigen Satz aber
in keinem grammatikalischen Zusammenhang steht. Aehnlich
wie Aichinger, aber mit einfacheren Worten erklärt Basedow
die Funktion der *Parenthesen*. Er bezeichnet damit Einschiebsel, die den Rest der Schrift, d.h. die 'Einrichtung der
Wörter' nicht berührt oder gar stört. Wie Basedow verwendet
auch Braun nur die runde Form der Klammern. Seine Erklärung der *Einschlußzeichen* ist eher grammatikalisch ausgerichtet. Die Klammern umfassen eine 'Mittelconstruction' in der
Rede, die ohne Nachteil für den Zusammenhang wegbleiben
könnte. Bodmer ist seit langem der erste, der die Form seiner *Einschiebsel* beschreibt: sie werden gebildet durch zwei
gegeneinander gekehrte Halbmonde. Bodmer erklärt die Funktion sehr semantisch. Bevor ein Gedanke zu Ende geführt ist,

wird ein neuer zur Sprache gebracht. In kurzen Fällen
reichen dafür auch Kommata aus. Heynatz unterscheidet wieder zwischen der runden und der eckigen Form der Klammer,
obwohl beide unter dem Namen *Zeichen der Parenthese* angeführt sind. Die runden Klammern haben die Aufgabe, solche
Wörter einzuschliessen, die in den Zusammenhang eingeschaltet werden. Für die eckigen Klammern, welche durch 'Häkchen' gebildet werden, kennt Heynatz zwei Funktionen. Einmal erfüllen sie die Aufgabe der runden Klammern in angeführten Reden. Zum zweiten kennzeichnen sie Einschübe von
andern Autoren. Mit Adelung erreicht die Interpunktion in
Bezug auf die Klammern eher einen Tiefpunkt. Er setzt den
Einschluß, ohne Rücksicht auf die Form, um eingeschobene
Sätze oder Begriffe zu unterscheiden. Adelung erachtet es
nicht für notwendig, dieses 'Eingeschobene' näher zu definieren. In der neuen Fassung von Adelungs Interpunktionslehre erhalten die Klammern aber eine grössere Bedeutung.
Innerhalb der Hauptzeichen erklärt, dienen sie dazu, das
Satzgefüge zusammen mit den übrigen Hauptzeichen zu ordnen.

Die Klammern sind Zeichen, welche die Grammatiker immer
beschäftigt haben. Vor allem im 15. und 16. Jahrhundert
nimmt die Erklärung der Klammern oft mehr Raum ein, als
diejenige der Virgel oder sogar des ganzen restlichen Systems. Während sich die Form und die Funktion der Klammern
schon bald so weit entwickelt hatten, dass sie einen Gebrauch erlaubten, der dem heutigen sehr nahe kommt, konnte
sich der Name 'Klammer' bis zum Ende des 18. Jahrhunderts
nicht etablieren. Bei diesem Nebenzeichen ist es ebenfalls
Ratke gewesen, der als erster die verschiedenen Funktionen
dieses Zeichens ausführlich und teiweise bis heute gültig
beschrieben hat.

1.2.4 Das Trennungszeichen und der Bindestrich

Diese zwei Zeichen werden nicht willkürlich zusammengezogen,
sondern mehrere Gründe lassen eine gemeinsame Besprechung

vorteilhaft erscheinen. Erstens ist die Form der Zeichen
zum Teil identisch. Zur Auswahl stehen (=) und (-). Beide
Formen wurden sowohl in der Funktion des Bindestrichs als
auch in der Funktion des Trennungszeichens gebraucht. Zweitens haben mehrere Autoren die beiden Zeichen ebenfalls in
einem behandelt, sodass eine scharfe Trennung gar nicht immer möglich ist. Drittens lassen sich auf diese Art und
Weise gewisse direkte Bezüge viel leichter sehen als bei
einer getrennten Darstellung. Es ist nun nicht so, dass jeder der untersuchten Autoren beide Zeichen beschrieben hätte. Einige erwähnen keines der beiden Zeichen in ihren Interpunktionslehren. Wo genügend praktische Zeugnisse eine
zuverlässige Aussage erlauben, werden deshalb auch diese
Fälle mit entsprechenden Bemerkungen in die Entwicklung mit-
einbezogen. Die erste Hälfte der Besprechung wird sich sowieso nur mit dem Trennungszeichen befassen, da der Bindestrich vor Schottelius gar nicht erwähnt wird.

Wyle stellt in seiner Interpunktionslehre kein derartiges
Zeichen vor. Für die Worttrennung am Zeilenende braucht er
den doppelten Querstrich. Steinhöwel erwähnt hingegen dieses Zeichen nach Wörtern, deren einer Teil die obere Linie
endet, der andere Teil die nächste Linie beginnt. Riederer
nennt dieses Zeichen *Semipunctus* und lässt neben der doppelten auch die einfache Version des Querstrichs als Trennungszeichen gelten. In seinen eigenen Texten sind die Wörter aber ausschliesslich mit der doppelten Version getrennt.
Nythart erklärt kein solches Zeichen. Für die Worttrennung
verwendet er den doppelten Querstrich oder, wenn der Platz
zu knapp ist, gar kein Trennungszeichen. Pleningen gebraucht das Trennungszeichen wie Nythart. Im Schriftspiegel
wird neben der doppelten auch die einfache Version des Trennungszeichens verwendet. Kolross und Ickelsamer benutzen die
doppelte Version ebenfalls, ohne sie ins Interpunktionssystem aufzunehmen. Erst Salat führt wieder *zwey schrichlin*
an, die ein Wort am Ende einer Linie halbieren. Salat kennt

auch den einfachen Querstrich, der bei ihm eine besondere
Bedeutung hat. Er zeigt an, dass das, was vor diesem Strich
steht, eine Zusammenfassung ist. Fuchsberger nennt das doppelte Trennungszeichen *tail strichel*. Am Ende einer Zeile
zeigt es an, dass das vorangehende Wort geteilt ist und dass
der Anfang der nächsten Zeile dazugehört. Helber verwendet
ebenfalls die doppelte Version und bringt in der Erklärung
ein neues Element zur Sprache. Er spricht nicht mehr bloss
von geteilten Wörtern, sondern von Silben, in welche ein
Wort aufgeteilt ist. Nach den heutigen Trennungsregeln wird
nach Sprechsilben getrennt. Helber hat die Grundidee des
heute geltenden Trennungssystems erstmals formuliert. Sattler und Ratke erwähnen kein Trennungszeichen, verwenden jedoch beide eines. Sattler gebraucht die doppelte, Ratke die
einfache Version des Querstriches. Walter äussert sich nur
zum signum divisionis, da eine Verwechslungsgefahr mit dem
Komma besteht. Walter zeichnet die Trennungsstriche am
Zeilenende ziemlich steil aufwärtsgerichtet, sodass eine
Verwechslung unter Umständen vorkommen könnte. Gueintz beschreibt das Trennungszeichen nicht, verwendet aber die
einfache und die doppelte Form: die einfache in lateinischen,
die doppelte in deutschen Wörtern. Schottelius führt mit
viel Aufwand den Bindestrich ein. Er erklärt ihn an bevor-
zugter Stelle, gleich anschliessend an die Sinn- und Pausenzeichen. In Anbetracht dessen, dass der Bindestrich noch
nie beschrieben wurde, ist es erstaunlich, mit welcher Ausführlichkeit Schottelius den richtigen Gebrauch dieses Zeichens präsentiert. In fünf Einzelregeln stellt er alles heute noch geltende Situationen vor, in denen ein *Mittel=
strichlein* angebracht ist. Das *Theilzeichen*, ebenfalls durch
den doppelten Querstrich dargestellt, wird erst in der Ausführlichen Arbeit in die Interpunktion aufgenommen. Der
Schwerpunkt liegt bei Schottelius eindeutig auf der neuen
Funktion. Harsdörffer geht einen Schritt weiter. Das Teilzeichen nennt er *Zwergstrichlein* und bildet es durch einen
einfachen Querstrich. Den doppelten Querstrich nennt er

Mittelstrichlein und verwendet ihn als Ergänzungsbindestrich.
Harsdörffer beschreibt zwar die Funktionen der Zeichen weniger genau als Schottelius, er trennt aber den Bindestrich
und das Teilzeichen optisch voneinander, wobei er nicht der
Tradition folgt, sondern indem er dem Zeichen, das bisher
immer als Trennungsstrich galt, die Funktion des Bindestrichs
zuschreibt. Girbert erklärt nur noch den *Mittelstrich (=)*,
der als Bindestrich bei Ergänzungen und in Zusammensetzungen
gesetzt wird. Bellin knüpft mit der Trennung von *Teilzeichen
(-)* und *Mittelstrichlein (=)* bei Harsdörffer an, wobei er
erwähnt, dass diese Differenzierung im Deutschen noch nicht
eingeführt werden konnte. Overheiden vermischt beide Funktionen und markiert sie mit dem *Mittelstrich (=)* oder *Zwi=
schenstrich (=)*. Pudor treibt die Verwirrung weiter voran,
indem er den Ergänzungsbindestrich *Mittelstrich (=)* nennt,
und als Trennungszeichen ohne Namen die einfache und die
doppelte Version des Querstrichs gelten lässt. Prasch führt
eine neue Unterscheidung ein: während das Trennungszeichen
nicht erwähnt wird, unterscheidet er zwei Arten des Binde-
striches. Das *Zwerchstrichlein (-)* steht zwischen zusammengesetzten Wörtern. Die *2:Strichlein* dienen als Ergänzungsbindestrich. Bödiker verwendet sowohl als Bindestrich als
auch als Trennungszeichen den doppelten Querstrich, wobei
er am Zeilenende leicht schräggestellt wird. Der Bindestrich heisst *Mittel=Strich* und wird ähnlich ausführlich
wie bei Schottelius besprochen. Das Teilzeichen heisst *End=
Strichlein* und zeigt die Worttrennung nach Silben am Zeilenende an. Stieler hält sich eng an Bödikers System. Der *Mit=
telstrich (= und -)* dient als Bindestrich, wird aber nicht
sehr ausführlich besprochen. Das Teilzeichen heisst *Teil=
strichlein* oder *Wächter (=)*. Stieler geht näher auf das Problem der Stamm- oder Silbentrennung ein und entscheidet sich
für die letztere. Freyer beschränkt sich wieder ganz auf die
doppelte Version des Zeichens, der er aber beide Funktionen
zuschreibt. Das Trennungszeichen wird *signum divisionis* genannt, der Bindestrich *hyphen, custodes*. Frisch möchte

den Gebrauch dieser Zeichen vereinfachen. Er stellt nur
noch ein Zeichen vor, das *Verbindungs=Zeichen (= und -)*,
das sowohl als Trennungszeichen als auch als Bindestrich
gilt, da in beiden Fällen etwas durch dieses Zeichen verbunden wird. Im Gegensatz zu Frisch äussert sich Wippel
ausschliesslich zum Trennungszeichen, das er *Abtheilungs=*
Zeichen nennt. Er unterscheidet eine lateinische (-) von
einer deutschen Schreibweise (=). Antesperg stellt das *Thei=*
lungszeichen (=) vor, das drei Funktionen erfüllt. Es steht
am Zeilenende bei Worttrennungen, es dient als Ergänzungsbindestrich und es steht zwischen zusammengesetzten Wörtern.
Gottsched verzichtet auf die Aufnahme dieser Zeichen in
die Interpunktion. Als Trennungszeichen verwendet er den
doppelten Querstrich. Aichinger erklärt das *hyphen (=)* mit
den gleichen drei Regeln wie schon Antesperg und Freyer.
Basedow erklärt keines dieser Zeichen und verwendet in seinen Schriften den doppelten Trennungsstrich. Braun nennt
die doppelte Version *Trennungszeichen* und weist ihr auch
nur diese Aufgabe zu. Der einfache Querstrich hat eine ganz
andere Bedeutung erhalten. Braun sagt, er habe den *Gedanken-*
strich (-) von den Engländern übernommen, und er verurteilt
bereits den übertriebenen Gebrauch bei einigen Schriftstellern. Bodmer unterscheidet ebenfalls zwischen den *Vereinba=*
rungsstrichgen (=) und dem *Querstrich (-)*. Die Vereinbarungsstriche dienen als Trennungszeichen und hatten laut Bodmer
früher die Funktion von Bindestrichen. Den Querstrich verwendet er, um den Leuten mehr zu denken zu geben, als er
sagt, also ebenfalls als Gedankenstrich. Heynatz erklärt
nur den *Gedankenstrich (-)*. Als Trennungszeichen verwendet
er den doppelten Querstrich. Adelung fasst zu guter letzt
noch einmal viele zur Sprache gekommene Elemente in seinen
Erklärungen zusammen. Das doppelte Zeichen heisst *Binde=*
zeichen (nur =) oder *Teilzeichen (= und -)*. Das Bindezeichen setzt er als Ergänzungsbindestrich, oder als Bindestrich in Zusammensetzungen, wenn sich damit Unklarheiten
vermeiden lassen. Das Teilzeichen hat die Aufgabe, Wörter

zu teilen, sei es am Zeilenende oder in Ergänzungen. Adelung stellt aber auch den *Gedankenstrich (-)* vor, von dem
er wie Braun sagt, er werde allzu oft missbraucht.

Diese Zusammenfassung zeigt recht deutlich, dass im Bereich dieser Zeichen eine grosse Unsicherheit geherrscht
hat. Interessant ist der Umstand, dass sich die Diskussion
vielfach stärker um die Form des Zeichens als um dessen
Funktion drehte. Ob z.B. ein Bindestrich bei zusammengesetzten Wörtern sinnvoll sei, wurde erst lange nach der Einführung des Bindestrichs überlegt. Es lassen sich trotz des
Wirrwarrs einige klare Linien herauslesen. Als Trennungszeichen wurde mit wenigen Ausnahmen die doppelte Version verwendet. Hinter dem Begriff Mittelstrich verbarg sich meist
die Funktion des Bindestrichs, ungeachtet der äusseren Form
des Zeichens. Der Gedankenstrich erscheint erst in der zweiten Hälfte des 18. Jahrhunderts und er unterscheidet sich
nicht vom einfachen Querstrich als Bindestrich und Trennungszeichen.

1.2.5 Die Auslassungspunkte

Ueber die Auslassungspunkte lässt sich nicht sehr viel sagen.
Ihre heutige Aufgabe besteht darin, den Abbruch einer Rede,
das Verschweigen eines Gedankenabschlusses zu markieren.

Riederer stellt mit dem *Gemipunctus iacens (..)*, also mit
dem liegenden Doppelpunkt ein Zeichen vor, das man allenfalls als Vorläufer der Auslassungspunkte gelten lassen
kann. Die Funktion bei Riederer besteht darin, unbekannte
Namen zu ersetzen. Erst Walter nimmt wieder Bezug zu diesem
Zeichen, allerdings nur indirekt. Ohne die Funktion des Zeichens näher zu erklären, warnet er davor, den Doppelpunkt
so, d.h. liegend zu schreiben. Mit Braun erreicht dieses
Zeichen seinen Höhepunkt. Das *Zeichen der abgebrochenen Re=
de* wird zwar nicht durch drei Punkte, sondern durch drei
kleine, etwas aufwärtsgerichtete doppelte Querstrichlein
gebildet und wird gesetzt, wenn man mitten in der Rede ab-

bricht. <u>Bodmer</u> führt das gleiche Zeichen an, gibt ihm aber
keinen Namen. Es hat die Aufgabe, dem Leser mehr zu denken
zu geben, als im Text steht. Bodmer setzt es dem Gedankenstrich gleich. <u>Heynatz</u> benutzt die Auslassungspunkte, oder
besser Auslassungsstriche (===) einmal in seiner Interpunktionslehre, ohne sie zu erklären. Die Form ist bei ihm ganz
auffällig den doppelten Querstrichen nachgebildet, vermutlich bewusst als Nachbildung des gleichwertigen einfachen
Bindestrichs. <u>Adelung</u> gibt seinem *Zeichen der abgebrochenen
Rede (==)* ohne Erklärung die gleiche Funktion wie dem Bindestrich.

Die Auslassungspunkte haben zu Ende des 18. Jahrhunderts
zwar plötzlich einen Platz in der Interpunktionslehre erhalten, sie sind jedoch in Aussehen und Funktion noch weit
vom heutigen Gebrauch entfernt. Braun ist der einzige Theoretiker, der den Auslassungspunkten eine eigene Funktion zuschreibt. Zur Form ist zu sagen, dass die doppelten Querstriche z.T. so klein geschrieben sind, dass sie als Punkt
erscheinen und sich erst bei näherem Hinsehen als Doppel-
strichlein entpuppen.

1.2.6 Die Anführungsstriche

Die Einführung der Anführungsstriche in der Interpunktion
lässt sich mit ziemlicher Sicherheit festlegen. <u>Freyer</u>
stellt das *signum citationis* als erster sowohl dem Aussehen
als auch der Funktion nach vor[1]. Das Zeichen wird nicht nur
am Anfang und am Ende der zitierten Stelle gesetzt, sondern
zu Beginn jeder Zeile, die aus einem fremden Werk übernommen
ist, oder die eine direkte Rede darstellt. Ein weiteres Indiz dafür, dass das Zeichen älter ist als seine theoreti-

---

1 Das erste Erscheinen als Interpunktionszeichen ist hier ausschlaggebend. Es wurde früher schon einmal erwähnt, und zwar von <u>Walter</u> in
   der Distinction-lehr von 1629. Dort wurde es aber nicht als Interpunktionszeichen erwähnt, sondern wegen der Verwechslungsmöglichkeit
   mit dem Komma.

sche Regelung, zeigt sich im zitierten Beispiel, das aus
Bödikers Grundsätzen stammt. Bödiker verwendete es also,
erwähnte es in seiner Interpunktionslehre jedoch nicht.
Frisch beschreibt das Zeichen ebenfalls nicht, hingegen
führt es Wippel wieder an. Es hat keinen Namen, und seine
Funktion ist die gleiche wie bei Freyer. Antesperg prägt
den Begriff *Anführungszeichen*, der heute noch verwendet
wird. Gottsched spricht von *Gänseaugen*, und Aichinger
stellt es wieder ohne Namen vor. Die Funktion des Zeichens
scheint sehr unproblematisch gewesen zu sein, da sich die
meisten Autoren auf die Erwähnung der Existenz dieses Zeichens beschränken, oder nur kurze Anweisungen für die richtige Anwendung gaben. Basedow und Braun stellen das Zeichen
nicht vor. Bodmer nennt es *Gansaugen* oder *Ganstritten*, und
er begründet ihre Verwendung mit dem grösseren Ansehen,
das den fremden Schriften durch diese Kennzeichnung verliehen wird. Heynatz verwendet zwar die Anführungsstriche, erklärt sie aber innerhalb der Interpunktionslehre nicht.
Adelung kehrt wieder zum Begriff *Anführungszeichen* zurück.
Er erklärt seine Anwendung ziemlich genau gleich, wie es
Freyer, der erste, der dieses Zeichen anführte, getan hatte.

   Die Anführungsstriche wurden also bis zum Ende des 18.
Jahrhunderts in einer Form verwendet, die der heutigen nicht
entspricht. Von einer Entwicklung kann nicht die Rede sein,
denn sowohl die Form als auch die Funktion sind sich in den
60 Jahren ihres Auftretens gleich geblieben.

1.2.7 Der Apostroph

Der Apostroph erscheint in den Interpunktionslehren erst
in der Mitte des 17. Jahrhunderts, zuerst bei Schottelius,
von da an mit wenigen Ausnahmen bei allen Autoren bis auf
Adelung. Viele von ihnen nahmen das Zeichen nur ungern in
die Interpunktion auf, da sie es lieber in der Prosodie,
der Verslehre erklärt hätten. Der Gebrauch wird auch bei
manchen Autoren auf die Poesie eingeschränkt.

Schottelius erklärt also den *Hinterstrich*, der eigentlich in
die Verslehre gehörte, als Zeichen, das als weggelassenes
e verstanden werden müsse. Es darf nur gesetzt werden, wenn
darauf ein Vokal oder ein h folgt. Harsdörffer beschreibt
sein *Hinter= oder Nachstrichlein* gar nicht innerhalb der
Interpunktion, sondern verweist auf den Hauptteil des Poetischen Trichters. Der Apostroph hat die Aufgabe, überflüs-
sige, das Versmass störende Vokale zu ersetzen. Girbert erklärt den *Hinterstrich* gleich wie Schottelius: er ersetzt
ein e vor einem Vokal oder vor dem Buchstaben h. Bellin befasst sich etwas ausführlicher mit dem *Oberbeistrichlein*.
In vier Paragraphen streift er manche Situation, in welcher
ein Vokal ausgelassen werden kann. Bellin setzt nach heutigen Begriffen viel zu oft einen Apostroph, den er auch in
ungebundener Rede anwendet. Overheiden äussert sich nicht
zum Apostroph. Pudor folgt wieder der Schottelschen Begründung des weggeworfenen e vor einem Vokal oder dem Buchstaben h. Er nennt das Zeichen ebenfalls *Hinterstrich*. Prasch
bespricht das *Abgangszeichen* nicht in der Interpunktion,
sondern er verweist dafür auf seine Poetik. Bödiker erklärt
den *Hinter=Strich* wieder wie Schottelius. Er lehnt ihn ab
in ungebundener Rede und schränkt ihn auf die Poesie ein.
Stieler lässt den *Hinderstrich* in Ausnahmefällen auch in
Prosa gelten, sonst ist seine Erklärung mit jener von Schottelius identisch. Freyer hält sich ebenfalls an die tradi-
tionelle Erklärung des *Hinterstrichs*. Er warnt zusätzlich
vor allzu häufigem Gebrauch, vor allem im Wortinnern. Frischs
Apostrophus wird im üblichen Rahmen erklärt, allerdings mit
dem Zusatz, dass dieses Zeichen veraltet sei und nur von
den schlechten Poeten verwendet werde. Wippel erklärt den
Apostrophus für überflüssig mit der Begründung, ein Kenner
seiner Muttersprache merke sowohl in Poesie als auch in
Prosa sofort, ob ein Vokal weggelassen worden sei. Antesperg lässt den *Hinterstrich* in der Poesie gelten, wenn ein
e vom nachfolgenden Vokal verschluckt wird. Gottsched setzt
den *Oberstrich*, wo ein 'merklicher Selbstlaut verbissen'

wird. Im Wortinnern lehnt er den Gebrauch aber ab. <u>Aichinger</u>
ist der Ansicht, man könne den *Apostrophus* sowohl im Wort
selbst als auch an seinem Ende verwenden. Es spiele aber
keine Rolle, da er sowieso aus dem Gebrauch gekommen sei.
<u>Braun</u> nennt den Apostroph *Oberstrich, Hinterstrich*. Er be-
schränkt sich auf die Feststellung, dass er in der Poesie
in verschiedenen Fällen vorkomme. Etwas umständlich erklärt
<u>Bodmer</u> den Gebrauch der *Ausdrängung*. Sie zeigt die Ausstos-
sung eines Vokals am Ende eines Wortes an. Bodmer stellt
ebenfalls fest, dass der Apostroph kaum mehr gebraucht werde. <u>Heynatz</u> äussert sich nicht zu diesem Zeichen. <u>Adelung</u>
setzt sich mit dem *Apostroph* wieder etwas ausführlicher
auseinander. Seinen grossen Nutzen erblickt er in der Vermeidung von Zweideutigkeiten, die bei verkürzten Verbformen
auftreten können.

Die Entwicklung des Apostrophs ist nicht spektakulär.
Schottelius hat sowohl einen Namen als auch eine Erklärung
geliefert, die sich gut hundert Jahre halten konnten. Der
Gebrauch des Zeichens scheint eher abgenommen zu haben. Ei-
ne intensive Beschäftigung mit diesem Zeichen innerhalb der
Interpunktion hat aber nie stattgefunden.

2. DIE ENTWICKLUNG DER INTERPUNKTIONSSYSTEME

In diesem Schlusskapitel werden nochmals alle Interpunktionssysteme in ihrer Gesamtheit betrachtet und miteinander verglichen. Auf der einen Seite sollen dabei die grossen Züge
der Entwicklung sichtbar gemacht werden, auf der andern Seite wird gezeigt, wie stark und von wem ein Autor direkt beeinflusst wurde, d.h. ob sich Elemente, die einmal genannt
wurden, halten konnten, oder ob sie wieder in Vergessenheit
gerieten. Dabei wird nicht zu vermeiden sein, eine gewisse
Wertung vorzunehmen. Es muss aber betont werden, dass sich
diese Wertung ausschliesslich auf die Entwicklung der Interpunktion bezieht, und dass sie auch so nicht immer einfach
zu beurteilen ist. Es gibt Interpunktionslehren, die äusserst

geschickt auf der Syntax aufgebaut sind, die sich durch
Konsequenz und Klarheit auszeichnen, die aber überhaupt
keine Nachwirkung erzielten, sei es dass sie für den damaligen Leser zu anspruchsvoll waren, sei es dass die Werke,
worin sie standen, aus irgendwelchen Gründen keine Verbreitung fanden. Auf der Gegenseite finden wir Interpunktionslehren, die unsorgfältig, ungenau oder sogar widersprüch-
lich aufgebaut sind, die aber immer wieder kopiert und aufgenommen wurden. Nicht zu vergessen sind in diesem Zusammenhang die antiken Interpunktionstheorien. Während im 15.
und im 16. Jahrhundert vor allem die italienischen Humanisten mit lateinisch geschriebenen Werken grossen Einfluss
ausübten, gewannen zusehends auch Schriften aus anderen
Sprachräumen an Bedeutung[1].

Die erste Interpunktionslehre in deutscher Sprache findet
sich bei Niklas von Wyle. Allein schon die Tatsache, dass
er seine Bemerkungen über das 'punctiren' der Uebersetzung
eines lateinischen Humanisten vorausgeschickt hat, zeigt,
dass seine Leistung nicht im Erfinden sondern im Vermitteln
liegt. Sein System setzt sich aus drei Haupt- und zwei Nebenzeichen zusammen. Mit diesen wenigen Zeichen kann Wyle
einen Text schon ziemlich klar gliedern. Er unterscheidet
die Zeichen, die den Text gliedern sollen, von denjenigen,
die eher den Ton oder das Schriftbild betreffen. Diese Trennung in Haupt- und Nebenzeichen ist in gleicher Weise von
beinahe allen Nachfolgern übernommen worden. Eng verbunden
mit Wyles Lehre muss man diejenige von Heinrich Steinhöwel
betrachten. Auch wenn der Zeichenbestand leicht verschieden
ist, stehen doch beide Autoren in der gleichen Tradition.
Steinhöwel nimmt sogar Bezug zu weiteren Quellen, indem er
alternative Interpunktionszeichen vorstellt. Ganz unter dem

---

1 Neben italienischen Schriften bieten sich auch Hinweise aus folgenden Sprachen an: aus dem Englischen, dem Französischen, dem Nieder-
  ländischen und aus nordischen und slavischen Sprachen. Die Untersuchung dieser Einflüsse wäre noch zu leisten.

Einfluss von Wyle und Steinhöwel ist das Interpunktionssystem von Hans Nythart entstanden. Er reduziert die Hauptzeichen auf die Virgel und den Punkt, was der damaligen
Druckerpraxis eher entsprach, als Wyles und Steinhöwels
Trias von Sinn- und Pausenzeichen. Nythart hat jedoch kein
neues Element eingeführt, sondern nur Dinge weggelassen,
die vor ihm schon da waren. Ganz anders verhält es sich mit
Friedrich Riederer, der ein erstaunliches System mit zehn
Zeichen vorstellt und erklärt. Riederers Interpunktionslehre ist die erste, die nicht in einem Uebersetzungswerk
erschien, sondern in einem Formularbuch. Er kennt je fünf
Haupt- und Nebenzeichen, die er in einem logisch aufgebau-
ten System unterzubringen versucht. Riederers Quellen sind
in der lateinischen Grammatik jener Zeit zu finden. Direkte
Einflüsse sind von Heynlin vom Stein und von Bernhard Perger nachweisbar. Riederer scheint daneben auch Wyles und
Steinhöwels Bemerkungen zur Interpunktion als Vorlage benutzt zu haben. Sein anspruchsvolles System konnte sich in
der Praxis zwar nicht durchsetzen, Riederer wurde aber später gerne als Quelle für neue Zeichen benutzt. Ebenfalls
auf die gleichen lateinischen Vorlagen greift Dietrich von
Pleningen zurück. Während er den Zeichenbestand von Heynlin
übernimmt, fügt er teilweise neue Erklärungen hinzu, die
aber nicht so einheitlich wie diejenigen Riederers sind.
Pleningen reduziert den Zeichenbestand auf vier Haupt- und
zwei Nebenzeichen, erklärt sie aber so kompliziert in einem
latinisierten Deutsch, dass man sein System nicht als Fortschritt der Zeichensetzung bezeichnen kann. Das letzte Werk
dieser ersten Gruppe von Theorien ist der kölnische Schriftspiegel. Hier laufen verschiedene Interpunktionstheorien
zusammen. Wyles Regeln dürften die Grundlage gebildet haben,
während weitere Zeichen von Perger und andern, nicht nach-
weisbaren Autoren aufgenommen wurden. Im Schriftspiegel werden wieder fünf verschiedene Hauptzeichen vorgestellt. Dass
ein solches System zu kompliziert war, zeigt die Tatsache,
dass der Schriftspiegel selbst mit nur zwei Zeichen, der

Virgel und dem Punkt, interpunktiert war. Die nächste Interpunktionslehre ist ein sehr eigenständiges Werk und begründet eine neue Phase der Zeichensetzung. Johannes Kolross
stellt ein vergleichsweise primitives System mit nur zwei
Haupt- und zwei Nebenzeichen vor. Vermutlich ausgehend von
der Interpunktionspraxis begnügt er sich mit den zwei Zeichen, die beispielsweise schon im Schriftspiegel für den
Druck ausreichten. Kolross steht aber nicht über der Sache,
sondern er verrät mitunter ziemliche Schwierigkeiten bei
der Begründung seiner Regeln. Stark beeinflusst von Kolross
und nicht ohne Aehnlichkeit mit Melanchthon präsentiert
Valentin Ickelsamer ein abstraktes System mit dem gleichen
Zeichenbestand wie Kolross. Seine Leistung besteht darin,
dass er als erster über den direkten Zusammenhang von rhetorischen und semantischen Elementen mit grammatikalischen
nachdachte, auch wenn er die Zusammenhänge nicht immer richtig beurteilte. Ebenfalls mit nur zwei Sinn- und Pausenzeichen kommt Hans Salat aus. Er scheint sehr belesen gewesen
zu sein und hat für seine Interpunktionslehre aus verschiedenen, nicht direkt zu bestimmenden Vorlagen das ausgewählt,
was ihm am meisten zugute kam. Salat tritt insofern ein
wenig aus der Reihe, als er bestimmt von Wyle und Steinhöwel beeinflusst gewesen ist, und weil er in seinem handgeschriebenen Werk den Zeichenbestand selber bestimmen konnte.
Ganz an Kolross und Ickelsamer anknüpfend ist die Interpunktionstheorie von Ortolf Fuchsberger. Als direkte Vorlage
dürfte ihm Ickelsamer gedient haben, dessen Regeln er aber
etwas strafft und rein rhetorisch begründet. Wenn die Rede
davon war, dass die oben erwähnten drei Autoren sich mit
zwei Sinn- und Pausenzeichen begnügten, muss das präzisiert
werden: sie kannten den Punkt als Satzschlusszeichen und
im Satzinnern brauchten sie sowohl die Virgel als auch den
Doppelpunkt. Sie differenzierten jedoch die zwei letzteren
Zeichen nicht, sondern verwendeten sie ohne Unterschied für-
einander. Eine Weiterentwicklung kündigt sich mit den lateinischen Bemerkungen von Laurentius Albertus zur deutschen

Interpunktion an, der eine scharfe Trennungslinie zwischen
Virgel und Doppelpunkt zieht. In deutscher Sprache hat Sebastian Helber diesen Unterschied erstmals wieder formuliert. Seine Interpunktionslehre ist aus weiteren Gründen
bemerkenswert. Obwohl sie eindeutig in der damaligen Tradition steht, lassen sich keine direkten Vorlagen dafür
finden. Er führt neben den drei erwähnten Hauptzeichen erneut ein Schlusszeichen ein. Die Nebenzeichen erweitert er
um das Ausrufezeichen, das bisher erst einmal bei Riederer
erwähnt wurde. Sein eigenwilliges System übertraf an Ausführlichkeit und Genauigkeit seine Vorgänger um einiges,
hatte aber keinen weiterreichenden Einfluss auf die Entwicklung der Interpunktion. Etwas einfacher präsentiert sich
die Interpunktionslehre von Johann Rudolf Sattler. Neben
den drei Sinn- und Pausenzeichen Punkt, Doppelpunkt und
Virgel, die er ebenfalls von der Funktion her trennt, führt
er noch das Fragezeichen und die Klammern an. Er steht mit
dem Zeichenbestand weit hinter Helber zurück. Erstaunlich
ist dies insofern, als eindeutige Rückgriffe auf Riederer
zu erkennen sind, der ja ein doppelt so grosses System vorgestellt hatte. Weitere Einflüsse sind von Melanchthon festzustellen. Mit Sattler geht eine Epoche der Interpunktionstheorie zu Ende. Bisher hat sich die Diskussion um die
Zeichensetzung mit Ausnahme des Schriftspiegels ausschliesslich im süddeutschen Raum abgespielt. Mit Wolfgang Ratke,
der in Köthen wirkte, macht die Interpunktion einen richtigen Sprung nach vorn, der in jahrzehntelanger Theorienbil-
dung aufgeholt werden musste. Ratke präsentiert zwar ein
sehr eigenwilliges, unübersichtliches und schwer verständ-
liches Interpunktionssystem. Die grosse Neuerung liegt aber
in der Art und der Anzahl der Zeichen und z.T. auch in ihrer
Benennung. Ratke stellt folgende vier Sinn- und Pausenzeichen vor: Punkt, Kolon, Semikolon und Komma, letzteres in
der heutigen Form geschrieben. An diesem Hauptzeichenbe-
stand wird sich bis Adelung nichts mehr ändern. Wechseln
werden die Begründungen und Bezeichnungen, die Reihenfolge

und die Formen der Zeichen sind aber hier schon festgelegt.
Ratke, der alle Zeichen deutsch benennt, prägt zudem die
Begriffe Fragezeichen und Ausrufezeichen. Sehr eng mit Ratke verbunden ist der Aufsatz von Samuel Walter, der die
gleichen Zeichen wie Ratke, aber etwas weniger genau vorstellt. Bei ihm lassen sich auch Beziehungen zu Riederer
und Kolross erkennen. Christian Gueintz, der wie Ratke einige Jahre am Hof in Köthen verbrachte, steht ebenfalls
stark unter seinem Einfluss, was Anzahl und Art der Zeichen
anbelangt. Ratkes deutsche Namen konnten sich nie durchsetzen. Gueintz greift aber auch auf andere Quellen zurück,
namentlich auf Brücker und Buscherus. Mit Justus Georg
Schottelius erreicht die Interpunktionstheorie in der Mitte
des 17. Jahrhunderts einen Stand, der lange Zeit unerreicht
blieb. Schottelius hat allerdings nicht ein selbständiges
System geschaffen, sondern seine Regeln basieren auf Gueintz
und Ickelsamer, später auch auf Harsdörffer, dessen Theorien in der Zwischenzeit veröffentlicht wurden. Schottelius'
Leistung besteht in der Einheitlichkeit und der Systematik
seines Regelsystems. Neben den vier üblichen Hauptzeichen
bespricht er sechs Nebenzeichen und erreicht damit erstmals
wieder den Zeichenbestand, wie er bei Riederer anzutreffen
war. Georg Philipp Harsdörffer versucht das bewährte System
der Hauptzeichen auszuwälzen. Auf der Basis von Schottelius,
Gueintz und Ratke konstruiert er je zwei Kommata, Kola und
Punkte, wobei er aber in grosse Schwierigkeiten gerät. Die
Nebenzeichen sind die gleichen wie bei Schottelius. In einer
tabellarischen Zusammenstellung der Interpunktion fasst Johann Girbert alles zusammen, was ihm damals zur Verfügung
stand. Sein Hauptlieferant ist Schottelius, aber auch Gueintz
und Kolross spielen keine unwichtige Rolle. Weiter nimmt
Girbert Bezug auf Ratke und Ickelsamer. Positiv an Girberts
Vorgehen ist die Systematik. Als erster fügt er beispiels-
weise zu jedem lateinischen auch den deutschen Namen hinzu.
Es ist ihm auch gelungen, aus dem umfangreichen Werk von
Schottelius die wesentlichen Erkenntnisse herauszulösen und

in tabellarischer Form erstaunlich klar darzustellen. Johann
Bellin stellt ein Interpunktionssystem vor, das demjenigen
von Schottelius nachgebildet ist. Einige Elemente hat er
auch von Harsdörffer übernommen. Viel eigenwilliger zeigt
sich das System von Gebhard Overheiden. Er steht ziemlich
abseits der sonst in grossen Zügen sichtbaren Tradition.
Der grösste Unterschied dazu liegt darin, dass er den Doppelpunkt aus dem Kanon der Sinn- und Pausenzeichen heraus-
löst und ihn als Ankündigungszeichen zu den Nebenzeichen
zählt. Für die damalige Zeit war dieser Schritt jedoch zu
gewagt, als dass sich daraus eine Entwicklung hätte ableiten können. Christian Pudor bietet wieder eine konventionelle Darstellung der damals üblichen, von Schottelius erstmals zusammengestellten Regeln. Bemerkenswert ist sein System vom von der Norm abweichenden Aufbau her, der jedoch
keinen Fortschritt bedeutet. Johann Ludwig Prasch, der sich
zum Ziel gesetzt hat, Schottelius zu verbessern, greift zurück auf Ratke. Seine Formulierungen sind aber eigenständig, ebenso die grammatikalischen Grundüberlegungen, auf
denen sein Hauptzeichensystem basiert. Johann Bödiker
stützt sich hingegen wieder ganz auf Schottelius ab. Er
scheint ein sehr breites Wissen gehabt zu haben, denn es
lassen sich auch Anklänge an Ratke, Harsdörffer und Pudor
erkennen. Kaspar Stielers Interpunktionslehre steht ebenfalls auf der von Schottelius gegebenen Grundlage. Er versucht jedoch, die Interpunktion rein rhetorisch zu betrachten, was ihm aber nicht recht gelingt. Beziehungen finden
sich zu Bellin, Overheiden, Bödiker und Prasch. Mit Hieronymus Freyer erreicht die Interpunktionstheorie endlich wieder einen neuen Stand. Er stellt ein System der Hauptzeichen vor, das an Modernität und Ausführlichkeit alle Vorgänger übertrifft. Er ist seit Ratke der erste, der die heute noch geltende Form des Kommas anstelle der Virgel setzt;
seither ist nie mehr ein anderes Zeichen dafür verwendet
worden. Freyer weitet den Bestand an Nebenzeichen auf acht
aus. Er stellt alle Interpunktionszeichen mit der gleichen

Systematik dar und verhilft so der Zeichensetzung zu Beginn
des 18. Jahrhunderts zu einem Höhepunkt. Natürlich steht
auch Freyer in der Tradition der Entwicklung. Die engsten
Beziehungen lassen sich zu Ickelsamer, Harsdörffer und Walter finden. Johann Leonhard Frisch, Kommentator und Herausgeber Bödikers, übernimmt den Zeichenbestand von Bödiker,
stellt ihn aber ausschliesslich unter dem rhetorischen
Gesichtspunkt dar. Einige Bemerkungen lassen die Vermutung
zu, dass Frisch auch Freyers Interpunktionslehre gekannt
hat. Daneben benutzte er vermutlich Girbert und Helber.
Johann Jacob Wippel, der andere Herausgeber Bödikers, übernimmt ebenfalls dessen Zeichenbestand. Er versucht jedoch,
eine neue, rein syntaktisch begründete Verteilung der Sinn-
und Pausenzeichen zu entwickeln. Dieser Versuch ist offenbar auf eine Beeinflussung durch Freyer zurückzuführen.
Viel stärker auf Freyers Grundlage baut Johann Balthasar
von Antesperg seine Interpunktionsregeln auf. Während er eine eigene grammatische Einordnung der Sinn- und Pausenzeichen präsentiert, sind die Einleitung und die Nebenzeichen
teilweise wörtlich von Freyer abgeschrieben. Für die Hauptzeichen hat Antesperg neben Freyer auch Girbert als Vorlage
benutzt. Etwas anders präsentiert sich die Interpunktionslehre von Johann Christoph Gottsched. Sein System erscheint
an vielen Stellen veraltet, nicht auf den neusten Stand gebracht. Vermutlich hat er neben Wippel, zu dem sich aber
keine eindeutigen Bezüge nachweisen lassen, auch fremdsprachige Interpunktionslehren zur Verfügung gehabt. Bemerkenswert ist seine historische Herleitung der Interpunktion,
wenn sie auch manche Lücken offenlässt und vor allem die
neueste Zeit nicht mehr berücksichtigt. Karl Friedrich Aichinger wollte eigentlich neue und selbständige Regeln für
die deutsche Sprache finden. Die Interpunktion ist aber auf
keinen Fall als einfallsreich zu bezeichnen, da sie sehr
stark Freyer nachgebildet ist und ebenfalls Elemente von
Gottsched enthält. Aichinger reduziert den Zeichenbestand
und stellt die gleichen sieben Zeichen vor, die Ratke als

Begründer der neuen Epoche in sein System aufgenommen hatte.
Johann Bernhard Basedow kannte verschiedene ältere Werke
zur Interpunktion. Mit ziemlicher Sicherheit lassen sich
Gedanken von Aichinger, Freyer, Gottsched und Ratke in seinen Anweisungen finden, ohne dass aber direkt Plagiate vorliegen. Basedows System ist unkonventionell aufgebaut, er
entnimmt jedoch die Anzahl und die Art der Zeichen dem damals üblichen Gebrauch. Mit Heinrich Braun verschiebt sich
die Interpunktionsdiskussion seit Ratke erstmals wieder in
den süddeutschen Raum. Braun präsentiert zwar die gewohnten
vier Hauptzeichen, am ehesten von Gottsched beeinflusst.
Die Nebenzeichen bereichert er aber mit einigen Neuschöpfun-
gen, wie den Auslassungspunkten und dem Gedankenstrich. Es
gibt jedoch Anzeichen dafür, dass auch Braun auf uns nicht
bekannte Quellen zurückgreift. Johann Jakob Bodmer stellt
kein neues System vor. Walter, Aichinger und Basedow scheinen neben dem Franzosen Girard seine Vorlagen gewesen zu
sein. Bodmers Leistung besteht in der sorgfältigen und eigenwillig formulierten Darstellung seines Systems. Einen
Abschluss und Höhepunkt nicht in normativer sondern in de-
skriptiver Hinsicht bildet die ausführliche Schrift über
die Interpunktion von Johann Friedrich Heynatz. Heynatz,
der einige Jahre im Gymnasium zum Grauen Kloster in Berlin
verbrachte, wo sich schon Bödiker, Frisch, Wippel und Freyer
als Schüler oder als Lehrer aufgehalten hatten, besass pro-
funde Kenntnisse der Interpunktionstheorien des 18. Jahrhunderts. Sein Interpunktionssystem zeichnet sich durch die
ausführlichen Erklärungen zu jedem einzelnen Zeichen aus.
Das System der Sinn- und Pausenzeichen ist am ehesten Gottsched nachgebildet. Die Nebenzeichen - Heynatz stellt nur
fünf, und auch diese verhältnismässig kurz vor - zeigen Elemente von Braun, Stieler, Aichinger, Bödiker, Frisch und
Wippel. Die einzelnen Regeln formuliert Heynatz sehr kurz,
seine Erläuterungen nehmen dafür jeweils mehrere Seiten ein.
Es gelingt ihm aber nicht, das von Ratke begründete System
wesentlich zu verbessern, da die Vierzahl von Sinn- und

Pausenzeichen einfach nicht im Satz unterzubringen ist.
Stark auf Heynatz basiert die letzte der untersuchten Interpunktionslehren: diejenige aus dem Umständlichen Lehrgebäude und aus der Vollständigen Anweisung von Johann
Christoph Adelung. Neben Heynatz greift Adelung auch auf
Gottsched zurück. Adelung bewegt sich ebenfalls innerhalb
der damaligen Interpunktionstradition. Seine Neuerung besteht nicht in der Anzahl oder in der Beschreibung der
Zeichen, sondern im Aufbau des Systems. An die Spitze des
Interpunktionssystems stellt er die Zeichen mit einer rhetorischen Funktion, anschliessend folgen diejenigen mit einer syntaktischen Funktion und am Schluss diejenigen, die
zum 'Wohlanständigen' in der Schrift gehören. In der Erklärung der Zeichen und in der Begründung der Regeln hält sich
Adelung jedoch genau an das, was von seinen Vorgängern
schon verschiedene Male gesagt worden war.

Die Entwicklung der Interpunktion hat mit Adelung, d.h. mit
dem Ende des 18. Jahrhunderts nicht unbedingt einen markanten Höhepunkt erreicht. Hier muss allerdings hinzugefügt
werden, dass die damalige Interpunktion den heutigen Zeichengebrauch beinahe vollständig abdeckte. Der Unterschied
liegt zum grössten Teil in der heute klarer festgelegten Syntax und der sich daraus ergebenden grösseren Systematik der
Interpunktionstheorie.
   In der Entwicklung der Interpunktionssysteme lassen sich
zusammenfassend drei Epochen feststellen:
1. Eine lateinisch ausgerichtete Phase, die mit Niklas von
Wyle begann, mit Friedrich Riederer den Höhepunkt erreichte
und mit dem Schriftspiegel endete.
2. Eine Phase der praxisorientierten Selbstbesinnung, die
mit dem einfachen System von Johannes Kolross einsetzte und
einige bedeutende Vertreter wie Valentin Ickelsamer und
Johann Rudolf Sattler hervorbrachte, wobei mit letzteren
diese Phase zu Ende ging.
3. Eine Phase, die von Ratke mit der Einführung der vier

Hauptzeichen Komma, Semikolon, Kolon und Punkt begründet
wurde, und die ihren Abschluss mit Adelung noch nicht gefunden hat. Die wichtigsten Theoretiker dieser Zeit sind
Justus Georg Schottelius, Hieronymus Freyer, Heinrich Braun
und Johann Friedrich Heynatz.

V. ANHANG

1. TABELLARISCHER UEBERBLICK

Um die Entwicklung der Interpunktionszeichen mit einem Blick
überschauen zu können, werden die Zeichen tabellarisch zusammengestellt. Dazu muss ein gemeinsamer Nenner konstruiert
werden, der es erlaubt, alle Sinn- und Pausenzeichen in ver-
gleichbare Kategorien einzuteilen.

Für die Hauptzeichen ist es angeraten, <u>funktionale Klassen</u>
zu bilden. Ausgehend von den umfangreichsten Interpunktionssystemen ergeben sich die fünf folgenden Kategorien:

   I Zu dieser Kategorie gehören die Zeichen, die einzelne
<u>Wörter</u> oder <u>Wortgruppen</u> ohne zusammenhängenden Sinn
voneinander unterscheiden.

  II Zu dieser Kategorie gehören die Zeichen, die ganze <u>Satz-
glieder</u> voneinander unterscheiden.

III Zu dieser Kategorie gehören die Zeichen, welche grammatikalisch vollständige aber inhaltlich <u>ergänzungsbedürf-
tige Sätze</u> beschliessen.

 IV Zu dieser Kategorie gehören die Zeichen, die <u>ganze Sätze</u>,
d.h. inhaltlich und grammatikalisch vollständige Sätze
beschliessen.

  V Zu dieser Kategorie gehören alle Zeichen, die <u>ganze Ab-
schnitte</u> oder noch grössere Einheiten bezeichnen.

Die Grenzen zwischen den einzelnen Klassen sind nicht immer
so scharf, dass sich in jedem Fall für jedes Satzzeichen nur
eine einzige Zuordnung belegen liesse. In Zweifelsfällen entscheidet die praktische Anwendung des Zeichens durch den Autor die Zugehörigkeit.

Bei den Nebenzeichen ist der Vergleich wesentlich einfacher, da sich dort nicht grammatische, rhetorische und semantische Elemente kreuzen. Die Tabelle umfasst das Fragezeichen, das Ausrufezeichen, die Klammern, die Trennungsstriche und den Bindestrich.

Kategorie I

1	Wyle	*strichlin*	/
2	Steinhöwel	*virgula*	/
3	Nythart	---	
4	Riederer	*Virgula*	· , /
5	Pleningen	*Virgula*	/
6	Schriftspiegel	*Suspensivus*	/
7	Kolross	*Comma, Colon*	/ :
8	Ickelsamer	*virgula, zwe punct*	/ :
9	Salat	---	
10	Fuchsberger	*strichel, virgel, zway pünctl*	/ :
11	Helber	*Strichlein, Virgul*	/
12	Sattler	*Virgula*	/
13	Ratke	*Abschneidungszeichen*	,
14	Walter	*Comma*	/
15	Gueintz	---	
16	Schottelius	*Beystrichlein*	/
17	Harsdörffer	*Zwerg=, Beystrichlein*	/ ,
18	Girbert	*Beystrichlein*	/
19	Bellin	*Beistrichlein*	/
20	Overheiden	*Beystrichlein*	/
21	Pudor	*Beystrichlein*	/
22	Prasch	---	
23	Bödiker	*Beystrichlein*	/
24	Stieler	*Beystrichlein*	/
25	Freyer	*Comma, Beystrich*	,
26	Frisch	*Comma, Strichlein*	,
27	Wippel	*Beistrichlein*	,
28	Antesperg	*Beystrich*	,
29	Gottsched	*Beystrich, Komma*	,
30	Aichinger	---	
31	Basedow	*Comma*	,
32	Braun	*Comma, Beystrich*	,
33	Bodmer	*Comma, Virgula*	,
34	Heynatz	*Beistrich*	,
35	Adelung	*Comma*	,

Kategorie II   Kategorie III

1	*virgel*	*!*	---	
2	---		*coma*	*!*
3	*virgel*	*/*	---	
4	*Gemipunctus erectus*	*:*	*Coma*	*!*
5	*Coma*	*!*	*Colum*	*:*
6	*Coma*	*!*	*(Membrum*	*:)*
7	*Comma, Colon*	*/ :*	---	
8	*virgula, zwe punct*	*/ :*	---	
9	*strichlj, rüttlj*	*/*	---	
10	*strichel, zway pünctl*	*/ :*	---	
11	*ohne Namen*	*:*	---	
12	*Duopuncta*	*:*	*Duopuncta*	*:*
13	*Mittelzeichen*	*;*	*Gliedzeichen*	*:*
14	*Semicolon*	*;*	*Colon*	*:*
15	*strichlein*	*/*	*Semicolon, Colon*	*; :*
16	*Strichpünctlein*	*;*	*Doppelpunct*	*:*
17	*Strichpünctlein*	*;*	*Doppelpunct*	*:*
18	*Strichpüncktlein*	*;*	*Doppelpunckt*	*:*
19	*Strichpünktlein*	*;*	*Doppelpunkt*	*:*
20	*Strichpunct*	*;*	*(Doppelpunct*	*:)*
21	*Strichpünctlein*	*;*	*Doppelpunct*	*:*
22	*Strichlein*	*/*	*punctirtes strichlein*	*;*
23	*Strich=Pünctlein*	*;*	*Doppel=Punct*	*:*
24	*Strichpünktlein*	*;*	*Doppelpunkt*	*:*
25	*Strichpunct*	*;*	*Doppelpunct*	*:*
26	*Semicolon*	*;*	*Doppelpunct*	*:*
27	*Strichpünktlein*	*;*	*Doppelpunkt*	*:*
28	*Strichpunct*	*;*	*Doppeltüpflein*	*:*
29	*Strichpunct*	*;*	*Doppelpunct*	*:*
30	*Strichlein*	*/*	*punctirtes Strichlein*	*;*
31	*Strichpunct*	*;*	*zwey Puncte*	*:*
32	*Strichpunkt*	*;*	*Doppelpunkt*	*:*
33	*Commapunkt*	*;*	*zwee Puncte*	*:*
34	*Strichpunkt*	*;*	*Doppelpunkt*	*:*
35	*Semicolon*	*; .*	*Doppelpunct*	*:*

	Kategorie IV		Kategorie V	
1	*punckt, peryodus*	.	---	
2	*periodus*	.	---	
3	*punckt*	.	---	
4	*Colon*	.	*Periodus*	(. ; .
5	*Periodus*	;	---	
6	*Colon*	.	*Periodus minor, maior*	;)
7	*Perhiodos, terminos*	. (	---	
8	*punct*	.	---	
9	*eyniger punct*	.	---	
10	*punct*	.	---	
11	*punct*	.	*ohne Namen*	⌐
12	*Punctum*	.	---	
13	*Beschlußzeichen*	.	---	
14	*punctum*	.	*(Comma*	))
15	*punct, tiplein*	.	---	
16	*Punct*	.	---	
17	*kleiner Punct*	.	*grosser Punct*	.
18	*Endespunckt*	.	---	
19	*kleiner Punkt*	.	*grosser Punkt*	.
20	*Punct*	.	---	
21	*Punct*	.	---	
22	*einfaches Pünctlein*	.	---	
23	*Punct, Tütlein*	.	---	
24	*Punkt, Tüppel*	.	---	
25	*Tüttel, Punct*	.	---	
26	*End=Punct*	.	---	
27	*Punct, Titlein*	.	---	
28	*Tüpfel*	.	---	
29	*Schlußpunct*	.	---	
30	*Punct*	.	---	
31	*Punct*	.	---	
32	*Schlußpunkt*	.	---	
33	*Punkt*	.	---	
34	*Punkt*	.	---	
35	*Schlußpunct*	.	---	

Fragezeichen

1	Wyle	*ohne Namen*	ʳ
2	Steinhöwel	*ohne Namen*	ʃ
3	Nythart	*ohne Namen*	ʃ
4	Riederer	*Interrogativus*	⸮
5	Pleningen	*fragender punct*	2.
6	Schriftspiegel	*Jnterrogativus*	⸮
7	Kolross	*frag punct*	⸮
8	Ickelsamer	*frag zaichen*	?
9	Salat	---	
10	Fuchsberger	*Fragpunct*	⸮
11	Helber	*ohne Namen*	⸮
12	Sattler	*Nota Interrogationis*	?
13	Ratke	*Fragzeichen*	?
14	Walter	*fragzeichen*	?
15	Gueintz	*Fragzeichen*	?
16	Schottelius	*Fragzeichen*	?
17	Harsdörffer	*Fragzeichen*	?
18	Girbert	*Fragzeichen*	?
19	Bellin	*Fragzeichen*	?
20	Overheiden	*Fragzeichen*	?
21	Pudor	*Fragzeichen*	⸮
22	Prasch	*Fragzeichen*	?
23	Bödiker	*Frage=Zeichen*	?
24	Stieler	*Fragzeichen*	⸮
25	Freyer	*Fragzeichen*	⸮ ?
26	Frisch	*Frag=Zeichen*	?
27	Wippel	*Frage=Zeichen*	?
28	Antesperg	*Fragzeichen*	⸮ ?
29	Gottsched	*Fragzeichen*	⸮ ?
30	Aichinger	*Fragzeichen*	?
31	Basedow	*Fragzeichen*	?
32	Braun	*Fragzeichen*	⸮ ?
33	Bodmer	*ohne Namen*	?
34	Heynatz	*Fragzeichen*	?
35	Adelung	*Fragzeichen*	⸮ ?

	Ausrufezeichen		Klammern	
1	(virgel	!)	parentesis	( )
2	(coma	!)	zaichen perentisis	( )
3	---		zwischen setzung	( )
4	Exclamativus	!	Parenthesis	( )
5	(Coma	!)	Parentesis	( )
6	(Coma	!)	Parenthesis	( )
7	---		zwüschen setzung	( )
8	---		einsetzung	( )
9	---		ohne Namen	( )
10	---		eingesetzte Claußlen	( )
11	ohne Namen	!	parenthesische Zeichen	( )
12	---		Nota Parenthesis	( )
13	Ausruffungszeichen	!	Einsetzungszeichen [ ]	( )
14	Bewegzeichen	!	parentheses /::/ [ ]	( )
15	Verwunderungszeichen	!	Einschlußzeichen	( )
16	Verwunderungs Zeichen	!	Einsluß	( )
17	Verwunderungszeichen	!	Einschluß	( )
18	Verwunderungszeichen	!	Einschluß	( )
19	Rufzeichen	!	Einsluszeichen	( )
20	Verwunderungs Zeichen	!	Einschluß	( )
21	Verwunderungs Zeichen	!	Einschluß	( )
22	Rufzeichen	!	Einschluß [ ]	( )
23	Ausruffung=Zeichen	!	Einschluß	( )
24	Verwunderungszeichen	!	Einschluß=Zeichen	( )
25	Ausruffungszeichen	!	Einschliessungszeichen	( )
26	Ruff=Zeichen	!	Einschliessungs=Zeichen	( )
27	Ausrufungs=Zeichen	!	Einschluß [ ]	( )
28	Ausruffungszeichen	!	Einschlußzeichen [ ]	( )
29	Ausrufszeichen	!	Klammern [ ]	( )
30	Zeichen der Ausruffung	!	Zeich.d.Einschiebsel	( )
31	Ausrufungszeichen	!	Einschiebsel	( )
32	Aufrufzeichen	!	Einschlußzeichen	( )
33	ohne Namen	!	Einschiebsel	( )
34	Ausrufungszeichen	!	Einschluß [ ]	( )
35	Ausrufungszeichen	!	Einschluß [ ]	( )

	Trennungsstriche		Bindestrich	
1	---	=	---	
2	*zwe strichlin*	=	---	
3	---	=	---	
4	*Semipunctus*	- =	---	
5	---	=	---	
6	---	=	---	
7	---	=	---	
8	---	=	---	
9	*zwey schrichlin*	=	---	
10	*tail strichel*	=	---	
11	*ohne Namen*	- =	---	
12	---	=	---	
13	---	-	---	
14	*sign. divisionis*	- =	---	
15	---	- =	---	
16	*Theilzeichen*	=	*Mittelstrichlein*	- =
17	*Theilzeichen*	-	*Mittelstrichlein*	=
18	---	=	*Mittelstrich*	=
19	*Teilzeichen*	-	*Mittelstrichlein*	=
20	*Zwischen=, Mittelstrich*	=	*Zwischen=, Mittelstrich*	=
21	*ohne Namen*	- =	*Mittelstrich*	=
22	---	=	*Zwerchstrichlein*	-
23	*End=Strichlein*	=	*Mittel=Strich*	=
24	*Teilstrichlein*	=	*Mittelstrich*	- =
25	*Theilungszeichen*	=	*hyphen*	=
26	---	=	*Verbindungs=Zeichen*	=
27	*Abtheilungs=Zeichen*	- =	---	
28	*Theilungszeichen*	=	*Theilungszeichen*	=
29	---	=	---	
30	*Hyphen*	=	*Hyphen*	=
31	---	=	---	
32	*Trennungszeichen*	=	---	
33	*Vereinbarungsstrichgen*	=	*Vereinbarungsstrichgen*	=
34	---	=	---	
35	*Teilungszeichen*	- =	*Bindezeichen*	=

2. BIBLIOGRAPHIE

2.1 Quellen

Zu den Quellen werden alle Texte gezählt, welche im Hinblick auf eine Interpunktionslehre untersucht wurden. Die
Quellen werden in zwei Teilen angeführt. Der erste Teil
enthält diejenigen Schriften, welche in die vorliegende
Untersuchung aufgenommen wurden. Der zweite Teil enthält
alle jene Werke, die keine Interpunktionslehre anführen.

2.1.1 In die Untersuchung aufgenommene Quellen

ADELUNG Johann Christoph: Deutsche Sprachlehre, Zum Gebrauche der
Schulen in den Königl. Preuss. Landen. Berlin 1781.

ADELUNG Johann Christoph: Umständliches Lehrgebäude der Deutschen
Sprache, zur Erläuterung der Deutschen Sprachlehre für Schulen.
Leipzig 1754. Nachdruck Hildesheim/New York 1971.

ADELUNG Johann Christoph: Vollständige Anweisung zur Deutschen Orthographie. Zweite vermehrte und verbesserte Auflage. Leipzig 1790.
(Erstausgabe 1788).

AICHINGER Karl Friedrich: Versuch einer teutschen Sprachlehre. Frank-
furt/Leipzig 1754. Nachdruck Hildesheim/New York 1972.

ALBERTUS Laurentius: Teutsch Grammatick oder Sprachkunst. Augsburg
1753. Nachdruck Strassburg 1895.

ANTESPERG Johann Balthasar von: Die Keyserliche Deutsche Grammatick.
Wien 1747.

BASEDOW Johann Bernhard: Neue Lehrart und Uebung in der Regelmässigkeit der Teutschen Sprache. Kopenhagen 1759.

BELLIN Johannes: Hochdeutsche Rechtschreibung. Lübeck 1657. Nachdruck
Hildesheim/New York 1973.

[BODMER Johann Jakob:] Die Grundsätze der deutschen Sprache. Zürich
1768.

BOEDIKER Johann: Grund=Sätze Der Deutschen Sprachen im Reden und Schreiben (...) Der studierenden Jugend und allen Deutschliebenden zum Besten
Vorgestellt von J.B. Cölln a.d. Spree 1690.

BRAUN Heinrich: H.B.s Anleitung zur deutschen Sprachkunst. Zweyte,
verbesserte Auflage. München 1775. (Erstausgabe 1765).

FREYER Hieronymus: H.F.s Anweisung zur Teutschen Orthographie. Dritte
Auflage. Halle 1735. (Erstausgabe 1721).

FRISCH Johann Leonhard: Joh. Bödikeri Grund=Sätze (...) verbessert und
vermehrt von J.L.F. Berlin 1723.

FUCHSBERGER Ortolf: Leeskonst. Ingolstadt 1542. Abgedruckt in Müller, Quellenschriften, S.166-188.

GIRBERT Johannes: Die Teutsche Grammatica oder Sprachkunst. Mülhausen 1653.

GOTTSCHED Johann Christoph: Vollständigere und Neuerläuterte Deutsche Sprachkunst. 5. Auflage. Leipzig 1762. (Erstausgabe 1748). Nachdruck Hildesheim/New York 1970.

GUEINTZ Christian: Deutscher Sprachlehre Entwurf. Cöthen 1641.

HARSDOERFFER Georg Philipp: Poetischer Trichter (...) Samt einem Anhang Von der Rechtschreibung/ und Schriftscheidung/ oder Distinction. Nürnberg 1647. Nachdruck Darmstadt 1969.

HARSDOERFFER Georg Philipp: Der Teutsche Secretarius Das ist: Allen Cantzleyen Studir= und Schreibstuben nutzliches/ fast nohtwendiges/ und zum drittenmal vermehrtes Titular= und Formularbuch. Nürnberg 1656. Nachdruck Hildesheim/New York 1971.

HELBER Sebastian: Teutsches Syllabierbüchlein, Nemlich Gedruckter Hochteütscher sprach Lesenskunst (...) durch S.H. Freiburg in Uchtland 1593. Nachdruck Freiburg i.B./Tübingen 1882.

HEYNATZ Johann Friedrich: Die Lehre von der Interpunktion oder dem richtigen Gebrauche der Unterscheidungs- oder Abtheilungszeichen, als eine Beilage zu seiner Deutschen Sprachlehre. Hrsg. v. J.F.H. 2. veränderte und ergänzte Auflage. Berlin 1782. (Erstausgabe 1773).

HEYNLIN Johannes: Compendiosus dialogus de arte punctandi. Vocabularius breviloquus. Basel 1478.

ICKELSAMER Valentin: Die rechte weis aufs kürtzist lesen zu lernen. Ain Teütsche Grammatica. Augsburg 1534. Nachdruck Stuttgart 1971.

KOLROSS Johannes: Enchiridion: Das ist/ Handbüchlin Tütscher Orthography/ hochtütsche Spraach artlich zeschryben vnnd läsen (...) Zürich 1564.

NYTHART Hans: Publius Terentius Afer, Eunuchus. Ulm 1468. Nachdruck Dietikon/Zürich 1970.

OVERHEIDEN Gebhard: G.i O. Vermehrte Teütsche Schreib=Kunst. 4. Auflage. Braunschweig 1668. (Erstausgabe 1660).

PERGER Bernhard: Grammatica Nova. Nürnberg 1482.

PLENINGEN Dietrich von: Gay Pliny des andern Lobsagung zu zeitten do er zu Rome das consulat ampte eingetreten: hat vor offem Radt: vnd zuhörender gemaind (...) Durch Herrn D.v.P. (...) getheutscht. Landshut 1515.

PRASCH Johann Ludwig: Neue/ kurtz= und deutliche Sprachkunst/ Nicht nur in Kantzleyen/ Druckereyen/ und Schreibstuben/ sondern auch in Teutschen Schulen (...) zu gebrauchen. Regensburg 1687.

PUDOR Christian: Der Teutschen Sprache Grundrichtigkeit/ Und Zierlichkeit. Cölln a.d. Spree 1672. Nachdruck Hildesheim/New York 1975.

RATKE Wolfgang: W.R.s Schriften zur deutschen Grammatik (1612-1630). Hrsg. v. Erika Ising. Berlin 1959.

RIEDERER Friedrich: Spiegel der waren Rhetoric (...) Durch F.R. von
Mülhausen inn Hegaw. Augsburg 1535. (Erstausgabe 1493).

SALAT Johannes: Reformationschronik. 1517-1534. Hrsg. v. Ruth Jörg.
Bern 1980.

SATTLER Johann Rudolf: Teutsche Orthographey und Phraseologey. Basel
1617.

SCHOTTELIUS Justus Georg: J.G.S.ii Einbeccensis/ Teutsche Sprachkunst
(...) Braunschweig 1641.

SCHOTTELIUS Justus Georg: J.G.S.ii J.V.D. Teutsche Sprachkunst (...)
Zum anderen mahle heraus gegeben im Jahr 1651. Braunschweig 1651.

SCHOTTELIUS Justus Georg: Ausführliche Arbeit Von der Teutschen Haubt
Sprache (...) in Fünf Büchern Ausgefertigt von J.G.S.o. Braunschweig
1663. Nachdruck Tübingen 1967.

SCHRIFTSPIEGEL: Formulare vnd duytsche Rethorica/ ader der schryfft=
spiegel ghenant des neuwen stylums vnd practiken tzo Missiuen etc. nae
der konst Ortographie (...) (Köln) 1527.

STEINHOEWEL Heinrich: Hie nach volget der kurcz sin von etlichen fro=
wen von denen johannes boccacins in latin beschriben hat/ vnd doctor
h.s. getütschet. Ulm 1473.

STIELER Kaspar: Kurze Lehrschrift Von der Hochteutschen Sprachkunst.
In: Der Teutschen Sprache Stammbaum und Fortwachs/ oder Teutscher
Sprachschatz/ (...) von dem Spaten, Bd. I-III. Nürnberg 1691. Nach-
druck München 1968.

WIPPEL Johann Jacob: Johann Bödikers Grundsäze der Teutschen Sprache
Mit dessen eigenen und Johann Leonhard Frischens vollständigen Anmer-
kungen. Durch neue Zusäze vermehret von J.J.W. Berlin 1746. Nachdruck
Leipzig 1977.

WYLE Nikolaus von: (Translatzen) Ohne Titel, direkt mit dem Inhaltsverzeichnis beginnend. Stuttgart 1478.

WYLE Nikolaus von: Translation. oder Deütschung/ des hochgeachten Nico-
lai von Weil/ den zeiten Statschreiber der Statt Esslingen (...). Augsburg 1536.

2.1.2 Die restlichen Quellen

BIBEL Teütsch. Zürich 1534.

[BUTSCHKY Samuel:] Perfertischer Muusen Schlüssel/ Zur Schreibrichtig=
keit/ der Hooch=deutschen Haupt=Spraache (...) von S.B. Leipzig 1645.

CLAJUS Johannes: Grammatica Germanicae Linguae. Leipzig 1578. Nachdruck Strassburg 1894.

DONATUS Aelius: Donati Grammatici urbis Romae ars grammatica. 4.Jhrh.
n.C. Abgedruckt in Müller, Quellenschriften, S.1-7.

FABRITIUS Johannes: Eyn Nutzlich buchlein etlicher gleich stymender
worther Aber vngleichs verstandes (...) Erfurt 1532. Nachdruck Strass-

burg 1895.

FRANGK Fabian: Ein Cantzley vnd Titel büchlin (...) Wittemberg 1531.
Abgedruckt in Müller, Quellenschriften, S.92-110.

HELVICUS Christoph: Allgemeine Sprachkunst. Giessen 1619.

HUG Alexander: Rhetorica und Formulare Teütsch/ dergleichen nie ge=
sehen ist (...) Tübingen 1548.

JORDAN Peter: Leyenschul. WJe man Kunstlich vnd behend/ schreyben vnnd
lesen soll lernen (...) Meintz 1533. Abgedruckt in Müller, Quellenschriften, S.110-120.

MEICHSZNER Johann Elias: Handtbuechlin grundtlichs berichts Recht vnd
wolschrybens der Orthographie vnd Grammatic. Tübingen 1538. Nachdruck
Hildesheim/New York 1976.

MEINER Johann Werner: Versuch einer an der menschlichen Sprache abge-
bildeten Vernunftlehre oder Philosophische und allgemeine Sprachlehre.
Leipzig 1781. Nachdruck Stuttgart/Bad Canstatt 1971.

MELANCHTHON Philipp: Grammatica Phil. Melanchthonis Latina, iam denuo
recognita et plerisque in locis locupletata. Paris 1550.

MORHOF Daniel Georg: D.G.M.en Unterricht Von Der Teutschen Sprache und
Poesie. Kiel 1682. Nachdruck der zweiten Ausgabe von 1700, Homburg v.
d.H. 1969.

OELINGER Albert: Vnderricht der Hoch Teutschen Spraach. (Strassburg)
1574. Nachdruck Hildesheim/New York 1975.

OELSCHLEGEL Melchior: Deutsche Sprachkunst. Hall 1630.

OPITZ Martin: Buch von der Deutschen Poeterey. Breslau 1624. Nachdruck
Tübingen 1966^2.

ROTH Simon: S.R.ens Fremdwörterbuch. Augsburg 1571. Hrsg.v. Emil Oeh-
mann in: Mémoires de la société néo-philologique de Helsingfors, Bd.XI.
Helsinki 1936.

TITZ Johann Peter: J.P.T.ens Zwey Bücher Von der Kunst Hochdeutsche
Verse und Lieder zu machen. Danzig 1642.

TSCHERNING Andreas: A.T.s Unvorgreiffliches Bedencken über etliche missbräuche in der deutschen Schreib- und Sprach-Kunst. Lübeck 1659.

WEITENAUER Ignaz: Zweifel von der deutschen Sprache. Augsburg 1764.

ZESEN Philipp: Filip Zesens Rosen-mand: das ist in ein und dreissig
gesprächen Erofnete Wunderschacht zum unerschätzlichen Steine der Weisen. Hamburg 1651.

2.2 Hilfsmittel

Die Hilfsmittel werden ebenfalls in zwei Gruppen geteilt.
Die erste Gruppe enthält jene wenigen Werke, die sich ausdrücklich mit der Geschichte der Interpunktion auseinander-

setzen. In der zweiten Gruppe werden alle übrigen Schriften angeführt, welche z.T. ebenfalls wertvolle bibliographische oder sonstige Hinweise zur Geschichte der Interpunktion liefern, die sich jedoch nicht speziell damit befassen.

2.2.1 Schriften zur Geschichte der Interpunktion

BIELING Alexander: Das Princip der deutschen Interpunktion nebst einer übersichtlichen Darstellung ihrer Geschichte. Berlin 1880.

GLOEDE Otto: Die historische Entwickelung der deutschen Satzzeichen und Redestrichen. In: Zeitschrift für den deutschen Unterricht, 8. Jahrgang. Leipzig 1894.

GREIDANUS Johanna: Beginselen en ontwikkeling van de interpunctie, in 't biezonder in de Nederlanden. Diss. Utrecht 1926. Zeist 1926.

GUMBEL Hermann: Deutsche Sonderrenaissance in deutscher Prosa; Strukturanalysen deutscher Prosa im sechzehnten Jahrhundert. Frankfurt a.M. 1930. Nachdruck Hildesheim 1965.

MICHAELIS G.: Zur Geschichte der Interpunktion. In: Central-Organ für die Interessen des Realschulwesens. XI. Jahrgang, November. Berlin 1883.

MUELLER Johannes: Quellenschriften und Geschichte des deutschsprachigen Unterrichts bis zur Mitte des 16. Jahrhunderts. Gotha 1882. Nachdruck Darmstadt 1969.

MUELLER Rudolf Wolfgang: Rhetorische und syntaktische Interpunktion; Untersuchungen zur Pausenbezeichnung im antiken Latein. Diss. Tübingen. Tübingen 1964.

2.2.2 Die übrigen Hilfsmittel

ALLGEMEINE DEUTSCHE BIOGRAPHIE, in 56 Bänden, hrsg. v. d. Histor. Commission bei der königl. Akademie der Wissenschaften, München. München 1875-1910.

ALLGEMEINES GELEHRTEN LEXICON, hrsg. v. Christian Gottlieb Jöcher, Bd. I-IV. Leipzig 1750/51.

AMELUNG Peter: Konrad Dinckmut, der Drucker des Ulmer Terenz. Kommentar zum Faksimiledruck 1970. Dietikon/Zürich 1972.

BACH Adolf: Geschichte der deutschen Sprache. Heidelberg 1970[9].

BAECHTOLD Jacob: Hans Salat, ein Schweizer Chronist, sein Leben und seine Schriften. Basel 1876.

BEHAGHEL Otto: Geschichte der deutschen Sprache. Berlin 1928[5].

BERGER Dieter: Komma, Punkt und alle anderen Satzzeichen. Mannheim 1968. Duden Taschenbücher Nr.1.

BEYTRAEGE Zur Critischen Historie Der Deutschen Sprache, hrsg. v. Einigen Mitgliedern der Deutschen Gesellschaft in Leipzig. 32 Stücke. Leipzig 1732-1744.

BISCHOFF Bernhard: Paläographie des römischen Altertums und des abendländischen Mittelalters. Berlin 1979. Grundlagen der Germanistik 24.

CAPPELLI Adriano: Lexicon Abbreviaturarum; Wörterbuch lateinischer und italienischer Abkürzungen. Leipzig 1901.

DOKUMENTE zur Interpunktion Europäischer Sprachen. Göteborg 1939.

DUDEN Rechtschreibung der deutschen Sprache und der Fremdwörter, hrsg. v. der Dudenredaktion. 17., neu bearbeitete und erweiterte Auflage. Mannheim/Wien/Zürich 1973.

DUDEN Rechtschreibung der deutschen Sprache und der Fremdwörter, hrsg. v. der Dudenredaktion. 18., neu bearbeitete und erweiterte Auflage. Mannheim/Wien/Zürich 1980.

FABER Felix: Fratris Felicis Fabri Tractatus de civitate Ulmensi, hrsg. v. Gustav Veesenmeyer. Tübingen 1889.

FORTSETZUNG und Ergänzungen zu Christian Gottlieb Jöchers allgemeinem Gelehrten-Lexico, von Johann Christoph Adelung. Bd. I-VII. Leipzig 1784-1897.

Der FRUCHTBRINGENDEN GESELLSCHAFT ältester Erzschrein, hrsg. v. G. Krause. Leipzig 1855. Nachdruck in Vorbereitung.

GOETZE Alfred: Frühneuhochdeutsches Glossar. Berlin 1956[5].

GOETZE Alfred: Die hochdeutschen Drucker der Reformationszeit. Strassburg 1905. Nachdruck Berlin 1963.

GRASER Helmut und Walter Hoffmann: Das Forschungsvorhaben 'Grammatik des Frühneuhochdeutschen' in Bonn. In: Jahrbuch für Internationale Germanistik, Jahrgang V, Heft 1. Bern/Frankfurt a.M. 1973.

JELLINEK Max Hermann: Geschichte der neuhochdeutschen Grammatik, von den Anfängen bis auf Adelung. 2 Halbbände. Heidelberg 1913/14. Nachdruck Heidelberg 1968.

JOACHIMSEN Paul: Gesammelte Aufsätze, ausgewählt und eingeleitet von Notker Hammerstein. Aalen 1970.

JOACHIMSEN Paul: Aus der Vorgeschichte des 'Formulare und Deutsch Rhetorica'. In: Zeitschrift für Deutsches Altertum und Deutsche Literatur, Bd.37. Berlin 1893. S.24-117.

KEHREIN Joseph: Grammatik der deutschen Sprache des funfzehnten bis siebenzehnten Jahrhunderts. Teile 1-3. Leipzig 1863[2].

MOSER Virgil: Frühneuhochdeutsche Grammatik. Bd.1 Lautlehre, 1. Hälfte Orthographie, Betonung, Stammsilbenvokale. Heidelberg 1929. Germanische Bibliothek Bd.17.

MUELLER Carl: Albert Oelingers deutsche Grammatik und ihre Quellen. In: Festschrift der 44. Versammlung deutscher Philologen und Schulmänner. Dresden 1897.

NEWALD Richard: Zur Interpunktion. In: Festschrift Hans Vollmer. Potsdam 1941.

OELINGER Albert: Die deutsche Grammatik des Albert Oelinger, hrsg. v. Willy Scheel. Halle 1897.

QUELLENVERZEICHNIS zum Deutschen Wörterbuch, hrsg. v. der Centralsammelstelle des dt. Wörterbuches. Göttingen 1910. Neubearbeitung Leipzig 1971.

RAUMER Rudolf von: Der Unterricht im Deutschen. Stuttgart 1857^3.

REICH Gerhard: Muttersprachlicher Grammatikunterricht von der Antike bis um 1600. Weinheim 1972.

REICHARD Elias Caspar: Versuch einer Historie der deutschen Sprachkunst. Hamburg 1747.

SCHOETENSACK Heinrich August: Grammatik der neuhochdeutschen Sprache mit besonderer Berücksichtigung ihrer historischen Entwickelung. Erlangen 1856.

SCHROEDER Edward: Jacob Schöpper von Dortmund und seine deutsche Synonymik. Marburg 1889.

STEININGER Franz: Die erste deutsche Grammatik des Valentin Ickelsamer. In: Festschrift Josef Stummvoll. Wien 1970.

STENGEL Edmund: Chronologisches Verzeichnis französischer Grammatiken vom Ende des 14. bis zum Ausgang des 18. Jahrhunderts. Oppeln 1890. Nachdruck Amsterdam 1970.

VAN DER LEE Anthony: Zur Satzinterpunktion dreier Frühneuhochdeutscher Prosatexte. In: Neophilologus, an international journal of modern and medieval language and literature. Vol.LXI, No.1, Januar 1977. Groningen 1977.

VORTISCH Rudolf: Grammatikalische Termini des Frühneuhochdeutschen 1500-1663. Diss. Freiburg i.B. 1910. Basel 1910/11.

WENDLAND Ulrich: Die Theoretiker und Theorien der sog. galanten Stilepoche und die deutsche Sprache. Leipzig 1930. Form und Geist Bd.17.

WORSTBROCK Franz Josef: Deutsche Antikenrezeption 1450-1550, Teil I, Verzeichnis der deutschen Uebersetzungen antiker Autoren, mit einer Bibliographie der Uebersetzer. Boppard am Rhein 1976.

ZIMMERMANN Harald: Zur Leistung der Satzzeichen; eine Studie über die Funktion der Zeichensetzung im Deutschen, untersucht am Beispiel der Gegenwartssprache. Mannheim 1969. Duden-Beiträge zu Fragen der Rechtschreibung, der Grammatik und das Stils, Heft 36.

ZINKE Jochen: Autortext und Fremdeingriff; Die Schreibkonventionen der Heine-Zeit und die Textgeschichte des 'Buches der Lieder'. Hamburg 1974.

ZOLLINGER Max: Sinn und Gebrauch der Interpunktion. Erlenbach 1940.

STUDIA LINGUISTICA GERMANICA

Helmut Henne

Semantik und Lexikographie

Untersuchungen zur lexikalischen Kodifikation
der deutschen Sprache

Groß-Oktav. XVI, 213 Seiten, 60 Skizzen. 1972. Ganzleinen DM 72,-
ISBN 3 11 003528 6 (Band 7)

Horst Haider Munske

Der germanische Rechtswortschatz
im Bereich der Missetaten

Philologische und sprachgeographische Untersuchungen
Band 1: Die Terminologie der älteren westgermanischen Rechtsquellen

Groß-Oktav. XII, 355 Seiten, 28 Abbildungen. 1973. Ganzleinen DM 78,-
ISBN 3 11 003578 2 (Band 8, 1)

Joachim Göschel

Strukturelle und instrumentalphonetische
Untersuchungen zur gesprochenen Sprache

Groß-Oktav. VIII, 300 Seiten, 28 Abbildungen. 1973. Ganzleinen DM 82,-
ISBN 3 11 003624 X (Band 9)

Horst Grünert

Sprache und Politik

Untersuchungen zum Sprachgebrauch der 'Paulskirche'

Groß-Oktav. XII, 356 Seiten. 1974. Ganzleinen DM 72,-
ISBN 3 11 003609 6 (Band 10)

Hans Wüthrich

Das Konsonantensystem der deutschen Hochsprache

Eine auditiv-phonetische Klassifizierung

Groß-Oktav. XVIII, 203 Seiten. 1974. Ganzleinen DM 62,-
ISBN 3 11 004735 7 (Band 11)

Preisänderungen vorbehalten

Walter de Gruyter Berlin · New York

STUDIA LINGUISTICA GERMANICA

William Jervis Jones
A Lexicon of French Borrowings in the German Vocabulary (1575-1648)
Large-octavo. X, 699 pages. 1976. Cloth DM 128,-
ISBN 3 11 004769 1 (Volume 12)

G. Lee Fullerton
Historical Germanic Verb Morphology
Large-octavo. X, 123 pages. 1977. Cloth DM 52,-
ISBN 3 11 006940 7 (Volume 13)

Walter Schenker
Doe Sprache Huldrych Zwinglis im Kontrast zur Sprache Luthers
Groß-Oktav. VI, 257 Seiten. 1977. Ganzleinen DM 138,-
ISBN 3 11 006605 X (Band 14)

Jürg Etzensperger
Die Wortstellung der deutschen Gegenwartssprache als Forschungsobjekt
Mit einer kritisch referierenden Bibliographie
Groß-Oktav. VIII, 284 Seiten. 1979. Ganzleinen DM 86,-
ISBN 3 11 007815 5 (Band 15)

Jelle Stegemann
Aspekte der kontrastiven Syntax am Beispiel des Niederländischen und Deutschen
Groß-Oktav. XII, 201 Seiten. 1979. Ganzleinen DM 58,-
ISBN 3 11 008017 6 (Band 16)

Preisänderungen vorbehalten

Walter de Gruyter Berlin · New York